O DEVER DE MOTIVAÇÃO DA DESPEDIDA

na ordem jurídico-constitucional brasileira

S498d Severo, Valdete Souto.
O dever de motivação da despedida na ordem jurídico-constitucional brasileira / Valdete Souto Severo. – Porto Alegre: Livraria do Advogado Editora, 2011.
271 p.; 23 cm.
Inclui bibliografia e anexo.
ISBN 978-85-7348-761-9

1. Direito do trabalho - Brasil. 2. Relações trabalhistas - Brasil. 3. Contrato de trabalho. 4. Pessoal - Dispensa. 5. Trabalhadores - Direitos fundamentais. 6. Estabilidade no emprego. 7. Brasil. Constituição (1988). I. Título.

CDU 349.2(81)
CDD 341.60981

Índice para catálogo sistemático:
1. Direito trabalhista : Brasil   349.2(81)

(Bibliotecária responsável: Sabrina Leal Araujo – CRB 10/1507)

Valdete Souto Severo

O DEVER DE MOTIVAÇÃO DA DESPEDIDA
na ordem jurídico-constitucional brasileira

Porto Alegre, 2011

© Valdete Souto Severo, 2011

Capa, projeto gráfico e diagramação
Livraria do Advogado Editora

Revisão
Rosane Marques Borba

Direitos desta edição reservados por
Livraria do Advogado Editora Ltda.
Rua Riachuelo, 1338
90010-273 Porto Alegre RS
Fone/fax: 0800-51-7522
editora@livrariadoadvogado.com.br
www.doadvogado.com.br

Impresso no Brasil / Printed in Brazil

Este livro é dedicado ao Pedro, meu filho, minha continuidade. Que ele viva em uma sociedade realmente mais fraterna e solidária; que nunca desista de suas utopias; que possa sempre sonhar!

Prefácio

Muito embora o direito ao trabalho e o direito à proteção da pessoa humana que se encontra numa relação de trabalho tenha sido um dos primeiros direitos humanos e fundamentais sociais reconhecidos na trajetória evolutiva do constitucionalismo e do sistema internacional de proteção dos direitos humanos (basta apontar para as convenções da Organização Internacional do Trabalho), o fato é que o fenômeno de uma abrangente e sistemática constitucionalização do direito do trabalho (designadamente por parte da literatura e da jurisprudência) é relativamente recente no Brasil. Da mesma forma, a despeito de o Brasil ter ratificado significativo número de convenções da OIT, precisamente no tocante a alguns aspectos mais sensíveis, notadamente no que diz com a proteção do trabalhador contra a despedida, isto é, a proteção do lugar de trabalho, a resistência segue expressiva, mesmo em se considerando que a Constituição Federal de 1988 contempla o dever de proteção contra a despedida arbitrária. Ao passo que em diversos casos se registra um espírito engajado em prol do reconhecimento da normatividade direta dos direitos e garantias fundamentais, em outros casos (onde também se enquadra – ainda – o dever de proteção contra a despedida arbitrária) os detentores da prerrogativa de decidir em última instância, seja no plano legislativo, seja no plano jurisdicional, seguem mais tímidos, quando não – como é o caso do legislador – inativos.

O fato é que a Constituição Federal de 1988 oferece – se bem manejada – instrumental suficiente para que lhe seja dada a devida eficácia e efetividade também nessa seara, aspecto que constitui precisamente o mote da obra que ora tenho a alegria de prefaciar. A autora, Valdete Souto Severo, é Juíza do Trabalho, Professora e Mestre em Direito pela PUCRS, onde tive a honra de ser o seu orientador e, além disso, a oportunidade de um intenso e profícuo debate. A obra, que, de forma consistente, reconhece e justifica um dever de motivação da despedida no âmbito do direito constitucional e do direito do trabalho brasileiro, corresponde, com ligeiros ajustes, ao texto submetido ao crivo de banca examinadora por mim presidida e integrada por ilustres nomes da academia ligados ao direito do trabalho, designadamente, os Professores Doutores Marco Antônio César Villatore e Gilberto Stürmer, o que ainda qualifica mais o texto. Como o leitor poderá perceber, cuida-se de trabalho resultante de alentada pesquisa e cuidadosa reflexão, destinado a contribuir de forma significativa para o avanço da discussão acadêmica no Brasil e mesmo, pelo menos assim espero, para embasar o processo decisório na esfera da jurisdição trabalhista. A autora, na esfera de sua pesquisa, demonstrou seriedade, autonomia científica e espírito crítico, aspectos que igualmente resultaram em benefício do texto que ora é oferecido ao leitor.

Assim, não sendo o caso de subtrair ao leitor o contato imediato com o texto, almejo que autora e a obra tenham o merecido sucesso de público e de crítica.

De Stellenbosh, África do Sul, para Porto Alegre, julho de 2011.

Prof. Dr. Ingo Wolfgang Sarlet
Professor Titular da Faculdade de Direito e do
Programa de Mestrado e Doutorado em Direito da PUCRS.
Juiz de Direito no RS.

Sumário

Introdução..11

1. A perda do lugar de trabalho..17
   1.1. A continuidade como elemento da relação de trabalho.....................17
   1.2. O poder social na relação de trabalho..27
   1.3. A autonomia privada em sua dimensão concreta.............................36
   1.4. As consequências da perda do lugar de trabalho.............................42
       1.4.1. A perda do trabalho como elemento de coerção em razão dos direitos de ação e de mobilização coletiva............................55

2. A despedida: disciplina jurídica..65
   2.1. A despedida no direito comparado...68
       2.1.1. O exemplo italiano..80
   2.2. A despedida no direito brasileiro...98
       2.2.1. O diálogo com a OIT...113
       2.2.2. A jurisprudência e o tema da motivação do ato de despedida........121

3. Elementos da fundamentalidade do direito do trabalho e do direito à sua preservação..135
   3.1. A história do trabalho e dos direitos fundamentais..........................136
   3.2. Valores sociais do trabalho, livre iniciativa e dignidade da pessoa humana.......152
       3.2.1. A importância dos valores em nosso sistema jurídico.................153
       3.2.2. Solidariedade e livre iniciativa na Constituição brasileira............156
       3.2.3. O princípio/dever de proteção e a dignidade da pessoa humana....159

4. A despedida e os deveres de proteção no âmbito de um estado democrático de direito..171
   4.1. A importância da noção de dever: o binômio liberdade x responsabilidade.......172
   4.2. O dever de motivar a despedida a partir da perspectiva da necessária eficácia dos direitos fundamentais...180
       4.2.1. Algumas linhas sobre a teoria da eficácia direta.......................189
   4.3. O conteúdo do dever fundamental de justificar a despedida...............198
   4.4. O Estado-Juiz diante do dever de proteção contra a perda do emprego....204
       4.4.1. O direito do trabalho entre o discurso e a prática.....................209
       4.4.2. O Estado-Juiz e a proibição de proteção insuficiente.................222

  4.4.3. A proteção suficiente a partir da técnica da proporcionalidade e do critério de proibição de retrocesso..225
  4.4.4. Limites e restrições ao dever de motivar a despedida..........................238

Considerações finais ou caminhos para uma atuação efetiva do Estado-Juiz............245

Anexo
  Convenção 158 da OIT...251

Referências bibliográficas 261

Introdução

Existe um vácuo a ser preenchido em nosso ordenamento jurídico trabalhista e não se trata de ausência de legislação aplicável, nem de necessidade de modificação do ordenamento jurídico vigente. O vazio está no discurso.

A Constituição brasileira inaugura em 1988 um discurso jurídico comprometido com a solidariedade, com a justiça e com a democracia. Nele, a disciplina das relações de trabalho encontra um lugar privilegiado de fala. Aparece logo após os princípios do Estado, no título "Dos Direitos e Garantias Fundamentais". Está no alicerce deste Estado em processo de redemocratização, que pretende se desenvolver economicamente por meio de uma livre iniciativa que deve andar de mãos dadas com os valores sociais do trabalho.

Esse discurso, tão nitidamente delineado no texto constitucional, ainda não conseguiu sair do papel. Ler a redação do artigo 7º da Constituição brasileira e confrontá-la com a prática das relações de trabalho causa, no mínimo, desconforto.

Em especial, quando o tema é a perda do lugar de trabalho. O Brasil inicia seu processo de industrialização na década de 30 e pouco mais de meio século depois já discute formas de flexibilização dos contratos de trabalho, sem sequer haver consolidado direitos mínimos capazes de tornar menos falaciosa a natureza contratual desse vínculo jurídico.

A conquista representada pela extensão da estabilidade decenal a todos os trabalhadores, com a CLT, em 1943, sofre um retrocesso assustador, iniciado com a Lei que cria o FGTS e ultimado com a interpretação dominante de que a estabilidade decenal terminou em 1988 e, por consequência, com a perda real do direito de se manter empregado. Um direito que já era insuficiente em sua essência, ao fixar o extenso prazo de dez anos para que o empregado pudesse ter garantia contra a despedida.

A doutrina e a jurisprudência brasileiras majoritárias, na contramão da maioria absoluta dos países ocidentais desenvolvidos e em desenvolvimento, insistem em reconhecer a existência de um suposto direito potestativo absoluto de resilir o contrato. Nega-se não apenas o direito de permanecer empregado. Nega-se até mesmo o direito de conhecer os motivos da dispensa.

O discurso garantista da Constituição brasileira teve sua voz silenciada pelos operadores do Direito do Trabalho. As razões dessa mudez constitucional não são poucas, nem talvez sejam superáveis.

É preciso, porém, olhar para a Constituição brasileira e para o projeto que ela institui. Há mais de vinte anos estamos tentando, em alguns aspectos com pouco êxito, tornar real a ideia de Estado contida no texto constitucional. É um percurso árduo, porque passa pelo reconhecimento de um vazio que se instaura onde a Constituição brasileira não consegue chegar. Um espaço a cada dia mais invadido por teorias econômicas e pela visão utilitarista do Direito e do Estado.

O tema escolhido é significativo. A perda do emprego tem consequências que extrapolam a esfera jurídica, pois é no ambiente em que trabalhamos que passamos a maior parte dos nossos dias. Ali, forjamos nossa personalidade, criamos laços de amizade, formulamos nossas ideias acerca do mundo e de nós mesmos.

Para Marx, a alienação também se opera pelo distanciamento do empregado em relação ao ambiente em que se vê obrigatoriamente inserido. Ele chega a referir, em uma de suas obras, que, enquanto trabalha, o homem se aliena em sua mão de obra, para se reencontrar consigo mesmo depois que terminam as horas de trabalho obrigatório. Sabemos que essa é uma descrição imprecisa e incompleta do ambiente de trabalho. *Somos* enquanto trabalhamos, por isso, perder o lugar de trabalho, muitas vezes, implica perder também referências, contatos, amizades, ambiente, rotina. Significa perder parte de si mesmo.

O que torna o ser humano especial, em relação às demais espécies animais, é justamente a consciência que tem de si mesmo e do que está ao seu redor. É essa consciência que torna inviável a completa alienação e justifica regras que impeçam sua equiparação à mercadoria ou coisa. O homem simplesmente não é um bem de consumo. Essa já era uma afirmativa de Kant no século XVIII, mediante a formulação do imperativo categórico "uses a humanidade, tanto na tua pessoa como na pessoa de qualquer outro, sempre e simultaneamente, como fim e nunca simplesmente como meio".

A vida é menos simples para um ser que compreende e interfere nas coisas ao seu redor. É aí que o conceito de motivação adquire relevância. Trata-se, também nesse aspecto, de algo que extrapola a esfera jurídica.

A motivação – declarada ou silenciada – é parte integrante do agir humano. Está na essência das relações que estabelecemos no convívio social. No âmbito do direito, o exercício da autonomia da vontade, tão cara a um Estado liberal como o nosso, passa pelo reconhecimento mútuo de que a vontade livremente manifestada foi gerada a partir de motivos lícitos ou éticos.

Não é por razão diversa que a Constituição vigente determina a motivação dos atos judiciais e administrativos, como condição de possibilidade de controle da licitude dos atos do Estado, pelos cidadãos. A motivação, alçada a princípio expressão da moralidade pública, não encontra aí o esgotamento da sua função jurídica. Também nas relações privadas é o motivo que possibilita a aferição da licitude do ato.

O Direito do Trabalho, ao regular uma relação que se estabelece entre particulares, mas que se constitui como móvel para o desenvolvimento socioeconômico, é o primeiro ramo do direito privado a reclamar interferência direta na autonomia privada, exigindo e obtendo do Estado o reconhecimento da natureza pública de suas normas.

Dentre as razões pelas quais o Brasil, a exemplo da grande maioria dos países ocidentais, optou por atestar o caráter público das normas trabalhistas, conferindo-lhes *status* de direitos fundamentais, está a especial circunstância de que nessa relação jurídica, o objeto do "contrato" não se desprende do sujeito que trabalha. Ao "vender" sua força de trabalho, o homem aliena parte de si mesmo e necessariamente se entrega com o trabalho que realiza.

O fato de concebermos que o ser humano racional, capaz de ter consciência da sua condição, destinatário das normas jurídicas, sirva também como objeto de um contrato que persegue (licitamente) o lucro, é o que impõe tratamento diferenciado à relação jurídica daí decorrente.

A noção de deveres de proteção que extraímos do princípio tuitivo justificador da existência de um direito especial do trabalho tem aí sua razão de ser, decorre da vedação da *coisificação* do homem. Nesse contexto, a motivação se inscreve definitivamente entre os deveres que decorrem de uma relação em que o homem se obriga pessoal e diretamente para com outrem, entregando sua força física, psíquica e emocional, em troca de remuneração.

É a expressão das razões que levam o empregador a optar pela ruptura do vínculo que permite ao trabalhador compreender (e aceitar) as mudanças que lhe serão impostas, sob o ponto de vista social, individual e econômico.

O reconhecimento de que existem deveres fundamentais conexos revela apenas a dupla dimensão dos direitos e garantias fundamentais, a partir de uma lógica simples: direitos e garantias não servem para transformar uma sociedade, colocando-a no caminho dos ideais preconizados no texto constitucional, se não forem circundados de deveres que garantam sua plena eficácia.

No caso dos direitos trabalhistas, essa é uma realidade inegável, e a disposição constitucional que garante relação de emprego protegida contra despedida arbitrária é um ótimo exemplo.

Ampliando minimamente nossa lente, podemos obter uma visão menos distorcida da ordem constitucional vigente, reconhecendo o lugar de fala do artigo 7º, inciso I, do Constituição brasileira de 1988.

O dispositivo afirma que "são direitos dos trabalhadores urbanos e rurais, além de outros que visem à melhoria de sua condição social: I – relação de emprego protegida contra despedida arbitrária ou sem justa causa, nos termos de lei complementar, que preverá indenização compensatória, dentre outros direitos".

Se for verdadeira a afirmação de que ali não está garantida a estabilidade desde a admissão, como pleiteava um dos grupos que trabalhou na constituinte de 1987, é ainda mais verdadeira a conclusão de que não há no Brasil, pelo menos desde 1988, direito potestativo de resilir o contrato de trabalho. O dever de motivação invadiu definitivamente o âmbito das relações de trabalho, quando o constituinte originário entendeu por bem proteger os trabalhadores brasileiros contra a despedida arbitrária.

Esse é o conteúdo da tese que estamos apresentando. O artigo 7º, inciso I, da Constituição brasileira, introduz em nosso ordenamento jurídico, ao vedar a despedida arbitrária, o dever da motivação do ato de despedida. Não obsta o término do contrato, mas impõe ao empregador que a sua opção empresarial de extinguir um vínculo de emprego seja expressa mediante exposição de um motivo lícito.

Ato motivado é exatamente o contrário de ato arbitrário. Apenas assim é possível verificar e coibir hipóteses de abuso de direito, discriminação ou qualquer outra prática ilícita. Essa conclusão não é obstada pelos termos do art. 10 dos Atos das Disposições Constitucionais Transitórias, que disciplina apenas a indenização de que cogita aquele dispositivo constitucional, de múltiplo conteúdo. Também não exige qualquer ação do Poder Legislativo. É bastante em si enquanto fixa um dever fundamental relacionado ao direito ali reconhecido. Ora, garantir "relação de emprego protegida contra despedida arbitrária" implica, necessariamente, exigir a não arbitrariedade de todas as dispensas.

É fácil constatar que não se trata de tese inovadora ou revolucionária. Não estamos propondo ativismo judicial, assim compreendida a inserção do Judiciário nas esferas dos Poderes Legislativo e Executivo, por meio de normatizações ou ordens que não passaram pelo filtro constitucional adequado.

Estamos propondo a leitura da Constituição brasileira e sua compreensão, dentro da lógica fixada em seu preâmbulo, quando declara "instituir um Estado Democrático, destinado a assegurar o exercício dos direitos sociais e individuais, a liberdade, a segurança, o bem-estar, o desenvolvimento, a igualdade e a justiça como valores supremos de uma sociedade igualitária, pluralista e sem preconceitos, fundada na harmonia social".

A maioria dos países ocidentais já há muito tempo reconhece a necessidade de motivação lícita para legitimar o ato de denúncia do contrato, quando praticado pelo empregador. Propomos, pois, preencher o vazio de sentido que há mais de vinte anos habita o inciso I do art. 7º da Constituição brasileira, rejeitando o senso comum que tolera o descarte de indivíduos como se fossem mercadorias, mediante mero pagamento de indenização compensatória.

A atualidade do tema é manifesta, especialmente diante de uma nova investida liberal, que propugna a diminuição ou mesmo a supressão do papel do Estado, como regulador da vontade individual no âmbito das relações de trabalho.

A necessidade de reavivar a discussão de temas relacionados à perda do lugar de trabalho cresce em escala geométrica idêntica àquela que registra os índices de desemprego e rotatividade no mercado de trabalho brasileiro.

1. A perda do lugar de trabalho

Examinar as consequências da perda do emprego implica, antes de mais nada, verificar o que esta relação jurídica representa dentro do contexto social e econômico em que vivemos. O modelo capitalista de produção promove uma realidade em que a produção passa pela exploração da mão de obra alheia, de sorte que o homem se torna, enquanto sujeito, também objeto do contrato. Essa relação está na base do sistema e é feita para durar no tempo, embora seja destinada a cessar.

A continuidade ou previsibilidade é, portanto, da essência da relação de trabalho. Disso decorre a possibilidade de organização, segurança e consumo: necessárias ao indivíduo que trabalha, mas também indispensáveis à sociedade que pretende se desenvolver social e economicamente.

A duração da relação de trabalho serve ao sistema capitalista, porque permite à empresa uma melhor organização e um maior aproveitamento da mão de obra (que se qualifica com o decurso do tempo) e ao trabalhador (necessariamente inserido nesse sistema), porque lhe dá condições de organizar o futuro próximo e de consumir com certa segurança.[1]

A impossibilidade de vínculos eternos, por outro lado, representa importante conquista no âmbito das relações individuais. É também necessário ao sistema capitalista de produção extinguir os chamados "contratos por vida", em que o trabalhador não se caracteriza como contratante, mas como servo ou escravo.

A continuidade se distingue, pois, como característica essencial à compreensão do tema da necessidade de motivação da despedida e é dela que trataremos agora.

1.1. A continuidade como elemento da relação de trabalho

Costuma-se dizer, sem maiores reflexões, que a relação jurídica de trabalho subordinado tem por característica a continuidade, especialmente no contexto do ordenamento jurídico brasileiro, em que a CLT define

---

[1] PLÁ RODRIGUEZ, Américo. *Princípios de Direito do Trabalho*. 3ª ed. São Paulo: LTr, 2000, p. 242.

como empregado toda a pessoa física que "prestar serviços de natureza não eventual a empregador".[2] Antes de definir a continuidade e procurar evidenciar se o conceito equivale à noção de "não eventualidade", devemos necessariamente firmar convicção acerca da natureza jurídica da relação de trabalho subordinado.

Na história do Direito do Trabalho, a natureza contratual da relação que se estabelece entre capital e trabalho não é pacífica. A teoria segundo a qual a relação de trabalho é contratual tem origem no Iluminismo que caracteriza a era moderna. Instaura-se uma nova racionalidade, pela qual a organização social implica – entre outras coisas – a adoção do modelo capitalista de produção, assentado na ideia de contrato de compra e venda da força de trabalho. A propriedade privada se fundamenta pelo trabalho enquanto valor universal.[3]

Nesse ambiente, o contrato passa a ser fonte das relações obrigacionais entre capital e trabalho, força geradora do fenômeno dos poderes diretivos e do estado de sujeição a eles correspondente.[4] A relação de trabalho é, portanto, caracterizada como negócio jurídico bilateral. Assenta-se no princípio da autonomia privada. A falácia dessa concepção reside no fato de que os contratos se sustentam na premissa da reciprocidade. Contrato é a livre união de duas ou mais vontades, com um fim específico e lícito, assumindo compromissos e obtendo vantagens recíprocas. Ocorre que o contrato de trabalho firmado dentro de um ambiente capitalista de produção, nunca representou a livre união de vontades para obter vantagens recíprocas.

É da essência dessa relação a disparidade de força entre os contratantes. Por isso, sequer cogitamos, por exemplo, a possibilidade de o empregado aplicar sanções ao empregador, por inadimplemento contratual. Também por isso, o ato de pôr fim ao contrato, quando de iniciativa do

---

[2] Art. 3º da CLT.

[3] Hannah Arendt sintetiza: "Em todas as sociedades pré-modernas, o homem podia libertar-se desse trabalho, forçando outros homens a trabalharem para ele, quer dizer, por meio da força e da dominação. Na sociedade moderna, o trabalhador não está sujeito a nenhuma força nem a uma dominação, ele é forçado pela necessidade imediata inerente à própria vida. Portanto, aqui a necessidade substituiu a força e é duvidoso qual coação é mais repugnante, a coação da força ou a coação da necessidade. Além disso, todo o desenvolvimento da sociedade só vai até ali, ou seja, até o momento em que a automação abolir realmente o trabalho, tornando todos os seus membros 'trabalhadores' na mesma medida – homens em que a atividade, não importa em que consista, serve sobretudo para obter o necessário para a vida". ARENDT, Hannah. *O que é política?* Rio de Janeiro: Bertrand Brasil, 2004, p. 80, 81.

[4] E a subordinação ao contrato se dá, de acordo com Hobbes, porque o indivíduo abre mão da sua vontade particular, em favor do interesse de outrem. Do acordo de vontades entre as partes nascem as relações de poder. As noções de *débito x responsabilidade* caracterizam o vínculo contratual. (Ver: Hobbes, Thomas. *Leviatã ou a Matéria, Forma e Poder de Um Estado*. 3ª ed. São Paulo: Ícone Editora, 2008).

empregador, tem força plena e gera efeitos fáticos e jurídicos. O empregado, se pretender pôr fim ao contrato, deve "pedir" demissão, e se for obrigado a fazê-lo, em razão de falta grave cometida pelo empregador, deverá procurar o Estado-Juiz, pedindo-lhe, por meio de ação trabalhista, que declare a resolução do vínculo.

Além disso, a falta grave cometida pelo empregado que justifique a atitude imediata do empregador em dispensá-lo por justa causa retira-lhe não apenas o direito ao pagamento da indenização compensatória (calculada à razão de 40% do valor do FGTS devido durante o contrato), mas também a possibilidade de procurar novo trabalho (por não haver obrigação de dação de aviso prévio). Retira-lhe, ainda, de acordo com a jurisprudência dominante, o direito às férias proporcionais e à gratificação natalina proporcional,[5] direitos adquiridos no curso do contrato e que são retirados do trabalhador, como forma de punição pela prática da falta grave.

Note-se que o artigo 129 da CLT garante a todo o empregado "direito anualmente ao gozo de um período de férias, sem prejuízo da remuneração", reforçando o fato de que se trata de direito adquirido no curso do contrato de trabalho. O artigo 133 do mesmo diploma legal, ao elencar as hipóteses em que o empregado perde o direito às férias, não inclui aquela em que há rompimento do vínculo por iniciativa do empregador. Essa restrição está contida nos artigos 146 e 147 da CLT que, porém, devem ser examinados à luz do texto constitucional e da Convenção 132 da OIT. O parágrafo único do citado artigo 146 tem sua redação dada pelo Decreto-Lei 1.535, de 1977, e não pode constituir óbice à aplicação do direito fundamental ao pagamento das férias, ainda que de modo proporcional, quando da cessação do contrato, sobretudo em face da Convenção 132 da OIT, ratificada pelo Brasil, e válida no ordenamento jurídico, por força do § 2º do artigo 5º da nossa Constituição Federal. A limitação mencionada no parágrafo único do artigo 146 não foi, portanto, recepcionada pela nova ordem constitucional. Soma-se a isso o fato de que o artigo 4º da Convenção n. 132 da OIT dispõe que toda pessoa que tenha completado, no curso de 1 (um) ano determinado, um período de serviço de duração inferior ao período necessário à obtenção de direito à totalidade das férias

---

[5] As férias proporcionais, com acréscimo de 1/3, e a gratificação natalina proporcional são devidas independentemente da causa de dissolução, pois constituem contraprestação pelo serviço realizado, cujo direito ao crédito é galgado pelo empregado, mês a mês. Nesse sentido, o artigo 7º, incisos VIII e XVII, da Constituição Federal, garante ao trabalhador o direito à percepção das aludidas verbas, sem atrelá-las à causa de extinção do vínculo. Tais normas encerram direitos fundamentais, de aplicação imediata e em relação às quais o texto infraconstitucional deve posicionar-se no sentido de conferir máxima eficácia. (SARLET, Ingo Wolfgang. *Dignidade da Pessoa Humana e Direitos Fundamentais*. Porto Alegre: Livraria do Advogado, 2001).

prescritas no artigo 3º acima terá direito, nesse ano, a férias de duração proporcionalmente reduzidas.

Por sua vez, o art. 11 da mesma Convenção refere que toda pessoa empregada que tenha completado o período mínimo de serviço que pode ser exigido de acordo com o § 1º do artigo 5º, deverá ter direito em caso de cessação da relação empregatícia, ou a um período de férias remuneradas proporcional à duração do período de serviço pelo qual ela não gozou ainda tais férias, ou a uma indenização compensatória, ou a um crédito de férias equivalente. Não faz exceções. Aludida convenção já foi incorporada ao ordenamento jurídico brasileiro e, de qualquer modo, tem eficácia imediata no âmbito interno, nos termos do § 2º do artigo 5º da Constituição Federal. Ainda assim, decisões recentes insistem em aplicar a CLT, "punindo" o empregado que comete falta grave com a perda de um direito por ele já adquirido no curso do contrato.[6]

Importante referir que esse entendimento vem sendo paulatinamente superado, ao menos em relação às férias proporcionais,[7] tendo inclusive sido aprovado enunciado apresentado em encontro promovido pelo

---

[6] Nesse sentido, voto recentemente exarado no TRT da 4ª Região, pela Relatora do processo, a seguir parcialmente transcrito: "Reconhecida a despedida por justa causa, entende a Relatora que o reclamante não faz jus ao aviso prévio, acréscimo de 40% do FGTS, 13º proporcional, férias proporcionais e seguro desemprego, consoante previsão legal. Em 13º salário, por expressa previsão legal no sentido de a proporcionalidade é devida apenas quando o contrato for rescindido por iniciativa de qualquer das partes, mas sem justa causa. Em relação às férias proporcionais, por força do disposto no art. 146, § único, da CLT, o trabalhador despedido por justa causa não tem direito a receber a indenização correspondente às férias proporcionais. Tais disposições legais não têm incompatibilidade com a norma constitucional que assegura ao trabalhador o direito ao 13º salário e ao gozo de férias anuais remuneradas (art. 7º, inciso XVII). Ainda assim, de lege ferenda, deveria ser assegurado o direito ao 13º salário mesmo na hipótese de despedida por justa causa, pois o mesmo tem natureza salarial, em qualquer hipótese, sendo adquirido mês a mês, proporcionalmente, diversamente das férias. A lei assegura o direito ao gozo de férias e quando não gozadas por despedida sem justa causa (ato do empregador) ou pedido de demissão sem justa causa (ato do empregado), as férias devem ser indenizadas, salvo quando o empregado pratica falta que justifique a denúncia cheia do contrato de trabalho. O fato de ter dado causa à rescisão contratual retira-lhe o direito à indenização correspondente às férias proporcionais, remanescendo apenas o direito às férias vencidas, porque direito já adquirido, o que não é a hipótese dos autos. Da mesma forma, entende-se que não há incompatibilidade entre o dispositivo consolidado retro citado e a Convenção n. 132 da OIT, pois esta reconhece o direito do trabalhador a férias de forma genérica, fixando um período mínimo, bem como o direito à proporcionalidade, sem abordar questões relativas aos efeitos das formas de rescisão contratual nas férias do trabalhador. A legislação brasileira é mais ampla e favorável ao trabalhador do que a Convenção n. 132 da OIT quanto à duração e à remuneração das férias, e seu alvo são aqueles países em que o trabalhador tem curto ou nenhum período de férias". (Acórdão do processo 0000581-91.2010.5.04.0401 (RO). Redator: IONE SALIN GONÇALVES. Participam: ANDRÉ REVERBEL FERNANDES, JOSÉ FELIPE LEDUR. Data: 27/10/2010 Origem: 1ª Vara do Trabalho de Caxias do Sul)

[7] Nesse sentido: "No mérito, por unanimidade, dar provimento parcial ao recurso da reclamada a fim de reconhecer a validade da despedida por justa causa imputada ao reclamante, absolvendo-a do pagamento do aviso-prévio indenizado, décimo terceiro salário proporcional, férias proporcionais acrescidas de 1/3, indenização compensatória de 40% sobre o FGTS e expedição da guia do seguro desemprego, mantendo a sentença, no restante, por seus próprios e jurídicos fundamentos, nos termos do art. 895, §1º, IV, da CLT, acrescidos das razões seguintes". (Acórdão do processo 0000457-50.2010.5.04.0291 (RO). Redator: MARIA MADALENA TELESCA. Participam: DENIS MARCELO

TST, em novembro de 2007, denominado "Primeira Jornada de Direito Material e Processual da Justiça do Trabalho", segundo o qual as férias proporcionais são devidas qualquer que seja a causa de extinção do contrato".

Em relação à gratificação natalina proporcional, a situação é ainda mais grave. A gratificação natalina é regulada pela Lei 4.090, de 1962, que embora refira o direito ao pagamento na forma proporcional, para os empregados despedidos sem justa causa, não impede a extensão do benefício àqueles cujo contrato tenha sido interrompido por iniciativa justificada do empregador. Tal legislação, examinada à luz do texto constitucional, que tem na valorização social do trabalho e na dignidade da pessoa humana seus supedâneos fundamentais, é de ser compreendida de sorte a garantir a eficácia da verba cujo caráter é inegavelmente salarial, a todos os empregados, indiscriminadamente. Esse não é, porém, o entendimento majoritário.

A jurisprudência trabalhista insiste em atrelar à causa de dissolução do vínculo, direitos que dela independem, aumentando ainda mais a precariedade da situação do trabalhador que perde sua fonte de subsistência. Autorizam mais uma forma de punição do empregado, dentro de uma relação que se pretende contratual, revelando a insistência em uma visão *feudal, escravocrata*, do contrato de trabalho, em que o senhor ofendido deve punir o servo ofensor, retirando-lhe não apenas (como se fosse pouco) sua fonte de subsistência, mas também as verbas cujo direito já foi adquirido com a prestação de serviços.[8]

Em contrapartida, o empregador que comete falta grave não sofre qualquer penalidade. Além de ser obrigado a procurar o Poder Judiciário Trabalhista, para que seja declarada a falta grave cometida, o empregado receberá, caso reconhecida a existência de justa causa, exatamente

---

DE LIMA MOLARINHO, WILSON CARVALHO DIAS. Data: 31/03/2011 Origem: 1ª Vara do Trabalho de Sapucaia do Sul)

[8] Importante referir que já há decisões corroborando o entendimento de que tanto a gratificação natalina quanto às férias constituem direitos adquiridos pelo empregado durante o contrato, não se sustentando, pois, diante da ordem constitucional vigente, sua supressão em razão de cometimento de falta grave. Nesse sentido: "Ainda, segundo o Relator, mesmo diante da despedida motivada, deve prevalecer o direito da reclamante ao décimo terceiro salário, pois ele é prestação material correspondente a direito fundamental sem reserva que não autoriza o esvaziamento de seu conteúdo por meio de legislação ordinária. Nesse sentido, revogado está o art. 3º da Lei 4.090/62 pelo inciso VIII do art. 7º da Constituição Federal. De igual forma, a dispensa por justa causa não afasta o direito às férias proporcionais, também direito fundamental sem reserva, estando revogado o parágrafo único do art. 146 da CLT pelo inciso XVII do art. 7º da Constituição e porque em desarmonia com o disposto na Convenção 132 da OIT que assegura o direito à proporcionalidade da remuneração das férias independentemente do motivo da rescisão do contrato". (voto vencido do Relator Acórdão do processo 0000451-28.2010.5.04.0005 (RO). Redator: JOSÉ FELIPE LEDUR. Participam: IONE SALIN GONÇALVES, ANA LUIZA HEINECK KRUSE. Data: 19/01/2011 Origem: 5ª Vara do Trabalho de Porto Alegre).

as mesmas verbas que receberia, se o empregador tivesse a iniciativa de romper o vínculo de emprego. Repita-se: sanção alguma é aplicada ao empregador, pela prática da falta grave. O exame da disciplina jurídica vigente, acerca do término do contrato de trabalho, é exemplo eloquente da impossibilidade de examinarmos a relação de trabalho a partir de uma natureza meramente contratual. Revela, também, a dificuldade dos operadores do direito em reconhecer a legitimidade do Direito Constitucional do Trabalho, especialmente a partir de 1988, para corrigir distorções e garantir uma paridade mínima capaz de justificar essa pretensa natureza contratual.

A teoria institucional acerca da natureza jurídica do contrato de trabalho é, em certa medida, uma resposta a essas distorções. Compreende o fundamento dos poderes diretivos do empregador ou da disciplina do trabalho não como inerentes a um contrato, mas como parte da própria substancialidade da empresa.

Conforme Délio Maranhão, a relação resultaria "da simples inserção ou da ocupação de fato do trabalhador na empresa. O empregado não mais 'contrata' com o empregador: torna-se membro de uma instituição".[9] A criação das normas de comportamento obrigatório não é atribuída ao contrato, mas ao fato objetivo de *pertencer* a uma empresa, concebida como expressão mais alta do trabalho, tutelada pelo Estado, por corresponder a uma função de interesse nacional. O trabalhador subordinado afigura-se, pois, um objeto da economia, um colaborador ativo.

A doutrina surge no Século XX, em razão das organizações dos trabalhadores (movimentos grevistas) e da proliferação das indústrias. Traduz-se pela ideia de coordenação: o fenômeno produtivo é apresentado não mais com dois pólos autônomos vinculados por um contrato, mas representado por um sujeito superior que materializa o interesse geral: a empresa capitalista. Keynes e Ford são expoentes dessa doutrina. Acreditavam na possibilidade de integração intermitente entre capital e trabalho, com repartição dos ganhos de produtividade.[10]

A nova visão acerca da natureza jurídica do fenômeno relação de trabalho tem objetivos louváveis, como desenvolver regras de proteção

---

[9] SÜSSEKIND, Arnaldo; MARANHÃO, Délio; VIANNA, Segadas. *Instituições de Direito do trabalho*. Vol. I, 11ª ed. São Paulo: LTr, 1991, p. 225.

[10] A questão parece girar em torno da concepção (moderna ou atual) de contrato e da ideologia necessária ao desenvolvimento do sistema capitalista. Serve o alerta de Délio Maranhão, no sentido de que "o contrato pressupõe liberdade", ainda que permeada por dispositivos legais cogentes, e, justamente por isso, rompe com a ideia de escravagismo, "dignifica a pessoa do trabalhador". Por outro lado, a relação institucional implica "a obediência imposta no interesse da empresa, de que não participa o empregado". (Idem, p. 226).

ao trabalhador. Fá-lo, porém, não em face da necessidade de proteger o *homem-que-trabalha*, porque destinatário das normas jurídicas e merecedor, tanto quanto o homem capitalista, de condições de vida digna. A proteção que se pretende garantir, com a doutrina institucionalista, é da "instituição empresa". Por isso nossa afirmação anterior de que a teoria institucional apenas em certa medida objetiva corrigir distorções relativas ao tratamento das partes nessa relação jurídica.

A grande importância dessa doutrina é o fato de haver percebido o quanto normas fortes e imperativas, acerca da relação de trabalho, importam ao capital. Regras de proteção que minimizem, quando não eliminem, as possibilidades de morte ou doença no ambiente de trabalho, de perda da mão de obra qualificada e, mesmo, de inviabilização da capacidade de consumo são necessárias à sobrevivência e ao desenvolvimento do capital.

Em um momento de forte crise do sistema capitalista, a doutrina institucionalista surge para reforçar a necessidade que o sistema capitalista tem de contar com uma forte regulação da relação capital *versus* trabalho,[11] reconhecendo a necessidade de trabalhadores *fidelizados*, comprometidos com o sucesso do empreendimento.

A crítica a essa teoria repousa no fato de que o antagonismo entre capital e trabalho é da essência da ordem produtiva baseada na propriedade privada capitalista, de sorte que é utopia pensar em empresa como comunidade de interesses convergentes.[12] Além disso, o desvio de foco, do trabalho humano vendido como mercadoria e por isso dependente de uma rede de proteção efetiva, para a empresa como instituição a ser preservada a qualquer custo, logo se revela insuficiente para sustentar o direito do trabalho como ramo próprio.

Na medida em que a proteção deve ser dirigida à instituição empresa, o direito a ser desenvolvido é o empresarial, e não o direito do trabalho. Bem por isso, a teoria institucional acaba sendo de certo modo superada pelo resgate da natureza contratual do vínculo de emprego, expressada no Direito brasileiro pela definição contida no artigo 442 da

---

[11] Hoje, a teoria da análise econômica do direito de certo modo "recupera" a ideia institucional, a partir do conceito de "integração vertical" (conceito econômico de hierarquia dentro da empresa), reconhecendo-o como característica do contrato de trabalho. Nesse sentido: ARAÚJO, Fernando. *Teoria Econômica do Direito*. Coimbra: Almedina, 2007.

[12] Por isso, Marx adverte que "dire che gli interessi del capitale e gli interessi del lavoro sono gli stessi, significa soltanto che il capitale e il lavoro salariato sono due termini di uno stesso rapporto. L´uno condiziona l´altro". (MARX, KARL. *Lavoro Salariato e Capitale*. Roma: Editori Riuniti, 2006, p.35). E o fato de ser a representação dos dois sujeitos dessa relação jurídica em constante tensão, impede a visão institucional de triunfar completamente. Mas impede, igualmente, uma visão meramente contratual dessa espécie atípica de relação jurídica.

CLT, quando dispõe que "contrato individual de trabalho é o acordo tácito ou expresso, correspondente à relação de emprego".[13]

Essa superação, porém, não preconiza o retorno à teoria contratual pura. Antes, reconhece o caráter especial da relação de emprego. Trata-se da doutrina do contrato-realidade, capitaneada por Mario de La Cueva.[14] A ideia de contrato-realidade não nega a natureza de vínculo gerado pela livre manifestação das partes, pelo qual surgem direitos e obrigações correspondentes. Evolui, porém, deslocando a "vontade", que até então constitui elemento essencial na teoria dos contratos,[15] para uma função secundária. Elimina a atuação da vontade como fundamento da relação jurídica de trabalho, que se estabelece com a efetiva prestação da mão de obra. Defende que a substância da relação não está na manifestação de vontade das partes, mas no desdobramento da atividade empírica da prestação de serviços. O contrato (realidade) tanto é *constituído* originariamente pelo mero fato objetivo da relação, como tem seu *conteúdo* dado por ela.[16]

O que está em jogo, nas três teorias acerca da natureza jurídica do contrato de trabalho, é o papel da vontade. Inicialmente central (para a teoria contratual pura), depois considerada irrelevante (para a teoria institucional), a vontade na relação de trabalho assume papel essencial, mas não absoluto, em face da especificidade dessa espécie de vínculo jurídico.

O reconhecimento de uma natureza contratual de certo modo *contaminada* pela realidade permite emprestar relevância à vontade dos sujeitos contratantes, sem ignorar a necessidade de regras de proteção especial que impeçam a anulação completa dessa mesma vontade. A teoria do contrato-realidade, portanto, é fruto da constatação de que nesse negócio

---

[13] De acordo com Carmen Camino, a redação é resultado de uma composição entre correntes contrapostas dentro da comissão responsável pela elaboração do projeto original da consolidação. De um lado, dois contratualistas, Arnaldo Süssekind e Segadas Vianna. De outro, dois anticontratualistas, Luiz Augusto do Rego Monteiro e Dorval Lacerda. (CAMINO, Carmen. *Direito Individual do Trabalho*. 2ª ed. Porto Alegre: Síntese, 1999, p. 210).

[14] Ele afirma que o Direito do Trabalho, embora regule uma relação entre privados, é de ordem pública, por isso mesmo formado por regras irrenunciáveis, que se agregam ao contrato, limitando a vontade dos contratantes. (DE LA CUEVA, Mario. *Derecho Mexicano del Trabajo*. México: Penagos, 1967, p. 253-254).

[15] Usa-se a expressão "até então" porque também a teoria geral dos contratos evoluiu, concebendo várias espécies de contrato nas quais a vontade assume característica secundária, tais como nos contratos de adesão e naqueles regulados pelo CDC.

[16] Também aqui é importante referir a crítica de Délio Maranhão, para o qual o contrato cria uma situação jurídica subjetiva e justamente aí se distingue do ato-condição. Por isso, o contrato de trabalho embora tenha a vontade deslocada, permeada de imposições legais necessárias, não se confunde com ato-condição, porque continua representando a escolha livre que cria a situação jurídica subjetiva. (SÜSSEKIND, Arnaldo. MARANHÃO, Délio. VIANNA, Segadas. *Instituições de Direito do trabalho*. Vol. I, 11ª ed. São Paulo: LTr, 1991, p. 228).

jurídico ocorre algo inusitado: o sujeito (que trabalha) não se desprende do objeto do contrato (força de trabalho). Esse é o elemento essencial que justifica o fato de o princípio da proteção (ao trabalho humano) informar esse ramo do Direito, e que deve necessariamente contaminar as regras atinentes às relações de trabalho.

Estamos diante de uma relação jurídica especial, exatamente porque é a única em que o sujeito não se separa do objeto. Talvez por isso a teoria do contrato-realidade seja aquela que melhor se presta a caracterizá-la. Se estivermos em presença de dois sujeitos, um que trabalha (e que é necessariamente pessoa física – que não se separa do trabalho que realiza) e outro (pessoa física ou jurídica) que usufrui desse trabalho (obtendo ou não lucro com isso), que mantêm entre si uma relação baseada na prestação do trabalho humano (objeto), e verificarmos a presença de continuidade e subordinação, teremos, então uma relação de trabalho típica (relação jurídica de emprego), sobre a qual incidem regras de natureza pública e caráter irrenunciável.

A não eventualidade como característica do trabalho subordinado, nos termos do art. 3º da CLT, corresponde, pois, à previsibilidade inerente a uma relação jurídica que naturalmente se protrai no tempo. Por isso guarda direta relação com a continuidade, que é traço característico do contrato de trabalho, justamente por sua condição de móvel do sistema capitalista de produção. O trabalho inserido na atividade econômica não é tomado de modo instantâneo, mas se insere no conceito mesmo de empresa, permitindo-lhe desenvolver-se e auferir lucros com o passar do tempo.

Estamos diante de uma relação jurídica que, embora tenha sua natureza contratual reconhecida pela maioria da doutrina, detém características especiais que a diferenciam, que a tornam parte de um sistema. A continuidade tem fundamento nesse sistema. Na medida em que adotamos o modelo capitalista de produção e concebemos a realidade de que a produção passa pela exploração da mão de obra alheia, na mesma proporção em que o desenvolvimento econômico passa pela capacidade de consumo dos cidadãos, concebe-se uma relação basilar que naturalmente se protrai no tempo. Não podemos pensar em um sistema de fábrica ou mesmo de economia de serviços, sem que haja a continuidade na prestação do trabalho, capaz de tornar viável a criação final da mercadoria ou a prestação satisfatória dos serviços.

A duração da relação de trabalho serve ao sistema capitalista, porque permite à empresa uma melhor organização e o maior aproveitamento da mão de obra, que se qualifica com o decurso do tempo. Serve também ao trabalhador, necessariamente inserido nesse sistema, porque lhe dá condições de organizar o futuro próximo e de consumir com certa segurança.[17] Essa é a razão pela qual a continuidade é considerada, no âmbito das relações de trabalho, um preceito que decorre diretamente do princípio da proteção.

A noção de continuidade como algo inerente ao contrato de trabalho evidencia um paradoxo percebido por Reginaldo Melhado em uma de suas obras, em que refere doutrina italiana nesse sentido. A relação de trabalho configura-se como uma composição de interesses divergentes e, ao mesmo tempo, convergentes. Os interesses contrapostos são identificados pelo conflito insuperável entre o interesse do trabalhador por maior salário em menos tempo de trabalho, que se contrapõe ao interesse do capitalista, em aumentar seu lucro, obtendo a maior quantidade possível de trabalho pelo menor custo. Ao lado desse eterno conflito, porém, estão interesses convergentes identificados pela ideia de continuidade, que serve tanto ao empregado, como condição para a sobrevivência material e intelectual, quanto é "ontologicamente necessária à reprodução ampliada do capital, objetivada pelo empregador".[18]

Melhado observa, porém, com muita propriedade, que esssa convergência caracterizada pela continuidade, "que se explica pelo interesse de apropriação da mais-valia, pelo capitalista, e pela imprescindibilidade do salário como única fonte de subsistência pelo obreiro", é uma "convergência intrinsecamente antagônica".[19] Não serve, pois, para justificar o poder que habita as relações de trabalho, senão para revelar o quanto tais relações são imprescindíveis ao sistema econômico que adotamos. Serve, também, para demonstrar o quanto as regras de proteção contra a perda do emprego assumem relevância dentro de um contexto econômico e social que não pretende a superação do sistema de produção adotado, mas a sua manutenção.

O grande desafio introduzido pela era moderna, com sua noção de liberdade contratual limitada pela realidade paradoxal do vínculo de emprego, é justamente permitir a coexistência de um contrato (bilateral, sinalagmático, fundado na autonomia das partes) com um sistema de

---

[17] PLÁ RODRIGUEZ, Américo. *Princípios de Direito do Trabalho*. 3ª ed. São Paulo: LTr, 2000, p. 242.

[18] MELHADO, Reginaldo, *Poder e Sujeição*, São Paulo: LTr, 2007, p. 47,48. Para o autor, é essa interação paradoxal que revela a necessidade de superação dialética da natureza jurídica contratual e institucional da relação de emprego. Superação que é dialética justamente porque preserva, dessas teorias, parte de sua essência, para chegar à concepção de relação de trabalho como contrato em que a vontade das partes é limitada pela imposição da realidade no âmbito de um sistema capitalista de produção.

[19] Idem.

prevalência do poder econômico (traduzido, ainda, pelo poder disciplinar e diretivo conferido exclusivamente ao empregador).[20]

1.2. O poder social na relação de trabalho

A origem do poder que habita a relação de trabalho e que reconhecemos como algo inerente à figura do empregador está no fato de que o trabalhador *vende* na relação de trabalho, não diretamente sua mão de obra, mas sua *força de trabalho*, o que só é possível dentro do sistema que adotamos que separa o trabalhador dos instrumentos necessários para a realização do seu trabalho.

De um lado, "um grupo de compradores", proprietários da terra, da matéria-prima, das máquinas e insumos. De outro, os "vendedores" que "nada têm a vender senão sua força de trabalho, os seus braços laboriosos e cérebros".[21] Essa "decomposição da unidade originária existente entre o homem trabalhador e seus instrumentos de trabalho" é que determina a distribuição absolutamente desigual do poder no âmbito dessa relação jurídica.[22]

Tratando, ainda em 1843, das primeiras greves e movimentos de revolta dos trabalhadores, Marx afirma que "quando o proletariado anuncia a dissolução da ordem social existente apenas declara o mistério da sua própria existência, uma vez que é a efetiva dissolução desta ordem". O autor explica essa afirmação aduzindo que "quando o proletariado exige a negação da propriedade privada, apenas estabelece como princípio da sociedade o que a sociedade já elevara a princípio do proletariado e o que este já involuntariamente encarna enquanto resultado negativo da sociedade".[23]

---

[20] Quanto a esse aspecto, Aldacy Coutinho reflete que "não há igualdade no campo econômico; não há também igualdade no âmbito jurídico. Muito embora seja tutelado pelo direito, que o protege para minimizar as agruras econômicas, o empregado deve juridicamente obediência e fidelidade ao seu empregador, ou seja, está em um estado de submissão da sua vontade à determinação do empregador que detém o poder de dirigi-lo, controlá-lo, fiscalizar sua conduta de vida e, por conseguinte, puni-lo no próprio interesse" (COUTINHO, Aldacy Rachid. *Poder Punitivo Trabalhista*. São Paulo: LTr, 1999, p. 26).

[21] MARX, Karl. *Para a Crítica da Economia Política*. São Paulo: Abril Cultural, 1982, p. 160.

[22] O capitalista, personificação do capital, dirige ou elege representantes para dirigir a prestação de serviços: como órgão executivo da estrutura, exerceria então um poder inato e congênito, cuja fonte se encontra na titularidade dos fatores de produção, do trabalho objetivado e nos atos que permitem sua recriação. MARX descreve a autoridade do patrão sobre os operários como tendo uma natureza de tal forma tirânica e opressiva que, à primeira vista, seria mais propriamente típica de relações sociais pré-capitalistas.

[23] MARX, Karl. *Crítica da Filosofia do Direito de Hegel*. 1843. [Trad. Rubens Enderle e Leonardo de Deus]. São Paulo: Boitempo, 2005, p. 156.

O que ele está afirmando é que a chamada "Idade Moderna" retira do homem que trabalha a propriedade dos meios de produção e o obriga a vender parte de si mesmo para obter o valor necessário à sua subsistência. Assim o fazendo, exclui essa classe de trabalhadores do principal ideário burguês: a conquista da propriedade privada e o acúmulo de riquezas. Por isso, a revolta natural do "proletariado" contra o sistema do qual ele é fruto. Por isso, também, a existência de um poder geneticamente desigual nessa relação jurídica que insistimos tratar-se de um contrato.

Importante sublinhar, aqui, a perspicácia de Marx, ao identificar na relação de trabalho um poder que a constitui e que necessariamente pertence a quem "compra" mão de obra, exatamente porque busca eliminar a "condição humana" contida no ato de trabalhar de modo subordinado. Em um Estado fundado em uma relação jurídica na qual um ser humano pode ser utilizado como meio para a obtenção de lucro, como *mercadoria*, parte-se do pressuposto necessário de que um dos dois "contratantes" terá um poder social importante em relação ao outro, dele destituído. A retirada desse "poder social" destruiria a própria noção de contrato de trabalho, engendrada pelo sistema capitalista e liberal de produção. Disso se extrai que o poder presente na relação de trabalho e que justifica o "dever de proteção", em nada se relaciona às qualidades pessoais de quem trabalha. Diz com as qualidades genéticas dessa relação privada.

Ao examinar o conceito de subordinação, o autor português José João Abrantes salienta o fato de que "o poder de direção do empregador e o correlativo dever de obediência do trabalhador, exercendo-se em relação a uma prestação que implica directamente a própria pessoa deste, as suas energias físicas e intelectuais, representam um perigo potencial para o livre desenvolvimento da personalidade e a dignidade de quem trabalha". Acrescenta que o fato de concebermos a relação de trabalho como contrato, sabendo que aqui existe um poder social, importa reconhecer que o ato de vontade do trabalhador, de aderir a esse contrato, representa também um "cenário de necessário constrangimento de liberdade".[24] Novamente é a liberdade e a responsabilidade que estão em jogo.

A liberdade real, para contratar e, pois, exercer autonomia, é necessariamente mitigada em uma relação privada na qual o objeto do negócio jurídico se confunde com o próprio sujeito que trabalha. Por isso Marx falava do fetichismo da mercadoria, ou seja, da característica essencial-

---

[24] Isso porque ao contratar, o trabalhador entrega sua força de trabalho, ou seja, parte de si mesmo, "um conjunto de aptidões psico-físicas" e aceita "se submeter a uma vontade alheia quanto à sua aplicação, dando-se, por essa via, origem a uma relação que não pode ser senão uma relação de dependência". (ABRANTES, José João. *Contrato de trabalho e Direitos fundamentais*. Coimbra: Coimbra Editora, 2005, p. 44-45).

mente capitalista de minimizar o que há de humano nas relações de troca, especialmente naquelas em que há troca de força de trabalho por remuneração.[25] É importante compreender que se trata de uma característica que extrapola a relação de emprego e que, em realidade, identifica nosso período histórico, exatamente porque é marca essencial do modelo social e econômico adotado. A chamada era moderna transforma tudo em mercadoria, e a relação de trabalho é, provavelmente, o melhor exemplo do que Bauman denomina "sociedade de consumidores".[26]

Bauman refere a obra de Polanyi, que talvez tenha sido um dos primeiros a alertar para o fato de que a força de trabalho, conquanto vendida como mercadoria, a ela não se equipara, exatamente porque não se separa de seu "portador". Menciona que ao contrário de outras mercadorias, os compradores não podem levar sua compra para casa, o "que compraram não se torna sua propriedade exclusiva e incondicional". Desse modo, a transação que "parece apenas comercial", "inevitavelmente liga portadores e compradores num vínculo mútuo e numa interdependência estreita".[27]

Nesse passo, o poder social que parece inerente a essa relação jurídica, em razão da objetiva e substancial diferença dos "produtos" que são "entregues" por cada um dos contratantes, pode ser compreendido e ao mesmo tempo questionado pela constatação de que cada contrato de trabalho envolve um relacionamento humano.

A noção primeira de subordinação, conceito essencial a quem estuda a relação que se estabelece entre o capital e o trabalho, parte dessa premissa de dominação necessária. Em obra escrita em 1966, Russomano classifica a subordinação como jurídica e hierárquica, definindo-a do seguinte modo:

> Haverá sempre que o contrato celebrado criar para o patrão o direito de dar ordens e, para o empregado, o dever de cumprir ordens. Assim, o empregado opera, sempre, dirigido e fiscalizado, isto é, subordinado às ordens emanadas do empregador e que não podem ser discutidas, a não ser que violem o contrato de trabalho, a lei ou a segurança do empregado. Essa subordinação é jurídica, uma vez que decorre de um contrato perfeito; é pessoal, porque se dirige, direta e exclusivamente à pessoa do empregado e é hierárquica, porque

---

[25] BAUMAN, Zygmunt. *Vida para Consumo. A Transformação das Pessoas em Mercadoria.* Rio de Janeiro: Zahar Editor, 2008, p. 22.

[26] Na obra antes citada, o sociólogo refere que o fetichismo da mercadoria, que transforma a "sociedade de produtores" do primeiro período de desenvolvimento do capitalismo (basicamente industrial) para uma "sociedade de consumidores", é o hábito de "ignorar ou esconder a interação humana por trás do movimento das mercadorias", como se estas "por conta própria, travassem relações entre si a despeito da mediação humana". (BAUMAN, Zygmunt. *Vida para Consumo. A Transformação das Pessoas em Mercadoria.* Rio de Janeiro: Zahar Editor, 2008, p. 22)

[27] Idem, p. 23.

seu fundamento está na necessidade de uma escala funcional de hierarquia na empresa para a execução dos serviços e a manutenção da disciplina.[28]

Cumprir ordens, submeter-se a horários prefixados, ter previamente definidos os momentos em que se pode sair do local de trabalho para ir ao banheiro ou lanchar, são exemplos de disciplinas que até hoje caracterizam os ambientes de trabalho, muitas vezes identificadas como elementos do conceito de subordinação e que, em realidade, apenas reforçam a existência de um poder que domina.

Michel Foucault examina a questão do poder nas relações privadas, alertando para a importância que as disciplinas assumiram nos séculos XVII e XVIII, quando intentávamos a construção de um novo modo de organização social. A disciplina estabelecida no ambiente de trabalho desempenhava já então o papel de fórmula de dominação.[29] Era preciso convencer o servo, "vendendo" a ele a ilusão de plena capacidade de ascensão social por meio do trabalho. Entretanto, era também necessário mantê-lo dominado, submetendo-o a uma disciplina mediante a qual não houvesse dúvida sobre "quem manda e quem obedece".

A consolidação da burguesia no poder, com a reformulação das classes sociais e redistribuição dos poderes econômicos e políticos, teve como aspecto determinante, embora oculto, o "desenvolvimento e a generalização dos dispositivos disciplinares". Por meio da disciplina, introduzida sistematicamente nas relações privadas (na família, na escola e nas fábricas), criaram-se mecanismos de poder pelos quais é possível perpetuar as diferenças sociais.[30]

---

[28] RUSSOMANO, Mozart Victor. *Comentários à Consolidação das Leis do Trabalho*. 7ª ed.Visto em gabinete. I. Rio de Janeiro: José Konfino Editor, 1966, p. 51. De notar como a disciplina aparece aqui como algo que, além de ser natural ao contrato, é um dado posto, inquestionável.

[29] Diz o autor que "diferentes da vassalidade que é uma relação de submissão altamente codificada, mas longíqua e que se realiza menos sobre as operações do corpo que sobre os produtos do trabalho e as marcas rituais da obediência. (...) Forma-se então uma política das coerções que são um trabalho sobre o corpo, uma manipulação calculada de seus elementos, de seus gestos, de seus comportamentos. O corpo humano entra numa maquinaria de poder que o esquadrinha, o desarticula e o recompõe". E, em seguida, conclui que "a disciplina fabrica assim corpos submissos e exercitados, corpos dóceis. A disciplina aumenta as forças do corpo (em termos econômicos de utilidade) e diminui essas mesmas forças (em termos políticos de obediência). (...) Se a exploração econômica separa a força e o produto do trabalho, digamos que a coerção disciplinar estabelece no corpo o elo coercitivo entre uma aptidão aumentada e uma dominação acentuada". (FOUCAULT, Michel. *Vigiar e Punir*. Rio de Janeiro: Vozes, 1997, p.133-134). O autor observa o que até hoje é facilmente constatável: nas famílias, nas escolas, nas prisões, nos hospitais, assim como nas fábricas ou lojas, existe um culto à disciplina. As relações privadas são regidas por regras inflexíveis, todas elas destinadas a mostrar que em determinado ambiente existe um dominador e um dominado, identificando com clareza quem detém o poder.

[30] Foucault, na obra antes citada, assevera que o controle panóptico – nas escolas, prisões ou fábricas – mediante o qual o "dominado" permanece visível, atomizado (separado de seus pares) e vigiado constantemente, reforça a separação entre os membros de uma mesma classe, evitando a possibilidade de insurgência contra o poder. Diz textualmente "se são operários, não há roubos, nem conluios,

A disciplina introduz "assimetrias insuperáveis" e exclui reciprocidades, na medida em que "cria entre os indivíduos um laço privado, que é uma relação de limitações inteiramente diferente da obrigação contratual".[31] A disciplina não é elemento de um verdadeiro contrato. É, antes disso, um "contradireito",[32] que hierarquiza, desqualifica e invalida um indivíduo em relação ao outro, rompendo com as definições de "sujeitos de direito" contidas no ordenamento jurídico.

No âmbito da relação de trabalho, essa desqualificação de um dos sujeitos é evidente e pode ser bem demonstrada nas regras acerca do rompimento do vínculo. O empregado "pede" demissão[33] e quando sujeito à falta grave do empregador, tem de solicitar ao Estado-Juiz o rompimento do contrato.

A ampla doutrina acerca do conceito de subordinação nas relações de trabalho, equiparando-a à subordinação do sujeito que trabalha ao sujeito que comanda, não é, pois, incompreensível. Antes, é expressão dessa necessidade de disciplina e dominação,[34] confundindo a distribuição de poder na relação de trabalho, com os elementos da relação em si.

A relação de trabalho substitui a relação entre o senhor e o servo da gleba e, embora propugne uma liberdade contratual ilimitada, em verdade reproduz o sistema já vigente, de distribuição desigual do poder social. Um poder que recalca a posição de sujeitado que o trabalhador assume ao se submeter um contrato de trabalho.[35] Essa constatação já le-

---

nada dessas distrações que atrasam o trabalho, tornam-no menos perfeito ou provocam acidentes". (Op. cit., p. 190). Um exemplo atual dessa forma de exercício de poder no âmbito das relações de trabalho é encontrado nas grandes empresas de tele-marketing, nas quais cada trabalhador tem uma pequena mesa com computador e telefone, cercada por divisórias que o impedem de enxergar os demais colegas e de cujo espaço só podem se afastar mediante autorização do supervisor.

[31] Foucault menciona que "a aceitação de uma disciplina pode ser subscrita por meio de contrato; a maneira como ela é imposta, os mecanismos que faz funcionar, a subordinação não reversível de uns em relação aos outros, o 'mais-poder' que é sempre fixado do mesmo lado, a desigualdade de posição dos diversos 'parceiros' em relação ao regulamento comum opõem o laço disciplinar e o laço contratual, e permitem sistematicamente falsear este último a partir do momento em que tem por conteúdo um mecanismo de disciplina". (FOUCAULT, Michel. *Vigiar e Punir*. Rio de Janeiro: Vozes, 1997, p. 210).

[32] Idem, p. 210.

[33] Embora juridicamente o trabalhador apenas notifique seu empregador, notificando que não tem mais interesse em se manter empregado, é notório o uso popular do termo "pedir demissão", de significado cultural eloquente. (nota da autora)

[34] Aldacy Rachid Coutinho, por exemplo, afirma que "mediante o exercício do poder diretivo materializa-se a subordinação, elemento caracterizador da própria relação de emprego, traduzindo-se na indicação e detalhamento das modalidades técnicas de execução da obrigação principal de prestar trabalho em face da existência de um contrato de trabalho. O empregador dá ordens sobre o modo, tempo e lugar da prestação de trabalho". (COUTINHO, Aldacy Rachid. *Poder Punitivo Trabalhista*. São Paulo: LTr, 1999, p. 52).

[35] Utilizamos propositadamente a expressão "se submeter", porque a realidade insiste em demonstrar que para boa parte da sociedade a inserção na "sociedade de consumidores", o acesso aos bens

vou a doutrina trabalhista a superar, por exemplo, o conceito clássico de subordinação, tentando identificá-la como a inserção do trabalho, e não do trabalhador, nas atividades da empresa, a fim de limitar o exercício desse poder social.

A noção de subordinação objetiva tem o mérito de reconhecer que não existe um poder inato de controle e sujeição do empregado, nem é possível identificar aí uma das características da relação de trabalho. O que a torna única, dentro de um sistema jurídico complexo, é o fato de o trabalhador (que não se separa da mão de obra que realiza) prestar uma força de trabalho necessariamente sujeita (subordinada) à finalidade da empresa, à sua razão de ser. Nesse sentido, a doutrina contemporânea converge para a conclusão de que a subordinação não se caracteriza por uma relação de poder entre pessoas, mas de necessária inserção das atividades em um contexto de previsibilidade e ordem, dentro do qual a mercadoria é produzida ou o serviço é prestado pela empresa.[36]

A subordinação é, portanto, o ponto em que a mesma relação jurídica, que se estabelece entre capital e trabalho, se divide em duas espécies diversas. Quando permitimos que um ser humano *venda* sua força de trabalho, essa força passa a constituir "fator de produção na empresa", ou seja, um trabalho subordinado. Daí decorrem as regras de proteção que justificam e caracterizam o direito do trabalho e por isso a importância fundamental de correta identificação do conteúdo da subordinação.

É apenas porque aceitamos que seres humanos vendam sua força de trabalho, tornando-a *subordinada* a uma atividade econômica, que temos de reconhecer e aplicar regras de proteção que impeçam esse homem de ser equiparado à mercadoria e, pois, anulado em sua condição humana.[37] Desmitificar a subordinação como mera constatação de um poder inato, do empregador sobre o empregado, é, de certo modo, romper com a teoria que se acreditou (e ainda em grande medida acredita-se) necessária para instauração da nova conformação social, idealizada e estabelecida a partir da Revolução Francesa.

Ora, se estamos realmente diante de um contrato, esse poder, além de nada ter de inato, é contrário ao caráter de reciprocidade que tal "ne-

---

básicos e necessários a uma vida minimamente digna, depende diretamente da obtenção de um posto de trabalho. (nota da autora)

[36] O Ministro e professor Mauricio Godinho Delgado a define como *"inserção estrutural do obreiro na dinâmica do tomador de seus serviços"* (GODINHO DELGADO, Mauricio. *Direitos Fundamentais na Relação de Trabalho. In* Revista Legislação do Trabalho. Ano 70, n. 06, São Paulo: LTr, 2006, p. 667). Do mesmo modo, Ribeiro de Vilhena conclui que o elemento que caracteriza a relação de emprego é *"a participação integrativa da atividade do trabalhador na atividade do credor do trabalho"* (Op. cit., p. 478).

[37] SOUTO MAIOR, Jorge Luiz. *Curso de Direito do Trabalho. A Relação de Emprego.* Volume II. São Paulo: LTr, 2008, p. 52.

gócio jurídico" deve assumir no atual contexto das relações privadas. O reconhecimento da subordinação objetiva não tem, entretanto, o intuito de evidenciar, e destituir de autoridade, o poder reconhecido nessa relação privada. Nada obstante sua evolução, a doutrina raramente questiona a possibilidade de exercício de um poder disciplinar ou mesmo cogita refutar a ideia de poder potestativo de dispensa.

Ainda assim, é importante compreender que a denominada subordinação objetiva tem o mérito de romper com essa visão de sujeição de um ser humano às ordens e vontades de outro. E assim o fazendo, caminha no sentido de proteger o ser humano contra a coisificação, contra a sua transformação em mercadoria, que é uma tendência intrínseca ao modelo econômico adotado[38] e que bem se verifica na forma como até hoje permitimos seja exercido o poder no âmbito da relação de emprego.[39]

A relação de trabalho, vista sob novo prisma, não mais como algo a ser regulado para garantir o sucesso da empresa e o desenvolvimento do capitalismo, mas também como uma exigência imperativa em um Estado cuja função extrapola os direitos de defesa, reclamando uma postura ativa, de realização de uma gama mínima de direitos necessários a uma vida digna, deve ser examinada como um contrato, cujo objeto (e apenas ele) pode ser *subordinado* a uma finalidade específica. Vale dizer: no contexto atual, em que o sistema jurídico assume novamente a paternidade de valores fundamentais e seu compromisso com a justiça, não é mais possível compreender como elemento de uma relação jurídica contratual, a sujeição de um sujeito por outro.

Nesse sentido, a doutrina contemporânea converge para a conclusão de que a subordinação não se caracteriza por uma relação de poder entre pessoas,[40] mas de necessária inserção das atividades em um contexto de

---

[38] Por isso Ribeiro de Vilhena acentua que a "à atividade como objeto de uma relação jurídica, não pode ser assimilado o trabalhador como pessoa. Qualquer acepção em sentido diverso importará em coisificá-lo". (RIBEIRO DE VILHENA, Paulo Emílio. *Relação de Emprego: estrutura legal e supostos*. São Paulo: LTr, 1999, p. 465).

[39] Rompe, portanto, com a noção de subordinação pessoal, física, técnica ou intelectual, que origina e permite que até hoje convivamos com o poder disciplinar, diretivo ou punitivo do empregador, incompatível com o caráter contratual que se atribui à relação jurídica de trabalho. Aqui, porém, é necessário um exercício de raciocínio especial para perceber a função do caráter *objetivo* da subordinação jurídica que identifica a relação de trabalho subordinado. É objetiva porque o trabalho humano – repita-se – é o objeto dessa relação jurídica. Mas é subordinação exatamente porque esse objeto não se separa do sujeito que o presta. E é justamente porque a atividade como objeto não pode ser confundida com o sujeito, mas – ao mesmo tempo – na relação de emprego – não se separa desse sujeito, que a *subordinação objetiva* torna-se a característica essencial para a identificação da relação de trabalho, e, bem assim, para evitar seja o homem tratado como mercadoria.

[40] SOUTO MAIOR, Jorge Luiz. *Curso de Direito do Trabalho. A Relação de Emprego*. Volume II. São Paulo: LTr, 2008, p. 52.

previsibilidade e ordem, dentro do qual a mercadoria é produzida ou o serviço é prestado pela empresa.

O poder de sujeição que insistimos em reconhecer ao empregador, não está relacionado à subordinação que caracteriza a relação de trabalho. Tem origem absolutamente diversa. Faz parte de uma lógica disciplinante pela qual impedimos, conscientemente ou não, revoluções sociais. Trata-se de elemento de dominação, puro e simples, facilitado pela separação do trabalhador, dos meios de produção, e impulsionado pela existência de um excedente de mão de obra.[41]

A necessidade de direcionamento da atividade produtiva deve ser qualificada como verdadeiro dever do empregador. Dentro de um contrato de trabalho, o empregador tem o dever de dirigir a prestação de serviços, a fim de atingir seus objetivos empresariais. E se trata de um dever (não de um poder) justamente porque ao *comprar* a mão de obra, o empregador recebe uma autorização do sistema jurídico para dela dispor dentro de determinado período de tempo. Com ela, "recebe" necessariamente, em sua fábrica, em sua casa, em sua loja ou em seu empreendimento, o ser humano que trabalha, em sua integralidade, com suas incoerências humanas, sua força física, sua capacidade intelectual e suas características psicológicas. A existência de um dever de direção da atividade não contempla, portanto, o poder punitivo[42] ou mesmo o poder "potestativo" de extinguir um vínculo de trabalho.

---

[41] Reginaldo Melhado refere que esse poder deve ser concebido como "fenômeno dinâmico e complexo", verificado tanto a partir de um *desequilíbrio primário* ou *endógeno*, que caracteriza como "(a) a alienação mercantil da força de trabalho em si mesma considerada, (b) a subsunção material do trabalhador no processo de produção capitalista, (c) a questão do domínio do conhecimento técnico, (d) o sistema de interação implicativa e (e) a discricionariedade sobre certas condições contratuais", quanto por um *desequilíbrio secundário* ou *heteronômico* desta relação de poder, caracterizado por: "(a) a superpopulação proletária relativa, (b) as variáveis de oportunidade no plano temporal, (c) a intangibilidade do mínimo existencial, e (d) a mobilidade do capital diante da inércia do trabalho" (MELHADO, Reginaldo, *Poder e Sujeição*, São Paulo: LTr, 2007, p. 108). Não concordamos com todas as causas apontadas pelo autor, para a existência de um poder de sujeição, mas é importante perceber que o excedente de mão de obra (ou desemprego estrutural) que é decorrência lógica do sistema capitalista, assim como o fato de o trabalho haver assumido o *status* de condição de sobrevivência física, são fatores que facilitam o uso do poder nas relações de trabalho e bem assim a criação de um verdadeiro senso comum teórico pelo qual esse poder é intrínseco à relação possível de ser estabelecida entre capital e trabalho.

[42] Não se sustenta juridicamente o comportamento cordato da sociedade com o exercício de um poder punitivo dentro do contrato de trabalho. A aplicação de penalidades como advertência ou suspensão, além de carecer de previsão legal expressa, retrata uma insistente ligação entre a moderna relação capital x trabalho e a medieval relação que se estabelecia entre senhor e servo. Apenas uma cultura escravocrata e sectária poderia legitimar, por exemplo, a possibilidade de o empregador suspender o empregado, impedindo-o de trabalhar e de receber salário, em face de um atraso no início das suas atividades. Note-se que o contrário não é absolutamente aceito em nossa sociedade. Ninguém sequer questiona a possibilidade de o empregado aplicar alguma penalidade ao empregador que não fornece os EPIs ou atrasa o pagamento de salários, por exemplo (nota da autora).

O reconhecimento da eficácia dos direitos fundamentais nas relações privadas, de que trataremos no próximo capítulo, se justifica, inclusive, "em função da necessidade evidente de limitação do poder social e como resposta às persistentes desigualdades sociais, culturais e econômicas, ainda mais acentuadas em sociedades periféricas como a do Brasil".[43] Bem por isso, a doutrina constitucional vem reconhecendo a peculiaridade de relações privadas que, como ocorre no âmbito do contrato de trabalho, são informadas pela existência de um poder social de um dos contratantes, de tal modo forte, a comprometer o verdadeiro exercício da autonomia da vontade.[44]

É que, por mais que reconheçamos a necessidade de superar a noção clássica de subordinação e afastar o senso comum que confere ao empregador um poder inato, temos de admitir que as relações de trabalho ainda são hoje marcadas pelo reconhecimento de um poder social conferido exclusivamente ao empregador, que torna a relação contratual assimétrica.

A necessidade de concretização direta dos direitos e deveres fundamentais como requisito para a verdadeira proteção da liberdade material se potencializa em relações como a trabalhista, marcadas pela presença de um poder social. Não por acaso, uma das preocupações principais, dos defensores da tese da eficácia imediata dos direitos e deveres fundamentais nas relações privadas, é "a protecção da liberdade individual, consubstanciada nos direitos fundamentais, contra os 'poderes privados'".[45]

---

[43] SARLET, Ingo Wolfgang. *A Influência dos Direitos Fundamentais no Direito Privado: o caso brasileiro*. In MONTEIRO, Antonio Pinto. NEUNER, Jorg. SARLET, Ingo (orgs). *Direitos Fundamentais e Direito Privado. Uma Perspectiva de Direito Comparado*. Coimbra: Almedina, 2007, p. 111-144.

[44] "A autonomia privada – constitucionalmente garantida – não pode ser entendida apenas num sentido formal, mas antes também materialmente, e em que, portanto, uma concreta parte pode carecer, em determinadas condições, de ser protegida perante a vinculação a um contrato que lhe é desvantajoso ou perigoso, na medida em que, por ocasião da sua conclusão, estivesse consideravelmente afectada a sua possibilidade fáctica de autodeterminação, no exercício da autonomia privada" (CANARIS, Claus-Wilhelm. *Direitos fundamentais e Direito Privado*. Coimbra: Almedina, 2ª reimpressão, 2009, p. 73). É exatamente o que ocorre, como regra, no contrato de trabalho.

[45] Nesse sentido, José João Abrantes observa que "visando a garantir um mínimo de liberdade, isto é, a autodeterminação substancial dos sujeitos jurídicos, os direitos fundamentais dirigem-se em primeira linha contra os poderes estaduais, colocados em posição privilegiada para atentar contra esse seu conteúdo essencial". Logo, porém, acrescenta que "a situação é análoga quando as relações privadas se processam entre sujeitos desiguais, quando existe uma relação de poder-sujeição, que, desde logo, pode afectar a autodeterminação da parte mais fraca". E conclui que "os direitos fundamentais dever-se-ão então aplicar com a mesma legitimidade e nos mesmos termos em que se aplicam na relação entre o indivíduo e o Estado; porque as razões são idênticas, esses direitos valem de forma igual contra o Estado e contra as entidades privadas dotadas de poder, o que significa que os particulares poderão sempre, e de acordo com a própria intensidade do poder em questão, invocar os direitos fundamentais contra essas entidades poderosas" (ABRANTES, José João.*Contrato de trabalho e Direitos fundamentais*. Coimbra: Coimbra Editora, 2005, p. 136). Nessas hipóteses, o direito parte da presunção de que a parte mais fraca não se autodetermina livremente.

O reconhecimento de que esse poder existe, no âmbito da relação de trabalho, é o primeiro passo para a compreensão dessa eficácia. Trataremos, agora, do segundo aspecto determinante à discussão da matéria, relativo à importância da autonomia privada e de sua limitação, no campo dos contratos em que presente um poder privado.

1.3. A autonomia privada em sua dimensão concreta

As regras sobre a perda do lugar de trabalho, e especialmente a interpretação que lhes conferimos, estão diretamente imbricadas à noção de poder que habita o contrato de trabalho e que limita de maneira significativa a autonomia de vontade do sujeito trabalhador.

Autonomia é algo essencial para uma relação que se pretende contratual, como a relação jurídica de emprego. Por sua vez, o poder social reconhecido ao empregador, de que tratamos anteriormente, mitiga de maneira expressiva a autonomia do sujeito trabalhador. Essa é a razão, inclusive, pela qual o Juiz do Trabalho alemão Hans Carl Nipperdey preocupou-se com a necessidade de reconhecimento da existência de deveres de proteção que se impõem aos particulares, enquanto membros de uma sociedade. A teoria da eficácia direta dos direitos fundamentais nas relações privadas, de que trataremos posteriormente, parte, em larga medida, do pressuposto de reconhecimento de que em algumas relações privadas existe um poder social que impede o verdadeiro exercício da autonomia.[46]

O conceito de autonomia está intimamente ligado à ideia de liberdade, valor fundamental ao convívio democrático, por isso, é relevante tratarmos do papel que a autonomia desempenha no âmbito de um contrato de trabalho, enquanto condição do contratante trabalhador para atuar, no âmbito do contrato, como sujeito livre e capaz.[47]

---

[46] É certo afirmar que a teoria vai além do reconhecimento desse dever nas relações privadas marcadas pela presença de um poder social, mas surge da constatação de que em alguns casos, embora estejam em jogo, de modo imediato, interesses privados, o reconhecimento do dever de proteção diretamente exigível de um particular torna-se condição de possibilidade do exercício de direitos fundamentais pelo outro particular. Se isso é verdadeiro em grande parte das relações privadas, torna-se ainda mais presente e necessário, naquelas marcadas pela presença de um poder privado. Por isso mesmo, a teoria da eficácia direta dos direitos fundamentais nas relações privadas é capitaneada justamente por um operador do direito do trabalho. Trataremos desses tópicos no capítulo 4. (nota da autora)

[47] Talvez seja relevante observar, aqui, que a autonomia não é examinada como conceito que se contrapõe à noção de subordinação. A autonomia é condição para que o sujeito de direitos contrate, aja em sociedade. Reconhecer a natureza contratual do vínculo de emprego, mesmo conferindo-lhe contornos especiais ditados pela noção de contrato-realidade, implica reconhecer (e garantir) aos sujeitos dessa relação jurídica o exercício dessa autonomia, exigindo-lhes, ao mesmo tempo, mútuo respeito pela autonomia do outro. (nota da autora)

A autonomia privada era conceito fundamental já na teoria de Kant, que a identificava como conteúdo da dignidade da pessoa humana. Um dos imperativos categóricos por ele construído dispõe: "Age de tal maneira que a vontade, através de sua máxima, se possa considerar a si mesma, ao mesmo tempo, como legisladora universal".[48]

Quando trata do que denomina "uso público da razão", e que podemos identificar como a capacidade de crítica, de compreensão acerca das coisas que nos cercam, Kant observa que é dever do Estado permitir o uso público da razão, porque é aí que a autonomia como dignidade humana se explicita. De acordo com Thadeu Weber, existe, para Kant, uma dupla dimensão da autonomia: autonomia enquanto capacidade de construir imperativos categóricos (elaborados a partir da razão) e autonomia para a aplicação desses imperativos na vida prática. Desse modo, "poder querer para todos o que se quer para si é a máxima expressão da autonomia".[49]

O conceito de autonomia em Kant não abrange, ao menos diretamente, a autonomia como possibilidade real de acesso e escolha e que, por isso mesmo, pressupõe imposição de deveres ao Estado e aos particulares. Para o autor, a "essência da autonomia privada é a sua função autolegisladora. Cumprir a lei da qual se é autor é o núcleo chave da concepção de liberdade como autonomia".[50] Esse conceito até hoje fundamental, da autonomia privada, convive com a noção de que essa autonomia é efetivamente preservada não apenas mediante não intervenção no exercício de liberdades individuais, mas também – e principalmente – mediante reais condições de exercício da vontade.[51]

Mesmo autores de franco compromisso com o ideário liberal reconhecem a necessidade de limitação da autonomia privada, como condição para o exercício da liberdade real, ou seja, como condição de possibilida-

---

[48] Nesta formulação, Kant está propondo um conceito de autonomia da vontade, pois para ele "vontade livre é aquela que obedece à lei da qual é autora. Isso é vontade autônoma", ou liberdade positiva. (WEBER, Thadeu. *Ética e Filosofia Política: Hegel e o Formalismo Kantiano*. 2ª ed. Porto Alegre: EDIPUCRS, 2009, p.48). Kant propõe, pois, uma estreita ligação entre os conceitos de autonomia e dignidade, pois refere que "só tenho dignidade quando sou autônomo, e só sou autônomo, quando me dou a mim próprio a lei. Mas essa dignidade deve ser reconhecida em todos os outros, enquanto membros legisladores de uma comunidade ética". (Idem, p. 51).

[49] WEBER, Thadeu. *Autonomia e Dignidade da Pessoa Humana em Kant*. Revista Direitos Fundamentais e Justiça. Porto Alegre: HS Editora, Ano 3, n. 9, outubro/dezembro de 2009, p. 232-259.

[50] Idem.

[51] Habermas defende que a legitimidade de uma ordem jurídica está em sua capacidade para assegurar a autonomia privada, mas depende das "formas de comunicação nas quais essa autonomia pode manifestar-se e comprovar-se". E acrescenta: "Uma vez que a garantia da autonomia privada através do direito formal se revelou insuficiente e dado que a regulação social através do direito, ao invés de reconstruir a autonomia privada, se transformou numa ameaça para ela, só resta como saída tematizar o nexo existente entre formas de comunicação que, ao emergirem, garantem a autonomia pública e a privada" (HABERMAS, Jürgen. *Direito e Democracia – entre facticidade e validade*, vol. II. Rio de Janeiro: Tempo Brasileiro, 1997, p. 100,101).

de da própria autonomia. É possível afirmar, conforme Daniel Sarmento, que "é hoje praticamente consensual que não basta o simples reconhecimento de liberdades jurídicas, ligadas à autonomia privada ou pública, sem que se confiram as condições mínimas para que seus titulares possam efetivamente delas desfrutar".[52]

Rawls é exemplo dessa afirmação. Influenciado pela teoria da moral kantiana, relaciona uma "noção do bem" à capacidade de ser razoável e racional, que detém o ser humano e que o torna capaz de fazer escolhas. A imbricação entre as noções de liberdade e autonomia aparece claramente delineada quando Rawls afirma que um dos aspectos que denunciam a liberdade do cidadão é a possibilidade de assumir responsabilidade.[53]

Aqui, podemos identificar uma importante evolução do ponto de vista da teoria jurídica, acerca dos conceitos de liberdade e de autonomia. Não se trata apenas da autonomia formal, como capacidade de autodeterminação, de "dar a lei a si próprio". Trata-se, também, de reconhecê-la como uma realidade presente apenas quando houver igualdade e liberdade material, ou seja, apenas quando determinadas condições de vida digna também forem asseguradas.

A noção jurídica de autonomia privada, nos Estados Democráticos, guarda, pois, estreita ligação com o conteúdo moderno do valor "liberdade". Para Dworkin, a liberdade é algo estreitamente relacionado ao próprio conceito de Estado, sendo sua função tratar a todos como "seres humanos capazes de sofrimento e de frustração", que merecem respeito justamente porque formam "concepções inteligentes". E arremata, afirmando que preservar a liberdade em um Estado Democrático equivale a ter "igual consideração e igual respeito"[54] para com todos. Relaciona, portanto, a ideia de liberdade como direito e prerrogativa, ao conteúdo

---

[52] SARMENTO, Daniel. *Os Princípios Constitucionais da Liberdade e da Autonomia Privada*. Boletim Científico: Escola Superior do Ministério Público da União. Brasília, ano 4, n. 14, janeiro/março 2005, p. 167-217. O autor cita Bockenforde, autor comprometido com o liberalismo, para quem a sociedade capitalista "se assenta sob uma tríplice garantia jurídica: a igualdade formal, a liberdade de aquisição da propriedade e a garantia da propriedade adquirida" e que reconhece o fato de que esse modelo não assegura a liberdade real de todos, de modo que para que exista liberdade efetiva para todos, o Estado deve canalizar, delimitar a liberdade e o poder social, impedindo que os detentores de poder social se imponham sobre aqueles que não o detém.

[53] RAWLS, John. Justiça como equidade. São Paulo, Martins Fontes, 2003, p. 77. A capacidade de assumir responsabilidades depende, para Rawls, da capacidade de ter senso de justiça e de ter uma concepção do bem. Por isso, "numa concepção política de justiça de uma democracia constitucional, os cidadãos se consideram fontes autoautenticadoras de reivindicações válidas, ou seja, 'consideram-se no direito de fazer reivindicações a suas instituições de modo a promover suas concepções do bem'". Isso é razoável, "desde que as concepções do bem e as doutrinas morais endossadas pelos cidadãos sejam compatíveis com a concepção pública de justiça, *aqueles deveres e obrigações authenticam-se a si próprios*, de um ponto de vista político". (Sem grifo no original. Idem, p. 76).

[54] DWORKIN, Ronald. *Levando os Direitos a Sério*. Trad. Nelson Boeira. São Paulo: Martins Fontes, 2010, p. 419.

da igualdade *material*, que é pressuposto para o verdadeiro exercício da autonomia privada. Vale dizer: a autonomia como elemento próprio da racionalidade humana só pode ser reconhecida como fator determinante nas relações jurídicas, quando houver real possibilidade de escolha, quando o sujeito não estiver, portanto, premido pelo que o autor denomina "império das necessidades".

Do mesmo modo, Robert Alexy, ao tratar dos direitos fundamentais, observa que a liberdade jurídica só faz sentido quando existe uma liberdade real, que define como "a possibilidade fática de escolher entre as alternativas permitidas".[55] A autonomia no âmbito de um contrato – pouco importando nesse primeiro momento de que tipo de contrato se está a cogitar – pressupõe, portanto, a possibilidade material de escolha. Ingo Sarlet também afirma que é a preservação da dignidade da pessoa humana, não apenas sob o aspecto biológico, mas também emocional e social, que viabiliza a autonomia enquanto verdadeira liberdade de agir.[56]

A mudança no conteúdo dos conceitos de liberdade e de igualdade, que determinaram a radical transformação do papel do Estado em sua relação com a sociedade, viabilizou o fenômeno que se convencionou chamar "constitucionalização do direito civil", e que Facchini refere tenha ocorrido quando "o sujeito abstrato das codificações oitocentistas cede espaço ao sujeito visto em sua concretude".[57] Para o autor, não há mais falar em dicotomia entre ramo público e privado do direito. Embora subsistam diferenças, elas são meramente "quantitativas", já que existem institutos "onde prevalecem os interesses individuais, embora também estejam presentes interesses da coletividade, e outros institutos onde predominam os interesses da sociedade, embora funcionalizados à realiza-

---

[55] ALEXY, Roberto. *Teoria dos Direitos fundamentais*. Trad. Virgílio Afonso da Silva. São Paulo: Malheiros, 2008, p. 503.

[56] Nesse sentido, Ingo Sarlet observa que "os direitos sociais de cunho prestacional (direitos a prestações fáticas e jurídicas) encontram-se, por sua vez, a serviço da igualdade e da liberdade material, objetivando, em última análise, a proteção da pessoa contra as necessidades de ordem material e à garantia de uma existência com dignidade" (SARLET, Ingo Wolfgang. *Dignidade da Pessoa Humana e Direitos Fundamentais na Constituição Federal de 1988*. 3ª ed. Porto Alegre: Livraria do Advogado, 2004, p. 92). Clara, aqui, a concepção de liberdade material como efetiva possibilidade de autodeterminação, ou seja, de autonomia privada como efetiva capacidade de escolha, sem o que Kant chamaria de "coerção pelos impulsos da sensibilidade".

[57] Facchini menciona que no Estado Social, as autoridades públicas passam a "intervir de forma penetrante no processo econômico, quer de forma direta, assumindo a gestão de determinados serviços sociais, quer de forma indireta, através da disciplina de relações privadas relacionadas ao comércio". Com isso, "a liberdade contratual funciona apenas em uma área bastante reduzida", havendo uma importante "relativização do valor da autonomia privada". (FACCHINI NETO, Eugênio. *Reflexões Histórico-Evolutivas sobre a constitucionalização do direito privado*. In SARLET, Ingo Wolfgang (org.). *Constituição, Direitos fundamentais e Direito Privado*. 2ª ed, Porto Alegre: Livraria do Advogado, 2006, p. 13-62).

ção dos interesses existenciais dos cidadãos".[58] Se essa premissa é válida nas relações privadas em geral, é com muito mais força válida no âmbito das relações de trabalho.[59]

O Direito do Trabalho é protagonista nesse diálogo de aproximação de que trata Facchini, podendo ser identificado como o primeiro ramo do direito privado a reclamar *status* de norma de ordem pública, em face do interesse social que encerra. Em outras palavras, é o primeiro ramo do Direito que rege relações entre privados a exigir, como condição de possibilidade da eficácia de suas normas, uma rede de deveres a serem exigidos tanto do Estado, quanto dos particulares, diretamente. Afirmar que as normas trabalhistas são "de ordem pública", é afirmar que os direitos e deveres nelas inscritos constituem condição de garantia da dignidade da pessoa que trabalha.

A aproximação entre o âmbito público e o privado reclama, inclusive, novos contornos para o conceito de autonomia privada, reconhecendo-a nas relações em que os indivíduos possuem reais "poderes" de negociação e verdadeira capacidade de escolha, e mitigando-a naquelas em que um dos atores privados, substituindo-se ao Estado, exerce poder social em relação ao outro contratante.[60]

Não se está sequer a cogitar, portanto, a eliminação da autonomia privada no âmbito do contrato de trabalho ou mesmo no ato de denúncia desse contrato, o que implicaria propor a revisão da própria natureza jurídica contratual dessa relação. O que estamos evidenciando é a necessária existência de limites a essa autonomia, que deve ser reconhecida aos dois contratantes.

O exame da evolução da própria noção de autonomia privada num contexto de Estado Social serve para revelar que, não apenas no âmbito

---

[58] FACCHINI NETO,Eugênio.*Reflexões Histórico-Evolutivas sobre a constitucionalização do direito privado*. In SARLET, Ingo Wolfgang (org.). *Constituição, Direitos fundamentais e Direito Privado*. 2ª ed, Porto Alegre: Livraria do Advogado, 2006, p. 13-62.

[59] Nesse sentido, Mauricio Marca afirma que "a reconhecida disparidade substancial entre as partes da relação de trabalho, à época em que inexistentes normas imperativas conduziram a situações de fato absolutamente inadmissíveis no atual estágio de desenvolvimento da sociedade. A contextualização histórica serve para mostrar que o novo nas relações de natureza civil – a limitação da autonomia privada pelo princípio da isonomia – é desde sempre o caminho do direito do trabalho". (MARCA, Mauricio Machado. *A Aplicação do Princípio da Igualdade às Relações de Trabalho como Limitador da Autonomia Privada à Luz da Jurisprudência do Tribunal Superior do trabalho*. São Paulo: Revista LTr, vol. 72, n. 7, julho de 2008, p. 805-814).

[60] ABRANTES, José João. *Contrato de trabalho e Direitos fundamentais*. Coimbra: Coimbra Editora, 2005, p. 141. A emergência de poderes privados, de acordo com o autor, impõe a superação dessa dicotomia clássica, fruto das revoluções liberais, porque ao contrário do que se tentou coibir à época, hoje as "principais ameaças à dignidade e à liberdade do indivíduo surgem na própria sociedade civil, nas frequentes relações de subordinação que o cidadão aí estabelece com grupos ou poderes privados" (p. 142).

das relações de trabalho, mas em todas as relações privadas, deve haver compromisso com o Outro. O limite da autonomia é, pois, a responsabilidade, já que é da essência do Estado Social a promoção de segurança e acesso reais, para o maior número possível de cidadãos, promovendo necessariamente um conflito saudável de interesses, a impor a limitação da autonomia em prol do efetivo exercício da autonomia alheia.

Trataremos com mais vagar do tema da responsabilidade, ao identificar o conceito de dever, dentro de um Estado Social e Democrático de Direito, no capítulo 4. Desde logo, porém, é necessário pontuar que a diferença entre um Estado Liberal de Direito e um Estado Social de Direito repousa justamente em uma nova concepção de sociedade, como conjunto de cidadãos em que uns têm responsabilidade pelo bem-estar dos outros. Cada um é titular de direitos e responsável pela observância dos direitos alheios, por isso a Constituição de 1988 se compromete claramente com o paradigma da solidariedade.

A democracia, com participação ativa dos cidadãos, depende dessa noção de que "sem direitos sociais para todos, um número grande e provavelmente crescente de pessoas vai achar que seus direitos políticos são inúteis ou indignos de atenção".[61]

O aparente paradoxo da autonomia privada no âmbito das relações individuais que se travam em um Estado Social é exatamente isso: um paradoxo meramente aparente. Preservar a autonomia depende diretamente de limitá-la, sobretudo num contexto complexo de relações que se entrelaçam, nas quais direitos fundamentais muitas vezes estão em choque.

Apenas aceitando que a autonomia privada, nesse cenário, encontra limitação na necessidade pública de preservação e realização de patamares (*Standards*) mínimos de realização dos sujeitos é que compreenderemos a significativa evolução da teoria dos contratos, com a introdução de noções que antes lhe eram estranhas, como a de "função social" e a de "boa-fé objetiva". Conceitos que hoje contaminam as relações privadas, ainda quando partimos do pressuposto da igualdade material dos contratantes. Conceitos que desde sempre estiveram presentes na relação jurídica de trabalho.

A existência de um poder privado potencializa os efeitos nocivos do reconhecimento de uma autonomia ilimitada a um dos contratantes, que se exemplifica com a noção até hoje recorrente de "poder potestativo de despedir". Para desmitificar esse poder, precisamos compreender

---

[61] Como refere Bauman, de nada serve liberdade, se a "liberdade de escolha é garantida na teoria mas inatingível na prática". BAUMAN, Zygmunt. *Vida para Consumo. A Transformação das Pessoas em Mercadoria*. Rio de Janeiro: Zahar Editor, 2008, p. 179.

sua dimensão, desde suas raízes, bem como situar o papel da autonomia privada no contexto de um Estado Social. Não se trata, porém, de um discurso meramente teórico. Negar consequências a esse senso comum que recalca diferenças entre os atores de um contrato de trabalho, impedindo a realização do projeto constitucional, tem efeitos práticos devastadores.

No próximo tópico, trataremos de dois desses efeitos, que bem exemplificam a urgente necessidade de concretização da norma constitucional contida no inciso I do artigo 7º da Constituição brasileira.

1.4. As consequências da perda do lugar de trabalho

A importância da autonomia privada e de suas limitações, bem como a constatação de que ao empregador reconhecemos um poder que verticaliza a relação de emprego, tornam-se ainda mais relevantes quando tratamos do término desse contrato. A característica que o trabalho subordinado assume na era moderna, de condição de possibilidade de sustento físico, para o trabalhador e para sua família, e de veículo de integração social, dá a medida da dimensão que a perda do emprego tem na prática das relações sociais.

Em obra na qual o tema da despedida é examinado sob a ótica do abuso de direito, Leonardo Wandelli traz informações acerca do expressivo número de trabalhadores que dependem do emprego para sobreviver ou que estão à margem do sistema (desempregados ou inseridos em trabalhos informais).[62] Essa realidade ainda não se alterou.[63] O atual Ministro do Trabalho e Emprego, Carlos Lupi, recentemente noticiou que o governo está criando a "taxa de desemprego real", índice que vai se basear em dados do Cadastro Geral de Empregados e Desempregados (CAGED) e da Relação Anual de Informações Sociais (RAIS),[64] a fim de contemplar também os trabalhadores informais, um contingente expressivo de tra-

---

[62] O autor aponta relatório da OIT de acordo com o qual um terço da população economicamente ativa no mundo procura e não encontra emprego ou está subempregada. WANDELLI, Leonardo Vieira. *Despedida Abusiva*. São Paulo: LTr, 2004, p. 36.

[63] Dados oficiais do Instituto Brasileiro de Geografia e Estatística (IBGE), relativos aos anos de 2003 a 2009, indicam que "a média anual da população desocupada nas seis regiões metropolitanas investigadas pela Pesquisa Mensal de Emprego, em 2009, foi estimada em aproximadamente 1,9 milhão de pessoas, 3,3% maior do que a média obtida em 2008. Na comparação com 2003, foi registrada queda de 28,2% nesse contingente,que corresponde a menos 736 mil pessoas no mercado de trabalho em 6 anos". Texto disponível em http://www.ibge.gov.br/home/estatistica/indicadores/trabalhoerendimento/pme_nova/defaultestudos.shtm, acesso em 20/10/2010. Em nível mundial, o site da OIT anunciou recentemente que "taxa de desemprego juvenil atingiu seu maior nível já registrado e deverá aumentar até o final de 2010". http://www.oitbrasil.org.br/topic/employment, acesso em 19/10/2010.

[64] Notícia veiculada em 25/02/2011, disponível em: http://economia.estadao.com.br/noticias/economia,novo-indice-de-desemprego-real-focara-mercado-informal,not_56637,0.htm.

balhadores que, diante da perda de um posto de trabalho, insere-se no mercado informal, sem qualquer das garantias constitucionais.

Essas são as "vítimas do sistema" de que fala Wandelli, na obra antes mencionada. O sistema capitalista é geneticamente portado a produzir excluídos. Os desempregados não surpreendem o sistema, por isso a banalização da condição dos trabalhadores, inclusive quando perdem o posto de trabalho. Uma banalização que é capitaneada, dentre tantos exemplos, pela ótica econômica do Direito do Trabalho.[65]

Wandelli afirma que a perda do lugar de trabalho é o momento em que a *maldade* praticada no ambiente de trabalho se aguça. O autor faz um mergulho na obra de Hannah Arendt, acerca da banalidade do mal, para traçar um paralelo com a banalização dos atos de maldade no âmbito de um contrato de trabalho, traduzida na aceitação praticamente unânime de um sistema de "punição", de fiscalização mediante revista pessoal e de técnicas administrativas como variação da jornada, contagem do tempo despendido no banheiro, dentre tantas outras. Um "mal" que tem o conveniente nome de poder diretivo e que é aceito de forma praticamente unânime, como mera decorrência da necessidade de organizar e dirigir o empreendimento, como já tivemos a oportunidade de referir, quando tratamos do poder social presente nas relações de trabalho. O autor conclui que a despedida "sem justa causa" é o ponto máximo dessa banalidade, traduzindo-se como um silêncio eloquente na doutrina e na jurisprudência, em face do atual texto constitucional.[66]

A banalidade do mal que decorre da perda do emprego não é de ser atribuída exclusivamente ao empregador. A sociedade resiste em enxergar o dano pessoal, emocional e material que decorre da perda do trabalho, para alguém que dele retira seu sustento e nele encontra seu ambiente de relacionamentos e realizações. É preciso, porém, compreender que é no momento em que despede, sem sequer justificar seu ato, que o empregador-contratante age como se fosse possível uma "simples e neutra descartabilidade da pessoa".[67] É aqui que a equiparação do sujeito à mercadoria torna-se mais evidente, mediante clara tentativa de "neutralização da face do Outro".[68] O discurso do cotidiano revela, sem esforço, essa realidade. Os avisos de término do contrato geralmente fazem cons-

---

[65] Wandelli faz crítica à perspectiva econômica do direito, referindo que "quem contrarie uma enunciada lei de mercado não estaria sujeito a reprovação, mas a insucesso. A engendrada inexorabilidade do funcionamento do mercado, apresentado como pura factibilidade, subordina toda normatividade". (Op. cit., p. 49).

[66] WANDELLI, Leonardo Vieira. *Despedida Abusiva*. São Paulo: LTr, 2004, p. 92.

[67] Idem, p. 109.

[68] BAUMAN, Zygmunt. *Vida para Consumo. A Transformação das Pessoas em Mercadoria*. Rio de Janeiro: Zahar Editor, 2008, p. 115.

tar "não precisamos mais dos seus serviços", "gratos pela colaboração", "comunicamos que a partir desta data sua presença não será mais necessária", como se estivessem simplesmente devolvendo uma mercadoria.

Ocorre que mesmo que o senso comum insista em banalizar o mal que decorre da perda do emprego, é difícil ignorar que a extinção do contrato tem consequências diversas, para cada uma das partes envolvidas. Para o trabalhador, constitui sempre um momento particularmente delicado, já que via de regra é desse contrato que o homem retira o sustento necessário à sua sobrevivência física e a de sua família.[69] É durante sua execução, que o ser humano que trabalha *vive*, cria laços de amizade e hábitos. Através do trabalho, constrói uma identidade, reconhece-se naquilo que faz.[70]

O momento da despedida é, portanto, aquele em que o trabalhador perde suas referências, modifica seus hábitos, muda necessariamente o local onde passa a maior parte do seu tempo útil. Para o empregador, esse momento de extinção do vínculo não tem a mesma relevância. Enquanto o pedido de demissão constitui expressão da liberdade moral do indivíduo que trabalha, a denúncia do contrato, pelo empregador, expressa interesse econômico (ligado à atividade produtiva).[71]

Martins Catharino, em texto escrito em 1966, muito antes da edição da Constituição vigente, evidencia a diferença dos interesses em jogo, referindo que enquanto a demissão constitui manifestação de liberdade fundamental humana, a despedida tem fundamento ligado à necessidade de dirigir a empresa. Por decorrência, "o direito de dirigir o trabalho alheio, diretamente derivado do contrato de emprego, tem um substrato econômico e social". E o autor conclui que "restringi-lo é restringir o direito de propriedade em função do bem-estar do grupo e do bem comum".[72]

Um exemplo das consequências pessoais da perda do lugar de trabalho, dentre tantos que aportam nos foros trabalhistas, é paradigmático.

---

[69] No mesmo sentido, em obra específica sobre o tema: "Enquanto para o empregador, necessariamente, dispensa-se para aumentar a produção e melhor organizar a produtividade, não importando os motivos concretos, o pedido de demissão, pelo empregado, representa exercício de sua liberdade individual". (SILVA, Antônio Álvares da. *Proteção Contra a Dispensa na Nova Constituição*. Belo Horizonte: Del Rey, 1991, p.53).

[70] Essa afirmação pode ser comprovada pela simples observância do que ordinariamente ocorre nas salas de audiência dos foros trabalhistas. As testemunhas identificam-se de tal modo com o trabalho que realizam que, ao ser demandadas acerca de sua profissão *perdida*, declaram "profissão: desempregado" (nota da autora).

[71] GHERA, Edoardo. *Diritto del Lavoro*. Bari: Cacucci Editore, 2006, p. 180.

[72] MARTINS CATHARINO, José. *Em Defesa da Estabilidade*. São Paulo: LTr, 1966, p. 29. O autor está tratando da finalidade social da propriedade, e bem assim da empresa, que a Constituição de 1988 estabelece como direito fundamental no art. 5º, quando, logo após referir que "é garantido o direito de propriedade" (inciso XXII), o texto constitucional observa que "a propriedade atenderá a sua função social" (inciso XXIII).

Uma empregada contratada por associação de natureza pública ingressou com ação trabalhista, relatando haver prestado serviços de janeiro de 1980 a agosto de 2007, sempre como auxiliar administrativo. O pedido resumia-se ao pagamento de indenização por dano moral em razão da dispensa arbitrária (não motivada). A empregada referia haver sido surpreendida com a comunicação de que a empresa não precisava mais dos seus serviços. Na petição inicial, mencionava haver dedicado sua vida ao empreendimento, tendo considerado injusta e lesiva a comunicação da dispensa, sem qualquer aviso anterior. Acrescentava que o estresse gerado pela perda do lugar de trabalho provocou-lhe hipertensão arterial e taquicardia, além de instabilidade emocional, com a perda de 16 quilos após a data da despedida. Em juízo, seu estado de estresse emocional era perceptível, malgrado o transcurso de mais de um ano entre a data da audiência e aquela da comunicação da dispensa. Embora a sentença tenha reconhecido o dano pela perda do lugar de trabalho, a ementa proferida em sede de Recurso Ordinário assim dispôs: "INDENIZAÇÃO POR DANOS MORAIS. A despedida imotivada do empregado, por si só, não caracteriza ilicitude no ato da empregadora, tampouco intenção de prejudicar moral ou socialmente a empregada".[73]

No corpo da decisão proferida em segundo grau, lê-se:

A despedida sem justa causa, por si só, não enseja a percepção de indenização por dano moral. Não houve ilicitude no ato da empregadora, tampouco intenção de prejudicar moral ou socialmente a empregada. O direito de promover a despedida é inerente ao *poder potestativo* do empregador, encontrando amparo nos arts. 477 e seguintes da CLT. Para esta conduta a lei já prevê indenização capaz de ressarcir o trabalhador pela perda do trabalho. Dessa forma, no caso presente, *é irrelevante o tempo de serviço prestado à empregadora e o apego emocional sustentado pela recorrida às atividades exercidas* (sem destaques no original).

É justamente contra esse senso comum que banaliza o mal causado pela perda do lugar de trabalho que nos posicionamos. O reconhecimento do dever previsto no art. 7º, inciso I, da Constituição brasileira implica a superação dessa compreensão redutiva e inautêntica das consequências do desemprego.

Em decisão proferida recentemente, o Juiz do Trabalho Daniel Nonohay empresta relevância ao fato de que a previsão mesma de indenização pela perda do trabalho já revela a antijuridicidade do ato. Menciona que o inciso I do artigo 7º da Constituição brasileira prevê o pagamento de "indenização compensatória", e que "o direito à indenização pressu-

---

[73] Acórdão do processo 0102100-70.2009.5.04.0005 (RO). Redator: EMÍLIO PAPALÉO ZIN. Participam: HERBERT PAULO BECK, MILTON VARELA DUTRA. Data: 06/05/2010. Origem: 5ª Vara do Trabalho de Porto Alegre.

põe o cometimento de ato um ilícito pelo agente, qual seja, a resilição unilateral do contrato de trabalho". Conclui:

> [...] o ordinário exercício de um direito, quanto mais de natureza potestativa, configura um ato lícito e, como tal, não gera direito a qualquer espécie de indenização. Não há como atribuir a esta espécie de rompimento da relação de emprego, portanto, uma aura de normalidade e, equívoco extremo, a qualidade jurídica de "direito" do empregador.[74]

A decisão propõe, portanto, um novo olhar para o texto constitucional, que embora não seja um olhar inovador ou revolucionário, é justamente aquele que encontra maior resistência entre os operadores do Direito do Trabalho. Um olhar que reconheça as diferenças implicadas no ato de denúncia do contrato, quando praticado pelo empregador.

O tempo de serviço ou o "apego emocional" talvez sejam mesmo irrelevantes, em face da constatação de que a perda do lugar de trabalho, em um vínculo de um ano ou de trinta, causa, por si só, dano objetivo à imagem que o trabalhador tem de si mesmo e à sua relação com seus pares e com o ambiente em que estava inserido. Não estamos diante de um *poder* potestativo absoluto e neutro, despido de consequências jurídicas e sociais negativas.

Como vimos antes, é justamente a ideia de continuidade[75] que torna o ato de ruptura unilateral, pelo empregador, uma opção administrativa comprometida, e por isso necessariamente justificável. Essa é a razão pela qual Antonio Baylos refere que a empresa, quando despede, expulsa o trabalhador de uma esfera social e culturalmente decisiva para a sua existência. É através do trabalho que o indivíduo se integra socialmente.[76]

A sensação de pertencimento que o trabalho confere ao homem é ressaltada por Richard Sennet, que relata o fato de que ainda no Século XIX os historiadores referiam que mesmo trabalhadores "menos favorecidos", com os chamados "subempregos", desempregados ou simplesmen-

---

[74] O Julgador ainda acrescenta que "transpondo-se tal equívoco argumentativo para os atos da vida civil em geral, poder-se-ia dizer que temos, todos, o "direito potestativo" de lesionar a terceiro, desde que pagando a indenização correspondente. Óbvia, dessarte, a incongruência do conceito." (Processo: 0000061-31-2010-5-04-0111, Vara do Trabalho de Santa Vitória do Palmar, disponível em www.trt4.jus.br).

[75] A proteção contra a dispensa está intimamente ligada à ideia de valorização da continuidade, "sob o fundamento de que o posto de trabalho, o emprego, não é apenas o meio de subsistência do empregado, mas também um ponto de referência fundamental em sua vida, fator de equilíbrio psicológico e social". SILVA, Antônio Álvares da. *Proteção Contra a Dispensa na Nova Constituição*. Belo Horizonte: Del Rey, 1991, p. 61.

[76] No original: "la empresa, a través de la privación del trabajo a una persona, procede a expulsarla de una esfera social y culturalmente decisiva". É através do trabalho que a pessoa obtém "derechos de integración y de participación en la sociedad, en la cultura, en la educación y en la familia". BAYLOS, Antonio. PÉREZ REY, Joaquín. *El Despido o La violencia Del Poder Privado*. Madrid: Editorial Trotta, 2009, p. 44.

te "sobrevivendo de emprego em emprego", procuravam definir-se como tecelões, metalúrgicos ou camponeses.

O autor faz alusão à situação da indústria IBM, nos EUA, que em razão de crise decorrente de má administração, dispensou muitos de seus empregados, após décadas de um regime praticamente vitalício nas relações de trabalho. Aponta as consequências pessoais e emocionais do desemprego para esses profissionais, referindo que "a narrativa de vida de uma carreira é uma história de desenvolvimento interior, que se desenrola por habilidade e luta", e que essa perda acarreta, no mais das vezes, uma sensação de fracasso pessoal que em muito extrapola o âmbito meramente econômico.[77]

Do mesmo modo, Magda Biavaschi observa que já em 1962, Arnaldo Sussekind lutava pela extensão da noção de estabilidade, à época garantida apenas aos ferroviários, aos demais trabalhadores, ao argumento de que "a necessidade de haver mecanismos assegurando que essa garantia que passava a consagrar não mais o direito de ir embora, próprio do período abolicionista, mas o *direito de ficar, de pertencer* –, não fosse obstada por meio de despedidas às vésperas de sua aquisição; ou seja, as despedidas obstativas movidas pelo abuso de direito e má-fé".[78]

Para além dessas consequências pessoais, existem decorrências econômicas que também determinam a necessidade de proteção contra a perda do emprego. É interessante observar que a teoria da análise econômica[79] do Direito do Trabalho reconhece consequências decorrentes da perda do lugar de trabalho, em certa medida preconizando a necessidade de regulação desse "momento" contratual, ainda que de forma negociada. Para tal teoria, o direito é necessário, inclusive, nas situações de baixo

---

[77] SENNET, Richard. *A Corrosão de Caráter. Consequências Pessoais do trabalho no novo capitalismo*. Rio de Janeiro: Record, 2008.

[78] (Sem destaque no original). BIAVASCHI, Magda Barros. *O Direito do Trabalho no Brasil – 1930-1942*. São Paulo: LTr e JUTRA, 2007, p. 151.

[79] A partir da edição de um artigo doutrinário, pelo americano Ronald Coase (COASE, Ronald, "The Problem of Social Cost", *The Journal of Law and Economics*, v. III, oct. 1960, p. 01-44), ganhou fôlego uma nova teoria acerca da compreensão e da aplicação do fenômeno jurídico e social, designada teoria da análise econômica do direito. As relações sociais passam a ser examinadas a partir de sua capacidade para gerar "custos de transação". O valor a ser perseguido é o da eficiência e o caminho parece ser a autorregulação do mercado, mediante negociações que devem considerar os (altos ou baixos) custos da transação. Parte, portanto, da ideia de que o direito se imiscui de forma demasiada nas relações privadas, cujos conflitos podem ser resolvidos a partir de uma visão econômica, mediante negociação direta. Propõe a ponderação das vantagens econômicas de soluções alternativas para o litígio. A "solução formal" passa a ser residual. Tem direta relação com a função do Estado-Juiz em sua relação com a sociedade. Assim, nas situações de baixo custo de transação, devemos "confiar" no mercado. Apenas naquelas em que identificado elevado custo de transação, são necessárias regras de adjudicação externa que vençam as dificuldades de composição espontânea (ARAÚJO, Fernando. *Teoria Econômica do Direito*. Coimbra: Almedina, 2007).

custo de transação, devendo fornecer um quadro legitimador que permita a efetiva negociação e a facilite. Do contrário, "o mercado não funciona".

No âmbito das relações de trabalho, tais ideias não são de forma alguma inovadoras. Adam Smith e David Ricardo já defendiam uma visão econômica das relações de trabalho, propugnando a existência de "uma ordem natural de funcionamento da economia", de modo que "os homens, movidos por interesses individuais, buscam mais conforto com menos esforço, tendendo, naturalmente, a construir um mundo melhor para todos. Para tanto, as leis da oferta e da procura devem ser livres. O caminho é o do mercado autoregulado".[80]

Alguns autores salientam o fato de que a alta rotatividade dos empregados, facilitada na medida do grau de possibilidade de despedida sem motivação, por parte do empregador, impede a qualificação da mão de obra, e com isso, prejudica o avanço da produtividade para o emprego.[81]

O contrato de trabalho, sob a perspectiva econômica, fundamenta-se no fato de que o empregado "transfere o risco" da atividade para o empregador e, em troca, aceita receber menos do que receberia se concorresse diretamente no mercado.[82] Diante dessa premissa, o contrato de trabalho subordinado assumiria posição de prevalência no âmbito das relações que se estabelecem entre capital e trabalho.[83] Daí, concluir-se que para o empreendedor é vantajoso manter empregados subordinados, em vínculos duradouros.

É claro que essa é uma visão minoritária na perspectiva econômica, principal responsável pelas ideias de flexibilização disseminadas, em âmbito mundial, como panaceia para os males da economia. Há quem proponha incentivar a flexibilidade na despedida, como forma de "buscar um equilíbrio entre emprego e salário", mediante ampla possibilidade de "gestão" do término do contrato, pelas partes, defendendo que a alta ro-

---

[80] BIAVASCHI, Magda Barros. *O Direito do Trabalho no Brasil – 1930-1942*. São Paulo: LTr e JUTRA, 2007.

[81] CAMARGO, J. M. (Org.). *Flexibilidade do Mercado de Trabalho no Brasil*. Rio de Janeiro: Fundação Getúlio Vargas, 1996.

[82] Nesse sentido: ARAÚJO, Fernando. *Teoria Econômica do Direito*. Coimbra: Almedina, 2007.

[83] Pietro Ichino faz essa afirmação, mas ressalta que "questo scambio, vantaggioso per tutti, è di fatto generalmente impedito da uma asimmetria informativa caractteristica del mercato del lavoro", gerando contratos "precários" que podem ser ruins para a economia, na medida em que provocam "effetto depressivo sui consumi e sulla fecondità delle famiglie", bem como em relação ao "investimento che ciascun lavoratore fa sul proprio 'capitale umano' in riferimento alle esigenze dell'impresa da cui dipende". A segurança na manutenção do posto de trabalho é, pois, fator importante para que esses investimentos, que melhoram a vida pessoal e profissional do trabalalhador, sejam feitos. (ICHINO, Pietro. *Lezioni di Diritto del Lavoro. Un Approccio di Labour and Economics*. Milano: Giuffrè, 2004, p. 498-499).

tatividade ocorre especialmente por iniciativa dos empregados, que querem se beneficiar dos direitos decorrentes da perda do lugar de trabalho.

Dari Krein refere que essa proposta "esteve em discussão durante a gestão de Edward Amadeo no Ministério do Trabalho e Emprego, no ano de 1998. Ele encomendou um estudo para diversos pesquisadores da PUC-RIO e USP", como forma de "solução para a indução de contratos de mais longo prazo".[84] Reforça-se o "princípio de que a não existência de regras poderia proporcionar um equilíbrio, por meio da oferta e da procura, entre os agentes presentes no mercado de trabalho. Seria o mercado autoregulável, alocando os recursos de forma ótima".[85] O autor critica essa teoria, aduzindo que se cogita de uma análise "parcial e simplista", na exata medida em que deixa de considerar "fatores explicativos do fenômeno do fluxo de admitidos e desligados".[86]

O argumento econômico, ao menos na realidade brasileira, esbarra no fato de que não há empregos disponíveis. Em regra, o trabalhador despedido terá grandes dificuldades para se recolocar no mercado de trabalho. Além disso, o custo da despedida no Brasil é um dos mais baixos dentre os países desenvolvidos ou em desenvolvimento[87] e aqui, ao contrário do que ocorre em outros países, a capacidade sindical para

---

[84] KREIN, José Dari. *A reforma trabalhista de FHC: análise de sua efetividade*. In: Revista trabalhista: direito e processo. V.II, abril/maio/junho 2002. Rio de Janeiro: Forense, 2002, p. 133-164.

[85] Idem.

[86] Menciona que "Em primeiro lugar, o comportamento do fluxo tem uma correspondência com a dinâmica da economia e do mercado de trabalho, perfazendo um movimento cíclico". Além disso, "o comportamento do fluxo é distinto por segmento econômico e por nível de qualificação da força de trabalho. Ele tende a estar mais concentrado nos setores caracterizados pela sazonalidade, menor produtividade e maior vulnerabilidade à variação da dinâmica da economia. Portanto, a sua trajetória não pode ser explicada pelas escolhas racionais dos trabalhadores visando ao acesso a benefícios imediatos (saque do FGTS e seguro desemprego) em detrimento da possibilidade de seguirem uma carreira profissional e garantirem maiores salários". E conclui que "é evidente que há uma correlação positiva entre o tempo de permanência no emprego e o valor do salário. Mas essa correspondência está localizada nos setores econômicos mais estruturados, onde há possibilidade de ascensão profissional. Nos setores que exigem pequena qualificação profissional, a relação é distinta, incluindo a possibilidade de a permanência fechar a oportunidade de conseguir uma melhor ocupação com maior remuneração". (KREIN, José Dari. *A reforma trabalhista de FHC: análise de sua efetividade*. In: Revista trabalhista: direito e processo. V.II, abril/maio/junho 2002. Rio de Janeiro: Forense, 2002, p. 133-164).

[87] Na obra citada na referência de rodapé imediatamente anterior, o autor aponta os índices dessa realidade. E ainda refere obra de Ramos e Carneiro, de 2002, em que demonstrado que a taxa de permanência no emprego dos trabalhadores sem registro em carteira é menor do que a dos com contratos formalizados. Logo, "possuir carteira de trabalho eleva o tempo de serviço do assalariado (RAMOS e CARNEIRO, 2002, p. 43). Ou seja, seguindo o raciocínio desses autores, os contratos sem registro, que não seguem a legislação em vigor, deveriam estimular a vigência de contratos de mais longo prazo. Mas não é isso que ocorre, pois a premissa é problemática. A partir da discussão acima, procurou-se evidenciar que a relação entre a institucionalidade e a taxa de rotatividade é complexa. A prevalência de contratos de curto prazo tem uma explicação na estrutura econômica e na dinâmica do mercado de trabalho, mas também tem relação com a institucionalidade presente no país. O papel da institucionalidade não é o destacado pelos defensores da flexibilização, pois a questão não

a negociação de benefícios em relação à perda do lugar de trabalho é extremamente baixa.

Há, ainda, quem defenda a ampla possibilidade de despedida, mesmo sem qualquer motivação, como fator capaz de permitir ao empregador "desenvolver diferentes estratégias de ajuste do volume da força de trabalho de que necessita", tais como "a substituição de trabalhadores mais antigos por novos e mais escolarizados".[88] Essa afirmação também pode sofrer críticas a partir de uma perspectiva nitidamente econômica, pela qual a qualificação da mão de obra com o decurso do tempo agrega valor importante ao aperfeiçoamento e ao desenvolvimento da empresa.[89]

Em um estudo publicado em 1998, em defesa da possibilidade de despedida não justificada, o americano J. Hoult Verkerke admite que nos EUA essa possibilidade, relativa apenas aos trabalhadores não sindicalizados, vem sendo paulatinamente reduzida, não apenas pela intervenção judicial (reconhecimento da obrigação de justificar a dispensa em razão de previsão no regulamento da empresa, do longo tempo do contrato ou com base na boa-fé objetiva), mas também, e principalmente, por atos dos empregadores, cuja finalidade é provocar uma maior fidelização dos empregados em relação à empresa, e mesmo o receio de que se difunda a ideia de que esse empregador trata injustamente seus empregados. Observa que o exercício arbitrário do poder disciplinar tem efeitos devastantes na moral interna e na produtividade. Para o autor, esse "movimento" empresarial é forte em países como os EUA, ao ponto de tornar a regra da despedida não justificada "erosa fino a diventare irriconoscibile".[90]

Com efeito, não se revela interessante ao empregador a manutenção da lógica de despedida arbitrária. Em certa medida, dificultar o ato de dispensa serve, também, ao desenvolvimento econômico, reduzindo os "custos de transação", no que tange ao término do contrato.

---

pode ser analisada somente pelo lado da oferta, ou pelas opções racionais que alguns trabalhadores possam fazer". (Idem).

[88] KREIN, José Dari. *A reforma trabalhista de FHC: análise de sua efetividade*.In:Revista trabalhista: direito e processo. V.II, abril/maio/junho 2002. Rio de Janeiro: Forense, 2002, p. 133-164.

[89] Nesse sentido: POCHMANN, Márcio. *O trabalho sob fogo cruzado: exclusão, desemprego e precarização no final do século*. São Paulo: Contexto, 1999.

[90] No original: "si diffonda l´idea che esse (impreditori) trattano ingiustamente i lavoratori; esse, inoltre, devono in particolare difendersi contro gli effetti devastanti che un esercizio arbitrario del potere disciplinare avrebbe sul morale interno e sulla produttività". Para o autor, esse "movimento" empresarial é forte em países como os EUA, ao ponto de tornar a regra da despedida não justificada "erosa fino a diventare irriconoscibile". VERKERKE, J. Hoult. *Un Approccio di Law and Economics alla Questione della Libertà di Licenziamento negli Stati Uniti*. In ICHINO, Pietro. Lezioni di Diritto del Lavoro. Un Approccio di Labour and Economics. Milano: Giuffrè, 2004.

Comparando os "interesses em jogo", percebemos com facilidade que o empregador experimenta prejuízo com a extinção do vínculo de emprego, retratado pela queda de produtividade, pela necessidade de treinar o novo empregado e pela perda de eficiência provocada pela alta rotatividade.[91] Tal prejuízo, porém, não se compara àquele experimentado pelo trabalhador, porque é de ordem diversa. Seu espectro pessoal é significativamente menor. Quando o empregado *pede* demissão, o empregador perde a força de trabalho que, salvo algumas exceções, sabe que poderá encontrar facilmente na vasta oferta de mão de obra a sua disposição na lista de espera dos desempregados.[92]

Por fim, aspecto importante acerca da perda do lugar de trabalho é a consequência social do ato de despedida. A sociedade também experimenta prejuízo com a dispensa e com a alta rotatividade dos empregados, seja sob o aspecto econômico, seja do ponto de vista do desenvolvimento industrial, seja, ainda, sob o aspecto da qualidade de vida dos seres humanos que a compõem.[93] Por isso mesmo, a proteção contra a dispensa é de interesse público.[94]

A Sociologia e a Psicanálise[95] vêm insistentemente apontando a efemeridade dos postos de trabalho e a perda do emprego como causas importantes do aumento expressivo de uso de drogas, suicídio e depressão. Mesmo o site do Senado Federal aponta para o fato de que a perda do em-

---

[91] Mesmo a visão econômica do Direito, examinada sob uma perspectiva crítica, revela que contratos de trabalho com subordinação e grandes períodos de duração interessam mais ao mercado, porque permitem fidelizar o empregado, tornando-o "parte" dos elementos da empresa e agregam valor mediante a progressiva qualificação da mão de obra. Nesse sentido: MORAIS DA ROSA, Alexandre; MARCELLINO JR, Júlio César. *Os Direitos Fundamentais na Perspectiva de Custos e o seu Rebaixamento à Categoria de Direitos Patrimoniais: Uma Leitura* Crítica. Revista da Academia Brasileira de Direito Constitucional. Curitiba, 2009, n. 1, Ago-Dez.

[92] Nesse âmbito, o reconhecimento dos prejuízos econômicos advindos da despedida constitui o argumento menor (embora incrivelmente mais palatável) que amarra os fundamentos extrajurídicos do dever de motivar. (nota da autora).

[93] São inúmeras as obras que alertam para os problemas sociais gerados pela alta rotatividade no emprego, pelo aumento do número de empregos "informais", bem como pelos assustadores índices de desemprego em nosso país. Dentre elas, destacamos: ANTUNES, Ricardo. *O Caracol e sua Concha*. São Paulo: Boitempo, 2005; MÉSZÁROS, István. *O Século XXI Socialismo ou Barbárie?* São Paulo: Boitempo, 2003; BAUMANN, Zygmund. *Vidas Desperdiçadas*. Rio de Janeiro: Zahar, 1995; SANTANA, Marco Aurélio. RAMALHO, José Ricardo. (orgs). *Além da Fábrica: trabalhadores, sindicatos e a nova questão social*. São Paulo: Boitempo, 2003.

[94] SILVA, Antônio Álvares da. Op. cit. O autor conclui que a restrição ao poder de despedir é "um imperativo de justiça". (p. 58) Serve à sociedade, que arca diretamente com os custos de altas taxas de desemprego ou rotatividade, na medida em que deve manter programas que garantam a esses trabalhadores sem emprego, a possibilidade mínima de sustento.

[95] Nesse sentido: GIDDENS, Anthony. *Mundo em Descontrole*. 4ª ed. Rio de Janeiro: Record, 2005; BAUMANN, Zygmund. *Identidade*. Trad. Carlos Alberto Medeiros. Rio de Janeiro: Jorge Zahar Editor, 2004; KEHL, Maria Rita. *O Tempo e o Cão. A Atualidade das Depressões*. São Paulo: Boitempo, 2009.

prego, embora não provoque, sozinha, depressão, é fator relevante para a formação de um quadro depressivo.[96]

No mesmo sentido, existem teses acerca das relações entre a perda do lugar de trabalho e a perda de referências, de ambiente e de *status* pessoal e emocional daí decorrentes, ocasionando doenças relacionadas à depressão e ao estresse,[97] cujas consequências sociais são inegáveis. Na medida em que o emprego confere ao ser humano uma "sensação de pertencimento", permitindo que ele inclusive se identifique como professor, metalúrgico ou comerciário, sua perda trará consigo a necessidade de alteração de suas referências de identificação pessoal.

Essas consequências têm efeitos sociais evidentes, que não são desconhecidos da jurisprudência trabalhista,[98] embora, em face do senso comum de que estamos tratando, sejam reiteradamente ignoradas. Há um discurso uníssono no sentido de conferir ao empregador um *poder* potestativo de resilir o contrato sem qualquer motivação,[99] embora em

---

[96] http://www.senado.gov.br/comunica/agencia/cidadania/depressao/not02.htm, acesso em 27/10/2009.

[97] É exemplo: http://www.ensp.unl.pt/saboga/soc/pulic/04_01_sco_depressao_desemprego.pdf.

[98] Veja-se, nesse sentido, decisão que mesmo reconhecendo tais consequências, nega a existência de dano: "DISPENSA SEM JUSTA CAUSA. DANO MORAL. NÃO CONFIGURAÇÃO. *É inconteste que a dispensa do empregado, sem justa causa, mormente após longos anos na empresa, traz enormes transtornos para a sua vida e à de sua família, gerando aflições, angústias, receio do porvir, considerando o mercado de trabalho escasso em oferta de emprego. Altera-se a rotina, a vida, o equilíbrio do empregado.* Porém, de outro lado, a dispensa sem justa causa é um direito discricionário, potestativo, do empregador, de acordo com a sua necessidade e conveniência, naquelas hipóteses em que o empregado não tem assegurada a garantia do emprego. Desse modo, exercitado o direito, pelo empregador, o ato por ele praticado não é passível, por si só, de configurar dano ao patrimônio moral do trabalhador. O dever de reparação somente se origina quando houver a prática de ato ilícito pelo empregador (art. 186 e 927 do C. Civil e art. 5o, X da C.F.), em afronta ao patrimônio moral e material do empregado, impondo-se a configuração do dano e do nexo de causalidade entre a conduta do empregador e o dano havido. Quando tais requisitos não restam configurados, como na hipótese vertente, ante a faculdade do empregador em empreender a despedida do empregado, optante pelo FGTS e sem garantia de emprego, não há dano moral a ser reconhecido". (01994-2007-042-03-00-1 RO. Data de Publicação: 27-09-2008. Órgão Julgador: Oitava Turma. Relator: Denise Alves Horta. Revisor: Márcio Ribeiro do Valle). (sem grifos no original).

[99] Já tratamos do poder social presente nas relações de trabalho, em que se insere a concepção de poder potestativo. Note-se que apenas nos dois tribunais regionais que figuram dentre os mais progressistas do país (Rio Grande do Sul e Minas Gerais) existem, 61 e 114 referências em que a expressão "poder potestativo" aparece na ementa do acórdão (consulta em 20/10/2010). No TST, em rápida consulta pela expressão "poder potestativo", aparece em 21 ocorrências. Dentre delas: "PARTICIPAÇÃO EM MOVIMENTO PAREDISTA – DISPENSA DO EMPREGADO SEM JUSTA CAUSA – PODER POTESTATIVO DO EMPREGADOR – DANO MORAL NÃO CONFIGURADO. A dispensa imotivada do autor após o término de movimento paredista encontra-se inserida no âmbito do poder potestativo empresário e não tem o condão de, por si só, gerar indenização por danos morais, salvo se eivada de irregularidades e abusos, requisito ausente na espécie. Registro que não foi aplicada a justa causa e, segundo se infere do TRCT, sequer houve desconto dos dias parados. Não configurados os requisitos relativos ao dano, nexo causal e culpa da reclamada, mantenho o indeferimento da indenização por danos morais vindicada". (01061-2008-145-03-00-2 RO. Data de Publicação: 10-06-2009. Órgão Julgador: Decima Turma. Relator: Convocada Wilméia da Costa Benevides. Revisor: Convocada Taísa Maria Macena de Lima) e "DISPENSA IMOTIVADA – LEGÍTIMO

momento algum esse poder esteja contemplado no ordenamento jurídico vigente.[100]

Em realidade, a discussão acerca das consequências do desemprego depende de como compreendemos o Direito do Trabalho e sua função para a organização social vigente. A premissa, segundo a qual a relação de trabalho se qualifica como especial em razão da impossibilidade da separação do objeto (força de trabalho) do sujeito (trabalhador), donde decorre a ideia central do dever de proteção, de que trabalho humano não é mercadoria, impede a banalização do ato de dispensa. Impede seja tal ato considerado como mero exercício de direito neutro e destituído de consequências.[101]

Como observa Baylos, sob o aspecto da sociedade, o poder do empregador deve ser examinado como um problema de autoridade e demo-

---

EXERCÍCIO DO PODER POTESTATIVO PATRONAL. O fato de a contestação apresentada pela ré não trazer, explicitamente, a verdadeira motivação para a dispensa sem justa causa não pode inibir o juízo na persecução da verdade real, sobretudo no Direito do Trabalho, onde o princípio da primazia da realidade sobre a forma tem especial relevo. Por esse viés, mesmo estando consagrada no jargão jurídico a expressão "dispensa imotivada" não significa, por óbvio, que motivos não existam para que o rompimento contratual se concretize. Sempre haverá uma razão (de cunho administrativo, econômico, disciplinar etc.) para que o empregado seja dispensado. Não desejando o empregador explicitar a razão da dispensa, di-la 'imotivada', valendo-se, para tanto, do que lhe faculta a lei, não raro beneficiando o empregado. Trata-se de legítimo exercício do poder potestativo patronal. Especulando o autor, na petição inicial, sobre a 'real' motivação para sua dispensa, deflagra, necessariamente, a discussão sobre o tema, razão pela qual não há fuga aos limites da lide se a julgadora externa seu convencimento sob tal prisma, independentemente das versões das partes sobre os fatos, como *in casu*". (0000314-60.2010.5.03.0074 RO. Data de Publicação: 01-09-2010 Órgão Julgador: Turma Recursal de Juiz de Fora. Relator: Jose Miguel de Campos. Revisor: Heriberto de Castro). Uma das referências é da ementa que segue, proferida em junho de 2010, que reconhece um poder potestativo de resilir o contrato de trabalho, inclusive em favor do administrador público: "RECURSO DE REVISTA. DEMISSÃO IMOTIVADA. SOCIEDADE DE ECONOMIA MISTA. O empregado de empresa pública ou de sociedade de economia mista, ainda que admitido mediante aprovação em concurso público, não detém a estabilidade prevista no art. 41 da Constituição da República, estando, em consequência, sujeito ao poder potestativo do empregador de rescindir unilateralmente o contrato de trabalho (Súmula 390, item II, e Orientação Jurisprudencial 247 da SBDI-1 do TST). Decisão regional em consonância com a Jurisprudência desta Corte. Não configurada violação direta e literal aos artigos 37, II e 41 da Constituição Federal. Recurso de revista conhecido e provido". (RR – 95200-10.2001.5.02.0037 , Relator Ministro: Emmanoel Pereira, Data de Julgamento: 09/06/2010, 5ª Turma, Data de Publicação: 18/06/2010).

[100] Wandelli observa que a caracterização do poder de despedir como poder potestativo absoluto, como aparece nas jurisprudências citadas e na maioria absoluta da doutrina, constitui distorção proposital do conceito jurídico de dever potestativo, que impõe ao seu titular, determinada conduta ao mesmo tempo em que sujeita a esfera jurídica de outrem, às consequências daquela conduta. Observa que o direito potestativo que o empregador tem de por fim ao vínculo de emprego não é, pois, isento de limitações. (WANDELLI, Leonardo. Op. cit., p. 335)

[101] Nesse sentido: "ove si aderisca al principio per cui il lavoro non è una merce, si è portati a credere che qualunque provvedimento modifiche le condizione generali e particolari alle quali il lavoro viene prestato, a cominciare da quelle contrattuali, incide direttamente e indirettamente su tutti gli altri caratteri della persona. All'opposto, tra le ricadute di maggior rilievo dell'idea di lavoro come merce va annoverata precisamente la separabilità del lavoro dalla persona" (GALLINO, Luciano. *Il Lavoro non è una merce. Contro la flessibilità*. Roma-Bari: Laterza, 2007, p. 60).

cracia nos espaços de trabalho organizados para a produção de bens e serviços em uma sociedade de mercado.[102]

A empresa constitui uma instituição política de extrema relevância para um país capitalista. Quando esse país capitalista se declara (e se pretende) um Estado Democrático e de Direito, suas instituições devem necessariamente servir ao propósito democrático, que implica, dentre tantas coisas, a diminuição da desigualdade social e econômica, perpetrada por meio da regulação e da limitação dos poderes privados.[103] Esses conceitos, caso não sejam propositadamente ignorados, determinam o reconhecimento de consequências sociais negativas decorrentes da banalização da perda do lugar de trabalho.

Baylos sintetiza, com precisão, o que está por traz da insistência em negar consequências e, pois, responsabilidade, ao ato de despedida, banalizando-o de tal sorte a fragilizar nossas instituições democráticas. Afirma que as visões tão frequentes do ato de despedida, como um ato politicamente neutro derivado de exigências organizativas e objetivas sobre a atividade de quem trabalha, ou como um ato que deriva da racionalidade e de cálculos econômicos de gestão empresarial, são perspectivas que se inscrevem em um projeto político de dominação social com o qual ele afirma não concordar. O autor prossegue mencionando que a despedida deve ser examinada de forma crítica, a partir do autoritarismo do poder privado no ambiente de trabalho, que renega o princípio da igualdade dos cidadãos. A análise do tema da despedida não pode prescindir do exame das condições de cidadania do trabalhador, sendo mesmo impossível reduzi-lo a pura energia produtiva incorporada ao projeto de produção de bens e serviços dirigido pela empresa. Do mesmo modo, não podemos reduzir o exame da despedida a considerações ligadas à dinâmica contratual. Ao contrário, afirma Baylos, temos de nos habituar a ver a despedida como um ato de violência privada, um ato de agressão que, de maneira direta e imediata, pretende alterar o *status* de cidadania de uma democracia constitucional madura.[104]

---

[102] Tradução livre. No original: "un problema de autoridad y democracia en los espacios del trabajo organizado para la producción de bienes y servicios en una sociedad de mercado". BAYLOS, Antonio. PÉREZ REY, Joaquín. *El Despido o La violencia Del Poder Privado*. Madrid: Editorial Trotta, 2009, p. 46.

[103] Nesse sentido, Baylos fala da existência de uma compensação democrática por meio da limitação dos poderes privados e do fortalecimento da organização coletiva dos trabalhadores, de sorte a tornar possível a persecução dos ideais de um Estado Democrático. Nos Estados onde não exista força sindical e haja passividade diante dos abusos dos poderes privados, perde-se a dimensão democrática. (Op. cit., p. 47).

[104] Tradução livre. Transcrição literal: "la visiones tan frecuentes del acto del despido en donde éste se presenta como un acto políticamente neutro derivado de exigencias organizativas y objetivas sobre la actividad de la persona que trabaja, o como un acto derivado de la racionalidad y del cálculo económico de la gestión empresarial, son perspectivas que se inscribem en un proyecto político de dominación social que no se comparte. El despido se debe encuadrar en la crítica del autoritarismo

Esse é o lugar de fala que nos orienta no presente trabalho, comprometido com a realização do projeto constitucional que reconhece e privilegia direitos trabalhistas como fundamentos do sistema e que, nesse contexto, veda a despedida arbitrária.

O primeiro passo para assumir compromisso com a lógica constitucional é reconhecer o dever de motivação, que não impede o ato de violência privada que se consubstancia na despedida, mas inicia uma longa trajetória em busca do resgate da cidadania do homem-trabalhador.[105]

O simples reconhecimento da existência desse dever é já suficiente para minimizar, quando não evitar, circunstâncias que são propiciadas ou potencializadas por esse pacto silencioso em prol do poder privado e que impedem, ainda durante a execução do contrato, o exercício dos direitos trabalhistas que dele decorrem. É disso que trataremos a seguir.

1.4.1. A perda do trabalho como elemento de coerção em razão dos direitos de ação e de mobilização coletiva

É possível afirmarmos que negar a existência do dever constitucional de motivar a despedida restringe amplamente as possibilidades de o empregado exercer adequadamente seus direitos, no curso do contrato. A possibilidade de ser dispensado sem qualquer motivação atua como uma condição impeditiva, até mesmo, de reivindicações menores em relação ao ambiente ou às condições de trabalho.

O cidadão que trabalha sob a lógica da possibilidade de perda do emprego a qualquer momento, sem sequer haver a necessidade de motivação do ato por parte do empregador, é um "contratante" acoado, tolhido em suas possibilidades de interação e intervenção no ambiente de trabalho, alguém que consentirá em ser revistado, que se submeterá a jornadas excessivas ou compactuará com ambientes de trabalho insalubres,

---

del poder privado en los lugares de trabajo y en la negación que conlleva del principio de igualdad de todos los ciudadanos. La consideración del despido non puede prescindir de la condición de ciudadanía del trabajador y de su configuración como ser social, sin que sea posible la reducción del mismo a pura energía productiva incorporada al proyecto de produccíin de bienes y servicios dirigido por la empresa, ni se diluya en una consideración ligada a la dinámica contractual que liga a empresario y trabajador y a los problemas derivados de la realización del proyecto contractual pactado. Al contrario, hay que acostumbrarse a ver el despido como un acto de violencia privada, un acto de agresión que, de manera directa e inmediata, pretende alterar el estatus de ciudadanía de una democracia constitucional madura". (BAYLOS, Antonio. PÉREZ REY, Joaquín. *El Despido o La violencia Del Poder Privado*. Madrid: Editorial Trotta, 2009, p. 49).

[105] Antonio Baylos assevera que examinar a despedida a partir da perspectiva pura e simples da perda de renda é ignorar "conscientemente que este acto pone en crisis los modelos culturales y sociales que rigen una forma de vida en sociedad, y el propio elemento histórico y moral que contiene todo proceso de determinación del valor de la fuerza de trabajo global". (BAYLOS, Antonio. PÉREZ REY, Joaquín. *El Despido o La violencia Del Poder Privado*. Madrid: Editorial Trotta, 2009, p. 45).

e tudo isso por uma razão simples: o sistema jurídico, da forma como interpretado e aplicado atualmente, dá a ele apenas duas opções: compactuar ou perder o emprego.

A perversidade dessa lógica se potencializa na exata medida em que cresce o excedente de mão de obra. Não apenas os operadores do Direito do Trabalho, com sua interpretação e aplicação míope do artigo 7º da Constituição brasileira, mas também o desemprego estrutural, o excedente de mão de obra produtiva, contribui para aumentar as consequências dessa necessária submissão/renúncia aos direitos fundamentais trabalhistas.

Além de uma jurisprudência comprometida com os interesses empresariais, que malgrado o texto constitucional, continua a reafirmar um "poder potestativo" de despedir, o trabalhador brasileiro deve lidar diariamente com a informação de que existem 10, 100 ou talvez 1000 trabalhadores esperando do lado de fora da empresa, pela oportunidade de substitui-lo em seu emprego. Essa grave discrepância entre oferta e procura é nociva, inclusive, ao próprio sistema.

Aqui, dois exemplos serão utilizados, para tentar demonstrar melhor essa realidade. A possibilidade de verdadeiro exercício do direito constitucional de ação e, bem assim, a possibilidade de exercício do direito de organização sindical encontram-se fatalmente comprometidos pela insistente negativa em conferir efetividade plena ao inciso I do art. 7º da Constituição brasileira. São apenas exemplos. Outros tantos poderiam ser citados.

O art. 7º da Constituição brasileira fixa o direito fundamental de acesso ao Poder Judiciário, estabelecendo prazo para o seu exercício.[106] É razoável supor que, garantida a proteção contra a dispensa, haja um prazo razoável para a propositura de demandas que pretendam a intromissão do Estado-Juiz nas relações entre capital e trabalho. Ocorre que a efetiva proteção contra a perda do lugar de trabalho não foi promovida. Sequer o dever fundamental de motivação vem sendo reconhecido. Ainda assim, reconhece-se o instituto da prescrição, aplicando-o inclusive em relação aos créditos vencidos e exigíveis durante a prestação do trabalho (a chamada prescrição no curso do contrato).

Eis o nosso primeiro exemplo. A regra do inciso XXIX do artigo 7º, quando garante o direito fundamental de propor demanda trabalhista, restringindo-o mediante fixação de um prazo prescricional, se insere na lógica protetiva daquele dispositivo constitucional.

---

[106] Melhor conceituado como direito de petição, ou seja, a possibilidade de exigir do Estado-Juiz que interfira no patrimônio de um devedor, para garantir a satisfação de determinado direito, que declare a existência ou não de certa relação jurídica ou mesmo que a constitua.

Está intimamente relacionada ao inciso I, já que é racional e razoável estabelecer um prazo ao credor trabalhista que, podendo agir em juízo porque protegido contra a despedida arbitrária, não o faz. De outro lado, em um sistema jurídico em que o empregador tem direito de extinguir o vínculo de emprego quando quiser, sem precisar motivar seu ato, não é razoável ou mesmo racional que os créditos por ele não adimplidos durante o contrato estejam sujeitos à prescrição. Em um ambiente jurídico com tal conformação, insistir na existência de um *poder* potestativo de resilir o contrato implica submeter o empregado à renúncia constante e reiterada dos direitos fundamentais que adquire no curso de um contrato de trabalho.

A prescrição é instituto previsto no artigo 189 do Código Civil, segundo o qual "violado o direito, nasce para o titular a pretensão, a qual se extingue, pela prescrição". Na realidade, o "direito que teve prescrita a respectiva ação não desaparece – continua a existir apenas destituído de acionabilidade". Desse modo, "o credor de uma dívida prescrita continua credor, de tal modo que, se o devedor lhe pagar, o pagamento é válido e não pode ser repetido".[107]

Assim, a prescrição constitui instituto jurídico criado em nome de uma suposta segurança, como sanção que se aplica ao titular do direito que permaneceu inerte diante de sua violação por outrem. Não se trata de uma autorização para o simples não cumprimento de obrigações de pagar. É, isso sim, uma espécie de restrição ao direito do credor, que se justifica tão somente quando este, podendo agir, permanece inerte.[108]

Márcio Túlio Viana há tempos vem defendendo a inviabilidade de reconhecimento da prescrição no curso do contrato de trabalho em um contexto que nega efetividade à regra-princípio do inciso I do art. 7º da Constituição brasileira.[109] O poder social que habita as relações de trabalho, e sobre o qual discorreremos em capítulo anterior, cria a circunstância objetiva de que durante o contrato, qualquer ato do empregado pode ensejar o desemprego.

Nesse ambiente, é no mínimo falacioso afirmar que a pretensão ao pagamento de qualquer verba trabalhista pode ser exercida durante o curso do contrato. Enquanto não for reconhecido o dever de motivar a despedida, é materialmente inviável a propositura de uma demanda

---

[107] BAPTISTA DA SILVA, Ovídio A. *Curso de Processo Civil*. Volume I. 6ª ed. São Paulo: Revista dos Tribunais, 2003, p. 317.

[108] Por isso mesmo, a prescrição é identificada pelo brocardo "o tempo não socorrem os que dormem".

[109] VIANA, Márcio Túlio. *Os paradoxos da prescrição quando o trabalhador se faz cúmplice involuntário da perda de seus direitos*. Revista LTr, São Paulo, LTr, v. 71, n. 11, p. 1334-1339, nov. 2007.

trabalhista, exceto se for intenção do trabalhador a perda do emprego.[110] Por isso, uma interpretação sistemática do texto constitucional determina a não ocorrência de prescrição no curso do contrato de trabalho, em todas as hipóteses em que se reconheça a possibilidade de despedida *ad nutum*.

O Direito italiano apresenta uma lição interessante nesse tema. Também lá, o Código Civil italiano prevê prescrição durante o curso do contrato de trabalho. Entretanto, a Corte Constitucional italiana, em decisão paradigmática proferida na sentença n. 63, de 10 de junho de 1966, declarou a inconstitucionalidade das normas acerca da prescrição, contidas no Código Civil de 1942, para o efeito de concluir não haja prazo prescricional em curso durante o período de vigência de contrato de trabalho não contemplado com a tutela real, ou seja, com a verdadeira e efetiva garantia contra a perda do trabalho.

A existência mesma de contrato de trabalho em curso constitui, assim, causa de impedimento do curso da prescrição. Na referida decisão, a Corte Constitucional italiana faz afirmação que serve com exatidão à realidade brasileira:

> Não existem obstáculos jurídicos que impeçam de fazer valer o direito ao salário. Existem, todavia, obstáculos materiais, isto é, a situação psicológica do trabalhador, que pode ser induzido a não exercitar o próprio direito pelo mesmo motivo pelo qual muitas vezes é levado à sua renúncia, isto é, pelo temor da dispensa; de modo que a prescrição, fluindo durante a relação de emprego, produz exatamente aquele efeito que o art. 36 pretendeu coibir proibindo qualquer tipo de renúncia: mesmo aquela que, em particulares situações, pode se encontrar implícita na ausência do exercício do próprio direito e, portanto, no fato que se deixe consumar a prescrição.

A prescrição[111] constitui hipótese de restrição a direito fundamental de acesso ao Poder Judiciário, razão pela qual deve ser examinada restritivamente e aplicada apenas quando não atinja o núcleo essencial do direito em causa. Um trabalhador com contrato em curso e sem qualquer garantia de manutenção no emprego não é um credor que poderia agir, e não o fez. É alguém amarrado por uma norma cuja aplicação é negada pela jurisprudência dominante. Se agir, perde a fonte de subsistência. Se não agir, perde a possibilidade de exercer sua pretensão.[112]

---

[110] Essa é uma realidade de fácil constatação para quem milita nos foros trabalhistas. (nota da autora).

[111] O instituto da prescrição apresenta-se justificado pela ideia de segurança jurídica, com o declarado intuito de pacificação dos conflitos sociais, em detrimento do credor, exclusivamente nas hipóteses em que o sistema evidencia um desinteresse na persecução do Direito. (nota da autora).

[112] É o que já vem afirmando Ramaís de Castro Silveira, em obra sobre o tema, quando assevera que "Se não pode entrar na justiça, pois perde o emprego e, depois de despedido, perde todos os direitos maculados no período anterior aos cinco anos que precedem o fim da relação empregatícia, o trabalhador está num brete. (...) Estivesse regulamentada, a proteção contra a despedida arbitrária ou

É importante registrar que todos esses fundamentos, após um debate prenhe e democrático, culminaram na aprovação da seguinte tese, junto ao XV CONAMAT – Congresso Nacional dos Magistrados Trabalhistas realizado nos dias 28 de abril a 01 de maio de 2010, em Brasília, com o seguinte teor:

> PROTEÇÃO CONSTITUCIONAL CONTRA A DISPENSA ARBITRÁRIA (artigo 7º, I, CF). NÃO-REGULAMENTAÇÃO. PRESCRIÇÃO QUINQUENAL: INAPLICABILIDADE. Considerando que a prescrição não é um "prêmio" para o mau pagador, enquanto não aplicado efetivamente o direito de proteção contra a dispensa arbitrária previsto no inciso I do art. 7º da CF, que gera ao trabalhador a impossibilidade concreta de buscar os seus direitos pela via judicial, não se pode considerar eficaz a regra do inciso XXIX do artigo 7º, no que se refere à prescrição que corre durante o curso da relação de emprego. Por isso, enquanto não conferirmos efetividade plena ao artigo 7º, I, da CF/88, não se pode declarar a prescrição qüinquenal.

A prescrição no curso de um contrato de trabalho não protegido contra a despedida arbitrária, como é o caso de noventa por cento das relações trabalhistas no Brasil, é um buraco negro para onde vão os direitos fundamentais que a Constituição brasileira de 1988 consagra. Por si só, constitui argumento suficiente a evidenciar a urgente necessidade de conferirmos efetividade ao inciso I do art. 7º da Constituição brasileira, em face da abrangência de sua nocividade. Não está, porém, sozinho. Outro sintoma de proporções igualmente corrosivas se verifica no âmbito das relações coletivas.

A Constituição brasileira garante a liberdade sindical, o direito de reunião e de greve.[113] Consagra as convenções e acordos coletivos de tra-

---

sem justa causa seria elemento pacificador desta realidade. Isso, pois, oneraria o empregador com auspícios demissionários, permitindo que o empregado, até mesmo, defenda processualmente seus direitos, sem ser por isso demitido". SILVEIRA, Ramaís de Castro. *Estabilidade no emprego: possível, urgente, revolucionária*. Porto Alegre: Dom Quixote, 2008, p. 24-25.

[113] Constituição, art. 8º: É livre a associação profissional ou sindical, observado o seguinte: I – a lei não poderá exigir autorização do Estado para a fundação de sindicato, ressalvado o registro no órgão competente, vedadas ao Poder Público a interferência e a intervenção na organização sindical; II – é vedada a criação de mais de uma organização sindical, em qualquer grau, representativa de categoria profissional ou econômica, na mesma base territorial, que será definida pelos trabalhadores ou empregadores interessados, não podendo ser inferior à área de um Município; III – ao sindicato cabe a defesa dos direitos e interesses coletivos ou individuais da categoria, inclusive em questões judiciais ou administrativas; IV – a assembléia geral fixará a contribuição que, em se tratando de categoria profissional, será descontada em folha, para custeio do sistema confederativo da representação sindical respectiva, independentemente da contribuição prevista em lei; V – ninguém será obrigado a filiar-se ou a manter-se filiado a sindicato; VI – é obrigatória a participação dos sindicatos nas negociações coletivas de trabalho; VII – o aposentado filiado tem direito a votar e ser votado nas organizações sindicais; VIII – é vedada a dispensa do empregado sindicalizado a partir do registro da candidatura a cargo de direção ou representação sindical e, se eleito, ainda que suplente, até um ano após o final do mandato, salvo se cometer falta grave nos termos da lei. Parágrafo único. As disposições deste artigo aplicam-se à organização de sindicatos rurais e de colônias de pescadores, atendidas as condições que a lei estabelecer. Art. 9º É assegurado o direito de greve, competindo aos trabalhadores decidir sobre a oportunidade de exercê-lo e sobre os interesses que devam por meio dele defender.

balho como meios privilegiados de composição das relações entre capital e trabalho.[114] O exercício desses direitos fundamentais, porém, depende de um emprego seguro.

A onda de flexibilização das normas trabalhistas, em vez de torná-lo anacrônico como acreditam alguns, emprestou maior relevância aos Sindicatos, especialmente em relação à sua atuação no âmbito da empresa.[115] A Constituição prevê a possibilidade de negociação coletiva inclusive em questões cruciais como a da extensão da jornada, a de redução de salário e aquela relativa à manutenção do emprego.[116] Para que os Sindicatos possam atuar, porém, é necessário que os empregados que deles participam tenham, pelo menos, a garantia de que a simples atuação em prol do interesse coletivo não implicará perda compulsória do lugar de trabalho.

O discurso flexibilizante traz a valorização da negociação coletiva como um de seus principais objetivos. Valorizar o diálogo entre capital e trabalho, mais do que impor a retirada do Estado desse âmbito de discussão, implica garantir condições reais de debate.

A importância da negociação coletiva está no cerne do Direito Social do Trabalho. Não é necessário *flexibilizar* para que os atores sociais, desde que tenham condições para isso, exerçam sua capacidade de negociação. A origem dos Sindicatos se confunde com a origem do próprio *Direito do Trabalho*. A luta de classes forja a organização sindical a partir de um sentimento de identidade.[117]

---

§ 1º A lei definirá os serviços ou atividades essenciais e disporá sobre o atendimento das necessidades inadiáveis da comunidade. § 2º – Os abusos cometidos sujeitam os responsáveis às penas da lei.

[114] Artigo 7º, XXVI, da Constituição – reconhecimento das convenções e acordos coletivos de trabalho.

[115] Chiarelli, na mesma obra, atenta para o fato de que o desemprego estrutural com o qual lidamos atualmente, acrescido das diferentes formas de alijamento do trabalhador de seu espaço e de sua estrutura de trabalho (mediante a terceirização, o pseudocooperativismo, etc), faz com que se torne necessária a existência de um sindicato que atenda aos trabalhadores de modo amplo. Não apenas aos empregados, mas também àqueles que estão à margem do sistema e que se veem desprotegidos diante de uma legislação que muitas vezes compactua com a *coisificação* do homem-trabalhador. O indivíduo que o capitalismo liberal buscou "integrar" no sistema, tornando cúmplice (parceiro) é colocado tão à margem da organização social, que tem sido levado à conscientização renovada de sua situação, como parte de um grupo também marginalizado de trabalhadores. Revigora-se, também com isso, a noção de classe trabalhadora. E com ela, a necessidade de estabelecimento de uma força coletiva que consiga intervir de sorte a melhorar as condições de vida de quem trabalha. (Idem).

[116] Fortalecimento que passa pela valorização real, e não simbólica, da negociação coletiva, mediante garantia de que o Sindicato pode verdadeiramente negociar, sem com isso sacrificar o trabalho dos empregados que representa. Nas palavras de Oscar Ermida Uriarte, uma regulamentação sindical que pretenda ser legitimada em um Estado de Direito, deve garantir a liberdade sindical, que por sua vez, supõe e depende da *"preexistencia efectiva de los derechos humanos básicos"*. (URIARTE, Oscar Ermida. *Sindicatos en Liberdad Sindical*. 2ª ed. Montevideo: Fundacion de Cultura Universitaria, 1999, p. 61). Vale dizer, uma rede de proteção que permita o exercício do movimento coletivo sem que isso implique sacrifício à própria subsistência.

[117] MARX, Karl. *Para a Crítica da Economia Política. Salário. Preço e Lucro. O Rendimento e suas Fontes*. São Paulo: Abril Cultural, 1982.

Os movimentos sindicais surgem como uma das poucas armas de resistência contra o individualismo gerado pelo sistema capitalista de produção.[118] Constituem a origem dos primeiros movimentos de greve, sendo, por sua vez, responsáveis pela criação de normas limitadoras da exploração capitalista sobre o trabalho humano. Não é possível, pois, colocar em discussão a importância dos movimentos coletivos para a construção e a melhoria do que hoje concebemos como Direito Social do Trabalho.

É preciso compreender, porém, que apenas sindicatos fortes têm verdadeira capacidade de negociação. E sindicatos fortes pressupõem trabalhadores capazes de agir sem que haja sobre suas cabeças uma espada de Dâmocles, capaz de retirar-lhes, sem qualquer motivação, a fonte de sustento.

Nesse sentido se posicionou o Sr. Herbert Passos, representante da Força Sindical, na reunião pública para discussão da rerratificação da Convenção 158 da OIT. Em seu discurso, ele ressaltou que

> [...] a Força Sindical também defende a ratificação da Convenção nº158, porque ela virá trazer uma coisa de que precisamos muito, e há muito tempo, e discutimos muito entre as centrais, que é a Convenção nº 87. Sem a Convenção nº87, que vai trazer a liberdade sindical, de as pessoas poderem optar pela sua entidade realmente representativa; acabar com o sindicalismo, que não aceitamos, as centrais sindicais não aceitam; trazer um sindicalismo mais puro, só vai ser possível com a Convenção nº 158, que não vai permitir a dispensa arbitrária.[119]

No Brasil, há duas Convenções ratificadas, que são essenciais no que tange à proteção dos direitos coletivos do trabalho. A Convenção 98 da OIT, vigente no Brasil desde 1953 por força do Decreto Legislativo 49/1952,[120] dispõe que os representantes sindicais não podem sofrer quaisquer tipos de "restrições empresariais" e que os sindicatos gozam de "proteção adequada contra quaisquer atos de ingerência" assim compreendidas as "medidas destinadas a provocar a criação de organizações de trabalhadores dominadas por um empregador", a manutenção de organização de trabalhadores "por outros meios financeiros", com o objetivo

---

[118] Assim, se as recentes reformas liberais pretendessem realmente valorizar a autonomia coletiva, não precisariam dizer o óbvio: as negociações coletivas sempre constituíram fonte do direito do trabalho, tendo, porém, como limite, os preceitos legais vigentes (nota da autora).

[119] Notas taquigráficas da reunião pública realizada na Câmera dos Deputados, em agosto deste ano, para discussão acerca da mensagem presidencial solicitando a (re)ratificação da Convenção 158 da OIT. http://www2.camara.gov.br/comissoes/ctasp/notastaq/nt22042008.pdf/view?searchterm=convenção%20158%20da%20OIT, acesso em 12/9/2008.

[120] SÜSSEKIND, Arnaldo. *Convenções da OIT*. São Paulo: LTr, 1994, p. 204.

de colocá-las "sob o controle de um empregador ou de uma organização de empregadores".[121]

A Convenção 135, também vigente no Brasil, em razão do Decreto 86/1989, dispõe que "os representantes dos trabalhadores na empresa devem ser beneficiados com uma proteção eficiente contra quaisquer medidas que poderiam vir a prejudicá-los",[122] inclusive contra a dispensa, que em tal hipótese é de ser considerada abusiva.

Essa disposição vai ao encontro do que disciplina o artigo 7º, inciso I, da nossa Constituição brasileira. Note-se que a aludida convenção não faz referência apenas aos dirigentes sindicais. É endereçada "a todos aquellos que actúan en representación del sindicato o de los trabajadores",[123] cogitando, pois, de um núcleo essencial de normas protetivas que garantem a todos os trabalhadores o direito a serem dispensados apenas quando houver motivo relevante para isso.

A efetividade dessas convenções, ratificadas e incorporadas ao ordenamento jurídico brasileiro. passa pela atribuição de eficácia imediata ao que dispõe o artigo 7º, § 1º, da Constituição brasileira. Para que os empregados possam se organizar e lutar por melhores condições de trabalho, é necessário, no mínimo, conferir-lhes a tranquilidade de que não estarão na berlinda, podendo a qualquer momento perder, sem motivação alguma, sua fonte de subsistência.

A proteção contida na Convenção 135 da OIT, ratificada tanto pelo Brasil quanto pelo Uruguai, não se destina a proteger o trabalhador individualmente considerado, mas tem por objeto a proteção da própria liberdade sindical, impensável em circunstâncias diversas.[124]

Os exemplos escolhidos revelam que a mera possibilidade de perda do lugar de trabalho, sem motivação lícita, é já suficiente para fragilizar, quando não aniquilar, o direito de acesso ao Poder Judiciário Trabalhista

---

[121] Idem, p. 204.

[122] IBIDEM, p. 307.

[123] URIARTE, Oscar Ermida. Op. cit., p. 51.

[124] Uriarte menciona que "Esto es así porque el bien jurídico tutelado por el fuero sindical no es solamente el dereoho al empleo del trabajador afectado, sino la propia libertad sindical y, más precisamente, el derecho al desarrollo de la actividad sindical, *lo que solo recibe 'adecuada protección' (como lo pide el Convenio 98) con la reincorporación real del trabajador*. Así lo ha entendido el Comitê de Libertad Sindical de la OIT, al declarar que 'en ciertos casos en que en la práctica la legislación nacional permite a los empleadores, la condición de que paguen la indemnización prevista por la ley en todos los casos de despido injustificado, despedir a un trabajador incluso si el motivo real es su afiliación a un sindicato o su actividad sindical, no se concede una protección suficiente contra los actos de discriminación antisindical mencionados en el Convenio número 98' y así también lo postula la recomendación 143 que establece que 'uma reparación eficaz' del despido de los representantes laborales debe comprender el reintegro de los mismos a sus puestos (artículo 6, numeral 2, literal d)" (URIARTE, Oscar Ermida. *Sindicatos en Liberdad Sindical*. 2ª ed. Montevideo: Fundacion de Cultura Universitaria, 1999, p. 52).

e o de realização do direito coletivo do trabalho, além dos direitos a serem exercidos no curso do contrato, potencializando de modo grave o já tão extenso poder reconhecido ao empregador.

Nesse sentido, Lorena Vasconcelos faz referência a um historiador francês, Jacques Le Goff, que já à época da Revolução Industrial, denominava a possibilidade de despedir sem motivar como a "arma terrível da dispensa", referindo que o "desemprego endêmico, sempre um sinônimo de drama para as suas vítimas", fazia com que o empregador não hesitasse "em colocar na rua, sem nenhuma forma de procedimento, sem indenização, às vezes com um curto aviso-prévio, todos os empregados excedentários, condenados à miséria", de forma a fazer pairar sobre o operário a ameaça permanente da dispensa.[125]

Também aqui é a permissividade diante do poder privado que revela-se socialmente danosa, gerando efeitos durante a execução dos vínculos de emprego. Efeitos que negam, dia a dia, o direito fundamental ao trabalho que a Constituição procurou assegurar de modo prioritário.

Resta-nos, diante da realidade de que a possibilidade de perda do emprego implica consequências pessoais, sociais e econômicas manifestamente negativas, durante e após a extinção do vínculo, verificar o que o direito posto estabelece acerca desse "momento" contratual, confrontando-o com o direito comparado, para daí extrair algumas conclusões importantes para o tema.

---

[125] E prossegue referindo o historiador francês para quem "Insuficiência profissional, ineficácia, preguiça, má índole, falta de respeito, greve..., 'tudo ou quase tudo pode se tornar um pretexto para a dispensa'. Assim, 'se manifesta em sua plenitude o poder absoluto do patrão, mestre e possuidor do destino dos seus operários. Não lhe importam as consequências da sua decisão! Ele só conhece um corpo julgado em razão apenas da sua eficácia'. Desse modo, o operário permanecia 'condenado a uma total insegurança jurídica, vítima da pior das injustiças'". (VASCONCELOS PORTO, Lorena. *La Disciplina dei Licenziamenti in Itália e nel Diritto Comparato: uma proposta per il diritto del lavoro in Brasile*. Tese de doutoramento em Autonomia Individual e Autonomia Coletiva, junto à Università degli Studi di Roma Tor Vergata, apresentada em 2008. Facoltà di Giurisprudenza. Orientador Prof. Dott. Giancarlo Perone, disponível em http://dspace.uniroma2.it/dspace/bitstream/2108/1034/1/Tese.pdf, acesso em 02/11/2009).

2. A despedida: disciplina jurídica

Nosso objetivo com esse estudo é demonstrar não apenas que a Constituição brasileira já garante o dever de motivação do ato de denúncia do contrato de trabalho, quando praticado pelo empregador, como também, e especialmente, discutir as razões da miopia que permite o abismo entre o discurso constitucional e a prática nas relações de trabalho.

Nesse capítulo, apresentaremos a disciplina jurídica acerca do tema da despedida, em alguns países europeus, com especial atenção para a Itália, e no Brasil, a fim de traçar um paralelo que nos permita aprender com a experiência.

Uma visão histórica das relações de trabalho nos permite perceber que elas evoluem lentamente, passando pela relação escravagista, pela relação de servidão (do camponês à gleba), para evoluir para a relação de sujeição (do trabalhador liberto à profissão, no regime corporativo) e, ainda, para a de subordinação, a partir do pensamento liberal em que a vontade, o individualismo e a liberdade formal constituem o cerne do contrato.[126] É dentro dessa última realidade que o tema da perda do lugar de trabalho se insere.

A proibição dos "contratos por vida", ou seja, dos vínculos eternos, representou importante avanço no âmbito das relações de trabalho, assim como significou avanço a possibilidade de denúncia unilateral, privilegiando o exercício da liberdade de contratar.

Esse avanço, porém, como muita coisa na história, teve aspectos positivos e negativos. De acordo com Romagnoli, a liberdade perseguida pelos modernos e falsamente obtida pela proibição de vínculo eterno e, por consequência, pelo reconhecimento da possibilidade de denúncia unilateral, em verdade acarretou a mercantilização do trabalho, porque o tornou objeto abstrato medido a partir do tempo à disposição. Isso porque a verdadeira liberdade contratual implicaria a possibilidade de que o trabalhador se desligasse do emprego, caso não mais o desejasse, mas não que ele fosse dispensado a qualquer tempo, dadas as diferenças es-

---

[126] MARTINS CATHARINO, José. *Em Defesa da Estabilidade*. São Paulo: LTr, 1966, p. 63.

senciais entre a denúncia unilateral de um e do outro contratante, nessa hipótese.[127]

Um avanço, portanto, em certa medida, ilusório. A falsidade da premissa de liberdade contida na ideia de que qualquer dos contratantes pode, mediante mero pré-aviso, por fim ao contrato, se revela facilmente. Em verdade, como já alertava Martins Catharino, é a estabilidade que "facilita a liberdade real", caracterizando-se como o principal instituto do Direito do Trabalho, já que é o único instituto capaz de minimizar (não impedir) "esse risco importantíssimo: o decorrente da impossibilidade involuntária do homem apto conseguir ocupação remunerada", indispensável a sua sobrevivência. O autor observa que "a despedida arbitrária, ou mesmo a discricionária, serve à licenciosidade econômica do empregador, quase sempre pessoa jurídica". E cita autor americano que, em 1950, escreveu que "se uma grande empresa com 10.000 dependentes perde um trabalhador perde um décimo milésimo de sua força de trabalho, o trabalhador perde 100% do seu emprego" (*The Economics of collective action*. Nova Iorque, 1950, p. 269)".[128]

A partir dessa constatação, praticamente todos os países ocidentais disciplinaram as hipóteses de término do contrato, emprestando especial proteção ao trabalhador que perde involuntariamente seu emprego. No Brasil, o reconhecimento dessa necessidade de proteção atinge seu ápice com a edição da CLT em 1943, estendendo a todos os trabalhadores a estabilidade após dez anos de trabalho para a mesma empresa, que até então era garantida apenas a algumas classes de empregados. Em outros países, foram impostas regras bem mais rígidas de limitação da liberdade de despedir.

As últimas décadas, porém, revelam um movimento de refração. A sociedade denominada "neoliberal" acabou por se convencer de que a liberdade a ser privilegiada não era tanto a do trabalhador, mas sim a do mercado.[129] Sem questionar a centralidade do trabalho ou mesmo seu

---

[127] Transcrição literal: "ha comportato sopratutto la mercificazione del lavoro, perché quest´ultimo si fa oggetto astratto alla stregua di una merce la cui misura quantitativa è il tempo". (ROMAGNOLI, Umberto. *Giuristi Del Lavoro*. Roma: Donizelli Editore, 2009, p. 32,33).

[128] MARTINS CATHARINO, José. *Em Defesa da Estabilidade*. São Paulo: LTr, 1966, p. 64. O autor conclui que "a necessidade de viver, de toda a mais primária, deve ser sempre satisfeita, máxime em relação àqueles que não trabalham porque não encontram quem queira ou possa empregá-los". (Idem, p. 65).

[129] Não é casual a alteração da denominação nas empresas. Não existem mais empregados, mas sim 'colaboradores'. A falácia de que capital e trabalho agora são 'parceiros' vem subjacente à ideia de pseudocooperativismo e às várias formas anômalas de relação de trabalho que invadem o cenário da Justiça do Trabalho diuturnamente. Nesse sentido, Boaventura de Souza Santos alerta que o "princípio da comunidade atravessa transformações paralelas. A rematerialização da comunidade, obtida no período anterior através do fortalecimento das práticas de classe, parece enfraquecer de novo, pelo menos na forma que adquirira anteriormente. (...) As classes trabalhadoras continuam a diferen-

valor social, transforma-se a necessidade de garantir um trabalho digno, com remuneração adequada e constante melhoria das condições em que exercido, na pura e simples necessidade de existência de um trabalho.

É desnecessário perder muitas linhas referindo o que os jornais todos os dias insistem em sublinhar: o papel do Estado é garantir postos de trabalho, sejam eles subordinados ou autônomos, precários ou estáveis. Os trabalhadores têm de aceitar as condições "flexíveis" da nova realidade das relações de trabalho e em vez de lutar pela estabilidade no emprego, devem "auxiliar" a empresa, que precisa de um "capital humano" versátil e móvel, para obter "competitividade internacional".

Até mesmo a OIT rende-se ao discurso neoliberal, quando propõe "Convenções Fundamentais", relativas à liberdade sindical e ao trabalho escravo, relegando outras de importância crucial, como a de n. 158, ratificada e depois denunciada pelo Brasil. Recentemente, o Diretor-Geral da OIT, Juan Somavia, declarou que "a crise de emprego e da proteção social provocada pela queda na atividade econômica poderá durar entre seis e oito anos", portanto, "este é o momento de investir o mesmo esforço e criatividade política para criar empregos *e apoiar as empresas que foram investidos para salvar bancos e resgatar o sistema financeiro*".[130] Exige-se do trabalhador uma cumplicidade, tornando-o responsável pela própria existência do empreendimento. Exige-se uma competição constante, diretamente derivada da discrepância entre oferta e procura por trabalho, que o torna extremamente só.

É essa a "grande ruptura" que propõe a denominada "pós-modernidade", segundo alguns autores atuais.[131] A quase impossibilidade de alteridade, de *colocar-se no lugar do outro*, fomentada pela competitividade e pela ausência de "emprego para todos", somada à perda de referenciais calcados na tradição, frutos do desenvolvimento da sociedade capitalista e de consumo, aparecem como fatores decisivos para a erosão dos pilares

---

ciar-se (...) as organizações operárias deixam de contar com a lealdade garantida dos seus membros (...) perdem poder negocial face ao capital e ao Estado (...) os partidos de esquerda veem-se forçados a atenuar o teor ideológico dos seus programas e abstractizar o seu apelo eleitoral" (SANTOS, Boaventura de Souza. *Pela mão de Alice: o social e o político na pós modernidade*, 10ª ed. São Paulo: Cortez, 2005, p. 88).

[130] http://www.oitbrasil.org.br/topic/oit/news/news_123.php, acesso em 20/10/2010.

[131] A noção de pluralidade é a característica essencialmente humana de "ver o mundo do ponto de vista do outro". E disso decorre a ideia de que não existe verdade, mas versões que dependem da opinião que temos acerca das coisas que nos cercam. O que importa, quando vivemos em sociedade, é permitir que "a verdade da opinião de cada um se revele a ele mesmo e aos outros". (ARENDT, Hannah. *A Promessa da Política*. 2ª ed. Rio de Janeiro: DIFEL, 2009, p. 61).

da sociedade moderna (família, Igreja, Estado) e dos valores que a inspiram.[132]

No âmbito das relações de trabalho, essa incapacidade de se colocar no lugar do outro é aguçada pela competição que deriva não apenas da atomização das atividades laborais, mas também da circunstância objetiva de que existem pelo menos cem trabalhadores para cada posto de trabalho.

No caso específico do Brasil, portanto, malgrado o claro texto constitucional do inciso I do art. 7º, em momento algum a proteção contra dispensa foi efetivamente praticada em nossas relações de trabalho, senão para categorias específicas ou após dez anos de trabalho para a mesma empresa. Por isso, a erosão provocada pelo movimento de flexibilização nas regras trabalhistas nos atinge com uma força bem mais devastadora.

Vários países europeus reconhecem a existência de um dever intrínseco de motivação que, ausente, determina a nulidade do ato de despedida.[133] Esse dever fundamental deita raízes na própria noção do papel do trabalho na sociedade moderna e apresenta fundamentos que servem para um discurso de concretização da Constituição brasileira.

2.1. A despedida no direito comparado

É indispensável olhar para o direito comparado, a fim de verificar a existência de realidades diversas daquela brasileira e, com isso, talvez, extrair parâmetros para a plena eficácia do artigo 7º, inciso I, da nossa Constituição.

O país eleito como paradigma, para o estudo comparado, é a Itália, embora pretendamos fazer algumas breves referências sobre demais países. Não é possível, porém, falar de direito comparado, sem antes referir as normativas internacionais e comunitárias acerca da perda do lugar de trabalho e suas consequências.

---

[132] Nesse sentido: DUFOUR, Dany-Robert. *A Arte de Reduzir as Cabeças*. Rio de Janeiro: Companhia de Freud, 2005.

[133] O art. 626 do BGB alemão estabelece o dever de motivar; o art. 1º da Lei Alemã contra Dispensa, de 1951, também; no mesmo sentido dispõem: art. 2119 do Código Civil Italiano e a Lei 604/1966, em seu art. 3º; art. 1.122-14-2 do *Code Du Travail* (francês), que estabelece que "sob solicitação escrita do empregado, o empregador está obrigado a dizer a(s) causa(s) séria(s) ou real (is) da dispensa. Os prazos e as condições do pedido e da enumeração serão fixados em regulamento", e bem assim os artigos 52 e 54 do Estatuto dos Trabalhadores (Espanha) e a Lei Espanhola n. 8 de 10.3.1980. Por fim, a Constituição Portuguesa de 1976 estabelece no art. 53 que "é garantida aos trabalhadores a segurança no emprego, sendo proibidos os despedimentos sem justa causa objetiva ou por motivos políticos ou ideológicos".

O principal parâmetro internacional europeu acerca da perda do lugar de trabalho é a Carta dos Direitos Fundamentais da União Europeia,[134] denominada Carta di Nizza, proclamada pelo Parlamento Europeu, em 2000, que estabelece que "ogni individuo ha il diritto di lavorare e di esercitare una professione liberamente scelta o accettata".[135]

No artigo 30, esse documento confere tutela em caso de despedida arbitrária (não justificada), referindo que "ogni lavoratore ha il diritto alla tutela contro ogni licenziamento ingiustificato, conformemente al diritto comunitario e alle legislazioni e prassi nazionali". E complementa, no artigo 33, que "al fine di poter conciliare vita familiare e vita professionale, ogni individuo ha il diritto di essere tutelato contro il licenziamento per un motivo legato alla maternità e il diritto a un congedo di maternità retribuito e a un congedo parentale dopo la nascita o l'adozione di un figlio".

De acordo com Antonio Baylos, esse documento "eleva la protección frente al despido a la categoría de derecho fundamental".[136] O dispositivo, em realidade, sublinha o que já havia sido fixado na chamada Carta Social Europeia Revisada, aberta à assinatura dos Estados-Membros do Conselho da Europa em Estrasburgo, em 3 de maio de 1996,[137] em cujo artigo 24º lê-se:

> Direito à protecção em caso de despedimento. Com vista a assegurar o exercício efectivo do direito à protecção em caso de despedimento, as Partes comprometem-se a reconhecer: a) O direito de os trabalhadores não serem despedidos sem motivo válido ligado à sua aptidão ou comportamento, ou baseado nas necessidades de funcionamento da empresa, do estabelecimento ou do serviço; b) O direito dos trabalhadores despedidos sem motivo válido a uma indemnização adequada ou a outra reparação apropriada. Para esse efeito, as Partes comprometem-se a assegurar ao trabalhador que considere ter sido objecto de uma medida de despedimento sem motivo válido direito de recurso contra essa medida perante um órgão imparcial.

---

[134] A União Europeia foi estabelecida pelo Tratado de Maastrich, com o objetivo de assinalar "uma nova etapa no processo de criação de uma união cada vez mais estreita entre os povos da Europa, em que as decisões são tomadas de uma forma tão aberta quanto possível e ao nível mais próximo possível dos cidadãos. A União funda-se nas Comunidades Europeias, completadas pelas políticas e formas de cooperação instituídas pelo presente Tratado. A União tem por missão organizar de forma coerente e solidária as relações entre os Estados-Membros e entre os respectivos povos" (art. 1º do Tratado que institui a União Europeia, disponível em http://eur-lex.europa.eu/pt/treaties/index.htm, acesso em 12/6/2007).

[135] Artigo 15 da Carta di Nizza, disponível em www.europarl.europa.eu/charter/pdf/text_it.pdf, acesso em 22/10/2010.

[136] BAYLOS, Antonio. PÉREZ REY, Joaquín. *El Despido o La violencia Del Poder Privado*. Madrid: Editorial Trotta, 2009, p. 77.

[137] Texto disponível em http://www.gddc.pt/siii/im.asp?id=90, acesso em 22/10/2010. A Carta entrou em vigor, após ratificação, na Itália e na Espanha, em 1999 (informação disponível em http://conventions.coe.int/Treaty/Commun/ChercheSig.asp?NT=163&CM=&DF=&CL=ITA, acesso em 22/10/2010).

A "exigência comunitária"[138] de proteção efetiva contra a despedida não justificada sequer traz exceções, razão por que alguns autores defendem deva ser observada mesmo aos contratos a prazo determinado.[139] Baylos bem observa que o intento da Carta di Nizza é justamente vedar a despedida arbitrária, na mesma linha do legislador originário quando da edição da Constituição brasileira de 1988. Para ele, o dispositivo antes reproduzido universaliza "un sistema que impide que el despido pueda seguir los derroteros del livre arbítrio empresarial".[140]

É de pontuar que também o direito comunitário vem se preocupando, cada vez mais, em disciplinar a perda do lugar de trabalho, limitando o exercício do direito empresarial de extinção do vínculo. A Comunidade Europeia, instituída pelo Tratado de Roma,[141] estabelece regulamentos e diretivas que vinculam os Estados-Membros. Para esse estudo, interessam especialmente as diretivas[142] que tratam da questão relativa à perda

---

[138] Ibidem.

[139] Esse é o posicionamento de Baylos, na obra antes referida. É, também, o que noticia Pietro Ichino, quando não apenas refere que a limitação das hipóteses de contratação temporária é corolário lógico do sistema de proteção contra a perda do lugar de trabalho, mas também noticia a existência da Direttiva 70/1999 da Comunidade Européia, segundo a qual é garantido aos trabalhadores contratados a prazo determinado tratamento paritário em relação àqueles contratados a prazo indeterminado. Observa, ainda, que na Itália, a Lei 368/2001 autoriza expressamente a contratação a prazo certo "a fronte di ragioni di carattere técnico, produttivo, organizzativo o sostitutivo", que devem ser demonstrados. Com isso, atende ao comando da referida Diretiva, fixando, desde o início do contrato, o justificado motivo para o seu término. (ICHINO, Pietro. *Lezioni di Diritto del Lavoro. Un Approccio di Labour and Economics*. Milano: Giuffrè, 2004, p.507).

[140] Op. cit., p. 78.

[141] O Tratado que institui a Comunidade Europeia estabelece, em seu artigo 2º: "A Comunidade tem como missão, através da criação da um mercado comum e de uma união econômica e monetária e da aplicação das políticas ou acções comuns a que se referem os artigos 3º e 4º, promover, em toda a Comunidade, o desenvolvimento harmonioso, equilibrado e sustentável das actividades económicas, um elevado nível de emprego e de protecção social, a igualdade entre homens e mulheres, um crescimento sustentável e não inflacionista, um alto grau de competitividade e de convergência dos comportamentos das economias, um elevado nível de protecção e de melhoria da qualidade do ambiente, o aumento do nível e da qualidade de vida, a coesão económica e social e a solidariedade entre os Estados-Membros". (disponível em http://eur-lex.europa.eu/pt/treaties/index.htm, acesso em 12/6/2007). Em 13 de dezembro de 2007, os dirigentes da União Europeia assinaram o Tratado de Lisboa, que altera, sem os substituir, os tratados da União Europeia e da Comunidade Europeia, consagrando direitos existentes e criando novos direitos. Em especial, garante as liberdades e os princípios estabelecidos na Carta dos Direitos Fundamentais e confere um caráter juridicamente vinculativo às suas disposições.

[142] Como leciona Edoardo Ghera, "Le direttive sono espressione del diverso potere riconosciuto dal Trattato alla Comunità di prescrivere agli Stati membri il modo in cui regolare determinate materie e rapporti e richiedono l'adizione di appositi atti di adattamento della parte di questi". (GHERA, Edoardo. *Diritto del Lavoro*. Bari: Caducci, 2006, p. 25). Uma vez editada uma diretiva, os Estados que compõem a Comunidade Europeia têm um prazo fixado para adequarem seus ordenamentos jurídicos às respectivas normativas. O autor mencionado refere o entendimento majoritário da jurisprudência italiana, no sentido de que se o Estado deixa transcorrer o prazo que lhe conferido, sem adaptar o ordenamento jurídico nacional, "Le norme di questa possono acquisire effetti diretti negli ordinamenti nazionali". (Idem). Refere, também, entendimento majoritário da Corte de Justiça, no sentido de que havendo conflito entre norma comunitária e norma nacional, aquela deverá prevalecer. Tal

do lugar de trabalho e que vinculam a atuação dos Estados-Membros, exigindo-lhes à conformação da legislação nacional, aos preceitos que estabelecem.[143]

Nesse passo, a Diretiva 80/987/CEE, sobre a proteção dos trabalhadores nas hipóteses de perda do lugar de trabalho em razão da insolvência do empregador;[144] a Diretiva 2001/23/CE regula a proteção do trabalhador em hipóteses de sucessão de empresas,[145] e a Diretiva 98/59/CE, que estabelece critérios para "aproximação das legislações dos Estados-membros respeitantes aos despedimentos colectivos".[146] Portanto, seja em nível internacional, seja no âmbito comunitário, a Europa adota um modelo social de manejo de situações de relevo econômico, como é aquela relacionada às despedidas.

Baylos pontua, nesse aspecto, que tais diplomas em nível internacional revelam uma opção comprometida não apenas com medidas de coesão social, mas também situadas "en la esfera del mercado y de las liberdades económicas". Acentua, porém, que essa tendência vem sofrendo alguns golpes, como uma comunicação do Parlamento Europeu, em

---

entendimento, segundo o autor, é seguido pela Corte Constitucional Italiana, com base no que dispõe o artigo 11 da Constituição italiana (Art. 11. L'Italia ripudia la guerra come strumento di offesa alla libertà degli altri popoli e come mezzo di risoluzione delle controversie internazionali; consente, in condizioni di parità con gli altri Stati, alle limitazioni di sovranità necessarie ad un ordinamento che assicuri la pace e la giustizia fra le Nazioni; promuove e favorisce le organizzazioni internazionali rivolte a tale scopo).

[143] O artigo 249 do Tratado que institui a Comunidade Europeia dispõe que "para o desempenho das suas atribuições e nos termos do presente Tratado, o Parlamento Europeu em conjunto com o Conselho, o Conselho e a Comissão adoptam regulamentos e directivas, tomam decisões e formulam recomendações ou pareceres. O regulamento tem carácter geral. É obrigatório em todos os seus elementos e directamente aplicável em todos os Estados-Membros. A directiva vincula o Estado-Membro destinatário quanto ao resultado a alcançar, deixando, no entanto, às instâncias nacionais a competência quanto à forma e aos meios. A decisão é obrigatória em todos os seus elementos para os destinatários que designar. As recomendações e os pareceres não são vinculativos."

[144] Prevê, por exemplo, em seu artigo 3°, a criação de um fundo, mantido pelo empregador, para garantir o pagamento dos últimos salários, em tal hipótese.

[145] Ambas disponíveis em http://eur-lex.europa.eu, acesso em 22/10/2010.

[146] http://eur-lex.europa.eu/LexUriServ/LexUriServ.do?uri=CELEX:31998L0059:PT:HTML, acesso em 22/10/2010. No artigo 1°, a Diretiva traz a definição de dispensas coletivas como sendo "os despedimentos efectuados por um empregador, por um ou vários motivos não inerentes à pessoa dos trabalhadores, quando o número de despedimentos abranger, segundo a escolha efectuada pelos Estados-membros: i) ou, num período de 30 dias: no mínimo 10 trabalhadores, nos estabelecimentos que empreguem habitualmente mais de 20 e menos de 100, no mínimo 10% do número dos trabalhadores, nos estabelecimentos que empreguem habitualmente no mínimo 100 e menos de 300 trabalhadores, no mínimo 30 trabalhadores, nos estabelecimentos que empreguem habitualmente no mínimo 300; ii) ou, num período de 90 dias, no mínimo 20 trabalhadores, qualquer que seja o número de trabalhadores habitualmente empregados nos estabelecimentos em questão; "Refere também que "Entende-se por «representantes dos trabalhadores» os representantes dos trabalhadores previstos pela legislação ou pela prática dos Estados-membros".

2007, pela qual é nítida a tendência em substituir uma tutela de proteção contra a despedida por uma tutela aos trabalhadores desempregados.[147]

No caso dos estados europeus, verifica-se que a maioria dos países há muito reconhece a necessidade de motivação do ato de despedida, apesar das recentes alterações legislativas, informadas por uma política de flexissegurança, que alteram regras acerca da despedida ou da proteção judicial a ela.

Na Alemanha, a Lei de Proteção contra a Dispensa (KSchG), de 1951, que influenciou os termos da Recomendação nº 119 e da Convenção nº 158, ambas da OIT, fixa o dever de motivar a despedida, exigindo prévia notificação, pelo empregador, ao Comitê de Empresa ou aos representantes trabalhadores, esclarecendo as razões empresariais que justificam o ato de despedir.

O art. 1º, § 2º, da KSchG, refere que a dispensa ordinária pode ser fundada nas seguintes razões: motivos relacionados à pessoa do trabalhador; motivos atinentes ao seu comportamento; graves exigências da empresa. As regras de proteção contra a despedida são aplicáveis para relações de trabalho vigentes há mais de seis meses, em empresas com mais de cinco empregados, desde que o empregador não seja "pequena empresa".

Em 2004, uma lei de reforma do mercado de trabalho reduziu o âmbito de aplicação da KSchG para as empresas com mais de 10 empregados. A lei refere a possibilidade de despedida por motivos pessoais relacionados à doença incapacitante do trabalhador, mas desde que se trate de doença de longa duração que não melhorará; quando a manutenção do emprego causa prejuízo econômico excessivo à empresa e quando não exista possibilidade de adoção de medidas alternativas que preservem o lugar de trabalho. Os motivos relacionados ao comportamento dizem com a violação de obrigações contratuais.

As "graves exigências empresariais" referem-se a dificuldades econômicas ou processos de reestruturação da empresa.[148] O controle judicial das despedidas diz com o exame da efetiva ocorrência do motivo enunciado pelo empregador, sendo vedada ao Juiz, ao menos de acordo com o

---

[147] BAYLOS, Antonio. PÉREZ REY, Joaquín. *El Despido o La violencia Del Poder Privado*. Madrid: Editorial Trotta, 2009, p. 80-84.

[148] VASCONCELOS PORTO, Lorena. *La Disciplina dei Licenziamenti in Itália e nel Diritto Comparato: uma proposta per il diritto del lavoro in Brasile*. Tese de doutoramento em Autonomia Individual e Autonomia Coletiva, junto à Università degli Studi di Roma Tor Vergata, apresentada em 2008. Facoltà di Giurisprudenza. Orientador Prof. Dott. Giancarlo Perone, disponível em http://dspace.uniroma2.it/dspace/bitstream/2108/1034/1/Tese.pdf, acesso em 02/11/2009.

entendimento majoritário da jurisprudência alemã, a verificação da possibilidade de invocação de determinado motivo.[149]

O direito alemão reconhece que "o empregado cujo posto de trabalho foi suprimido tem direito de ser recolocado em outra posição na mesma unidade produtiva ou na empresa. Se necessário, o empregador deve garantir a possibilidade da formação ou requalificação profissional".[150]

Em Portugal, o Código do Trabalho[151] disciplina a dispensa coletiva[152] e a individual nos artigos 396 a 439, estabelecendo de modo minucioso as hipóteses de extinção do contrato e suas consequências. Nas hipóteses de dispensa coletiva, a lei exige negociação prévia,[153] intervenção do Ministério responsável pela área laboral,[154] para só então, esgotadas essas ten-

---

[149] Em relação ao direito alemão, Lorena Vasconcelos cita entendimento jurisprudencial majoritário da Corte Federal do Trabalho (*Bundesarbeitsgericht*), de que o mérito da decisão empresarial não é passível de ser analisado pelo juiz, de sorte que "não cabe a este sugerir ao empregador uma política empresarial melhor". Menciona, porém, exceções: "Primeiramente, a decisão empresarial não pode contrastar com o direito vigente e o fim perseguido pelo empregador não pode ser ilícito. Este seria o caso, por exemplo, de uma reorganização empresarial realizada com o objetivo de eliminar alguns trabalhadores. Em segundo lugar, a decisão empresarial não pode prevalecer caso se mostre 'manifestamente não objetiva, irracional ou arbitrária', o que deve ser provado pelo obreiro". (Idem).

[150] Ibidem.

[151] Disponível em www.mtss.gov.pt, acesso em 19/10/2010.

[152] Em relação à dispensa coletiva, o artigo 419º dispõe "1 – O empregador que pretenda promover um despedimento colectivo comunica, por escrito, à comissão de trabalhadores ou, na sua falta, à comissão intersindical ou às comissões sindicais da empresa representativas dos trabalhadores a abranger a intenção de proceder ao despedimento. 2 – A comunicação a que se refere o número anterior deve ser acompanhada de: a) Descrição dos motivos invocados para o despedimento colectivo; b) Quadro de pessoal, discriminado por sectores organizacionais da empresa; c) Indicação dos critérios que servem de base para a selecção dos trabalhadores a despedir; d) Indicação do número de trabalhadores a despedir e das categorias profissionais abrangidas; e) Indicação do período de tempo no decurso do qual se pretende efectuar o despedimento; f) Indicação do método de cálculo de qualquer eventual compensação genérica a conceder aos trabalhadores a despedir, para além da indemnização referida no nº 1 do artigo 401º ou da estabelecida em instrumento de regulamentação colectiva de trabalho. 3 – Na mesma data deve ser enviada cópia da comunicação e dos documentos previstos no número anterior aos serviços competentes do ministério responsável pela área laboral. 4 – Na falta das entidades referidas no nº 1, o empregador comunica, por escrito, a cada um dos trabalhadores que possam vir a ser abrangidos, a intenção de proceder ao despedimento, podendo estes designar, de entre eles, no prazo de cinco dias úteis contados da data da recepção daquela comunicação, uma comissão representativa, com o máximo de três ou cinco elementos, consoante o despedimento abranja até cinco ou mais trabalhadores. 5 – No caso previsto no número anterior, o empregador envia à comissão nele designada e aos serviços mencionados no nº 3 os elementos referidos no nº 2".

[153] Artigo 420º 1 – Nos 10 dias posteriores à data da comunicação prevista nos n.os 1 ou 5 do artigo anterior tem lugar uma fase de informações e negociação entre o empregador e a estrutura representativa dos trabalhadores, com vista à obtenção de um acordo sobre a dimensão e efeitos das medidas a aplicar e, bem assim, sobre a aplicação de outras medidas que reduzam o número de trabalhadores a despedir.

[154] Artigo 421º 1 – Os serviços competentes do ministério responsável pela área laboral participam no processo de negociação previsto no artigo anterior, com vista a assegurar a regularidade da sua instrução substantiva e procedimental e a promover a conciliação dos interesses das partes. 2 – A pedido de qualquer das partes ou por iniciativa da entidade referida no número anterior, os serviços regionais do emprego e da formação profissional e a segurança social definem as medidas de empre-

tativas, haver a comunicação dos empregados, com a especificação dos motivos que legitimam a opção empresarial.[155]

O Código do Trabalho elenca nos artigos 423º a 428º as causas de despedida coletiva, semelhantes àquelas que legitimam a despedida individual licitamente motivada, dentre as quais se destacam a extinção do posto de trabalho, a inadaptação, desde que tenham sido ofertadas outras funções dentro da empresa ou cursos de aperfeiçoamento.

Trata-se, pois, de despedidas justificadas por motivos econômicos, ligados à conduta do trabalhador ou à atividade empresarial.[156] Os mesmos motivos de inadaptação,[157] por exemplo, desde que devidamente comprovados pelo empregador, que deverá se desincumbir do ônus de buscar medidas alternativas à decisão extrema de extinção do contrato de trabalho, também servem a justificar despedidas individuais.

A despedida por extinção do posto de trabalho só poderá ter lugar quando "seja praticamente impossível a subsistência da relação de trabalho", havendo determinação legal de que o empregador envide esforços para adaptar o trabalhador e se abstenha de firmar contratos temporários para as mesmas tarefas.[158] O Código do Trabalho português considera ilí-

---

go, formação profissional e de segurança social aplicáveis, de acordo com o enquadramento previsto na lei para as soluções que vierem a ser adoptadas

[155] Artigo 422º 1 – Celebrado o acordo ou, na falta deste, decorridos 20 dias sobre a data da comunicação referida nos n.os 1 ou 5 do artigo 419º, o empregador comunica, por escrito, a cada trabalhador a despedir a decisão de despedimento, com menção expressa do motivo e da data da cessação do respectivo contrato, indicando o montante da compensação, assim como a forma e o lugar do seu pagamento. 2 – Na data em que for expedida aos trabalhadores a decisão de despedimento, o empregador deve remeter ao serviço competente do ministério responsável pela área laboral a acta a que se refere o nº 5 do artigo 420º, bem como um mapa, mencionando, em relação a cada trabalhador, nome, morada, data de nascimento e de admissão na empresa, situação perante a segurança social, profissão, categoria e retribuição e ainda a medida individualmente aplicada e a data prevista para a sua execução. 3 – Na mesma data é enviada cópia do referido mapa à estrutura representativa dos trabalhadores. 4 – Na falta da acta a que se refere o nº 5 do artigo 420º, o empregador, para os efeitos do referido no nº 2 do presente artigo, deve enviar justificação daquela falta, descrevendo as razões que obstaram ao acordo, bem como as posições finais das partes.

[156] Artigo 402º A extinção do posto de trabalho determina o despedimento justificado por motivos econômicos, tanto de mercado como estruturais ou tecnológicos, relativos à empresa, nos termos previstos para o despedimento colectivo.

[157] Artigo 406º Situações de inadaptação. 1 – A inadaptação verifica-se em qualquer das situações previstas nas alíneas seguintes, quando, sendo determinadas pelo modo de exercício de funções do trabalhador, tornem praticamente impossível a subsistência da relação de trabalho: a) Redução continuada de produtividade ou de qualidade; b) Avarias repetidas nos meios afectos ao posto de trabalho; c) Riscos para a segurança e saúde do próprio, dos restantes trabalhadores ou de terceiros. 2 – Verifica-se ainda inadaptação do trabalhador quando, tratando-se de cargos de complexidade técnica ou de direcção, não tenham sido cumpridos os objectivos previamente fixados e formalmente aceites por escrito, sendo tal determinado pelo modo de exercício de funções e desde que se torne praticamente impossível a subsistência da relação de trabalho.

[158] Artigo 403º Requisitos: 1 – O despedimento por extinção do posto de trabalho só pode ter lugar desde que, cumulativamente, se verifiquem os seguintes requisitos: a) Os motivos indicados não sejam devidos a uma actuação culposa do empregador ou do trabalhador; b) Seja praticamente im-

cito qualquer ato de despedimento "a) Se não tiver sido precedido do respectivo procedimento; b) Se se fundar em motivos políticos, ideológicos, étnicos ou religiosos, ainda que com invocação de motivo diverso; c) Se forem declarados improcedentes os motivos justificativos invocados para o despedimento".[159]

No Código do Trabalho português, a consequência da declaração de ilicitude do ato de despedida é o pagamento de indenização e a reintegração,[160] além do pagamento dos salários desde o momento da saída até o trânsito em julgado da decisão.[161]

A lei portuguesa opta claramente pela reintegração como consequência da declaração de invalidade do motivo invocado para a perda do lugar de trabalho, excetuando essa possibilidade apenas nos casos em que trabalhador opte por não ser reintegrado, ou em casos de microempresa ou de trabalhador detentor de "alto cargo", e, ainda assim, exigindo justificação do empregador, suscetível de exame judicial, acerca dos motivos de sua oposição em devolver o posto de trabalho.[162]

---

possível a subsistência da relação de trabalho; c) Não se verifique a existência de contratos a termo para as tarefas correspondentes às do posto de trabalho extinto; d) Não se aplique o regime previsto para o despedimento colectivo; e) Seja posta à disposição do trabalhador a compensação devida. 2 – Havendo na secção ou estrutura equivalente uma pluralidade de postos de trabalho de conteúdo funcional idêntico, o empregador, na concretização de postos de trabalho a extinguir, deve observar por referência aos respectivos titulares, os critérios a seguir indicados, pela ordem estabelecida: 1º Menor antiguidade no posto de trabalho; 2º Menor antiguidade na categoria profissional; 3º Categoria profissional de classe inferior; 4º Menor antiguidade na empresa. 3 – A subsistência da relação de trabalho torna-se praticamente impossível desde que, extinto o posto de trabalho, o empregador não disponha de outro que seja compatível com a categoria do trabalhador. 4 – O trabalhador que, nos três meses anteriores à data do início do procedimento para extinção do posto de trabalho, tenha sido transferido para determinado posto de trabalho que vier a ser extinto, tem direito a reocupar o posto de trabalho anterior, com garantia da mesma retribuição base, salvo se este também tiver sido extinto.

[159] Artigo 429º.

[160] Artigo 436º Efeitos da ilicitude. 1 – Sendo o despedimento declarado ilícito, o empregador é condenado: a) A indemnizar os trabalhadores por todos os danos, patrimoniais e não patrimoniais causados; b) A reintegrá-lo no seu posto de trabalho sem prejuízo da sua categoria e antiguidade.

[161] Artigo 437º Compensação. 1 – Sem prejuízo da indemnização prevista na alínea a) do nº 1 do artigo anterior, o trabalhador tem direito a receber as retribuições que deixou de auferir desde a data do despedimento até ao trânsito em julgado da decisão do tribunal.

[162] Artigo 438º Reintegração. 1 – O trabalhador pode optar pela reintegração na empresa até à sentença do tribunal. 2 – Em caso de microempresa ou relativamente a trabalhador que ocupe cargo de administração ou de direcção, o empregador pode opor-se à reintegração se justificar que o regresso do trabalhador é gravemente prejudicial e perturbador para a prossecução da actividade empresarial.3 – O fundamento invocado pelo empregador é apreciado pelo tribunal. 4 – O disposto no nº 2 não se aplica sempre que a ilicitude do despedimento se fundar em motivos políticos, ideológicos, étnicos ou religiosos, ainda que com invocação de motivo diverso, bem como quando o juiz considere que o fundamento justificativo da oposição à reintegração foi culposamente criado pelo empregador.

Na Espanha, após recente e tumultuada alteração legislativa,[163] o Estatuto dos Trabalhadores,[164] de 1995, estabelece regras para a dispensa coletiva[165] e para a despedida individual,[166] exigindo a explicitação da motivação do ato empresarial.

As causas econômicas estão relacionadas a resultados negativos na empresa (perdas atuais ou previstas), desde que devidamente comprovados pelo empregador. Já as causas técnicas dizem com a automatização de postos de trabalho ou dos instrumentos, e as causas "organizativas" referem-se às mudanças em métodos de trabalho que causem redução dos postos.[167] Os chamados "motivos disciplinários"[168] referem-se à con-

---

[163] Em notícia recentemente veiculada, lê-se: "O Congresso dos Deputados aprovou ontem a reforma laboral em Espanha que, em última análise, torna mais fácil e mais barato despedir, reduz os custos para os patrões e simplifica os contratos de trabalho. Depois de mais de 600 emendas ao texto, a lei passou com os votos favoráveis do PSOE e com a abstenção do Partido Nacionalista Basco (PNV). (...) Mesmo antes da aprovação definitiva de ontem, a reforma laboral já tinha entrado em vigor em Junho, por 'decreto de emergência' do governo. A nova lei diz que as empresas poderão justificar os despedimentos 'quando os resultados demonstrem perdas económicas', ou seja, será mais fácil dispensar trabalhadores no caso de uma queda 'persistente' das receitas. As indemnizações serão pagas segundo uma regra de 20 dias por cada ano trabalhado para todo o tipo de contratos, sendo que as empresas podem despedir com base em previsões de perdas no futuro.(...) Será criado igualmente um Fundo de Garantia Salarial, que dá oito dias de indemnização por despedimento em todos os contratos sem termo". (Disponível em http://economico.sapo.pt/noticias/reforma-laboral-em-espanha-torna-mais-facil-e-barato-despedir_98781.html, acesso em 22/10/2010). Trata-se do REAL Decreto-ley 10/2010, de 16 de junio, de medidas urgentes para la reforma del mercado de trabajo, que estabelece regras relativas à dispensa coletiva, aumentando o elenco de motivos possíveis de serem suscitados.

[164] Disponível em www.mtin.es/itss/web, acesso em 24/10/2010.

[165] Artículo 51. Despido colectivo. 1. A efectos de lo dispuesto en la presente Ley se entenderá por despido colectivo la extinción de contratos de trabajo fundada en causas económicas, técnicas, organizativas o de producción cuando, en un período de noventa días, la extinción afecte al menos a: a) Diez trabajadores, en las empresas que ocupen menos de cien trabajadores. b) El 10 por ciento del número de trabajadores de la empresa en aquéllas que ocupen entre cien y trescientos trabajadores. c) Treinta trabajadores en las empresas que ocupen trescientos o más trabajadores. (Esse dispositivo foi recentemente modificado pela Ley 35/2010, de 17 septiembre).

[166] Artículo 52. Extinción del contrato por causas objetivas. El contrato podrá extinguirse: a) Por ineptitud del trabajador conocida o sobrevenida con posterioridad a su colocación efectiva en la empresa. La ineptitud existente con anterioridad al cumplimiento de un período de prueba no podrá alegarse con posterioridad a dicho cumplimiento. b) Por falta de adaptación del trabajador a las modificaciones técnicas operadas en su puesto de trabajo, cuando dichos cambios sean razonables y hayan transcurrido como mínimo dos meses desde que se introdujo la modificación. (Este artigo também foi modificado pela "Ley 35/2010, de 17 septiembre")

[167] O mesmo artigo 51 ainda prevê que "2. El empresario que tenga la intención de efectuar un despido colectivo deberá solicitar autorización para la extinción de los contratos de trabajo conforme al procedimiento de regulación de empleo previsto en esta Ley y en sus normas de desarrollo reglamentario. El procedimiento se iniciará mediante la solicitud a la autoridad laboral competente y la apertura simultánea de un período de consultas con los representantes legales de los trabajadores. La comunicación a la autoridad laboral y a los representantes legales de los trabajadores deberá ir acompañada de toda la documentación necesaria para acreditar las causas motivadoras del expediente y la justificación de las medidas a adoptar, en los términos que reglamentariamente se determinen".

[168] Artículo 54. Despido disciplinario. 1. El contrato de trabajo podrá extinguirse por decisión del empresario, mediante despido basado en un incumplimiento grave y culpable del trabajador. 2. Se

duta do trabalhador, assemelhando-se às hipóteses de justa causa previstas no ordenamento jurídico brasileiro.

A vedação da despedida arbitrária consiste justamente na fixação dos motivos capazes de tornarem válida a opção empresarial (inaptidão do trabalhador; falta de adaptação às modificações técnicas da empresa),[169] mediante exigência de explicitação desse motivo e sua sujeição ao controle judicial.

Essa é uma questão fundamental no âmbito do sistema de proteção contra a perda do lugar de trabalho. Como bem sinala Baylos, de nada adianta regras limitando o poder de despedir, sem que seja conferido amplo controle judicial do ato. A necessária explicitação da causa da despedida implica, nas palavras do autor, o conhecimento adequado do contrato de trabalho, assim como a necessária atribuição ao Juiz da possibilidade de revisar a justa causa invocada pelo empresário. O autor salienta a importância de que a despedida constitua uma fórmula "jurídica revisable en fondo y forma", sob pena de perda da eficácia social da proteção.[170]

---

considerarán incumplimientos contractuales: a) Las faltas repetidas e injustificadas de asistencia o puntualidad al trabajo. b) La indisciplina o desobediencia en el trabajo. c) Las ofensas verbales o físicas al empresario o a las personas que trabajan en la empresa o a los familiares que convivan con ellos. d) La transgresión de la buena fe contractual, así como el abuso de confianza en el desempeño del trabajo. e) La disminución continuada y voluntaria en el rendimiento de trabajo normal o pactado. f) La embriaguez habitual o toxicomanía si repercuten negativamente en el trabajo. g) El acoso por razón de origen racial o étnico, religión o convicciones, discapacidad, edad u orientación sexual y el acoso sexual o por razón de sexo al empresario o a las personas que trabajan en la empresa.

[169] Artículo 53. Forma y efectos de la extinción por causas objetivas. 1. La adopción del acuerdo de extinción al amparo de lo prevenido en el artículo anterior exige la observancia de los requisitos siguientes: a) Comunicación escrita al trabajador expresando la causa. b) Poner a disposición del trabajador, simultáneamente a la entrega de la comunicación escrita, la indemnización de veinte días por año de servicio, prorrateándose por meses los períodos de tiempo inferiores a un año y con un máximo de doce mensualidades. Cuando la decisión extintiva se fundare en el artículo 52 c), de esta Ley, con alegación de causa económica, y como consecuencia de tal situación económica no se pudiera poner a disposición del trabajador la indemnización a que se refiere el párrafo anterior, el empresario, haciéndolo constar en la comunicación escrita, podrá dejar de hacerlo, sin perjuicio del derecho del trabajador de exigir de aquél su abono cuando tenga efectividad la decisión extintiva. c) Concesión de un plazo de preaviso de quince días, computado desde la entrega de la comunicación personal al trabajador hasta la extinción del contrato de trabajo. En el supuesto contemplado en el artículo 52.c), del escrito de preaviso se dará copia a la representación legal de los trabajadores para su conocimiento. 2. Durante el período de preaviso el trabajador, o su representante legal si se trata de un disminuido que lo tuviera, tendrá derecho, sin pérdida de su retribución, a una licencia de seis horas semanales con el fin de buscar nuevo empleo. 3. Contra la decisión extintiva podrá recurrir como si se tratare de despido disciplinario

[170] No original: "La necesaria causalidad del despido implica, a su vez, el conocimiento adecuado de su contrato de trabajo, así como la necesaria atribución al juez de las facultades necesarias para revisar la justa causa a la que apela el empresario". O autor salienta a importância de que a despedida constitua uma fórmula "jurídica revisable en fondo y forma", sob pena de perda da eficácia social da proteção BAYLOS, Antonio. PÉREZ REY, Joaquín. *El Despido o La violencia Del Poder Privado*. Madrid: Editorial Trotta, 2009, p. 54.

O Estatuto dos Trabalhadores determina, em seu artigo 52, que "el contrato quedará en suspenso por el tiempo necesario y hasta el máximo de tres meses, cuando la empresa ofrezca un curso de reconversión o de perfeccionamiento profesional a cargo del organismo oficial o propio competente, que le capacite para la adaptación requerida", salientando a necessidade de o empregador promover situações de readaptação e qualificação profissional, antes de optar pela extrema medida de extinção do contrato de trabalho.

O Estatuto dos Trabalhadores espanhóis diferencia as hipóteses de despedida nula e improcedente. Este último caso, diz com despedidas em que não observados os requisitos de forma ou não demonstrado o descumprimento de obrigação contratual referido pelo empregador, quando da explicitação das razões do ato de denúncia do contrato.[171]

De outra parte, será nula a despedida sempre que fundada em causas discriminatórias, bem como quando violar direitos fundamentais e liberdades públicas do trabalhador.[172] Para as hipóteses de despedida nula,

---

[171] Artículo 55. 3. El despido será calificado como procedente, improcedente o nulo. 4. El despido se considerará procedente cuando quede acreditado el incumplimiento alegado por el empresario en su escrito de comunicación. Será improcedente en caso contrario o cuando en su forma no se ajustara a lo establecido en el apartado 1 de este artículo.

[172] Art. 52. "No se computarán como faltas de asistencia, a los efectos del párrafo anterior, las ausencias debidas a huelga legal por el tiempo de duración de la misma, el ejercicio de actividades de representación legal de los trabajadores, accidente de trabajo, maternidad, riesgo durante el embarazo y la lactancia, enfermedades causadas por embarazo, parto o lactancia, paternidad, licencias y vacaciones, enfermedad o accidente no laboral cuando la baja haya sido acordada por los servicios sanitarios oficiales y tenga una duración de más de veinte días consecutivos, ni las motivadas por la situación física o psicológica derivada de violencia de género, acreditada por los servicios sociales de atención o servicios de Salud, según proceda". Art. 53. 4. Cuando la decisión extintiva del empresario tuviera como móvil algunas de las causas de discriminación prohibidas en la Constitución o en la Ley o bien se hubiera producido con violación de derechos fundamentales y libertades públicas del trabajador, la decisión extintiva será nula, debiendo la autoridad judicial hacer tal declaración de oficio. Será también nula la decisión extintiva en los siguientes supuestos: a) La de los trabajadores durante el período de suspensión del contrato de trabajo por maternidad, riesgo durante el embarazo, riesgo durante la lactancia natural, enfermedades causadas por embarazo, parto o lactancia natural, adopción o acogimiento o paternidad al que se refiere la letra d) del apartado 1 del artículo 45, o el notificado en una fecha tal que el plazo de preaviso concedido finalice dentro de dicho período. b) La de las trabajadoras embarazadas, desde la fecha de inicio del embarazo hasta el comienzo del período de suspensión a que se refiere la letra a), y la de los trabajadores que hayan solicitado uno de los permisos a los que se refieren los apartados 4, 4 bis y 5 del artículo 37 , o estén disfrutando de ellos, o hayan solicitado o estén disfrutando la excedencia prevista en el apartado 3 del artículo 46 ; y la de las trabajadoras víctimas de violencia de género por el ejercicio de los derechos de reducción o reordenación de su tiempo de trabajo, de movilidad geográfica, de cambio de centro de trabajo o de suspensión de la relación laboral en los términos y condiciones reconocidos en esta Ley. c) La de los trabajadores después de haberse reintegrado al trabajo al finalizar los períodos de suspensión del contrato por maternidad, adopción o acogimiento o paternidad, siempre que no hubieran transcurrido más de nueve meses desde la fecha de nacimiento, adopción o acogimiento del hijo. Lo establecido en las letras anteriores será de aplicación, salvo que, en esos casos, se declare la procedencia de la decisión extintiva por motivos no relacionados con el embarazo o con el ejercicio del derecho a los permisos y excedencia señalados. Artículo 55. 5. Será nulo el despido que tenga por móvil alguna de las causas de discriminación prohibidas en la Constitución o en la Ley, o bien se produzca con vio-

o efeito é "la readmisión inmediata del trabajador, con abono de los salarios dejados de percibir". Nos casos de despedida improcedente, a lei espanhola confere ao empregador a possibilidade de optar pela reintegração ou pelo pagamento de indenização por tempo de serviço.[173]

Antonio Baylos noticia alterações legislativas iniciadas em 1994, na Espanha, que alteraram e majoraram o campo de atuação das despedidas consideradas improcedentes, e, portanto, sujeitas apenas à obrigação de indenização, em detrimento das despedidas nulas, em que obrigatória a restituição do contrato ao estado de higidez anterior. Observa que tradicionalmente eram consideradas despedidas "improcedentes" apenas aquelas nas quais a causa de licitude invocada pelo empregador (motivo

---

lación de derechos fundamentales y libertades públicas del trabajador. Será también nulo el despido en los siguientes supuestos: a) El de los trabajadores durante el período de suspensión del contrato de trabajo por maternidad, riesgo durante el embarazo, riesgo durante la lactancia natural, enfermedades causadas por embarazo, parto o lactancia natural, adopción o acogimiento o paternidad al que se refiere la letra d) del apartado 1 del artículo 45, o el notificado en una fecha tal que el plazo de preaviso concedido finalice dentro de dicho período. b) El de las trabajadoras embarazadas, desde la fecha de inicio del embarazo hasta el comienzo del período de suspensión a que se refiere la letra a), y el de los trabajadores que hayan solicitado uno de los permisos a los que se refieren los apartados 4, 4 bis y 5 del artículo 37, o estén disfrutando de ellos, o hayan solicitado o estén disfrutando la excedencia prevista en el apartado 3 del artículo 46; y el de las trabajadoras víctimas de violencia de género por el ejercicio de los derechos de reducción o reordenación de su tiempo de trabajo, de movilidad geográfica, de cambio de centro de trabajo o de suspensión de la relación laboral, en los términos y condiciones reconocidos en esta Ley. c) El de los trabajadores después de haberse reintegrado al trabajo al finalizar los períodos de suspensión del contrato por maternidad, adopción o acogimiento o paternidad, siempre que no hubieran transcurrido más de nueve meses desde la fecha de nacimiento, adopción o acogimiento del hijo.

[173] Artículo 56. Despido improcedente. 1. Cuando el despido sea declarado improcedente, el empresario, en el plazo de cinco días desde la notificación de la sentencia, podrá optar entre la readmisión del trabajador, con abono de los salarios de tramitación previstos en el párrafo b) de este apartado 1, o el abono de las siguientes percepciones económicas que deberán ser fijadas en aquélla: a) Una indemnización de cuarenta y cinco días de salario, por año de servicio, prorrateándose por meses los períodos de tiempo inferiores a un año hasta un máximo de cuarenta y dos mensualidades. b) Una cantidad igual a la suma de los salarios dejados de percibir desde la fecha de despido hasta la notificación de la sentencia que declarase la improcedencia o hasta que hubiera encontrado otro empleo, si tal colocación fuera anterior a dicha sentencia y se probase por el empresario lo percibido, para su descuento de los salarios de tramitación. 2. En el supuesto de que la opción entre readmisión o indemnización correspondiera al empresario, el contrato de trabajo se entenderá extinguido en la fecha del despido, cuando el empresario reconociera la improcedencia del mismo y ofreciese la indemnización prevista en el párrafo a) del apartado anterior, depositándola en el Juzgado de lo Social a disposición del trabajador y poniéndolo en conocimiento de éste. Cuando el trabajador acepte la indemnización o cuando no la acepte y el despido sea declarado improcedente, la cantidad a que se refiere el párrafo b) del apartado anterior quedará limitada a los salarios devengados desde la fecha del despido hasta la del depósito, salvo cuando el depósito se realice en las cuarenta y ocho horas siguientes al despido, en cuyo caso no se devengará cantidad alguna. A estos efectos, el reconocimiento de la improcedencia podrá ser realizado por el empresario desde la fecha del despido hasta la de la conciliación. 3. En el supuesto de no optar el empresario por la readmisión o la indemnización, se entiende que procede la primera. 4. Si el despedido fuera un representante legal de los trabajadores o un delegado sindical, la opción corresponderá siempre a éste. De no efectuar la opción, se entenderá que lo hace por la readmisión. Cuando la opción, expresa o presunta, sea en favor de la readmisión, ésta será obligada.

de disciplina do empregado, por exemplo), não tivesse sido devidamente demonstrado.

A partir de 1994 (Ley 11/1994), a Espanha acaba por incluir nessa categoria as hipóteses em que o empregador não houvesse observado as formalidades necessárias para a dispensa lícita, situações que até então ensejavam a nulidade do ato (e por consequência a reintegração do empregado). Baylos refere, ainda, flagrante atuação "flexibilizadora" da jurisprudência espanhola, que vem alargando as hipóteses de despedida improcedente, citando casos relacionados a doenças, gravidez e liberdade sindical.[174] Em verdade, esse movimento evidencia a tendência neoliberal que contamina não apenas o olhar dos juristas brasileiros, para a Constituição brasileira de 1988, mas também a aplicação do direito do trabalho em países nos quais a proteção contra a perda do lugar de trabalho chegou a tornar-se uma realidade.

Essa visão panorâmica, tendo presente o atual momento vivido em âmbito europeu, introduz o verdadeiro objetivo desse capítulo, de trazer à baila a experiência italiana, a fim de traçar um paralelo com a legislação brasileira, especialmente para o efeito de conferir melhores contornos à noção de justo motivo, que entendemos esteja contemplada no art. 7º, inciso I, da Constituição brasileira.

2.1.1. O exemplo italiano

A Constituição italiana, em vigor a partir de 1º de janeiro de 1948, formulada, portanto, logo no início do período de abertura democrática, dispõe em seu artigo 1º que "L'Italia è una Repubblica democratica, fondata sul lavoro", a exemplo do que faz a Constituição brasileira, quando coloca os valores sociais do trabalho na condição de fundamentos da República (art. 1º) e o direito ao trabalho no rol dos direitos fundamentais sociais (art. 6º).

No artigo 4º, a Constituição italiana reafirma o direito ao trabalho em sua dupla vertente: direito e dever dos cidadãos italianos. Estabelece que "La Repubblica riconosce a tutti i cittadini il diritto al lavoro e promuove le condizioni che rendano effettivo questo diritto. Ogni cittadino ha il dovere di svolgere, secondo le proprie possibilità e la propria scelta, un'attività o una funzione che concorra al progresso materiale o spirituale della società".

---

[174] BAYLOS, Antonio. PÉREZ REY, Joaquín. *El Despido o La violencia Del Poder Privado*. Madrid: Editorial Trotta, 2009, p. 102.

Quando trata das relações econômicas, estabelece a obrigação do Estado em "tutelar o trabalho",[175] conferindo à livre iniciativa uma função social que dela é indissociável, na mesma linha eleita pelo legislador constituinte brasileiro.[176] O paradigma da visão social do direito ao trabalho, em que se funda a legislação italiana, é, pois, o mesmo que inspira o ordenamento jurídico brasileiro.

A diferença substancial, em relação ao tema em estudo, é que na realidade italiana o direito de despedir é condicionado ao dever de motivar licitamente[177] e é considerado condição para o exercício efetivo do direito ao trabalho, em sua expressão constitucional. Diferença que se observa na legislação ordinária acerca da perda do lugar de trabalho, na atuação legitimada dos sindicatos, em defesa desse direito e, especialmente, na interpretação e aplicação das leis trabalhistas aos casos concretos.[178]

Nem sempre foi essa a regra no direito italiano. O Código Civil italiano de 1865, no artigo 1628, impedia que o trabalhador se obrigasse a prestar sua mão de obra se não fosse "a tempo o per una determinata impresa", a fim de evitar o trabalho forçado. A regra, portanto, era a contratação por prazo determinado, em consonância com o período histórico em que fruíamos as vantagens decorrentes do reconhecimento do papel relevante da vontade nas relações privadas.

O Código Civil italiano de 1942, ainda em vigor, embora investido desse ideal de igualdade contratual, promove a inversão da "cultura" no âmbito das relações entre capital e trabalho, ao reconhecer a ampla possibilidade de contratações a prazo indeterminado. O art. 2118 do Código Civil italiano afirma que "ciascuno dei contraenti può recedere dal contratto a tempo indeterminato, dando il preavviso nel termine e nei modi

---

[175] Art. 35. La Repubblica tutela il lavoro in tutte le sue forme ed applicazioni. Cura la formazione e l'elevazione professionale dei lavoratori. Promuove e favorisce gli accordi e le organizzazioni internazionali intesi ad affermare e regolare i diritti del lavoro. Riconosce la libertà di emigrazione, salvo gli obblighi stabiliti dalla legge nell'interesse generale, e tutela il lavoro italiano all'estero.

[176] Art. 41. L'iniziativa economica privata è libera. Non può svolgersi in contrasto con l'utilità sociale o in modo da recare danno alla sicurezza, alla libertà, alla dignità umana. La legge determina i programmi e i controlli opportuni perché l'attività economica pubblica e privata possa essere indirizzata e coordinata a fini sociali.

[177] O conteúdo o art. 41 da Constituição Italiana propõe, em realidade, "la prevalenza dell'integrità della persona su quella dell'impresa, da momento che il valores del lavoro, in quanto valore personale, è prevalente su quello dell'impresa che è valore economico e strumentale". (VALENTINI, Vicenzo. *Licenziamento e Reintegrazione. Il Dialogo tra giurisprudenza e dottrina*. Torino: Giappichelli, 2008, p. 18) É exatamente o sentido proposto pela nossa Constituição Federal, quando refere serem fundamentos da República os valores *sociais* do trabalho e a livre iniciativa, ao lado da dignidade da pessoa humana.

[178] Essa é uma observação importante, porque do ponto de vista formal também o direito brasileiro contempla a necessidade de motivação da despedida, como estamos tentando demonstrar nesse estudo, a partir de uma leitura atenta e comprometida dos termos do art. 7º, inciso I, da Constituição Federal. A diferença, portanto, é bem mais material do que formal. (nota da autora).

stabiliti dalle norme corporative, dagli usi o secondo equità". A obrigação de aviso-prévio, pelas regras do Código Civil, não existe nas hipóteses em que a extinção do contrato ocorre por justa causa.[179]

A evolução da concepção contida no Código Civil italiano é perpetrada em razão das circunstâncias sociais já mencionadas, ditadas tanto pelos movimentos de reação dos trabalhadores, quanto pelas necessidades do capital, em regular de modo mais imperativo os conflitos internos, a fim de viabilizar seu desenvolvimento. Nesse sentido, em 09 de setembro de 1965, a Corte Constitucional italiana profere decisão paradigmática,[180] na sentença n. 45, em que se discutia a constitucionalidade do art. 2118 do Código Civil italiano.

Naquela decisão, o juiz de primeiro grau havia suscitado, de ofício, a questão da constitucionalidade do dispositivo civil, ao argumento de que "la norma denunziata sia in contrasto col principio fondamentale del diritto al lavoro sancito nel primo comma dell'art. 4 della Costituzione".[181]

E fundamentou seu entendimento no fato de que a Constituição italiana, examinada de modo sistemático, estabelece o primado do trabalho como condição de desenvolvimento econômico e social, de tal sorte que "il diritto al lavoro va assunto quale misura e limite del potere di recesso dell'imprenditore".[182] Argumenta que os termos do art. 4° da Constituição italiana impõe a proteção de quem já realizou o direito ao trabalho, sob pena de transformar-se em texto vazio de sentido. Nesse sentido, a proteção efetiva contra a perda do lugar de trabalho adquire função de instrumento de defesa a permitir a realização do princípio constitucional.

---

[179] "Art. 2119 Recesso per giusta causa. Ciascuno dei contraenti può recedere dal contratto prima della scadenza del termine, se il contratto è a tempo determinato, o senza preavviso, se il contratto è a tempo indeterminato, qualora si verifichi una causa che non consenta la prosecuzione, anche provvisoria, del rapporto. Se il contratto è a tempo indeterminato, al prestatore di lavoro che recede per giusta causa compete l'indennità indicata nel secondo comma dell'articolo precedente. Non costituisce giusta causa di risoluzione del contratto il fallimento dell'imprenditore o la liquidazione coatta amministrativa dell'azienda".

[180] GHERA, Edoardo. *Diritto del lavoro*. Roma-Bari: 2006, p. 180,181.

[181] Corte Cost. 9 settembre 1965, n. 45, http://www.giurcost.org/decisioni/1965/0045s-65.html, acesso em 25/10/2009.

[182] A conclusão é de que se "é esatto che il diritto al lavoro non può essere configurato come un diritto soggettivo all'occupazione nei confronti dello Stato o degli imprenditori, ciò non esclude che per i rapporti di lavoro già costituiti si imponga un'adeguata protezione del lavoratore nei confronti del datore di lavoro, conformemente alla speciale posizione al primo conferita dalla Costituzione, che é orientata – come fu affermato dalla Corte costituzionale nella sentenza n. 29 del 1960 verso un'energica tutela degli interessi dei lavoratori. Visto in tale prospettiva, il diritto al lavoro va assunto quale misura e limite del potere di recesso dell'imprenditore e quale mezzo per ristabilire fra le parti del contratto di lavoro a tempo indeterminato quella parità che allo stato della legislazione é meramente formale".

Suspenso o julgamento e remetido o processo à Corte Constitucional, é realizado o exame da compatibilidade do dispositivo civil com as disposições constitucionais. Na fundamentação da sentença, lê-se a conclusão de que a leitura do inciso I do art. 4° da Constituição italiana reconhece o direito do trabalho como direito de cada cidadão, que encontra sucedâneo no direito fundamental de liberdade, que também se expressa na escolha e no modo de exercício da atividade laborativa. A Corte ressalta que essa constatação implica, para o Estado, a vedação de criar ou deixar que subsista no ordenamento jurídico normas que imponham limites discriminatórios dessa liberdade. Do mesmo modo, cria a obrigação de que as atividades da administração pública, seja ela no âmbito legislativo ou executivo, sejam endereçadas à criação de condições econômicas, sociais e jurídicas que permitam acesso ao emprego a todos os empregados em condições de trabalhar. Na decisão, a Corte Constitucional salienta, ainda, que embora a Constituição, em seu artigo 4°, não garanta plena proteção contra o desemprego, deve necessariamente ser examinado a partir da lógica de manutenção do posto de trabalho.[183]

É de extrema relevância para o Direito brasileiro, ainda, a afirmação contida na referida sentença n. 45 de 1964, de que na ausência de uma interpretação evolutiva do art. 2118 do Código Civil, o problema da sobrevivência do incontrolável e indiscriminado poder de despedir atribuído ao empregador só pode ser resolvido pela Corte Constitucional.[184]

A Corte Constitucional italiana chamou para si a responsabilidade em conferir eficácia social (efetividade) aos termos da Constituição, reconhecendo novo conteúdo à lei ordinária sobre a matéria. Na época, apenas o Código Civil italiano regulava a despedida, reconhecendo a possibilidade de dispensa arbitrária. A Corte Constitucional, porém, nessa decisão paradigmática, declara que a garantia constitucional do Direito do Trabalho impõe ao legislador editar um disciplina idônea para assegurar a continuidade da relação, cercando de importantes garantias

---

[183] Tradução livre. Texto original: "dal complessivo contesto del 1°comma dell'art. 4 Cost. si ricava che il diritto del lavoro, riconosciuto ad ogni cittadino, è da considerare quale fondamentale diritto di libertà della persona umana, che si estrinseca nella scelta e nel modo di esercizio dell'attività lavorativa. A questa situazione giuridica del cittadino fa riscontro, per quanto riguarda lo Stato, da una parte il divieto di creare o di lasciar sussistere nell'ordinamento norme che pongono o consentono di porre limiti discriminatori a tale libertà, dall'altra l'obbligo di indirizzare l'attività di tutti i pubblici poteri e dello stesso legislatore alla creazione di condizioni economiche, sociali e giuridiche che consentano l'impiego di tutti i cittadini idonei al lavoro. Da siffatta interpretazione deriva che l'art. 4 cost., come non garantisce a ciascun cittadino il diritto al conseguimento di una occupazione, così non garantisce il diritto alla conservazione del lavoro, che nel primo dovrebbe trovare il suo logico e necessario presupposto. Con ciò non si vuol dire che la disciplina dei licenziamenti si muova su un piano del tutto diverso da quello proprio dell'art. 4 della Costituzione...".

[184] Transcrição literal: "in mancanza di una interpretazione evolutiva dell'art. 2118 del Codice civile, il problema della sopravvivenza dell'insindacabile ed indiscriminato potere di recesso attribuito all'imprenditore può essere risolto solo dalla Corte costituzionale".

nas hipóteses em que autorizada a despedida.[185] Exige atuação legislativa. Entretanto, não para por aí. Declara não fundada a questão de legitimidade constitucional do referido artigo 2118, autorizando, com isso, o exame da controvérsia à luz do parâmetro constitucional.

Essa jurisprudência é considerada o divisor de águas a partir do qual a Itália reconhece a existência de um dever fundamental de motivação,[186] pois a partir dela, superando-se o dogma do liberalismo clássico que se assenta na ideia de autonomia plena de vontades, firmou-se o entendimento de que o ato de denúncia do contrato de trabalho, quando praticado pelo empregador, deve ser motivado.

Em função dessa nova compreensão acerca da matéria, em 1966 é editada a Lei n. 604,[187] que introduz a proibição de dispensa discriminatória por motivo sindical, político ou de opinião, além de determinar que a indenização pela dispensa, já prevista no Código Civil italiano[188], deveria ser paga a todos os trabalhadores, inclusive, àqueles dispensados por justo motivo ou por iniciativa própria (demissão).[189]

O paralelo com o Direito brasileiro é interessante. Como veremos posteriormente, existe mandado de injunção pleiteando a regulamentação do inciso I do art. 7º da Constituição brasileira, julgado improcedente pelo STF, ao argumento de que a indenização prevista de modo transitório seria suficiente para esgotar o conteúdo da norma. Na Itália, bastou a publicação da sentença 45 para que o Parlamento editasse, já no ano seguinte, legislação coibindo a despedida arbitrária.

A Lei n. 604/66 explicita, portanto, o dever de motivação do ato de dispensa, limitando-o, porém, aos empregadores com mais de trinta e cinco dependentes. A demissão, além de ter de ser comunicada por escri-

---

[185] Transcrição literal: "la garanzia costituzionale del diritto del lavoro impone al legislatore di approntare una disciplina idonea ad assicurare la continuità del rapporto, circondando di doverose garanzie i casi in cui fosse consentito dar corso al licenziamento".

[186] Nesse sentido: "L'imposizione di limiti al potere di licenziamento come garanzia per i lavoratori presupponeva, ovviamente, il superamento del dogma liberale della parità formale delle parti del contratto di lavoro e il parallelo riconoscimento della necessità di introdurre correttivi nella dinamica di funzionamento di un rapporto di potere diseguale". (ROCCELLA. *Manuale di Diritto del Lavoro*. Seconda edizione. Torino: 2001, p. 390,391).

[187] É chamada "Legge sulla giusta causa". Antes mesmo de sua ed, a doutrina refere a existência de acordos entre confederações sindicais, havidas em 1950 e em 1965, aplicáveis ao setor da indústria, nas quais o poder de extinguir o contrato era limitado, para os empregadores com mais de 35 dependentes, devendo haver comunicação escrita, motivação (apresentação de um justo motivo ou de uma justa causa), sob pena de pagamento de uma multa (Idem, p. 402).

[188] Art. 2120. Disciplina del trattamento di fine rapporto. In ogni caso di cessazione del rapporto di lavoro subordinato, il prestatore di lavoro ha diritto ad un trattamento di fine rapporto.

[189] A Lei n. 604 estabelece, portanto, o dever de motivar por escrito o ato de dispensa, para empregadores com mais de 35 dependentes, sob pena de reintegração ou pagamento de uma indenização de 5 a 12 remunerações.

to,[190] precisa ser motivada. Há clara distinção entre justa causa e motivo justificado, referindo, a Lei 604, em seu artigo 1° que "il licenziamento del prestatore di lavoro non può avvenire che per giusta causa ai sensi dell'articolo 2119 del Codice civile o per giustificato motivo". O justificado motivo, conforme artigo 3°, será determinado "da un notevole inadempimento degli obblighi contrattuali del prestatore di lavoro ovvero da ragioni inerenti all'attività produttiva, all'organizzazione del lavoro e al regolare funzionamento di essa".[191]

A exemplo de outras legislações de países europeus, a Lei n. 604 trata especificamente das despedidas nulas, assim compreendidas aquelas que são determinadas "da ragioni di credo politico o fede religiosa, dell'appartenenza ad un sindacato e dalla partecipazione ad attività sindacabili è nullo, indipendentemente dalla motivazione adottata".[192]

A consequência da despedida arbitrária é a reintegração do empregado, afastada apenas em hipóteses excepcionais.[193] A Lei n. 604 tem amplo âmbito de aplicação, excluindo da proteção contra a perda do lugar de trabalho apenas os empregados admitidos por experiência, antes de serem efetivados, e mesmo assim desde que tal contrato não tenha se prolongado por mais de seis meses.[194]

Dando sequência à evolução em matéria de proteção legislativa contra a despedida, é publicado o Estatuto dos Trabalhadores, Lei n. 300, em 1970, promovendo um salto de qualidade,[195] na medida em que prevê

---

[190] Art. 2. Il datore di lavoro, imprenditore o non imprenditore, deve comunicare per iscritto il licenziamento al prestatore di lavoro. Il prestatore di lavoro può chiedere, entro quindici giorni dalla comunicazione, i motivi che hanno determinato il recesso: in tal caso il datore di lavoro deve, nei sette giorni dalla richiesta, comunicarli per iscritto. Il licenziamento intimato senza l'osservanza delle disposizioni di cui ai commi 1 e 2 è inefficace. Le disposizioni di cui al comma 1 e di cui all'articolo 9 si applicano anche ai dirigenti.

[191] Pietro Ichino ressalta a opção legislativa pela ed de norma genérica, cujo conteúdo acaba por depender, no caso concreto, "dall'orientamento e dalla sensibilità del giudice e dalle circostanze". (ICHINO, Pietro. *Lezioni di Diritto del Lavoro. Un Approccio di Labour and Economics*. Milano: Giuffrè, 2004, p. 518).

[192] Artigo 4°.

[193] Art. 8. Quando risulti accertato che non ricorrono gli estremi del licenziamento per giusta causa o giustificato motivo, il datore di lavoro è tenuto a riassumere il prestatore di lavoro entro il termine di tre giorni o, in mancanza, a risarcire il danno versandogli un'indennità di importo compreso fra un minimo di 2,5 ed un massimo di 6 mensilità dell'ultima retribuzione globale di fatto, avuto riguardo al numero dei dipendenti occupati, alle dimensioni dell'impresa, all'anzianità di servizio del prestatore di lavoro, al comportamento e alle condizioni delle parti. La misura massima della predetta indennità pur essere maggiorata fino a 10 mensilità per il prestatore di lavoro con anzianità superiore ai dieci anni e fino a 14 mensilità per il prestatore di lavoro con anzianità superiore ai venti anni, se dipendenti da datore di lavoro che occupa più di quindici prestatori di lavoro.

[194] Art. 10. Le norme della presente legge si applicano nei confronti dei prestatori di lavoro che rivestano la qualifica di impiegato e di operaio, ai sensi dell'articolo 2095 del Codice civile e, per quelli assunti in prova, si applicano dal momento in cui l'assunzione diviene definitiva e, in ogni caso, quando sono decorsi sei mesi dall'inizio del rapporto di lavoro.

[195] Sobre o tema: TATARELLI. *Il licenziamento individuale e collettivo*. Padova: 2006, p. 4-5.

uma tutela específica, denominada tutela real, melhor protegendo a manutenção do lugar de trabalho.[196] O art. 18 estabelece o dever de reintegração quando da despedida arbitrária.[197]

A "tutela real", prevista no art. 18 do Estatuto dos Trabalhadores, atinge os trabalhadores das empresas agrícolas com mais de cinco dependentes e das empresas industriais e comerciais com mais de quinze empregados.[198] Note-se que, ao contrário do que ocorre no direito espanhol, aqui não há diferença entre despedida improcedente ou nula. Uma vez declarada a ocorrência de despedida arbitrária, a consequência é a restituição das partes ao estado anterior, na esteira da tutela das obrigações, quando trata dos efeitos da nulidade de um ato jurídico.[199]

O artigo 18 estabelece, ainda, a possibilidade de promover medida de antecipação de tutela, com imediata reintegração do empregado ao trabalho, sempre que os elementos de prova apresentados pelo empregador, como justificadores da dispensa, sejam considerados insuficientes ou irrelevantes.[200]

---

[196] SANDULLI, Pasquale, VALLEBONA, Antonio, PISANI, Carlo. *La nuova disciplina dei licenziamenti individuali*.Pádua: CEDAM, 1990. p. 06.

[197] Dispõe textualmente que: "Ferma restando l'esperibilità delle procedure previste dall'articolo 7 della legge 15 luglio 1966, n. 604, il giudice, con la sentenza con cui dichiara inefficace il licenziamento ai sensi dell'articolo 2 della legge predetta o annulla il licenziamento intimato senza giusta causa o giustificato stessa, ordina al datore di lavoro di reintegrare il lavoratore nel posto di lavoro".

[198] Art. 35. Per le imprese industriali e commerciali, le disposizioni dell'articolo 18 e del titolo III, ad eccezione del primo comma dell'articolo 27, della presente legge si applicano a ciascuna sede, stabilimento, filiale, ufficio o reparto autonomo che occupa più di quindici dipendenti. Le stesse disposizioni si applicano alle imprese agricole che occupano più di cinque dipendenti. Le norme suddette si applicano, altresì, alle imprese industriali e commerciali che nell'ambito dello stesso comune occupano più di quindici dipendenti ed alle imprese agricole che nel medesimo ambito territoriale occupano più di cinque dipendenti anche se ciascuna unità produttiva, singolarmente considerata, non raggiunge tali limiti.

[199] Os termos do artigo 18 deixam bem clara a opção legislativa: "Il lavoratore ha diritto al risarcimento del danno subito per il licenziamento di cui sia stata accertata la inefficacia o l'invalidità a norma del comma precedente. In ogni caso, la misura del risarcimento non potrà essere inferiore a cinque mensilità di retribuzione, determinata secondo i criteri di cui all'articolo 2121 del codice civile. Il datore di lavoro che non ottempera alla sentenza di cui al comma precedente è o l'invalidità a norma del comma precedente. In ogni caso, la misura del risarcimento non potrà essere inferiore a cinque mensilità di retribuzione, determinata secondo i criteri di cui all'articolo 2121 del codice civile. Il datore di lavoro che non ottempera alla sentenza di cui al comma precedente è tenuto inoltre a corrispondere al lavoratore le retribuzioni dovutegli in virtù del rapporto di lavoro dalla data della sentenza stessa fino a quella della reintegrazione se il lavoratore entro trenta giorni dal ricevimento dell'invito del datore di lavoro non abbia ripreso servizio, il rapporto si intende risolto."

[200] "Nell'ipotesi del licenziamento dei lavoratori di cui all'articolo 22, su istanza congiunta del lavoratore e del sindacato cui questi aderisce o conferisca mandato, il giudice, in ogni stato e grado del giudizio di merito, può disporre con ordinanza, quando ritenga irrilevanti o insufficienti gli elementi di prova forniti dal datore di lavoro, la reintegrazione del lavoratore nel posto di lavoro".

A partir da edição do Estatuto dos Trabalhadores, promove-se uma discussão doutrinária e jurisprudencial acerca da convivência dessas novas regras, com as disposições da Lei n. 604, antes referida.

Em 1974, em outra decisão também paradigmática, a Corte Constitucional, na sentença n. 55, firmou o entendimento de que a tutela real contida no já referido artigo 18, a impor a reintegração como consequência da despedida arbitrária, coexiste com a tutela obrigatória da Lei n. 604, por possuírem "distinto campo di applicazione, definito rispettivamente nell'art. 35 dello Statuto per la stabilità reale (unità produttive con più di quindici dipendenti) e nell'art. 11 della legge n. 604 del 1966 per la stabilità obbligatoria (imprese con più di trentacinque dipendenti)".[201]

Em 1990, a Lei n. 108 redefine o campo de aplicação das tutelas real e obrigatória,[202] reforçando o dever de motivação da despedida, já que praticamente termina com a possibilidade de dispensa sem motivação.

O artigo 18, ao tratar da denominada "tutela real", passa a contemplar os empregados de empresa rural, desde que em número superior a cinco na unidade produtiva ou superior a sessenta em todo o empreendimento e as empresas urbanas com mais de quinze empregados na unidade em que houve a dispensa, ou mais de sessenta empregados no total do empreendimento.[203] Há obrigação de pagamento, além da reintegração,

---

[201] Corte Cost. n. 55/1974, in FI, 1974, I, p.959, http://www.giurcost.org/decisioni/1974/0055s-74.html acesso em 24/10/2009. No texto da decisão, lê-se: "Le disposizioni impugnate rispecchiano l'evoluzione della legislazione in materia di risoluzione del contratto di lavoro. Innovandosi alla disciplina della risolubilità "ad nutum" prevista a favore di entrambi i contraenti dall'art. 2118 c.c., si é stabilito (con l'art. 8 della legge n. 604 del 1966) che, in caso di licenziamento intimato senza giusta causa, o senza giustificato motivo, il datore di lavoro é tenuto a riassumere il prestatore di lavoro o, in mancanza, a risarcirgli il danno mediante una indennità ragguagliata ad un multiplo, variabile, secondo determinate circostanze, fra un massimo e un minimo dell'ultima retribuzione mensile. Ma, successivamente, con l'art. 18 della legge n. 300 del 1970, si é riconosciuto il diritto alla reintegrazione nel posto di lavoro al dipendente illegittimamente licenziato, oltre al risarcimento del danno, ed eventualmente anche il diritto al pagamento dell'ammontare delle retribuzioni, dovutegli in virtù del rapporto di lavoro, dalla data della sentenza a quella della effettiva di lui reintegrazione. Ai fini del coordinamento di tali diverse normative va rilevato, peraltro, che, ai sensi del ricordato art. 11, primo comma, della legge n. 604 del 1966, l'art. 8 non é applicabile ai datori di lavoro che occupino fino a 35 dipendenti, mentre l'art. 35 della legge n. 300 del 1970 – sotto la rubrica "Campo d'applicazione" – dopo avere, nel parimenti ricordato comma primo, stabilito che le disposizioni dell'art. 18 (oltre quelle del titolo III della legge) si applicano a ciascuna sede, stabilimento, filiale, ufficio o reparto autonomo che occupa più di 15 dipendenti, aggiunge, nel secondo comma, l'estensione delle stesse alle imprese industriali e commerciali che nell'ambito di uno stesso comune occupino più di 15 dipendenti, anche se ciascuna delle unità produttive dell'unica impresa non raggiunga tali limiti. Analoghe disposizioni, con riferimento a minor numero di dipendenti sono stabilite per le imprese agricole, che peraltro non ricadono nell'oggetto del presente giudizio."

[202] A lei altera dispositivos do Estatuto dos Trabalhadores (em especial, a redação do art. 18) e da Lei 604/66.

[203] Legge 11 maggio 1990, n. 108: Art. 1. Reintegrazione. 1. I primi due commi dell'art. 18 della legge 20 maggio 1970, n. 300, sono sostituiti dai seguenti: "Ferme restando l'esperibilità delle procedure previste dall'articolo 7 della legge 15 luglio 1966, n. 604, il giudice con la sentenza con cui dichiara inefficace il licenziamento ai sensi dell'articolo 2 della predetta legge o annulla il licenziamento in-

dos salários do período de afastamento, de indenização não inferior ao importe de cinco vezes a remuneração do trabalhador e das contribuições assistenciais e previdenciárias do período.[204] Por fim, há a possibilidade de que o trabalhador, em função da inviabilidade da reintegração, solicite sua substituição por uma indenização que não poderá ser inferior a quinze vezes a sua remuneração.[205]

A Lei n. 108 observa, ainda, que nas hipóteses de despedida nula, porque discriminatória, a limitação do âmbito de incidência da proteção contra a perda do lugar de trabalho não tem efeito, ou seja, a nulidade será declarada e a reintegração será determinada independentemente do número de empregados que existam na empresa.[206]

Mesmo nesse diploma legal, algumas categorias específicas são excluídas da tutela forte.[207] Os limites ao dever de motivar são explicados a

---

timato senza giusta causa o giustificato motivo, ovvero ne dichiara la nullità a norma della legge stessa, ordina al datore di lavoro, imprenditore e non imprenditore, che in ciascuna sede, stabilimento, filiale, ufficio o reparto autonomo nel quale ha avuto luogo il licenziamento occupa alle sue dipendenze più di quindici prestatori di lavoro o più di cinque se trattasi di imprenditore agricolo, di reintegrare il lavoratore nel posto di lavoro. Tali disposizioni si applicano altresì ai datori di lavoro, imprenditori e non imprenditori, che nell'ambito dello stesso comune occupano più di quindici dipendenti ed alle imprese agricole che nel medesimo ambito territoriale occupano più di cinque dipendenti, anche se ciascuna unità produttiva, singolarmente considerata, non raggiunge tali limiti, e in ogni caso al datore di lavoro, imprenditore e non imprenditore, che occupa alle sue dipendenze più di sessanta prestatori di lavoro. Ai fini del computo del numero dei prestatori di lavoro di cui primo comma si tiene conto anche dei lavoratori assunti con contratto di formazione e lavoro, dei lavoratori assunti con contratto a tempo indeterminato parziale, per la quota di orario effettivamente svolto, tenendo conto, a tale proposito, che il computo delle unità lavorative fa riferimento all'orario previsto dalla contrattazione collettiva del settore. Non si computano il coniuge ed i parenti del datore di lavoro entro il secondo grado in linea diretta e in linea collaterale.

[204] "Il giudice con la sentenza di cui al primo comma condanna il datore di lavoro al risarcimento del danno subito dal lavoratore per il licenziamento di cui sia stata accertata l'inefficacia o l'invalidità stabilendo un'indennità commisurata alla retribuzione globale di fatto dal giorno del licenziamento sino a quello dell'effettiva reintegrazione e al versamento dei contributi assistenziali e previdenziali dal momento del licenziamento al momento dell'effettiva reintegrazione; in ogni caso la misura del risarcimento non potrà essere inferiore a cinque mensilità di retribuzione globale di fatto".

[205] Nova redação do artigo 18: "Fermo restando il diritto al risarcimento del danno così come previsto al quarto comma, al prestatore di lavoro è data la facoltà di chiedere al datore di lavoro in sostituzione della reintegrazione nel posto di lavoro, un'indennità pari a quindici mensilità di retribuzione globale di fatto. Qualora il lavoratore entro trenta giorni dal ricevimento dell'invito del datore di lavoro non abbia ripreso il servizio, né abbia richiesto entro trenta giorni dalla comunicazione del deposito della sentenza il pagamento dell'indennità di cui al presente comma, il rapporto di lavoro si intende risolto allo spirare dei termini predetti".

[206] Art. 3. Licenziamento discriminatorio. 1. Il licenziamento determinato da ragioni discriminatorie ai sensi dell'articolo 4 della legge 15 luglio 1966, n. 604 e dell'articolo 15 della legge 20 maggio 1970, n. 300, come modificato dall'articolo 13 della legge 9 dicembre 1977, n. 903, è nullo indipendentemente dalla motivazione addotta e comporta, quale che sia il numero dei dipendenti occupati dal datore di lavoro, le conseguenze previste dall'articolo 18 della legge 20 maggio 1970, n. 300, come modificato dalla presente legge. Tali disposizioni si applicano anche ai dirigenti.

[207] Art. 4. Area di non applicazione. 1. Fermo restando quanto previsto dall'articolo 3, le disposizioni degli articoli 1 e 2 non trovano applicazione nei rapporti disciplinati dalla legge 2 aprile 1958, n. 339. La disciplina di cui all'articolo 18 della legge 20 maggio 1970, n. 300, come modificato dall'articolo 1

partir da natureza "fiduciária" do contrato ou do desinteresse do trabalhador em ter a garantia. Portanto, excluem-se apenas os trabalhadores domésticos, em função da natureza diferenciada do vínculo; os trabalhadores com mais de sessenta e cinco anos que já preencheram os requisitos para obtenção de aposentadoria; os dirigentes, em função da confiança especial (e apenas em algumas situações especificas) e os trabalhadores em experiência, desde que por período inferior a seis meses.

No âmbito das dispensas coletivas, após a edição da Diretiva Comunitária n. 129, de 1975, que impunha aos Estados-Membros da Comunidade europeia a existência de legislação que disciplinasse as consequências da despedida coletiva, assim compreendida aquela que impõe redução significativa do número de empregados, a Itália, tendo sofrido condenações pela não observância do direito comunitário,[208] por não possuir legislação específica sobre o tema, acabou por editar a Lei n. 223, de 1991.[209]

---

della presente legge, non trova applicazione nei confronti dei datori di lavoro non imprenditori che svolgono senza fini di lucro attività di natura politica, sindacale, culturale, di istruzione ovvero di religione o di culto. 2. Le disposizioni di cui all'articolo 18 della legge 20 maggio 1970, n. 300, come modificato dall'articolo 1 della presente legge, e del l'articolo 2 non si applicano nei confronti dei prestatori di lavoro ultrasessantenni, in possesso dei requisiti pensionistici, sempre che non abbiano optato per la prosecuzione del rapporto di lavoro ai sensi dell'articolo 6 del decreto-legge 22 dicembre 1981, n. 791, convertito, con modificazioni, dalla legge 26 febbraio 1982, n. 54. Sono fatte salve le disposizioni dell'articolo 3 della presente legge e dell'articolo 9 della legge 15 luglio 1966, n. 604.

[208] A Itália foi condenada duas vezes pela Corte de Justiça da Comunidade Europeia, em 08 de junho de 1982, na causa n. 91/81, e em 06 de novembro de 1985, na causa n. 131/84.

[209] Essa Lei estabelece, em seu art. 24: "Norme in materia di riduzione del personale. 1. Le disposizioni di cui all'articolo 4, commi da 2 a 12, e all'articolo 5, commi da 1 a 5, si applicano alle imprese che occupino più di quindici dipendenti e che, in conseguenza di una riduzione o trasformazione di attività o di lavoro, intendano effettuare almeno cinque licenziamenti, nell'arco di centoventi giorni, in ciascuna unità produttiva, o in più unità produttive nell'ambito del territorio di una stessa provincia. Tali disposizioni si applicano per tutti i licenziamenti che, nello stesso arco di tempo e nello stesso ambito, siano comunque riconducibili alla medesima riduzione o trasformazione (31). 2. Le disposizioni richiamate nel comma 1 si applicano anche quando le imprese di cui al medesimo comma intendano cessare l'attività. 3. Quanto previsto all'art. 4, commi 3, ultimo periodo, e 10, e all'art. 5, commi 4 e 5, si applica solo alle imprese di cui all'art. 16, comma 1. Il contributo previsto dall'art. 5, comma 4, è dovuto dalle imprese di cui all'art. 16, comma 1, nella misura di nove volte il trattamento iniziale di mobilità spettante al lavoratore ed è ridotto a tre volte nei casi di accordo sindacale (32). 4. Le disposizioni di cui al presente articolo non si applicano nei casi di scadenza dei rapporti di lavoro a termine, di fine lavoro nelle costruzioni edili e nei casi di attività stagionali o saltuarie. 5. La materia dei licenziamenti collettivi per riduzione di personale di cui al primo comma dell'articolo 11 della legge 15 luglio 1966, n. 604, come modificato dall'articolo 6 della legge 11 maggio 1990, n. 108, è disciplinata dal presente articolo". Lorena Vasconcelos refere que "a Lei n. 223/91 refere-se apenas aos empregadores empresários, restando excluídos, portanto, os não empresários. As dispensas por estes efetuadas, cuja motivação esteja ligada à própria empresa, enquadram-se como dispensas individuais por justificado motivo objetivo, independentemente de seu número".Por sua vez, "a Diretiva n. 59, de 1998, ao tratar das dispensas coletivas, abrange qualquer tipo de empregador, não traçando essa diferenciação". Em razão disso "o País foi acionado pela Comissão Européia junto à Corte de Justiça da União Européia, na causa C-32/2002. A decisão foi proferida em 16 de outubro de 2003, no sentido da condenação da Itália". No entanto, até a presente data a Itália não procedeu a nenhuma alteração legislativa para estender a disciplina das dispensas coletivas aos empregadores não empresários. A disciplina em comento também não se aplica aos dirigentes, o que foi considerado legítimo pela Corte Constitucional na decisão n. 258, de 18 de julho de 1997. Todavia, em alguns setores, eles

Na Itália, portanto, salvo raras e delimitadas exceções,[210] a dispensa por iniciativa do empregador tem de ser motivada, e a ausência de motivação ou motivação ilícita implica reintegração ao trabalho, para todas as categorias alcançadas pela chamada tutela real.

No que tange às hipóteses de despedida motivada, a Itália, ao contrário de Portugal e Espanha, optou por não exaurir, em âmbito legislativo, as hipóteses de justificado motivo para a despedida. O artigo 3º da Lei n. 604/66, como já mencionamos, traz critérios genéricos, relativos a um notável inadimplemento das obrigações contratuais pelo empregado e a razões inerentes à atividade produtiva, à organização do trabalho e ao seu regular funcionamento. É a doutrina, a jurisprudência, bem assim os contratos coletivos, que dão contornos e estabelecem o alcance desse dispositivo legal.

No que tange à primeira ordem de motivos para a despedida, Edoardo Ghera observa que "il notevole inadempimento degli obblighi contrattuali"[211] é geralmente relacionado pela doutrina à norma do artigo 1455 do Código Civil italiano, segundo o qual "il contratto non si può risol-

---

gozam de uma tutela econômica, prevista pela contratação coletiva, no caso de dispensa efetuada em razão de crise na empresa apurada pela Administração Pública. São excluídos também da disciplina das dispensas coletivas os casos de "alcance do termo final nas relações de emprego por tempo determinado, de fim dos trabalhos na construção civil" e as "atividades sazonais ou saltuárias" (art. 4º, § 14, e art. 24, § 4º, da Lei n. 223/91). Por "fim dos trabalhos na construção civil" se entende, obviamente, a conclusão da obra ou da fase de trabalho e não a cessação da atividade da empresa, como já foi ressaltado pela Corte de Cassação nas decisões n. 9657, de 26 de setembro de 1998, e n. 8506, de 22 de julho de 2000". (VASCONCELOS PORTO, Lorena. *La Disciplina dei Licenziamenti in Itália e nel Diritto Comparato: uma proposta per il diritto del lavoro in Brasile*. Tese de doutoramento em Autonomia Individual e Autonomia Coletiva, junto à Università degli Studi di Roma Tor Vergata, apresentada em 2008. Facoltà di Giurisprudenza. Orientador Prof. Dott. Giancarlo Perone, disponível em http://dspace.uniroma2.it/dspace/bitstream/2108/1034/1/Tese.pdf, acesso em 02/11/2009).

[210] O prof. Sérgio Magrini, em intervenção sobre o tema, salienta que mesmo essas exceções gozam de certa proteção, o que evidencia a grande preocupação do ordenamento italiano em proteger contra a perda do posto de trabalho: "Le eccezioni più importanti sono quelle dei lavoratori in prova e dei dirigenti; ma esse sono notevolmente temperate dalla applicabilità, anche in tali casi, delle tutele legali minimali, in particolare della sanzione di nullità per i licenziamenti basati su motivo illecito, anzitutto discriminatorio (con potere pieno di accertamento al riguardo della parte del giudice, fermo restando peraltro – almeno in linea di principio – l'onere della prova della parte del lavoratore), nonché, quanto ai dirigenti, da una stabilità patrimoniale (senza ripristino del rapporto) prevista dai contratti collettivi in caso di licenziamento ingiustificato, che comporta l'attribuzione al dirigente di una indennità risarcitoria c.d. supplementare di importo molto consistente, che può raggiungere od anche superare (per effetto dell'aumento automatico per età) i due anni di retribuzione, oltre l'indennità di preavviso". (MAGRINI, Sergio. *La Convenzione n. 158 del 1982 della International Labour Organization in Relazione al Diritto del Lavoro Italiano e Brasiliano*. Palestra apresentada no II Seminário Italo-Brasileiro de Direito do trabalho, em Porto Alegre, no TRT da Quarta Região, 2008).

[211] GHERA, Edoardo. *Diritto del Lavoro*. Bari: Cacucci Editore, 2006, p. 188. O autor observa que os contratos coletivos de trabalho desenvolvem função extremamente relevante nesse aspecto, pois neles são elencadas taxativamente as condutas que, para determinada categoria profissional, são consideradas suficientemente relevantes para ensejar uma despedida justificada.

vere se l'inadempimento di una delle parti ha scarsa importanza, avuto riguardo all'interesse dell'altra".

Em outras palavras, o motivo capaz de justificar a despedida deve ser significativo a ponto de realmente impedir a continuidade do vínculo, sob pena de não haver efetiva proteção à despedida arbitrária. Para isso, o Juiz se valerá das disposições contidas no contrato coletivo de trabalho e lhe conferirá contornos específicos.[212] Há decisões reconhecendo como justificado motivo relacionado à conduta do empregado, a negligência capaz de provocar "scarso rendimento" e gerar prejuízos à empresa.[213]

No que concerne à segunda ordem de motivos, diretamente relacionada à atividade empresarial, Pietro Ichino refere à possibilidade, inclusive, de despedida em face de problemas disciplinares, já que "l´interesse di natura disciplinare" em realidade consiste "nell´esigenza tipicamente aziendale di dissuadere i dipendenti dal tenere un determinato comportamento contrario ai loro doveri". E "la previsione che dalla prosecuzio-

---

[212] Nesse sentido: "LAVORO SUBORDINATO – ESTINZIONE DEL RAPPORTO – LICENZIAMENTO DISCIPLINARE – CLAUSOLE COLLETTIVE – ASSENZA INGIUSTIFICATA. Il principio per cui il giudice di merito deve accertare in concreto, in relazione a clausole della contrattazione collettiva che prevedano per specifiche inadempienze del lavoratore la sanzione del licenziamento per giusta causa o giustificato motivo soggettivo, la reale entità e gravità delle infrazioni addebitate al dipendente, nonché il rapporto di proporzionalità tra sanzione e infrazione, vale ancor più per il licenziamento disciplinare. Il requisito della proporzionalità, nel licenziamento disciplinare, ha una valenza particolare in quanto, costituendo questo pur sempre un licenziamento per giusta causa o per giustificato motivo soggettivo, le parti contrattuali, nel raccordare gli illeciti alle sanzioni e nel definire il codice disciplinare, godono di una minore autonomia negoziale considerato che la nozione di giusta causa e di giustificato motivo oggettivo è inderogabilmente fissata, seppur in termini generali, dalla legge. (Nella specie, la S.C. ha cassato con rinvio la sentenza impugnata che non si era data carico di distinguere tra ritardo nella giustificazione dell'assenza – sanzionato, dalla contrattazione collettiva, con la trattenuta di quote giornaliere dalla retribuzione di fatto corrispondenti alle giornate di assenza, salva l'applicazione della sanzione espulsiva – e assenza ingiustificata, nonostante che la prima ipotesi configurasse un'infrazione meno grave della seconda e sebbene l'infrazione di "assenza ingiustificata di tre giorni nell'anno solare", tipizzata dalla contrattazione collettiva, potesse non legittimare un licenziamento disciplinare sotto il profilo della proporzionalità tra infrazione e sanzione, salvo la prova, a carico del datore di lavoro, delle obiettive conseguenze negative al ciclo produttivo aziendale a causa dell' assenza ingiustificata per un breve periodo di tempo, per l'assoluta peculiarità della prestazione lavorativa del dipendente assente)". (Cass, Sentenza n. 21213 del 2 novembre 2005. Sezione Lavoro, Presidente G. Ianniruberto, Relatore B. Balletti, disponível em http://www.cortedicassazione.it/Notizie/GiurisprudenzaCivile/SezioniSemplici/SchedaNews.asp?ID=911, acesso em 23/10/2010).

[213] Nesse sentido: "La Corte di Cassazione con Sentenza n. 7398 del 26 Marzo 2010 ha stabilito che nel licenziamento per scarso rendimento del lavoratore, che rientra nel tipo di licenziamento per giustificato motivo soggettivo, il datore di lavoro, a cui spetta l'onere della prova, non può limitarsi a provare solo il mancato raggiungimento del risultato atteso o la sua esigibilità, ma deve anche provare che la causa di esso deriva da colpevole e negligente inadempimento degli obblighi contrattuali da parte del lavoratore nell'espletamento della sua normale prestazione. Nella valutazione del caso si dovrà tenere conto del grado di diligenza normalmente richiesto per la prestazione lavorativa e di quello effettivamente usato dal lavoratore, nonché dell'incidenza dell'organizzazione complessiva del lavoro nell'impresa e dei fattori socio-ambientali." (Corte di Cassazione – Sentenza n. 7398 del 26 Marzo 2010) (Disponível em http://www.lavorofisso.com, acesso em 23/10/2010).

ne del rapporto derivino complessivamente per l'azienda costi superiori rispetto all'uttilità prodotta".[214]

O autor vincula, portanto, a segunda ordem de motivos, relacionados à empresa, a uma demonstração de "perdita", ou seja, do efetivo e relevante prejuízo que resultaria da manutenção do posto de trabalho. Observa que esse prejuízo pode ser estar relacionado ao trabalho individualmente realizado,[215] mas pode também guardar relação exclusivamente com a atividade empresarial.[216] Refere, ainda, a regra criada pela jurisprudência, sob a denominação de "repêchage", segundo a qual a despedida por motivo justificado deve basear-se na impossibilidade, devidamente comprovada pelo empregador, de utilização do trabalhador em alguma outra atividade.[217]

No que concerne às consequências da perda do lugar de trabalho, quando o motivo alegado pelo empregador não é acolhido como lícito, pelo Juiz, parece tranquilo afirmar que o artigo 18 da Lei n. 300, já re-

---

[214] ICHINO, Pietro. *Lezioni di Diritto del Lavoro. Un Approccio di Labour and Economics*. Milano: Giuffrè, 2004, p. 518. Portanto, para o autor, o reconhecimento da licitude da despedida por justo motivo depende da individualização das perdas que estão sendo experimentadas pelo empregador e que tornam a manutenção do vínculo algo prejudicial à empresa, que devem ser significativas (Op. cit., p. 521).

[215] Dá o exemplo de um péssimo vendedor em uma empresa de vendas que atravessa um momento de perda de grande parte do seu mercado consumidor e que pode realizar aquela atividade por meio automatizado. (Idem, p. 522).

[216] Para esse autor, a saída está na relação custo x oportunidade. Trata-se de uma visão de viés claramente econômico. Ichino critica, por exemplo, a tendência da Corte de Cassação em reconhecer justificado motivo apenas quando a perda já ocorrida for demonstrada pela empresa, referindo que esse prejuízo pode ser, inclusive, potencial ou futuro. Critica, ainda, o entendimento majoritário de que a supressão do posto de trabalho é motivo justificado apenas quando não haja a substituição do trabalhador por outro. (IBIDEM, p. 523-526).

[217] Há recente notícia referindo que "La Corte di Cassazione con sentenza n. 16579 del 15 luglio 2010 ha stabilito che l'obbligo di repechage è esteso a tutte le strutture aziendali ed è responsabilità dell'azienda provare l'impossibilità del ricollocamento del lavoratore". Em outra decisão: "Cass, Sez. L, Sentenza n. 9768 del 01/10/1998 ha affermato che la scelta del datore di lavoro di procedere al licenziamento per giustificato motivo oggettivo determinato dalla sopravvenuta impossibilità della prestazione del lavoratore distaccato presso un terzo in ragione del rifiuto di quest'ultimo di ricevere la prestazione comporta l'obbligo (ed il connesso onere probatorio) del datore di lavoro del "repechage", con il quale si esprime l'obbligazione posta a carico di quest'ultimo di adibire il lavoratore licenziato in altre mansioni reperibili in azienda di analogo livello professionale; mentre nel caso di licenziamento per giustificato motivo soggettivo, consistente in un comportamento inadempiente del lavoratore, il datore di lavoro ha l'obbligo della sperimentazione, a pena di nullità, della procedura ex art. 7 della legge n.300 del 1970".(disponível em www.cortedicassazione.it, acesso em 23/10/2010). Ainda no mesmo sentido: "LAVORO SUBORDINATO – SOPPRESSIONE PARZIALE DEL POSTO DI LAVORO – LICENZIAMENTO PER GIUSTIFICATO MOTIVO – LIMITI. In caso di soppressione parziale del posto di lavoro, il datore di lavoro può licenziare il lavoratore per giustificato motivo oggettivo, riorganizzando l'attività produttiva con la redistribuzione delle mansioni tra altri dipendenti, solo ove la prestazione del lavoratore, solo parzialmente eccedentario, non sia in concreto utilizzabile altrove in azienda ovvero in caso di indisponibilità, del lavoratore medesimo, a svolgere l'attività lavorativa residuata con rapporto part-time". (Cass., Sentenza n. 6229 del 16 marzo 2007). (Disponível em http://www.cortedicassazione.it/Notizie/GiurisprudenzaCivile/SezioniSemplici/SchedaNews.asp?ID=2209,acesso em 23/10/2010).

produzido, entitulado "reintegrazione nel posto di lavoro", reconhece essa medida como consectária lógica da declaração de nulidade. Parte da doutrina italiana, porém, posiciona-se no sentido de que não há necessariamente um direito ao trabalho, traduzido pela necessidade de efetiva reintegração nas hipóteses de despedida arbitrária.[218] O mero pagamento de salário, sem o respectivo fornecimento de condições de trabalho, seria suficiente para implementar a proteção de que cogita o ordenamento jurídico italiano.[219]

Por fim, no que tange à atuação judicial frente a uma despedida supostamente arbitrária, a doutrina italiana separa as hipóteses em que o motivo justificado guarde relação com a atividade empresarial, em que o Juiz poderá apenas verificar se efetivamente ocorreu a causa apresentada pelo empregador, mas não questioná-la,[220] e as hipóteses em que a despedida diz com um descumprimento de obrigação contratual pelo empregado. Nesse caso, cabe ao Juiz não apenas verificar a ocorrência do fato alegado, mas também valorá-lo como suficiente ou não para justificar a perda do lugar de trabalho.[221]

Quanto aos motivos ligados à atividade empresarial, Ghera observa a existência de uma jurisprudência, ainda que minoritária, reconhecendo a possibilidade de o Juiz efetuar, inclusive, um controle do mérito da

---

[218] Nesse sentido: VALENTINI, Vicenzo. *Licenziamento e Reintegrazione. Il Dialogo tra giurisprudenza e dottrina*. Torino: Giappichelli, 2008; VALLEBONA, Antonio. *Istituzioni di diritto del lavoro. II, Il Rapporto di lavoro*. Torino, 1999; SANTORO PASSARELLI, Giuseppe. *Nozioni di diritto del lavoro*. XXXV edizione. Napoli, 1993, entre outros.

[219] VALENTINI, Vicenzo. *Licenziamento e Reintegrazione. Il Dialogo tra giurisprudenza e dottrina*. Torino: Giappichelli, 2008, p. 22. No mesmo sentido, Pietro Ichino observa que "Le valutazioni e le scelte dell'imprenditore circa l'organizzazione o le dimensioni dell'azienda sarebbero insindacabili, dovendo il giudice del lavoro limitarsi a controllare che esse siano state effettivamente attuate e che il licenziamento ne costituisc una conseguenza necessaria". (ICHINO, Pietro. *Lezioni di Diritto del Lavoro. Un Approccio di Labour and Economics*. Milano: Giuffrè, 2004, p. 537).

[220] O argumento vai ao sentido de que a escolha da razão empresarial justificadora da despedida se insere no conceito de livre iniciativa, sendo "non sindacabile" pelo Poder Judiciário. (DE ANGELIS, Luigi. *Licenziamento per motivi economici e controllo giudiziario*. In Ragioni del Licenziamento e formazione culturale del giudice del lavoro. A cura di Oronzo Mazzotta. Torino: giappichelli, 2008, p. 30). Nesse sentido: "Giusto in quanto l'articolo 360 c.p.c., n. 5 "non conferisce alla Corte di Cassazione il potere di riesaminare e valutare il merito della causa, ma solo quello di controllare, sotto il profilo logico formale e della correttezza giuridica, l'esame e la valutazione fatta dal giudice del merito al quale soltanto spetta individuare le fonti del proprio convincimento, e, all'uopo, valutarne le prove, controllarne l'attendibilita' e la concludenza e scegliere, tra le risultanze probatorie, quelle ritenute idonee a dimostrare i fatti in discussione" (cosi' SU n. 5802/1998), non incontrando, al riguardo, il giudice di merito alcun limite che quello di indicare le ragioni del proprio convincimento, senza essere tenuto a discutere ogni singolo elemento o a confutare tutte le deduzioni difensive, dovendo ritenersi implicitamente disattesi tutti i rilievi e le allegazioni che, sebbene non menzionati specificamente, sono logicamente incompatibili con la decisione adottata (v. ad es. Cass. n. 11933/2003; Cass. n. 9234/2006)." (Disponível em http://www.ricercagiuridica.com/sentenze/index.php?num=3244, acesso em 23/10/2010).

[221] GHERA, Edoardo. *Diritto del Lavoro*. Bari: Cacucci Editore, 2006, p. 188.

causa invocada.[222] Por sua vez, Ichino admite que essa possibilidade vem sendo reconhecida com mais força nas hipóteses, antes mencionadas, de possibilidade de reaproveitamento do trabalhador em outro serviço (*repêchage*). Nesses casos, a avaliação judicial acerca da possibilidade, não utilizada pelo empregador, de reaproveitamento, constitui evidente intervenção "sull´organizzazione aziendale".[223]

O artigo 9º da Convenção n. 158 da OIT parece pretender maior intervenção judicial do que aquela que vem sendo reconhecida pela doutrina e pela jurisprudência italianas, quando refere que "los organismos mencionados en el artículo 8 del presente Convenio estarán facultados para examinar las causas invocadas para justificar la terminación de la relación de trabajo y todas las demás circunstancias relacionadas con el caso, y para pronunciarse sobre si la terminación estaba justificada".[224] Examinar a causa não é simplesmente conferir se há prova do motivo indicado pelo empregador, mas especialmente a licitude dessa ordem de motivação.

O ônus da prova, nesses casos, é do empregador,[225] tal como, no âmbito do Direito italiano, estabelece o artigo 5º da Lei n. 604/1966, segundo o qual "il'onere della prova della sussistenza della giusta causa o del giustificato motivo di licenziamento spetta al datore di lavoro".[226]

---

[222] Observa que há entendimento no sentido que "richiede al giudice un controllo di merito sulla necessità del licenziamento e sulla razionalità delle scelte organizzative e produttive dell´impreditore". (Op. cit., p. 189).

[223] ICHINO, Pietro. *Lezioni di Diritto del Lavoro. Un Approccio di Labour and Economics.* Milano: Giuffrè, 2004, p. 541.

[224] No item 3, acrescenta que "En los casos en que se invoquen para la terminación de la relación de trabajo razones basadas en necesidades de funcionamiento de la empresa, establecimiento o servicio, los organismos mencionados en el artículo 8 del presente Convenio estarán facultados para verificar si la terminación se debió realmente a tales razones, pero la medida en que esos organismos estarán facultados también para decidir si esas razones son suficientes para justificar la terminación deberá determinarse por los métodos de aplicación mencionados en el artículo 1 de este Convenio".

[225] Nesse sentido, o artigo 9 da Convenção 158 da OIT refere que "2. A fin de que el trabajador no esté obligado a asumir por su sola cuenta la carga de la prueba de que su terminación fue injustificada, los métodos de aplicación mencionados en el artículo 1 del presente Convenio deberán prever una u otra de las siguientes posibilidades, o ambas: a) incumbirá al empleador la carga de la prueba de la existencia de una causa justificada para la terminación, tal como ha sido definida en el artículo 4 del presente Convenio; b) los organismos mencionados en el artículo 8 del presente Convenio estarán facultados para decidir acerca de las causas invocadas para justificar la terminación habida cuenta de las pruebas aportadas por las partes y de conformidad con los procedimientos establecidos por la legislación y la práctica nacionales".

[226] Nesse sentido: "LAVORO – LICENZIAMENTO PER GIUSTIFICATO MOTIVO OGGETTIVO – ONERE PROBATORIO. In caso di licenziamento per giustificato motivo oggettivo, il datore di lavoro, che adduca a fondamento del licenziamento la soppressione del posto di lavoro cui era addetto il lavoratore licenziato, ha l'onere di provare non solo che al momento dei licenziamento non sussisteva alcuna posizione di lavoro analoga a quella soppressa, alla quale avrebbe potuto essere assegnato il lavoratore licenziato per l'espletamento di mansioni equivalenti a quelle svolte, ma anche di aver prospettato al lavoratore licenziato, senza ottenerne il consenso, la possibilità di un suo impiego in

Como bem observa Antonio Baylos, a sindicabilidade do ato de despedida é a maior vantagem prática que se extrai do dever de motivação. De nada serve impor ao empregador o dever de motivar a despedida se inclusive o motivo alegado não for sujeito a amplo controle judicial.[227] Daí decorre a importância dos dispositivos processuais que garantem a efetividade da proteção que a lei material venha a conferir. Nesse aspecto, assume relevância recente alteração legislativa promovida pelo Governo Berlusconi, que modifica o artigo 412 do CPC italiano, para determinar a possibilidade de submissão do litígio a um juízo arbitral.

O "Disegno di Legge 1167-B" aprovado definitivamente sob o n. 1441-quater-F, em 19 de outubro de 2010, ainda não publicado,[228] prevê a possibilidade de resolução extrajudicial (com força vinculante), mediante juízo arbitral, para os conflitos decorrentes da despedida.[229]

Estabelece a criação de uma Comissão de Conciliação instituida junto à Direção Provincial de Trabalho, composta pelo diretor ou alguém por ele indicado, ou, ainda, por um Juiz aposentado, na qualidade de presidente. Haverá, ainda, outros quatro membros representando os trabalhadores, e quatro representando os empregadores, todos designados pelos sindicatos das respectivas categorias. A lei estabelece que " il tentativo di conciliazione" "è obbligatorio". A lei prevê, ainda, a qualidade de título executivo, que o acordo extrajudicial assume, uma vez chancelado pelo

---

mansioni inferiori rientranti nel suo bagaglio professionale, purché tali mansioni inferiori siano compatibili con l'assetto organizzativo aziendale insindacabilmente stabilito dall'imprenditore". (Cass., Sentenza n. 21579 del 13 Agosto 2008 – Quarta Sezione Lavoro , Presidente S. Senese, Relatore G. Bandini) (Disponível em http://www.cortedicassazione.it/Notizie/GiurisprudenzaCivile/SezioniSemplici/SchedaNews.asp?ID=2209, acesso em 23/10/2010).

[227] BAYLOS, Antonio. PÉREZ REY, Joaquín. *El Despido o La violencia Del Poder Privado.* Madrid: Editorial Trotta, 2009, p. 67.

[228] "Deleghe al Governo in materia di lavori usuranti, di riorganizzazione di enti, di congedi, aspettative e permessi, di ammortizzatori sociali, di servizi per l'impiego, di incentivi all'occupazione, di apprendistato, di occupazione femminile, nonché misure contro il lavoro sommerso e disposizioni in tema di lavoro pubblico e di controversie di lavoro" (rinviato alle Camere dal Presidente della Repubblica a norma dell'articolo 74 della Costituzione, approvato, con modificazioni, dalla Camera e modificato dal Senato) (1441-quater-F)". Inteiro teor disponível em: http://www.camera.it/cartellecomuni/leg16/documenti/progettidilegge/IFT/formEstrazione.asp?pdl=1441-quater-F, acesso em 22/10/2010.

[229] Art. 31. (Conciliazione e arbitrato) 1. L'articolo 410 del codice di procedura civile è sostituito dal seguente: "Art. 410. – (Tentativo di conciliazione). – Chi intende proporre in giudizio una domanda relativa ai rapporti previsti dall'articolo 409 può promuovere, anche tramite l'associazione sindacale alla quale aderisce o conferisce mandato, un previo tentativo di conciliazione presso la commissione di conciliazione individuata secondo i criteri di cui all'articolo 413. La comunicazione della richiesta di espletamento del tentativo di conciliazione interrompe la prescrizione e sospende, per la durata del tentativo di conciliazione e per i venti giorni successivi alla sua conclusione, il decorso di ogni termine di decadenza".

Juiz, e a possibilidade de que a Comissão, mesmo não havendo acordo, faça uma sugestão ao Juiz, acerca de como decidir a controvérsia.[230]

A Lei fixa, também, a obrigatoriedade de o Juiz efetuar "proposta transativa" às partes, podendo "valutar" em sentença eventual resistência na aceitação da conciliação.[231] Por fim, a lei estabelece a possibilidade de que as partes, após a propositura da demanda, escolham submeter o conflito a um juízo arbitral, cuja decisão proferida será irrecorrível.[232] Esse juízo pode ser realizado, inclusive, no âmbito dos sindicatos, se houver disposição nesse sentido, em norma coletiva.[233]

O artigo 32 dessa nova lei modifica também a norma material (Lei n. 604/66) acerca da despedida, fixando a necessidade de impugnação, por parte do trabalhador, sob pena de decadência, "entro sessanta giorni dalla ricezione della sua comunicazione in forma scritta". Estabelece prazo de "duecentosettanta giorni" para a interposição de ação trabalhista e, em caso de submissão do litígio ao juízo arbitral, refere que "il ricorso al giudice deve essere depositato a pena di decadenza entro sessanta giorni dal rifiuto o dal mancato accordo". Esse dispositivo se refere aos contratos a prazo, mas no item 2 faz constar, de maneira perigosa, que as regras ali constantes "si applicano anche a tutti i casi di invalidità del licenziamento".

---

[230] "L'articolo 411 del codice di procedura civile è sostituito dal seguente: Art. 411. – (Processo verbale di conciliazione). Se la conciliazione esperita ai sensi dell'articolo 410 riesce, anche limitatamente ad una parte della domanda, viene redatto separato processo verbale sottoscritto dalle parti e dai componenti della commissione di conciliazione. Il giudice, su istanza della parte interessata, lo dichiara esecutivo con decreto. Se non si raggiunge l'accordo tra le parti, la commissione di conciliazione deve formulare una proposta per la bonaria definizione della controversia. Se la proposta non e` accettata, i termini di essa sono riassunti nel verbale con indicazione delle valutazioni espresse dalle parti. Delle risultanze della proposta formulata dalla commissione e non accettata senza adeguata motivazione il giudice tiene conto in sede di giudizio".

[231] "All'articolo 420, primo comma, del codice di procedura civile, le parole: «e tenta la conciliazione della lite» sono sostituite dalle seguenti: tenta la conciliazione della lite e formula alle parti una proposta transattiva» e le parole: «senza giustificato motivo, costituisce comportamento valutabile dal giudice ai fini della decisione» sono sostituite dalle seguenti: «o il rifiuto della proposta transattiva del giudice, senza giustificato motivo, costituiscono comportamento valutabile dal giudice ai fini del giudizio».

[232] "L'articolo 412 del codice di procedura civile e` sostituito dal seguente: Art. 412. – (Risoluzione arbitrale della controversia). – In qualunque fase del tentativo di conciliazione, o al suo termine in caso di mancata riuscita, le parti possono indicare la soluzione, anche parziale, sulla quale concordano, riconoscendo, quando è possibile, il credito che spetta al lavoratore, e possono accordarsi per la risoluzione della lite, affidando alla commissione di conciliazione il mandato a risolvere in via arbitrale la controversia".

[233] "L'articolo 412-ter del codice di procedura civile è sostituito dal seguente: «Art. 412-ter. – (Altre modalità di conciliazione e arbitrato previste dalla contrattazione collettiva). – La conciliazione e l'arbitrato, nelle materie di cui all'articolo 409, possono essere svolti altresì presso le sedi e con le modalità previste dai contratti collettivi sottoscritti dalle associazioni sindacali maggiormente rappresentative».

Trata-se de lei de evidente cunho flexibilizador,[234] que sem modificar diretamente as regras acerca da proteção contra a perda do lugar de trabalho, acaba provocando uma erosão importante no sistema de proteção judicial à efetividade daquelas disposições. Bem por isso, a lei nem mesmo entrou em vigor, e já vem suscitando vigorosas críticas,[235] que apontam maior dificuldade para a propositura de demanda trabalhista, introduzindo prazo reduzido de prescrição e autorizando sua aplicação inclusive para os contratos já em curso. É grave, também, o fato de a lei permitir que o trabalhador, quando da contratação, possa pactuar desde logo a submissão de eventual futuro litígio a um juízo arbitral.[236]

Em artigo publicado no Jornal "La Repubblica", em 15 de março de 2010, antes mesmo da aprovação final da lei em exame, Massimo Giannini já referia movimento popular de resistência à iniciativa do parlamento italiano, em relação às alterações no CPC.

Aponta o artigo 31 antes mencionado como sendo uma norma "che rischia di cambiare radicalmente il profilo del nostro diritto del lavoro, e il suo sistema di garanzie". O artigo faz referência à manifestação de Luigi Ferrajoli, para quem "ci sono almeno due profili di incostituzionalità" na nova lei. O primeiro é a violação do direito de acesso à Justiça, previsto no artigo 24 da Constituição italiana[237]. Ferrajoli aponta, como segundo

---

[234] Recebida com severas críticas por importantes juristas italianos, como Luciano Gallino, Umberto Romagnoli, Massimo Paci, Tiziano Treu, Massimo Roccella, Massimo Luciani e Andrea Proto Pisani, que chegaram a firmar nota contra a aprovação do "disegno di legge", sem, entretanto, qualquer sucesso (notícia disponível em http://www.repubblica.it/economia, acesso em 24/10/2010).

[235] É exemplo, a notícia de que "Con l'approvazione al Senato del disegno di legge 1167-B, il Governo consente al padronato italiano di compiere un salto di qualità nello smantellamento dei diritti dei lavoratori: più che una controriforma, è una vera e propria controrivoluzione, sia pure condotta in sordina. L'attacco questa volta prende le forme di un lunghissimo testo che conferisce "Deleghe al Governo in materia di lavori usuranti, di riorganizzazione di enti, di congedi, aspettative e permessi, di ammortizzatori sociali, di servizi per l'impiego, di incentivi all'occupazione, di apprendistato, di occupazione femminile, nonché di misure contro il lavoro sommerso e disposizioni in tema di lavoro pubblico e di controversie di lavoro"." (http://www.avvocatolaser.net/2010/03/05/ddl-1167-il-governo-prepara-la-sua-morte-nera/, acesso em 24/10/2010). No sitio da "Associazione Sindacale di Base", lê-se "Tra le altre misure capestro, la nuova legge mette una pietra tombale sulle controversie legali, presenti e future, dei lavoratori precari, non solo limitando il danno massimo risarcibile anche retroattivamente, ma introducendo un meccanismo di doppia decadenza per l'azione giudiziaria che renderà pressoché impossibile rivendicare i propri diritti." (http://confederazione.usb.it/index.php?id=20&tx_ttnews[tt_news]=26114&cHash=c3262e8beb&MP=63-552, acesso em 20/10/2010).

[236] Nesse sentido, a crítica pontua: "nel caso della legge appena approvata il problema è il seguente: se è vero che al momento dell'assunzione il consenso congiunto delle parti sulla via arbitrale ci sarebbe (ancorchè condizionato dalla posizione di oggettiva debolezza del lavoratore) è legittimo trasformarlo in un'ipoteca sulle scelte future, precludendo per sempre al lavoratore la via giurisdizionale?" (disponível em http://rpi.forumfree.it/?t=46839321, acesso em 24/10/2010).

[237] O artigo 24 prevê que "tutti possono agire in giudizio per la tutela dei propri diritti e interessi legittimi". Ou seja, garante o direito fundamental de acesso à justiça, na linha do que também dispõe a Constituição Federal brasileira. De acordo com Ferrajoli, trata-se "di un diritto fondamentale, inalienabile e indisponibile, che la nuova legge viola palesemente, portando un colpo non solo all'articolo

aspecto de inconstitucionalidade da nova lei, os termos do artigo 32, "che vincola il giudice a un mero controllo formale sul 'presupposto di legittimità' delle clausole generali e dei provvedimenti dei datori di lavoro, escludendone "il sindacato di merito sulle valutazioni tecniche, organizzative e produttive che competono al datore di lavoro".[238]

A realidade enfrentada hoje pelos operadores do Direito do Trabalho na Itália não é diversa da realidade brasileira e revela o quanto o discurso constitucional, tanto aqui quanto lá, está longe da prática legislativa e judiciária. Revela o quanto ainda tem de ser trilhado e as dificuldades, inclusive metajurídicas, que um discurso comprometido com a plena efetividade do direito fundamental ao trabalho, como é nosso, tem de enfrentar.

2.2. A despedida no direito brasileiro

O ordenamento jurídico brasileiro, a exemplo dos demais países ocidentais, sempre registrou preocupação com a manutenção do lugar de trabalho, reconhecendo a estabilidade[239] como pressuposto fundamental para o desenvolvimento econômico e social.[240]

O embrião, ainda não bem delineado, dessa realidade pode ser encontrado na Constituição brasileira de 1824, que, em seu artigo 149, previa que "os oficiais do Exército e Armada não podem ser privados de suas patentes, senão por sentença proferida em Juízo competente". Do mesmo modo, a Constituição brasileira de 1891 dispôs no art. 76 que "os oficiais

---

18 ma all'intero diritto del lavoro". (disponível em http://rpi.forumfree.it/?t=46839321, acesso em 24/10/2010).

[238] Há, nesse caso, manifesta violação, de acordo com Ferrajoli, do artigo 101 da Constituição italiana, de acordo com o qual "i giudici sono soggetti soltanto alla legge". O artigo refere, também, a manifestação do jurista Piergiovanni Alleva, acerca da inconstitucionalidade da lei, e de Tiziano Treu, para quem "nel settore privato un arbitrato senza regole affidate al singolo è contrario ai principi costituzionali di tutela del lavoro". Por fim, o texto faz referência a "una sentenza della Consulta, la 232 del 6-10 giugno 1994", na qual consta: "Come in più occasioni stabilito da questa Corte (da ultimo sentenze n.206 e n. 49 del 1994) l'istituto dell'arbitrato non è costituzionalmente illegittimo, nel nostro ordinamento, esclusivamente nell'ipotesi in cui ad esso si ricorra per concorde volontà delle parti... In tutti gli altri casi... ci si pone in contrasto con l'articolo 102 primo comma della Costituzione, con connesso pregiudizio del diritto di difesa di cui all'articolo 24 della stessa Costituzione". (Disponível em http://rpi.forumfree.it/?t=46839321, acesso em 24/10/2010).

[239] Martins Catharino trata a estabilidade como limite ao direito de resilir o contrato de trabalho, que detém o empregador. É limite porque impede o livre exercício da denúncia, exigindo interposição de ação judicial para declaração da possibilidade de resolução do contrato de trabalho, por falta grave do empregado (MARTINS CATHARINO, José. *Em Defesa da Estabilidade*. São Paulo: LTr, 1966, p. 63).

[240] Para o aprofundamento do estudo acerca da construção do direito do trabalho no Brasil, especialmente em sua primeira fase de positivação, o que é inviável diante dos limites deste estudo, remetemos à leitura da magistral obra da Juíza do Trabalho Magda Biavaschi: BIAVASCHI, Magda Barros. *O Direito do Trabalho no Brasil – 1930-1942*. São Paulo: LTr e JUTRA, 2007.

do Exército e Armada só perderão suas Patentes por condenação em mais de dois anos de prisão, passado em julgado nos Tribunais Competentes" e no artigo 57, que "os juízes federais terão vitaliciedade, podendo perder o cargo apenas por sentença judicial".

Ao tratar do tema, Arnaldo Süssekind faz referência a um Projeto de Lei, de n. 284-A, em que havia previsão de estabilidade após cinco anos de trabalho para a mesma empresa. Para a despedida, impunha-se a realização de processo judicial no qual restasse comprovada a prática de falta grave.[241] Tal projeto, entretanto, nunca foi aprovado.

A primeira lei específica a disciplinar a perda do emprego no Brasil é a de n. 4.682/23, chamada Lei Eloy Chaves, que disciplinava o trabalho dos ferroviários e, no artigo 42, dispunha que "depois de dez anos de serviço, o empregado das empresas a que se refere a presente lei só poderá ser demitido no caso de falta constatada em inquérito administrativo". Tratava-se de um avanço importante no âmbito das relações de trabalho, que atingia, porém, apenas a classe trabalhadora melhor organizada à época e tinha por objetivo viabilizar o financiamento dos fundos de pensão.[242]

A Constituição brasileira de 1934 reconheceu a importância dos direitos sociais trabalhistas, dispondo no art. 121 que "seria promovido o amparo à produção e seriam estabelecidas as condições do trabalho, na cidade e no campo, com vistas à proteção social do trabalhador e aos interesses econômicos do país". O § 1º, letra *b*, desse dispositivo estabelecia regras a serem observadas pela lei, cujo objetivo deveria ser "a melhoria das condições do trabalhador, com salário mínimo capaz de satisfazer, conforme as condições de cada região, as necessidades normais do trabalhador".[243]

Em 1935, foi publicada a Lei n. 62, denominada a "Lei da Despedida", que assegurava aos trabalhadores da indústria e do comércio a

---

[241] SÜSSEKIND, Arnaldo: MARANHÃO, Délio; VIANNA, Segadas. *Instituições de Direito do trabalho*. Vol. I, 11ª ed, São Paulo: LTr, 1991, p. 667.

[242] Em 1926, a Lei n. 5.109 estendeu o regime dos ferroviários aos trabalhadores em empresas de navegação marítima ou fluvial e em empresas de exploração de portos. No ano de 1930, o Decreto n. 20.465 estendeu o mesmo direito aos empregados das empresas de serviços de transporte urbano, luz, telefone, telégrafo, águas e esgoto. O Decreto n. 22.096, de 1932, por sua vez, o estendeu aos trabalhadores em serviços de mineração. O Decreto n. 24.273, de 1934, estendeu aos comerciários e o Decreto n. 24.625/34 criou o Instituto de Aposentadoria e Pensões dos Bancários, fixando o período de dois anos para a aquisição da estabilidade, por essa categoria profissional. Esses dados estão contidos na obra: VASCONCELOS PORTO, Lorena. *La Disciplina dei Licenziamenti in Itália e nel Diritto Comparato: uma proposta per il diritto del lavoro in Brasile*. Tese de doutoramento em Autonomia Individual e Autonomia Coletiva, junto à Università degli Studi di Roma Tor Vergata, apresentada em 2008. Facoltà di Giurisprudenza. Orientador Prof. Dott. Giancarlo Perone, disponível em http://dspace. uniroma2.it/dspace/bitstream/2108/1034/1/Tese.pdf, acesso em 02/11/2009.

[243] Op. cit., p. 155.

estabilidade após dez anos de serviços prestados na mesma empresa e instituía indenização pela dispensa aos empregados despedidos antes desse período de tempo.

A preocupação dos operadores do direito do trabalho, à época, com o tema da perda do lugar de trabalho, era tanta, que durante o 1º Congresso brasileiro de Direito Social, realizado pelo Instituto de Direito Social, em 1941, uma das três teses aprovadas,[244] da lavra de Arnaldo Sussekind, propunha a declaração de abuso de direito para as despedidas que visassem a fraudar os termos da Lei 62.[245] Essa lei tem importância especial por ser a primeira que desvincula o instituto da estabilidade no emprego da necessidade de manutenção e sustento de fundos de pensão.[246]

Quando trata da Lei n. 62, Magda Biavaschi refere discurso do Ministro do Trabalho, Waldemar Falcão, em 1941, quando "afirmando que a utópica igualdade jurídica acenada aos cidadãos pelo individualismo liberal cedeu terreno a uma compreensão exata das realidades sociais e a um conceito racional e eficiente do papel do Estado" apontou para o Direito do trabalho então em construção "como uma busca de solução aos problemas oriundos da relação entre capital e trabalho",[247] dentro dos quais a questão da perda do lugar de trabalho sem dúvida merece destaque.

---

[244] Magda Biavaschi observa que "eram fortes os sentidos de pertencimento e continuidade, próprios do Direito do Trabalho, que a Lei 62/35 incorporou. Seus institutos sofreram duro golpe em janeiro de 1967, com a vigência da Lei do Fundo de Garantia por Tempo de Serviço (FGTS), que, introduzindo a figura da "opção" pelo novo sistema, feriu de morte o instituto da estabilidade" (BIAVASCHI, Magda Barros. *O Direito do Trabalho no Brasil – 1930-1942*. São Paulo: LTr e JUTRA, 2007, p. 240). A autora apresenta dados da Justiça do trabalho, em seus primeiros anos, demonstrando que a maior parte das demandas versava justamente sobre a aplicação da Lei 62. Faz referência a teses apresentadas por Arnaldo SÜSSEKIND, aduzindo que "na terceira tese, Süssekind buscava criar obstáculos às despedidas obstativas à estabilidade assegurada na Lei 62/35, a famosa Lei da Despedida. E fazia sentido. Trata-se de uma lei nova, que, além de estender aos trabalhadores da indústria e do comércio garantia de emprego antes alcançada apenas aos ferroviários pela Lei Eloy Chaves, de 1923, introduziu, entre outras salvaguardas, indenização aos não estáveis despedidos sem justa causa. Essa terceira tese inspirou o art. 499, § 3º, da CLT. Nos seus fundamentos, a estabilidade é referida como sendo um instituto que constitui sólida garantia aos trabalhadores, gerando um complexo de direitos que impede que os estáveis sejam despedidos – a não ser por falta grave provada em inquérito administrativo –, rebaixados de categoria e/ou tenham seus salários reduzidos". (Idem).

[245] O teor das teses, reproduzido na obra de Magda Biavaschi: "1ª tese: o Direito do Trabalho, sendo a mais notável expressão da socialização do Direito, confere aos seus Tribunais o arbítrio necessário à repressão da fraude ou dos atos abusivos do Direito, bem como à exaltação do interesse social e do equitativo. 2ª tese: o contrato de trabalho de duração determinada, sempre que não se justifique, ou quando prorrogado tacitamente, ou sucessivamente renovado, deve ser considerado como de duração indeterminada. 3ª tese: a demissão sem justa causa, acompanhada da indenização de que trata a Lei 62, de 1935, ocorrida nas vésperas do advento da estabilidade, é ilegal em face da teoria do abuso do direito". (Ibidem, p. 141)

[246] SÜSSEKIND, Arnaldo; MARANHÃO, Délio; VIANNA, Segadas. *Instituições de Direito do trabalho*. Vol. I, 11ª ed, São Paulo: LTr, 1991, p. 668.

[247] Op. cit., p. 153.

A Constituição de 1937, no art. 136, definiu o trabalho como dever social e estabeleceu o direito "à proteção e solicitude especiais do Estado". Alguns anos depois, em 1943, foi publicada a Consolidação das Leis do Trabalho (CLT), que estabelecia no âmbito das relações de trabalho no Brasil, a garantia de manutenção no emprego, após dez anos de contrato, para todos os trabalhadores.[248]

A ideia de estabilidade está diretamente relacionada à característica de previsibilidade ou continuidade, que define o vínculo de trabalho. Por isso, já em 1943 percebeu-se que a duração da relação de trabalho serve ao sistema capitalista, porque permite à empresa uma melhor organização e o maior aproveitamento da mão de obra (que se qualifica com o decurso do tempo) e ao trabalhador (necessariamente inserido nesse sistema), porque lhe dá condições de organizar o futuro próximo e de consumir com certa segurança.[249]

A disciplina de proteção contra a perda do lugar de trabalho foi alvo de críticas. Havia um forte entendimento de que a estabilidade dificultava investimentos financeiros, travando a economia brasileira.[250] O desemprego, porém, era um problema grave já à época, a ponto de provocar a edição da Lei n. 4.923/65, que instituía "medidas contra o desemprego e de assistência aos desempregados".[251]

A criação do FGTS, pela Lei nº 5.107, de 1966, foi o primeiro "golpe" à disciplina de proteção à perda do lugar de trabalho. O trabalhador brasileiro passou a ter a "opção" de adquirir estabilidade no emprego após dez anos de serviço ou aderir ao sistema do fundo de garantia,[252] de acor-

---

[248] Artigo 492 da CLT – O empregado que contar mais de 10 (dez) anos de serviço na mesma empresa não poderá ser despedido senão por motivo de falta grave ou circunstância de força maior, devidamente comprovadas. Parágrafo único – Considera-se como de serviço todo o tempo em que o empregado esteja à disposição do empregador.

[249] PLÁ RODRIGUEZ, Américo. *Princípios de Direito do Trabalho*. 3ª ed. São Paulo: LTr, 2000, p. 242.

[250] Lorena Vasconcelos aponta que "às pressões oriundas do estrangeiro aliavam-se aquelas exercidas pelas grandes empresas nacionais, desejosas de reduzir custos trabalhistas e de propiciar um manejo flexível do contingente de mão de obra. Essas críticas encontraram solo fértil para florescer e se concretizar a partir da implantação do regime ditatorial no Brasil, o que ocorreu com o golpe militar de 1964, que contou também com o apoio do Governo dos EUA, segundo apontam vários autores". (VASCONCELOS PORTO, Lorena. *La Disciplina dei Licenziamenti in Itália e nel Diritto Comparato: uma proposta per il diritto del lavoro in Brasile*. Tese de doutoramento em Autonomia Individual e Autonomia Coletiva, junto à Università degli Studi di Roma Tor Vergata, apresentada em 2008. Facoltà di Giurisprudenza. Orientador Prof. Dott. Giancarlo Perone, disponível em http://dspace.uniroma2.it/dspace/bitstream/2108/1034/1/Tese.pdf, acesso em 02/11/2009).

[251] ROCHA, João Batista de Oliveira. Direito Econômico e Direito do trabalho. *Revista do Tribunal Regional do Trabalho*, 3ª Região, Belo Horizonte, n. 22, 1973/1974, p. 45-52.

[252] A Constituição de 1967, diante desse contexto normativo, estabelecia aos trabalhadores brasileiros direito à "estabilidade, com indenização ao trabalhador despedido, ou fundo de garantia do tempo de serviço". Como observa Couto Maciel, era direta a relação entre os dois sistemas. COUTO MACIEL, José Alberto. *Garantia no Emprego já em Vigor*. São Paulo: LTr, 1994.

do com o qual, mês a mês, o empregador deposita determinada quantia que, ao final do contrato, atua como uma espécie de indenização pela perda do posto de trabalho.[253]

A mudança na postura legislativa diante do ato de despedida, com a introdução da falaciosa "opção" entre FGTS e estabilidade decenal,[254] é criticada por inúmeros doutrinadores que, ao tratarem do tema, exaltam a qualidade da legislação brasileira ao disciplinar a estabilidade e estranham a facilidade com que esse direito foi flexibilizado.[255]

Com o advento da Constituição brasileira de 1988, o panorama se altera. Não há mais relação direta entre a estabilidade ou qualquer forma de garantia de manutenção no emprego e o regime do FGTS. Tanto assim que o artigo 7º estabelece como direito fundamental a relação de emprego protegida contra a dispensa (inciso I) e o FGTS (inciso III), em incisos

---

[253] Portanto, quem optasse pelo Fundo e ainda não contasse com 10 anos de serviço, perdia o direito à estabilidade e poderia ser dispensado, quando bem conviesse ao empregador, recebendo o que estava no Fundo, além do pagamento da indenização. A opção pelo regime do FGTS deveria ser feita no prazo de 365 (trezentos e sessenta e cinco) dias, a contar da vigência da Lei 5.107/66, para os que já estavam contratados e a partir da admissão para os novos empregados. Tão logo editada, a "opção" prevista pela Lei 5.107 tornou-se "condição" para a admissão, já previamente contida no instrumento de contrato. (nota da autora).

[254] "Havia uma intensa propaganda oficial que mostrava o FGTS como um sistema mais vantajoso, para estimular a opção. Esta poderia ser feita a qualquer tempo, pois a Lei n. 5.107/66 estabelecia o dever de realizar os depósitos, com relação a todos os empregados, inclusive os não optantes. Não obstante trazer alguns benefícios, como vimos, o novo sistema, em seu conjunto, era desvantajoso, pois reduzia consideravelmente a garantia da continuidade da relação de emprego, que assegura ao obreiro a permanência da fonte de subsistência própria e de sua família, além da aquisição do direito a uma aposentadoria. Com a instituição do sistema fundiário, as empresas obtiveram as vantagens por elas almejadas. Não havendo mais a possibilidade de alcançar a estabilidade, o empregado optante poderia ser dispensado, a qualquer momento, de forma imotivada. Redução de custos, política de rejuvenescimento do quadro de pessoal, retração dos negócios, represália a atitudes reivindicatórias, qualquer causa poderia ensejar a dispensa, independentemente do tempo de serviço do empregado. Além disso, os custos da dispensa foram reduzidos sensivelmente. O sistema dos recolhimentos mensais possibilitava que eles fossem computados nas despesas operacionais normais da empresa, sendo repassados, obviamente, para os bens e serviços produzidos. Constatou-se também que os depósitos, acrescidos da multa de 10%, eram, invariavelmente, inferiores ao valor da indenização por antiguidade prevista na CLT, não obstante constar da exposição de motivos da Lei n. 5.107/66 que seriam iguais ou, até mesmo, superiores". (VASCONCELOS PORTO, Lorena. *La Disciplina dei Licenziamenti in Itália e nel Diritto Comparato: uma proposta per il diritto del lavoro in Brasile*. Tese de doutoramento em Autonomia Individual e Autonomia Coletiva, junto à Università degli Studi di Roma Tor Vergata, apresentada em 2008. Facoltà di Giurisprudenza. Orientador Prof. Dott. Giancarlo Perone, disponível em http://dspace.uniroma2.it/dspace/bitstream/2108/1034/1/Tese.pdf, acesso em 02/11/2009).

[255] Por todos, cito a obra de Mozart Victor Russomano, que em 1979 faz severa crítica à edição da lei do FGTS e da própria Constituição, quando permite que o empregado escolha entre a proteção *contra* a dispensa e mera indenização pela perda do emprego, evidenciando o fato de que se cogitam de proteções de ordem diversa, que não se compensam nem tutelam o mesmo bem jurídico. Uma tutela o vínculo de emprego, a outra tutela a condição de desempregado. (RUSSOMANO, Mozart Victor. *A Estabilidade do Trabalhador na Empresa*. 2ª ed. São Paulo: Editora Científica, 1979).

próprios, e não como "opções" para o empregado, como fazia o texto da Constituição de 1967.[256]

José Alberto Couto Maciel refere que o pacto social de 1988 desvinculou o FGTS do instituto da estabilidade e reafirmou ambos como direitos fundamentais dos trabalhadores. O autor faz referência às obras de Amauri Mascaro Nascimento e Arnaldo Sussekind, acerca dos trabalhos constituintes, nos quais se demonstra a pressão, especialmente dos empresários gaúchos, para que a ideia de proteção contra a dispensa restasse limitada à indenização.

A redação final do inciso I do art. 7º é, pois, resultado de um "acordo" com o "confessado objetivo de substituir a estabilidade no emprego pela garantia de uma indenização compensatória, além de outros direitos". Acordo que previa a disposição transitória estabelecendo um valor de indenização, até que lei complementar regulasse a matéria.[257]

Aponta, também, entendimento diverso no sentido de que a Constituição brasileira permite a proteção mediante reintegração, desde que venha Lei Complementar regulando a matéria.[258] Refere a trajetória constituinte para a aprovação do inciso I do art. 7º da CF, mencionando que a redação original dispunha "estabilidade desde a admissão no emprego, salvo o cometimento de falta grave comprovada judicialmente, facultado o contrato de experiência de noventa dias".[259]

Na Comissão de Ordem Social, o projeto para o inciso I do artigo 7º passou a ter seguinte redação: "garantia de direito ao trabalho mediante relação de emprego estável, ressalvados: a) a ocorrência de falta grave comprovada judicialmente; b) contrato a termo, não superior a dois anos, nos casos de transitoriedade dos serviços ou da atividade da empresa; c) prazos definidos em contratos de experiência, não superiores a noventa dias, atendidas as peculiaridades do trabalho a ser executado". A Comissão de Sistematização alterou a redação, dispondo "garantia de emprego, protegido contra despedida imotivada, assim entendida a que se fundar em: a) contrato a termo, assim conceituado em lei; b) falta grave, conceituada em lei; c) justa causa, baseada em fato econômico intransponível,

---

[256] Art 158 – A Constituição assegura aos trabalhadores os seguintes direitos, além de outros que, nos termos da lei, visem à melhoria, de sua condição social: XIII – estabilidade, com indenização ao trabalhador despedido, ou fundo de garantia equivalente (disponível em http://www.planalto.gov.br/ccivil_03/constituicao/Constitui%C3%A7ao67.htm, acesso em 29/3/2011)

[257] COUTO MACIEL, José Alberto. *Garantia no Emprego já em Vigor*. São Paulo: LTr, 1994, p. 98.

[258] Para Couto Maciel, sequer é necessária edição de lei complementar, porque o inciso I do art. 7º já protege contra a dispensa, enquanto o III estabelece o direito ao FGTS, tratando, pois, de coisas distintas, ao contrário do que ocorria na CF de 1967, que dispunha "estabilidade, com indenização ao trabalhador despedido, ou fundo de garantia do tempo de serviço" (Idem).

[259] COUTO MACIEL, José Alberto. *Garantia no Emprego já em Vigor*. São Paulo: LTr, 1994, p. 133.

fato tecnológico ou infortúnio da empresa, de acordo com os critérios estabelecidos na legislação do trabalho".[260] Desse texto, retirou-se a atual redação do inciso.

Couto Maciel conclui que "o sentimento sempre foi o de mudar, de inovar para uma garantia em que se desse um basta à predominância do econômico sobre o social" e, por isso mesmo o resultado da colisão de forças e do trabalho constituinte foi a construção de uma Constituição "cidadã", que sequer poderia "regredir em termos sociais, até mesmo frente à Constituição revolucionária de 1967, terminando com a estabilidade e nada garantindo ao trabalhador no emprego".[261]

De acordo com o autor, a Constituição de 1967 já não permitia a despedida arbitrária, mesmo para os optantes do FGTS. Agora, "o texto atual do art. 7°, inc.I, da Constituição brasileira, torna a proteção contra a despedida arbitrária ou sem justa causa norma constitucional expressa, direito que independe de regulamentação".[262]

Também Nelson Mannrich menciona as discussões relativas ao processo constituinte, fazendo referência à observação de Magano, no sentido de que o compromisso entre os grupos contrapostos, de empregados e de empregadores, foi no sentido de renunciar à ideia inicial de plena estabilidade aos trabalhadores desde a data de admissão e, bem assim, de renunciar à ideia patronal de possibilidade de despedida sem motivação.[263]

O texto aberto da norma, remetendo à lei complementar a função de determinar seus "contornos", foi o modo escolhido para resolver os impasses e obter o consenso, o que não significa a impossibilidade de sua imediata aplicação.[264]

A doutrina divide-se entre aqueles que reduziram à indenização, o conteúdo do inciso I do art. 7° da Constituição brasileira, reconhecendo a manutenção do direito de despedir sem motivar e a extinção da estabilidade decenal; os que consideram tenha o referido texto introduzido a noção de estabilidade desde o início do contrato, avançando em relação aos

---

[260] COUTO MACIEL, José Alberto. *Garantia no Emprego já em Vigor*. São Paulo: LTr, 1994, p. 133.

[261] Ibidem.

[262] Idem, p. 134.

[263] MANNRICH, Nelson. *Dispensa Coletiva. Da Liberdade Contratual à Responsabilidade Social*. São Paulo:LTr, 2000, p. 297.

[264] Especialmente em razão dos termos do § 1° do art. 5° da Constituição Federal, que expressamente determina a aplicação imediata das normas que definem direitos e garantias fundamentais (nota da autora).

termos da CLT, e, finalmente, os que reconhecem no referido dispositivo apenas a necessidade de motivação da despedida.[265]

A jurisprudência dominante firmou o entendimento de que o sistema do FGTS *substituiu* a estabilidade decenal, embora os artigos da CLT nunca tenham sido revogados ou alterados. Essa mesma jurisprudência continua chancelando a possibilidade de dispensa sem motivação.[266] A compreensão de que a eficácia desse dispositivo se esgota na previsão do artigo 10 dos Atos das Disposições Constitucionais Transitórias,[267] bem como de que a Constituição brasileira de 1988 extinguiu o regime de estabilidade decenal previsto na CLT desafia até mesmo a interpretação literal do sistema jurídico.

É espantoso constatar que a interpretação menos compatível com a ordem constitucional centrada nos valores sociais do trabalho e na livre iniciativa, qual seja, a de que a estabilidade decenal está "extinta" e de que o inciso I do art. 7º se esgota na previsão "provisória" de indenização, é aquela que se consolidou de tal modo que atualmente é mesmo difícil encontrar doutrina ou jurisprudência que enfrente a matéria de modo crítico.

Trata-se do "senso comum teórico" a gerar uma "interpretação inautêntica do direito", de que nos fala Lenio Streck.[268] No caso dos direitos fundamentais do/ao trabalho, a "correlação de forças" revelou a supremacia incontestável do discurso empresarial, de tal modo a tornar as discussões travadas durante o processo constituinte vazias de sentido. A Constituição brasileira promoveu mudanças, mas tudo ficou exatamente como estava antes.

---

[265] É esse o entendimento expressado por Octávio Bueno Magano, que textualmente afirma, em obra publicada em 1992: "a regra, consoante a qual a relação de emprego deve ficar protegida contra despedida arbitrária ou sem justa causa, impõe claros limites à autonomia dos empregadores, no que toca à rescisão do contrato de trabalho de seus empregados. A partir da vigência da nova Constituição, só poderão despedi-los, quando *fundados em razões objetivas; arbitrariamente não mais*". (SEM DESTAQUE NO ORIGINAL) MAGANO, Octávio Bueno. *Política do Trabalho*. São Paulo: LTr, 1992, p. 24. No mesmo sentido, Couto Maciel defende que o multicitado art. 7º acabou com a possibilidade de "arbítrio patronal, exigindo, desde logo, a existência de um motivo válido para a despedida". (MACIEL, José Alberto Couto. *Garantia no Emprego já em Vigor*. São Paulo: LTr, 1994, p. 138).

[266] Nas palavras de Ricardo Tenório Cavalcante, são inúmeras as interpretações judiciais que mitigam ou liquidam direitos trabalhistas plenamente vigentes, em descompasso com a noção de proteção que norteia e justifica esse ramo especial do direito, esse é um dos exemplos manifestos dessa triste realidade. (CAVALCANTE, Ricardo Tenório. *Jurisdição, Direitos Sociais e Proteção do Trabalhador. A Efetividade do Direito Material e Processual do Trabalho desde a Teoria dos Princípios*. Porto Alegre: Livraria do Advogado, 2008, p. 146). No mesmo sentido é o alerta de Magda Biavaschi: BIAVASCHI, Magda Barros. *O Direito do Trabalho no Brasil – 1930-1942*. São Paulo: LTr e JUTRA, 2007.

[267] O art. 10 do Ato das Disposições Constitucionais Transitórias dispõe: "inciso I – fica limitada a proteção nele referida ao aumento, para quatro vezes, da percentagem prevista no art. 6º, *caput* e § 1º da Lei nº 5107, de 13 de setembro de 1966 (40% sobre o FGTS)".

[268] STRECK, Lenio Luiz. *Hermenêutica Jurídica e(m) Crise*. Porto Alegre: Livraria do Advogado, 1999, p. 211.

O TST possui, inclusive, entendimento sumulado acerca da matéria.[269] A maioria dos manuais de Direito do Trabalho também se limitam a referir, em poucas linhas, ter havido a extinção da estabilidade decenal pelo advento da Constituição brasileira de 1988. Firmou-se o convencimento, contra o qual desde logo nos posicionamos, de que não apenas os artigos acerca da estabilidade decenal não foram recepcionados pelo texto constitucional, como também prevalece o direito potestativo e ilimitado do empregador, de extinguir o contrato, sem motivação.

Nesse sentido, por exemplo, Alice Monteiro de Barros defende ter havido um retrocesso na tutela do emprego na Constituição brasileira de 1988, que, segundo ela, mantém intacto o *poder* potestativo de despedir independentemente de motivação. A autora reconhece, porém, que a diversidade de tratamento entre empregado público e privado, e bem assim a ausência de "tutela eficaz contra a dispensa" aguça a desigualdade social e impede o desenvolvimento.[270]

Em realidade, o texto constitucional desvinculou o regime do FGTS ao "atrelamento" que havia com a estabilidade, na ordem constitucional anterior. Não é possível mais cogitar, desde 1988, em opção por um ou outro direito.[271] Ambos (proteção contra a despedida arbitrária ou sem justa causa e FGTS) foram previstos como direitos fundamentais dos trabalhadores brasileiros e, pois, devem ser aplicados. Resta saber em que

---

[269] A Súmula 98 do TST, revisada e atualizada em 2005, estabelece: "FGTS. INDENIZAÇÃO. EQUIVALÊNCIA. COMPATIBILIDADE (incorporada a Orientação Jurisprudencial nº 299 da SBDI-1) – Res. 129/2005, DJ 20, 22 e 25.04.2005. I – A equivalência entre os regimes do Fundo de Garantia do Tempo de Serviço e da estabilidade prevista na CLT é meramente jurídica e não econômica, sendo indevidos valores a título de reposição de diferenças. (ex-Súmula nº 98 – RA 57/1980, DJ 06.06.1980) II – A estabilidade contratual ou a derivada de regulamento de empresa são compatíveis com o regime do FGTS. Diversamente ocorre com a estabilidade legal (decenal, art. 492 da CLT), que é renunciada com a opção pelo FGTS. (ex-OJ nº 299 da SBDI-1 – DJ 11.08.2003).

[270] MONTEIRO DE BARROS, Alice. *Ordem Pública e Tutela do Emprego: as dispensas individuais no ordenamento brasileiro. Dispensa Coletiva e por Motivos Censuráveis no Ordenamento Jurídico Europeu. In* Revista do Tribunal Superior do Trabalho. Brasília, DF, vol. 68, n. 3, jul/dez 2002, p. 56-76). De registrar que aos servidores públicos houve expressa garantia de estabilidade, nos termos do art. 41 da Constituição Federal, segundo o qual: "São *estáveis* após três anos de efetivo exercício os servidores nomeados para cargo de provimento efetivo em virtude de concurso público. § 1º O servidor público estável só perderá o cargo: I – em virtude de sentença judicial transitada em julgado; II – mediante processo administrativo em que lhe seja assegurada ampla defesa; III – mediante procedimento de avaliação periódica de desempenho, na forma de lei complementar, assegurada ampla defesa. § 2º Invalidada por sentença judicial a demissão do servidor estável, será ele reintegrado, e o eventual ocupante da vaga, se estável, reconduzido ao cargo de origem, sem direito a indenização, aproveitado em outro cargo ou posto em disponibilidade com remuneração proporcional ao tempo de serviço. § 3º Extinto o cargo ou declarada a sua desnecessidade, o servidor estável ficará em disponibilidade, com remuneração proporcional ao tempo de serviço, até seu adequado aproveitamento em outro cargo. § 4º Como condição para a aquisição da estabilidade, é obrigatória a avaliação especial de desempenho por comissão instituída para essa finalidade".

[271] Nesse sentido: CARDOSO, Jair Aparecido. *A Estabilidade no Direito do Trabalho*. São Paulo: LTr, 2008; CASTRO SILVEIRA, Ramais. *Estabilidade no Emprego. Possível, Urgente, Revolucionária*. Porto Alegre: Dom Quixote, 2008.

consiste a "proteção" consagrada no primeiro inciso do dispositivo constitucional que estamos examinando.

Em favor da corrente que vê no inciso I do art. 7º a consagração de um sistema de tutela forte, com o reconhecimento da estabilidade a todos os trabalhadores, desde o início do contrato, há o argumento de que a proteção reconhecida nesse dispositivo será realizada mediante pagamento de "indenização, *dentre* outros direitos".

O art. 10, I, dos ADCT, embora estabeleça um parâmetro provisório à indenização prevista no inciso I do art. 7º, não o esgota, deixando em aberto a possibilidade de integração da norma constitucional, com a utilização dos direitos já previstos no ordenamento jurídico, notadamente aqueles acerca da proteção contra a perda do lugar de trabalho, de que o instituto da estabilidade decenal é expressão.[272]

Em outras palavras, é possível extrair do inciso I do art. 7º da Constituição brasileira o entendimento de que a estabilidade foi estendida a todos os trabalhadores brasileiros, desde a admissão.

Essa compreensão do dispositivo constitucional de tutela contra a perda do lugar de trabalho é a que melhor se afina com os fundamentos e valores contidos na ordem constitucional vigente, emprestando ao trabalho humano um conteúdo ético e social que finalmente limita de modo eficaz a atuação do poder privado do empregador. Entretanto, esbarra em argumento de ordem histórica. O processo constituinte, como antes evidenciamos, rechaçou com igual força o reconhecimento da estabilidade para todos os trabalhadores desde o início do contrato de trabalho e a possibilidade de despedida não motivada (ou arbitrária).

A condição material necessária à formulação de uma Constituição formal se expressa no trabalho dos constituintes, quando constroem o texto da norma. Logo, não é razoável simplesmente ignorar as discussões travadas durante o processo constituinte e os resultados daí obtidos, para

---

[272] Couto Maciel, na obra já citada, refere Celso Ribeiro Bastos, para quem "desligado o FGTS da macabra destinação de por fim ao direito de estabilidade, preserva um sentido de alto alcance que, por isso, mesmo, dita a sua definitiva incorporação aos direitos fundamentais do trabalhador". Por isso, o autor defende que os artigos acerca da estabilidade decenal na CLT não são compatíveis com a ordem constitucional instaurada em 1988, não porque não exista mais estabilidade, mas sim porque "foi substituída por uma nova garantia de emprego, garantia que têm os trabalhadores desde o início da relação, que é a de não ser despedidos arbitrariamente, ou sem justa causa, como expresso no item I, do art. 7º, da Constituição, interpretado face ao seu *caput*, que diz que são direitos dos trabalhadores urbanos e rurais, *além de outros* que visem a melhoria de sua condição social". E afirma que "a Constituição protege a relação de emprego, não podendo mais o empregador dispensar o empregado imotivadamente" (Op. cit., p. 115). O autor acrescenta "admitir-se que a compensação indenizatória seria substituta da garantia no emprego com a consequente reintegração, seria aceitar que o que o novo texto constitucional protege é a despedida e não o emprego, e, dessa forma, estaria admitindo-se, também, que a estabilidade anteriormente existente teria sido substituída pelo poder totalmente arbitrário do empregador de demitir quem quer que seja, mediante simples compensação indenizatória (Idem).

forçar uma interpretação que não se coaduna com os valores do sistema jurídico vigente.

A "proteção contra despedida arbitrária ou sem justa causa" tem natureza diversa da estabilidade (embora escopo similar).[273] Estabelece um dever fundamental cuja inobservância implica nulidade do ato de denúncia.

Nesse sentido é o posicionamento de Carlos Alberto Chiarelli, que na qualidade de constituinte tem lugar de fala privilegiado acerca das garantias contidas no texto constitucional vigente. Chiarelli refere que em momento algum se optou pela estabilidade, ou seja, pela garantia de que a dispensa estivesse condicionada a um processo judicial de reconhecimento de falta grave, mas houve a clara fixação de um dever de motivar. Conclui que "o que a Constituição está a pontuar é que: a) não se permite a despedida injustificada por ato patronal".[274]

O tema escolhido para o debate é justamente sucedâneo dessa terceira linha de compreensão dos termos do artigo 7º, inciso I, da Constituição brasileira e encontra aí o seu limite. O fato de a Constituição brasileira não ser incompatível com sistema da estabilidade decenal, por estender o sistema do FGTS a todos os trabalhadores, sem impor condição alguma, não altera tal conclusão.

Parece-nos razoável e compatível com a ordem constitucional vigente, a defesa da plena aplicação da CLT, no que tange à estabilidade decenal garantida a todos os trabalhadores brasileiros que completem dez anos de serviços para o mesmo empregador. Trata-se de norma que contempla direito inserido na lógica do multicitado inciso I do art. 7º, porque protege contra a perda do lugar de trabalho. Essa afirmação não compromete nem se confunde com o objeto dessa pesquisa.

A existência de sistemas de proteção efetiva contra a despedida (estabilidade decenal, garantias de manutenção no emprego à gestante, ao acidentado, ao dirigente sindical ou ao membro da CIPA) não interfere no fato de haver a ordem constitucional vedado a possibilidade de despedida arbitrária. É esse o ponto específico das nossas investigações. E essa conclusão não depende da edição de norma complementar. Proteger *contra* equivale a impedir. Impossibilitar despedida arbitrária implica impor ao empregador o dever de motivar o ato de denúncia do contrato.

---

[273] Aqui, tomamos estabilidade em sua concepção amplamente aceita, de circunstância que veda a dispensa por ato unilateral do empregador. Devemos registrar, porém, visão diferenciada de Martins Catharino, na obra já citada, para quem estabilidade é qualquer óbice à livre despedida do trabalhador (MARTINS CATHARINO, José. *Em Defesa da Estabilidade*. São Paulo: LTr, 1966).

[274] CHIARELLI, Carlos Alberto. *Trabalho na Constituição. Direito individual*. São Paulo: LTr, 1989, p. 37.

É importante ressaltar que a noção de "despedida arbitrária" já está consolidada em nosso sistema jurídico, em face da redação do artigo 165 da CLT, segundo o qual "os titulares da representação dos empregados nas ClPA´s não poderão sofrer despedida arbitrária, *entendendo-se como tal a que não se fundar em motivo disciplinar, técnico, econômico ou financeiro*".[275] A legislação infraconstitucional, à luz da Constituição de 1988, já fornece ao intérprete parâmetros adequados para conferir efetividade a esse dever fundamental.[276]

Existe, portanto, no ordenamento jurídico brasileiro, dois grupos diversos de motivos que tornam lícita a opção empresarial de despedir, contemplados pelo artigo 7º, inciso I, do Constituição brasileira. Repetimos, por importante, que esse dispositivo estabelece como direito fundamental dos trabalhadores brasileiros "relação de emprego protegida contra dispensa arbitrária e sem justa causa". Eis, portanto, as duas ordens de motivo capazes de justificar a despedida: a ocorrência de justa causa identificada pela prática de falta grave[277] e o que o direito comparado denomina "justo motivo".[278]

Octávio Bueno Magano observa que "a exequibilidade dos conceitos de despedida arbitrária ou sem justa causa independe de lei complementar porque já definidos pelo legislador ordinário". Desse modo, enquanto

---

[275] Esse dispositivo não apenas conceitua dispensa arbitrária, como também reforça a noção de que para o direito brasileiro, a reação natural à declaração de arbitrariedade da dispensa é a reintegração, ou seja, a proteção do vínculo de emprego.

[276] Nesse sentido: SOUTO MAIOR, Jorge Luiz. *A convenção nº 158 da OIT e a perda do emprego*. Jornal Trabalhista Consulex: Brasília, DF, n.1248, 17 nov. 2008. e SOUTO MAIOR, Jorge Luiz. Convenção 158 da OIT. Dispositivo que veda a dispensa arbitrária é autoaplicável. In Revista Jus Navigandi. http://jus2.uol.com.br/doutrina/texto, acesso em 10-10-2008, texto produzido em 2004.

[277] Também disciplinada na CLT, em seu artigo 482, cujo elenco não é uniforme. Algumas hipóteses realmente determinam a quebra da fidúcia necessária para a continuidade do contrato de trabalho, tais como a "negociação habitual por conta própria ou alheia sem permissão do empregador, e quando constituir ato de concorrência à empresa para a qual trabalha o empregado, ou for prejudicial ao serviço; condenação criminal do empregado, passada em julgado, caso não tenha havido suspensão da execução da pena" ou a "violação de segredo da empresa". Outras são tão genéricas, que permitem uma discricionariedade muito grande e incompatível com o caráter contratual da relação de trabalho. São exemplos as referências a "ato de improbidade", "incontinência de conduta ou mau procedimento", "desídia no desempenho das respectivas funções" ou "ato de indisciplina ou de insubordinação". A embriaguez habitual, embora ainda conste no dispositivo, já vem sendo afastada pela jurisprudência, por constituir doença prevista pela Organização Mundial de Saúde. E, cogitando-se de doença, deve o empregado ser encaminhado para atendimento médico, e não simplesmente despedido. O que nos interessa, porém, para esse estudo, é perceber que já temos o elenco de situações que configuram motivo justo para a dispensa, aos quais se agregam, nos termos da Convenção 158 da OIT, motivos afetos às "necessidades de funcionamento da empresa, estabelecimento ou serviço". Sobre o conteúdo da Convenção da OIT, que o Brasil assinou e ratificou, embora posteriormente tenha denunciado, trataremos com mais vagar posteriormente.

[278] Talvez essa seja a grande evolução obtida a partir dos debates, quando da construção da norma que estamos examinando. A introdução, em nosso ordenamento jurídico, da noção de motivo justificado para a despedida, que não se confunde com as hipóteses de justa causa (nota da autora).

a "despedida por justa causa decorre de causa disciplinar e configura-se nas hipóteses do art. 482 da CLT", a despedida arbitrária configura-se como um conceito diverso, mais amplo, "estendendo a justificativa da rescisão tradicionalmente vinculada a razões disciplinares, a motivos de natureza técnica ou econômica".[279]

Nosso olhar se limita a esse segundo motivo. O dever fundamental de motivação do ato, que a Constituição sistematiza como *condição de possibilidade* para o exercício do direito de despedir, já tem previsão legal. Os conceitos do artigo 165 da CLT, antes reproduzido, podem facilmente ser integrados por normas internas, mediante uso da analogia, e por normas oriundas do direito comparado. Em dissídio coletivo a ser por nós posteriormente examinado com mais vagar,[280] o TST reconheceu expressamente a possibilidade de integração da norma constitucional, por meio de analogia, nos termos do que autorizam o art. 4º da LICC[281] e o art. 8º da CLT.[282]

Quanto ao direito do trabalho brasileiro, o primeiro parâmetro possível está estabelecido na Lei n. 9.029/95, quando veda a dispensa discriminatória.[283] A despedida motivada por alguma dessas razões não é arbitrária, já que a motivação existe. É, porém, nula de pleno direito, na medida em que baseada em discriminação vedada pelo sistema jurídico.

Há, também, a Lei n. 9.962-2000, que em seu art. 3º, estabelece hipóteses nas quais o contrato de trabalho poderá ser extinto por iniciativa do empregador público, dando fundamentos para um conceito de "justo motivo".

A Lei acima citada estabelece que:

O contrato de trabalho por prazo indeterminado *somente será rescindido por ato unilateral da Administração pública* nas seguintes hipóteses: I – prática de falta grave, dentre as enu-

---

[279] O autor observa que essa noção de motivo justificado "já se encontrava consagrada no art. 165 da CLT que caracteriza como arbitrária a despedida não fundada em motivo disciplinar, técnico, econômico ou financeiro". (MAGANO, Octavio Bueno. *Proteção da Relação Empregatícia. In Revista LTr – Legislação do Trabalho.* São Paulo, ano 52, nº 11, p.1310-1314, novembro,1988).

[280] Recurso Ordinário em Dissídio Coletivo TST-RODC-309/2009-000-15-00.4. Relator MAURICIO GODINHO DELGADO. Decisão por maioria. Julgado em 10 de agosto de 2009.

[281] Art. 4º Quando a lei for omissa, o juiz decidirá o caso de acordo com a analogia, os costumes e os princípios gerais de direito.

[282] Art. 8º – As autoridades administrativas e a Justiça do Trabalho, na falta de disposições legais ou contratuais, decidirão, conforme o caso, pela jurisprudência, por analogia, por equidade e outros princípios e normas gerais de direito, principalmente do direito do trabalho, e, ainda, de acordo com os usos e costumes, o direito comparado, mas sempre de maneira que nenhum interesse de classe ou particular prevaleça sobre o interesse público.

[283] Artigo 1º Fica proibida a adoção de qualquer prática discriminatória e limitativa para efeito de acesso a relação de emprego, ou sua manutenção, por motivo de sexo, origem, raça, cor, estado civil, situação familiar ou idade, ressalvadas, neste caso, as hipóteses de proteção ao menor previstas no inciso XXXIII do artigo 7º da Constituição Federal.

meradas no art. 482 da Consolidação das Leis do Trabalho – CLT; II – acumulação ilegal de cargos, empregos ou funções públicas; III – necessidade de redução de quadro de pessoal, por excesso de despesa, nos termos da lei complementar a que se refere o art. 169 da Constituição brasileira; IV – insuficiência de desempenho, apurada em procedimento no qual se assegurem pelo menos um recurso hierárquico dotado de efeito suspensivo, que será apreciado em trinta dias, e o prévio conhecimento dos padrões mínimos exigidos para continuidade da relação de emprego, obrigatoriamente estabelecidos de acordo com as peculiaridades das atividades exercidas.

O princípio da motivação está no fundamento do Direito Administrativo e dele decorre dever diretamente relacionado à noção de segurança jurídica.[284] Em âmbito público, é esse o fundamento do princípio da motivação: justificar o ato, conferindo-lhe transparência, a fim de atender ao princípio da moralidade estabelecido no artigo 37 da Constituição brasileira. O ato administrativo não motivado é nulo, já que é a motivação que permite perquirir acerca da ocorrência ou não de desvio de finalidade ou abuso de poder. Por consequência, é apenas a partir da motivação que se torna possível a aferição da legalidade, condição de validade de todo e qualquer ato administrativo.

E no âmbito dos contratos de trabalho com a administração pública, a jurisprudência vem aceitando a necessidade de motivação do ato de denúncia, inclusive como decorrência da exigência de realização de concurso público para provimento dos cargos por servidores públicos. Do contrário, permitiríamos a realização de concurso com subsequente demissão imotivada, seja por mera perseguição, seja para permitir que algum escolhido obtenha acesso à vaga, em detrimento de outros. Tal afirmação faz perceber que a dispensa de motivação para a despedida de empregado público fere, em última análise, os princípios da legalidade e da impessoalidade.[285]

Trata-se de um dever "tópico-sistemático", que possibilita o controle do ato. É reconhecida a necessidade de motivação, inclusive do ato de despedir,[286] como meio de aferição de sua finalidade, da necessidade e da

---

[284] No dizer de Wilson Steinmetz, "a certeza jurídica não significa saber previamente com absoluta certeza ou exatidão qual será a decisão do Juiz em um determinado caso. Mas significa que o Juiz está vinculado a determinados conteúdos normativos e determinados procedimentos para tomar a decisão" (STEINMETZ,Wilson Antônio. *Colisão de Direitos Fundamentais e Princípio da Proporcionalidade*. Porto Alegre: Livraria do Advogado, 2001, p. 148).

[285] Ambos remetem ao princípio da moralidade, pelo qual "não bastará ao administrador o estrito cumprimento da estrita legalidade, devendo ele, no exercício de sua função pública, respeitar os princípios éticos de razoabilidade e justiça, pois a moralidade constitui, a partir da Constituição de 1988, pressuposto de validade de todo ato da administração pública". MORAES, Alexandre de. *Direito constitucional*. 11ª ed. São Paulo: Atlas, 2002, p. 283.

[286] Defendendo esse posicionamento, o professor Ney José de Freitas refere que "O poder potestativo, como concebido no direito do trabalho, não cabe onde comanda a denominada relação de administração. O administrador público, na condição de gestor da res publica, não detém liberdade para agir de acordo com sua vontade que, aliás, é irrelevante no que se refere aos empregados públicos,

razoabilidade da medida adotada.[287] O denominado "princípio da motivação" tem suas raízes no fato de que o direito administrativo é de natureza pública, atende a interesse que transcende a esfera individual das partes diretamente envolvidas.

Transpondo o raciocínio do Direito Administrativo para o âmbito do Direito ao trabalho, percebemos que a relação de trabalho, embora instituída entre "privados", reclama normas de ordem pública. Também o interesse público, revelado pela função social do contrato e da propriedade-empresa, pelo caráter alimentar do crédito trabalhista e, bem assim, pela circunstância objetiva de que as relações de trabalho estão na base da organização social, predomina sobre o interesse (ou a vontade) das partes diretamente envolvidas.

Também nas relações de trabalho, existe um poder exercido por um dos contratantes, que praticamente se substitui ao Estado em sua função hierarquizante e que, bem por isso, deve ter sua liberdade de iniciativa limitada pela lógica da "função social" da empresa e do contrato.

É, pois, por idêntico fundamento axiológico que a motivação, essencial nos atos administrativos, afigura-se essencial também no âmbito das relações de trabalho. A intersecção cada vez maior entre os âmbitos público e privado, aqui adjetivada pelo caráter social da relação de trabalho, permite, com base no texto constitucional, o alargamento da ideia de motivação da dispensa, para abranger também as relações entre trabalhador e empresa privada, mediante a utilização da Lei n. 9.962/2000, por analogia.

Nesse sentido, o professor Eugênio Facchini Neto refere que diante do paradigma do Estado Social Democrático de Direito, "a liberdade contratual funciona apenas em uma área bastante reduzida", havendo

---

pois estes são servidores do Estado e não da pessoa do administrador público, como ocorreria numa relação de natureza privada. Não há que se falar, portanto, em poder potestativo do empregador, já que tal figura somente existe (e dentro de limites razoáveis) no âmbito de aplicação da norma trabalhista em sua pureza de conteúdo, o que significa dizer que, no sítio de um regime híbrido, a hipótese jamais ocorre. (...) Resulta claro, pois, que o ato administrativo de despedimento do empregado público necessita, sob pena de invalidade, de motivação suficiente, inexistindo espaço para apreciação discricionária, como demonstrado anteriormente". (FREITAS, Ney José de. *Dispensa de Empregado Público & Princípio da Motivação*. Curitiba: Juruá, 2002, p. 138).

[287] O administrador público tem discricionariedade para avaliar e escolher "as melhores soluções, mediante justificativas válidas, coerentes e consistentes de conveniência ou oportunidade (com razões juridicamente aceitáveis), respeitados os requisitos formais e substanciais da efetividade do direito fundamental à boa administração pública" (FREITAS, Juarez. *Discricionariedade Administrativa e o Direito Fundamental à Boa Administração Pública*. São Paulo: Malheiros, 2007, p.22). Por isso, o autor assevera que "não se aceita qualquer motivação, pois se exige uma justificação congruente", porque a conduta administrativa apenas se legitima "se imantada pelo primado dos princípios constitucionais em conjunto". (Idem, p. 26)

uma substancial "relativização do valor da autonomia privada".[288] Não há mais espaço para princípios ou deveres que sejam exclusivamente de direito público ou privado.

O princípio da moralidade deve contaminar as relações privadas, notadamente aquelas nas quais há forte presença de um poder social, justamente para o efeito de determinar a transparência e consequente "sindicabilidade" dos atos. A doutrina administrativa apresenta, pois, elementos que servem à tese aqui defendida, revelando a existência de parâmetro legal para a criação de um conceito de motivo capaz de tornar lícita a despedida não motivada na ocorrência de falta grave.

A Organização Internacional do Trabalho também apresenta parâmetros passíveis de serem utilizados no âmbito do Direito brasileiro, para o efeito de conferir efetividade ao inciso I do art. 7º da Constituição brasileira, dos quais trataremos a seguir.

2.2.1. O diálogo com a OIT

A Organização Internacional do Trabalho, surgida em 1919, tem uma Constituição, revisada e aprovada na 29ª reunião da Conferência Internacional do Trabalho, em Montreal, em 1946. Em seu preâmbulo, registra:

> Considerando que existem condições de trabalho que implicam, para grande número de indivíduos, miséria e privações, e que o descontentamento que daí decorre põe em perigo a paz e a harmonia universais, e considerando que é urgente melhorar essas condições no que se refere, por exemplo, à regulamentação das horas de trabalho, à fixação de uma duração máxima do dia e da semana de trabalho, ao recrutamento da mão-de-obra, à luta contra o desemprego, à garantia de um salário que assegure condições de existência convenientes, à proteção dos trabalhadores contra as moléstias graves ou profissionais e os acidentes do trabalho, à proteção das crianças, dos adolescentes e das mulheres, às pensões de velhice e de invalidez, à defesa dos interesses dos trabalhadores empregados no estrangeiro, à afirmação do princípio "para igual trabalho, mesmo salário", à afirmação do princípio de liberdade sindical, à organização do ensino profissional e técnico, e outras medidas análogas; Considerando que a não adoção por qualquer nação de um regime de trabalho realmente humano cria obstáculos aos esforços das outras nações desejosas de melhorar a sorte dos trabalhadores nos seus próprios territórios.

A necessidade de proteção contra a despedida aparece traduzida no texto da Convenção n. 158 da OIT, norma de Direito internacional, cuja utilização para a integração da norma constitucional é expressamente permitida, nos termos do artigo 8º da CLT. O tratado estabelece o dever de motivação do ato de denúncia em seu artigo 4º, segundo o qual "não

---
[288] FACCHINI NETO, Eugênio. *Reflexões Histórico-Evolutivas sobre a constitucionalização do direito privado*. In SARLET, Ingo Wolfgang (org.). *Constituição, Direitos fundamentais e Direito Privado*. 2ª ed. Porto Alegre: Livraria do Advogado, 2006, p.13-62.

se dará término à relação de trabalho de um trabalhador, a menos que exista para isso uma causa justificada relacionada com sua capacidade ou seu comportamento ou baseada nas necessidades de funcionamento da empresa, estabelecimento ou serviço". Não há previsão acerca da estabilidade. Há, isso sim, a consagração do dever de motivação do ato de despedida, como condição para a sua validade.

Ao estabelecer quais sejam os direitos fundamentais sociais dos trabalhadores brasileiros, a Constituição brasileira, no *caput* do art.7º, alberga todos os demais direitos (ali não explicitados) *que visem à melhoria de sua condição social*. As normas internacionais sobre Direitos Humanos estão inseridas no conceito de "outros direitos", em conformidade com o que dispõe o art. 5º da Constituição brasileira.[289]

O Brasil é membro da OIT e assinou a Convenção n. 158 em Genebra, em 22 de junho de 1982,[290] mesmo ano em que aprovada a Recomendação n. 166, segundo a qual a proteção contra a perda do lugar de trabalho "se aplica a todas las ramas de actividad económica y a todas las personas empleadas". A Recomendação n. 166 estabelece, ainda, o dever de construir "garantías adecuadas contra el recurso a contratos de trabajo de duración determinada cuyo objeto sea eludir la protección que prevén el Convenio sobre la terminación de la relación de trabajo, 1982".[291]

A Convenção n. 158 da OIT foi ratificada pelo Brasil em 16-9-1992, mediante o Decreto Legislativo nº 68.[292] Em 10-4-1996, mediante o Decreto n. 1.855, o então Presidente da República Fernando Henrique Cardoso promulgou a Convenção. O texto do decreto refere que "a Convenção n.

---

[289] Com efeito, o § 2º do artigo 5º da norma constitucional reforça o *caput* do art. 7º, quando estabelece que "os direitos e garantias expressos nesta Constituição não excluem outros decorrentes do regime e dos princípios por ela adotados, ou dos tratados internacionais em que a República Federativa do Brasil seja parte".

[290] Couto Maciel refere relatório do Deputado Lysâneas Maciel, quando da aprovação da Convenção 158 da OIT, referindo que "a proteção trabalhista assegurada em lei perde substância diante da possibilidade de demissão imotivada. O trabalhador que tenta buscar um direito não cumprido expõe-se a perder o direito maior: o emprego" (Op. cit., p. 122).

[291] http://www.ilo.org/ilolex/spanish/recdisp2.htm, acesso em 21/10/2010.

[292] Ao relatar o histórico do percurso da Convenção 158 no ordenamento brasileiro, Lorena Vasconcelos Porto refere que "O Brasil, país integrante da OIT, com fundamento no art. 49, I, da CF/88, submeteu a referida Convenção à apreciação do Congresso Nacional, que a aprovou por meio do Decreto Legislativo n. 68, de 16 de setembro de 1992. A Carta de Ratificação foi depositada junto ao Diretor-Geral da OIT em 05 de janeiro de 1995, passando a Convenção, por força de seu art. 16, a viger, no plano interno, doze meses após essa data, isto é, em 05 de janeiro de 1996. Em 10 de abril de 1996, veio à luz o Decreto n. 1.855, que cuidou de promulgar a Convenção, dando a ela publicidade no território nacional". (VASCONCELOS PORTO, Lorena. *La Disciplina dei Licenziamenti in Itália e nel Diritto Comparato: uma proposta per il diritto del lavoro in Brasile*. Tese de doutoramento em Autonomia Individual e Autonomia Coletiva, junto à Università degli Studi di Roma Tor Vergata, apresentada em 2008. Facoltà di Giurisprudenza. Orientador Prof. Dott. Giancarlo Perone, disponível em http://dspace.uniroma2.it/dspace/bitstream/2108/1034/1/Tese.pdf, acesso em 02/11/2009).

158, da Organização Internacional do Trabalho, sobre o Término da Relação de Trabalho por Iniciativa do Empregador, assinada em Genebra, em 22 de junho de 1982, apensa por cópia ao presente Decreto, deverá ser executada e cumprida tão inteiramente como nela se contém".[293] Menos de um ano depois, em 20-12-1996, o mesmo Presidente Fernando Henrique Cardoso faz publicar o Decreto n. 2100, pelo qual tornou pública a denúncia, pelo Brasil, da Convenção da OIT nº 158.[294]

Jorge Luiz Souto Maior observa que "todos os trâmites de validade" "foram cumpridos com relação à Convenção n. 158 da OIT", quando da sua incorporação. O mesmo não ocorreu, porém, em relação à denúncia, fato que a torna inconstitucional.[295] Em realidade, vários autores defendem a inconstitucionalidade da denúncia, havendo inclusive em tramitação a Ação Direta de Inconstitucionalidade n.1625, discutindo a validade do ato, que não observou a reserva de competência do Congresso Nacional.

A recepção no âmbito interno (e posterior denúncia, válida ou inválida que seja) em nada altera o fato objetivo de que sendo membro da OIT e tendo assinado a Convenção n. 158, no momento de sua edição, o Brasil tem o compromisso, assumido em 1982, de adequar as normas internas às suas disposições,[296] e isso, diante dos expressos termos da nossa Carta Social, independe de ratificação ou incorporação.

---

[293] MAGANO, Octavio Bueno. *Convenção nº 158 da OIT*. In Trabalho & Doutrina. São Paulo: Saraiva, nº 11, p. 39-40, dezembro, 1996.

[294] A necessidade de incorporação do tratado internacional decorre de expressa previsão constitucional, que fixa a competência do Presidente da República para celebrar tratados, sujeitando-a a referendo do Congresso Nacional (art. 84, VIII, CF). Por sua vez, atribui ao Congresso Nacional a competência exclusiva para "resolver definitivamente sobre tratados, acordos ou atos internacionais que acarretem encargos ou compromissos gravosos ao patrimônio nacional" (art. 49, I, CF).

[295] Ele refere que "a denúncia produziu efeitos internos apenas com a publicação do Decreto 2.100, o que se deu em 23 de novembro de 1996" "mesmo que considerada a possibilidade de se efetuar a denúncia, tomando-se como parâmetro a vigência da Convenção 158 no âmbito internacional, a Convenção só poderia ter sido denunciada até 22 de novembro de 1996, vez que a Convenção, adotada pela 68ª. da OIT, em 22 de junho de 1982, entrou em vigor no âmbito internacional em 23 de novembro de 1985, após efetivadas duas ratificações junto à OIT, conforme previsto no art. 15.2 da Convenção. Assim, mesmo considerando-se o prazo dos doze meses subsequentes ao decênio de vigência no plano internacional, a denúncia somente poderia ser efetivada pelo Brasil até 22 de novembro de 1996. Mas, como se viu, o Decreto de denúncia foi publicado em 23 de novembro, e ainda para produzir efeitos a partir de 20 de novembro do ano seguinte. Além disso, não é sequer correta esta interpretação de que o prazo de dez anos de vigência, para se efetuar a denúncia, conta-se a partir da vigência da Convenção no âmbito internacional. Conforme ensina Arnaldo Süssekind, o prazo de 10 anos conta-se a partir 'de cada ratificação' e não do prazo de vigência internacional da Convenção original". Concluindo que "a denúncia, portanto, fora ato inconstitucional que, portanto, não pode surtir o efeito de extrair do ordenamento jurídico a Convenção em exame". (SOUTO MAIOR, Jorge Luiz. *A convenção nº 158 da OIT e a perda do emprego*. Jornal Trabalhista Consulex: Brasília. Brasília, DF, n.1248, 17 nov. 2008).

[296] Para além da definição da adoção da teoria monista ou da dualista (ambas passíveis de serem sustentadas com base em dispositivos insertos na nossa Constituição Federal) precisamos assumir o fato

A Convenção n. 158, na medida em que estabelece o dever de motivar, é plenamente compatível com o texto constitucional.[297] O modo de aferição do verdadeiro motivo da dispensa é o controle judicial do ato, que se dá, necessariamente, pelo exame da motivação expressada, nos termos preconizados pela norma internacional que, por versar direito fundamental, tem aplicação no âmbito interno. É possível afirmar, pois, que a ordem constitucional, a partir de 1988, adota a "justificação social da dispensa", pelo texto constitucional vigente.[298]

Em fevereiro de 2008, foi publicada notícia no *site* do TRT da Quarta Região, dando conta da Mensagem 59/2008, encaminhada pelo presidente Lula, ao Congresso Nacional, aconselhando a ratificação das convenções 151 e 158, da Organização Internacional do Trabalho (OIT), relativas ao direito de livre organização sindical aos trabalhadores do setor público e à proteção dos trabalhadores contra despedidas sem justa causa.

Em audiência pública realizada na Câmara dos Deputados, em agosto de 2008, com o objetivo de discutir a necessidade de rerratificação da convenção, foram opostos argumentos falaciosos, tais como o de que a convenção é obsoleta, está em dissonância com a Constituição brasileira ou de que ela "atrapalharia" o mercado de trabalho. Alguns setores, especialmente representantes de grandes empresas, revelam o temor de que a incorporação dos termos da Convenção n. 158 ao ordenamento jurídico brasileiro possa representar um recrudescimento insustentável das relações de trabalho, outorgando estabilidade para todos os trabalhadores.

Como já referimos, a Convenção sequer trata de estabilidade. Seu principal mérito é garantir a aplicação do princípio – de resto já estabe-

---

de que o constituinte optou claramente pela inserção imediata dos tratados internacionais relativos a direitos fundamentais no âmbito do ordenamento jurídico interno. E dentre eles está a Convenção 158 da OIT, que trata do direito fundamental ao trabalho.

[297] Nesse sentido se posicionam: CARVALHO, Danilo Augusto Abreu de. *Necessidade de Motivação da Dispensa*. Convenção 158 da OIT. Revista do TRT da 17ª Região. Vitória. V. 1, n. 1, julho/dezembro 1997, p. 85-108; SOUTO MAIOR, Jorge Luiz. *A convenção nº 158 da OIT e a perda do emprego.* Jornal Trabalhista Consulex: Brasília. Brasília, DF, n.1248, 17 nov. 2008; ROMITA, Proscrição da Despedida Arbitrária. Visão Comparatista e Direito Brasileiro. São Paulo: LTr, 2011. Esse é também o entendimento do professor italiano Sérgio Magrini, que em palestra proferida em Porto Alegre, e posteriormente publicada, após estudar o ordenamento jurídico brasileiro, conclui que "E' pienamente recepito dall'ordinamento brasiliano il principio della natura causale del licenziamento, attraverso la formula, solennemente sancita della norma di rango costituzionale (art. 7, I, della Costituzione del 1988), secondo la quale "il rapporto di lavoro è protetto contro i licenziamenti arbitrari o senza giusta causa": previsione alla base della quale v'è la distinzione concettuale (propria anche del diritto italiano) fra licenziamento basato su motivo illecito e licenziamento privo di adeguata giustificazione". (MAGRINI, Sergio. *La Convenzione n. 158 del 1982 della International Labour Organization in Relazione al Diritto del Lavoro Italiano e Brasiliano*. Palestra apresentada no II Seminário Italo-Brasileiro de Direito do trabalho, em Porto Alegre, no TRT da Quarta Região, 2008).

[298] A "dispensa socialmente justificada constitui o cerne e o ponto central da proteção contra a dispensa. Significa a restrição concreta do livre direito de despedir", e está acolhido. (SILVA, Antônio Álvares da. *Proteção Contra a Dispensa na Nova Constituição*. Belo Horizonte: Del Rey, 1991, p.130).

lecido no âmbito do direito civil – de motivação do ato de denúncia do contrato.[299] Para que o processo de re-ratificação se complete, ainda é necessária a ratificação pela Câmara dos Deputados e pelo Senado Federal, bem como uma posterior manifestação do Presidente, por meio de decreto. Caminho árduo e difícil de ser percorrido, dada às conjunturas atuais, que, porém, não altera o panorama jurídico brasileiro, já prenhe de normas capazes de conferir plena efetividade ao dever de motivar previsto no art. 7º da nossa Constituição.

A importância da Convenção n. 158 da OIT não reside em sua aplicação direta e, portanto, prescinde da necessidade de ratificação. O que o texto do tratado nos fornece são elementos para preencher de conteúdo e sentido, os termos do art. 165 da CLT, em um processo de hermenêutica comprometida com o texto constitucional.

Nesse sentido, o artigo 5º dispõe que "entre os motivos que não constituirão causa justificada para o término da relação de trabalho" devem constar "a) a filiação a um sindicato ou a participação em atividades sindicais fora das horas de trabalho ou, com o consentimento de empregador, durante as horas de trabalho". Veda, pois, a possibilidade de que o exercício dos direitos coletivos do trabalho constitue justo motivo para a despedida.

O dispositivo segue vedando também, como causa de saída motivada: "b) ser candidato a representante dos trabalhadores ou atuar ou ter atuado nessa qualidade; c) apresentar uma queixa ou participar de um procedimento estabelecido contra um empregador por supostas violações de leis ou regulamentos, ou recorrer perante as autoridades administrativas competentes". Por fim, veda o reconhecimento de licitude no ato de extinção do contrato motivado por "d) a raça, a cor, o sexo, o estado civil, as responsabilidades familiares, a gravidez, a religião, as opiniões políticas, a ascendência nacional ou a origem social; e) a ausência do trabalho durante a licença-maternidade".

O artigo 6º da Convenção n. 158 da OIT estabelece que "a ausência temporal do trabalho por motivo de doença ou lesão não deverá constituir causa justificada de término da relação de trabalho".[300]

---

[299] Nesse sentido: "A Convenção nº 158 da OIT não proíbe a dispensa do trabalhador, apenas garante que o trabalhador não pode sofrer dispensa sem motivação, não assegurando, portanto, estabilidade absoluta. Apenas limita o direito potestativo do empregador de dispensar o empregado, exigindo que a dispensa seja justificada" (MARTINS, Sérgio Pinto. *Direito da seguridade social*. 18ª ed. São Paulo: Atlas, 2002).

[300] A Recomendação n. 166 complementa essas disposições, ao fixar que os motivos referidos no art. 5º da Convenção 158 não podem ser relativos à idade, à ausência do trabalho em razão de serviço militar ou outra obrigação cívica, à ausência por motivo de doença.

O ordenamento jurídico brasileiro já está plenamente afinado a essas determinações. Todas as hipóteses do art. 5º da Convenção n. 158 da OIT já foram disciplinadas como formas de garantia de manutenção no emprego ou despedida discriminatória, sendo, pois, vedadas.

O exame dos termos da Convenção revela a opção normativa de elencar os motivos que não podem ser invocados pelo empregador, para justificar o ato de denúncia do contrato. Não há especificação do que seriam problemas relacionados à "capacidade" ou ao "comportamento" do empregado, ou ainda relacionados às "necessidades de funcionamento da empresa, estabelecimento ou serviço". O propósito é deixar que os países-membros preencham o conteúdo dessas normas, conforme suas realidades.

A Recomendação n. 166, editada em razão e para explicitar os termos da Convenção n. 158, vai um pouco além, tornando clara a diferença entre motivo justificado e justa causa, quando estabelece que "no debería darse por terminada la relación de trabajo de un trabajor por una falta cuya índole, en virtud de la legislación o la práctica nacional, sólo justificaría la terminación en caso de reincidencia una o varias veces, a menos que el empleador haya prevenido por escrito al trabajador de manera apropiada".[301]

Recomenda, ainda, a consulta às entidades sindicais, antes da adoção da medida de dispensa, fixando que o empregador pode consultar os representantes dos trabalhadores antes de adotar uma decisão definitiva nos casos de término individual da relação de trabalho e a necessidade de prévia notificação do empregado, acerca da decisão e de seu motivo.[302]

Em seu artigo 7º, a Convenção n. 158 estabelece que "não deverá ser terminada a relação de trabalho de um trabalhador por motivos relacionados com seu comportamento ou seu desempenho, antes de se dar ao mesmo a possibilidade de se defender das acusações feitas contra ele, a menos que não seja possível pedir ao empregador, razoavelmente, que lhe conceda essa possibilidade". Apenas a explicitação formal dos motivos da denúncia, permitirá ao empregado a possibilidade de defesa, a ser exercida, inclusive, em âmbito extrajudicial.

No artigo 11, a Convenção n. 158 da OIT estabelece que o empregado dispensado por motivo justificado deva ter direito a um aviso prévio "razoável" ou a uma indenização correspondente.

---

[301] http://www.ilo.org/ilolex/spanish/recdisp2.htm, acesso em 21/10/2010.

[302] No original: "el empleador podría consultar a los representantes de los trabajadores antes de adoptar una decisión definitiva en los casos de terminación individual de la relación de trabajo".

No que tange às consequências da despedida não motivada (ou arbitrária), há autores que referem o fato de que a Convenção n. 158 não impõe a reintegração, trazendo como medidas de reação à dispensa abusiva tanto o retorno ao posto de trabalho quanto o pagamento de indenização.[303] Em realidade, a leitura do art. 4º permite conclusão diversa. Na medida em que o texto refere "não se dará término", a conclusão natural é que visa a impedir a extinção do vínculo. Por consequência, não havendo motivo justificado ou sendo declarado ilícito o motivo alegado, é de ser restaurado o vínculo de emprego. Essa é, aliás, a consequência natural dos atos destituídos de licitude (e, pois, nulos) dentro do ordenamento jurídico, especialmente no âmbito das regras trabalhistas.

O artigo 9º da CLT expressa essa realidade quando dispõe: "serão nulos de pleno direito os atos praticados com o objetivo de desvirtuar, impedir ou fraudar a aplicação dos preceitos contidos na presente Consolidação". Nos termos do Código Civil vigente, "o negócio jurídico nulo não é suscetível de confirmação, nem convalesce pelo decurso do tempo",[304] bem como "anulado o negócio jurídico, restituir-se-ão as partes ao estado em que antes dele se achavam, e, não sendo possível restituí-las, serão indenizadas com o equivalente".[305]

Portanto, diante da clara redação do art. 9º da CLT e das disposições do Código Civil quanto às consequências do ato nulo, apenas por exceção, em hipóteses, nas quais verificadas a impossibilidade de restituição das partes ao estado de higidez do contrato de trabalho, seria possível cogitar de mera indenização compensatória.

Interessante a perspectiva apresentada pelo prof. Sérgio Magrini, para quem a Convenção n. 158 da OIT efetivamente traz as duas possibilidades jurídicas para o ato de despedida arbitrária: indenização ou reintegração. Após defender esse posicionamento, o professor observa que no Direito brasileiro, porém, "a despedida por motivo ilícito ou sem justa causa é expressamente proibido" ("fica vedada a dispensa arbitraria ou sem justa causa" e "é vedada a dispensa"). A não observância de uma tal proibição assim seca e peremptória, e ainda por cima fundada em norma constitucional, não poderá gerar outro efeito, que não uma sanção de nulidade do ato praticado mediante violação da proibição, com a consequente reconstituição da relação de trabalho.[306]

---

[303] Nesse sentido, entre outros: SAYÃO ROMITA, Arion. *O princípio da proteção em xeque e outros*. Ensaios. São Paulo: LTr, 2003.

[304] Art. 169 do Código Civil.

[305] Art. 182 do Código Civil.

[306] Tradução livre. No original: "il licenziamento per motivo illecito o senza giusta causa è espressamente vietato" ("fica vedada a dispensa arbitraria ou sem justa causa" e "é vedada a dispensa"). All'inosservanza di un tale divieto così secco e perentorio, e per di più posto da una fonte di rango

Isso porque o artigo 10,[307] apontado na ADI 1.480-3 DF como um dispositivo apto a sugerir aos Estados-Membros a adoção de um sistema de proteção contra a perda do lugar de trabalho por intermédio de reintegração *ou* de indenização, referindo-se a situações excepcionais em que a legislação e o costume do país seja incompatível com a reintegração. Essa não é toda a evidência, o caso do Brasil, como bem percebeu o professor Magrini. Além disso, uma análise sistemática do texto da Convenção e de seu propósito permite concluir que ao vedar a despedida sem motivação lícita, a Convenção estabelece a nulidade de um ato assim praticado, e, convém repetir, no Brasil a consequência jurídica da nulidade é o retorno ao estado anterior, ou seja, à higidez do contrato.

Aspecto relevante da Convenção n. 158 da OIT diz respeito à disciplina acerca das dispensas coletivas, circunstância não especificamente disciplinada pela legislação brasileira. O artigo 13 da Convenção estabelece que "cuando el empleador prevea terminaciones por motivos económicos, tecnológicos, estructurales o análogos" deverá proporcionar "em tiempo oportuno" as informações acerca da decisão adotada e de seus motivos, aos representantes dos trabalhadores, esclarecendo o número de trabalhadores que poderão ser afetados por ela. Deverá, ainda, oferecer aos representantes dos trabalhadores interessado, o quanto antes possível, "una oportunidad para entablar consultas sobre las medidas que deban adoptarse para evitar o limitar las terminaciones y las medidas para atenuar las consecuencias adversas de todas las terminaciones para los trabajadores afectados, por ejemplo, encontrándoles otros empleos".

A Convenção n. 158 da OIT exige, portanto, prévia comunicação e negociação, no âmbito do sindicato, com o claro objetivo de evitar a

---

costituzionale, non può conseguire, a nostro avviso, che una sanzione di nullità del provvedimento posto in essere in violazione del divieto, con la conseguente ricostituzione del rapporto di lavoro". E o professor prossegue aduzindo que: "Ed una conferma di tale ipotesi ci pare di ravvisare nella disposizione processuale dell'art. 658, X, del CLT, che attribuisce al giudice (Presidente della Junta) il potere di emanare un provvedimento cautelare ("medida liminar") prima della decisione finale – provvedimento che, evidentemente, potrà essere, o sarà normalmente, un provvedimento di reintegrazione provvisoria nel posto di lavoro – in caso di controversie che hanno ad oggetto la richiesta di "reintegrar no emprego" un dirigente sindacale trasferito, sospeso o licenziato: e sarebbe strano che al giudice fosse precluso di emanare, con la sentenza definitiva, la stessa sanzione che può porre in via provvisoria a base del provvedimento cautelare, e che la tutela cautelare anticipatoria finisca per avere un'ampiezza maggiore di quella della tutela finale di merito". (MAGRINI, Sergio. *La Convenzione n. 158 del 1982 della International Labour Organization in Relazione al Diritto del Lavoro Italiano e Brasiliano*. Palestra apresentada no II Seminário Italo-Brasileiro de Direito do trabalho, em Porto Alegre, no TRT da Quarta Região, 2008).

[307] "Artículo 10. Si los organismos mencionados en el artículo 8 del presente Convenio llegan a la conclusión de que la terminación de la relación de trabajo es injustificada y si en virtud de la legislación y la práctica nacionales no estuvieran facultados o no consideraran posible, dadas las circunstancias, anular la terminación y eventualmente ordenar o proponer la readmisión del trabajador, tendrán la facultad de ordenar el pago de una indemnización adecuada u otra reparación que se considere apropiada".

adoção da medida extrema de dispensa coletiva. O artigo 14 prevê a necessidade de comunicação prévia "a la autoridad competente", com os motivos das despedidas previstas, o número de empregados afetados e as respectivas categorias econômicas. Anotamos, por fim, que o art. 2º da Convenção n. 158 exclui de seu âmbito de incidência algumas categorias de trabalhadores,[308] a exemplo do que ocorre no direito italiano.

Já existe decisão do TST admitindo a utilização da Convenção n. 158 da OIT como fonte internacional do Direito do Trabalho Brasileiro, independentemente de sua nova ratificação. Por sua importância, será examinada no próximo tópico, juntamente com uma breve análise acerca do posicionamento do STF quanto à eficácia do inciso I do art. 7º da Constituição brasileira.

2.2.2. A jurisprudência e o tema da motivação do ato de despedida

É de extrema relevância, para quem se dedica ao estudo da perda do lugar de trabalho e de suas implicações, a decisão proferida pelo STF, em 04/9/1997, acerca da Convenção n. 158 da OIT. Trata-se da ADI 1.480-3 DF, na qual o STF deferiu liminarmente a tutela, para o efeito de declarar que a Convenção n. 158 é norma "não autoaplicável", exigindo, para sua aplicação no âmbito interno, a edição da lei complementar a que se refere o inciso I, do artigo 7º da Constituição. Conferiu ao tratado *status* de Lei Ordinária Federal, submetido, pois, aos preceitos constitucionais, e, o que é importante, reconheceu a compatibilidade de suas disposições, com o ordenamento jurídico brasileiro.[309] Seu resultado não implicou evolução no senso comum teórico que nega a existência do dever de motivar.

A ação, propondo a inconstitucionalidade dos artigos 4º e 10º da Convenção, parte do pressuposto de que esse diploma internacional efetivamente impõe a nulidade da dispensa arbitrária. Daí a conclusão dos autores (Confederação Nacional do Transporte e Confederação Nacional da Indústria) de que seriam incompatíveis com a compreensão dominante de que o conteúdo do artigo 7º, inciso I, da Constituição brasileira se limitaria à indenização prevista no art. 10 da ADCT.

---

[308] Art. 2º A presente Convenção aplica-se a todas as áreas de atividade econômica e a toda as pessoas empregadas. Todo membro poderá excluir da totalidade algumas das disposições da presente Convenção as seguintes categorias de pessoas empregadas: os trabalhadores de um contrato de trabalho de duração determinada ou para realizar uma determinada tarefa; os trabalhadores que estejam num período de experiência ou que tenham o tempo de serviço exigido, sempre que, em qualquer um dos casos, a duração tenha sido fixada previamente e for razoável; os trabalhadores contratados em caráter ocasional durante um período de curta duração.

[309] Inteiro teor disponível em www.stf.jus.br, acesso em 21/10/2010.

Em seu voto, o Relator Ministro Celso de Mello ressalta o fato de que a Convenção n. 158 da OIT confere "efetiva proteção de ordem jurídica e de natureza econômica e social aos trabalhadores, outorgando-lhes prerrogativas que, substancialmente, *já lhes defere* o ordenamento jurídico nacional". Refere a definitiva incorporação do tratado ao ordenamento jurídico brasileiro, em face da correta observância do *iter* constitucional previsto para tanto.

O Relator afasta o argumento teratológico dos demandantes, de que os "outros direitos" referidos no artigo 7º, inciso I, da Constituição brasileira, seriam aqueles já disciplinados na CLT, relativos às férias proporcionais, com acréscimo de 1/3 e a gratificação natalina proporcional, por exemplo. Ele assevera que a Constituição brasileira de 1988 "instituiu um mecanismo de significativa importância destinado a preservar o vínculo laboral".

Observa que "ao enunciar a garantia jurídico-social da proteção contra a despedida arbitrária do trabalhador, por iniciativa do empregador", a Constituição brasileira de 1988 "contemplou, em seu texto, verdadeira *fórmula de ponderação*, que institucionalizou solução de caráter transacional destinada a conciliar posições contrastantes que se formaram no seio da Assembleia Nacional Constituinte: *nem* se reconheceu ao empregador o poder absoluto de despedir imotivadamente e *nem* se atribuiu ao empregado a garantia da intangibilidade do vínculo laboral", e conclui:

> Na realidade, o preceito consubstanciado no art. 7º, I, da Carta Política *restringe* o direito potestativo do empregador em tema de rescisão unilateral do contrato individual de trabalho, exigindo para efeito de legítima extinção do vínculo laboral, a ocorrência de uma causa de justificação". (destaque no original) Mais adiante, quando examina especificamente o art. 4º da Convenção n. 158, o Ministro Celso de Mello pontua que ali existe um princípio básico consagrado, princípio que *também* foi proclamado pelo ordenamento constitucional brasileiro, que instituiu norma destinada a proteger a relação de emprego contra despedidas arbitrárias ou dispensas sem justa causa.

O STF possui, portanto, decisão em que é reconhecida a existência de um dever de motivar a despedida, consagrado não apenas no texto da Convenção n. 158 da OIT, mas também – e especialmente – na Constituição brasileira vigente.[310]

Há, também, decisão proferida pelo TST, em ação de dissídio coletivo proposta pelo Sindicato dos Metalúrgicos de São José dos Campos e Região, Sindicato dos Metalúrgicos de Botucatu e Federação dos Me-

---

[310] O fato de o STF haver firmado posição acerca da não existência de mora do Estado-legislador, em regulamentar o inciso I do artigo 7º, no Mandado de Injunção 278-9, em 03/10/2001, que mantém o entendimento contido no Mandado de Injunção MI 114-SP, não compromete a importância histórica do voto antes reproduzido, justamente porque o dever de motivar realmente prescinde de regulamentação.

talúrgicos de São Paulo, em face da Empresa Brasileira de Aeronáutica – EMBRAER e ELEB EMBRAER LTDA., que merece exame especial, por sua relevância para o tema ora enfrentado. É certo que o olhar proposto nesse estudo se dedica especialmente à despedida individual. A dispensa coletiva, em nossa ótica, nada mais é do que a multiplicação de despedidas individuais, potencializando as consequências nocivas do ato em âmbito social.

Nessa ação, foi pleiteada a declaração da "antijuridicidade" do ato empresarial de demissão de cerca de vinte por centro do total de empregados, realizado sob alegação de "necessidade de redução dos custos perante a crise cíclica da economia".

Na petição inicial, os suscitantes afirmam violação ao direito à informação e à boa-fé, aos princípios democráticos da relação entre capital e trabalho no mundo contemporâneo, e às normas internacionais, tais como a Convenção n. 98 da OIT e as Recomendações n. 94 e n. 163, também da OIT. Referem a negativa da empresa em negociar com os Sindicatos e o dever da empresa de "comunicar de forma clara e transparente a decisão de demitir", o que permitiria buscar alternativas que evitassem a dispensa coletiva.

Há alegação de ofensa "aos valores, princípios e regras constitucionais", com violação dos princípios constitucionais da dignidade da pessoa humana e dos valores sociais do trabalho e da livre iniciativa (CF, art. 1º, III e IV), do acesso à informação (CF, art. 5º, XIV), do reconhecimento das convenções e acordos coletivos de trabalho (CF, art. 7º, XXVI), da representação sindical e da participação obrigatória dos sindicatos nas negociações (CF, art. 8º, III e VI), bem como os ditames da Convenção n. 98 da OIT e das Recomendações n. 94 e n. 163, além das regras do Código Civil do ato ilícito (CC, art. 187) e da boa-fé (CC, art. 422). Por fim, alegam não haver crise capaz de justificar o ato de dispensa.

Em 19/2/2009, foi concedida liminar para determinar a suspensão das dispensas. Em audiência, não foi obtida a conciliação, embora tenha sido proposta a suspensão do contrato de trabalho, com uma qualificação profissional, com duração de cinco meses, que seria custeada com recursos do Fundo de Amparo ao Trabalhador (FAT). A Embraer pagaria 20% do salário-base como ajuda de custo durante esse período.

Pela segunda proposta, haveria a revisão do contrato de trabalho com uma indenização equivalente a um mês de aviso prévio, limitada a 15 meses. Dessa forma, caso o trabalhador tivesse exercido atividade na empresa por 20 anos, por exemplo, teria direito a apenas 15 salários como indenização. Essa segunda proposta também prevê a garantia de preferência contratual no caso da criação dos mesmos postos de trabalho nos próximos dois anos, além da manutenção do plano familiar por 12 meses e garantia de estabilidade de 120 dias para quem não tivesse sido dispensado. As propostas não foram aceitas.

Na última audiência, a Presidência do TRT de Campinas e da Seção de Dissídios Coletivos fez proposta final de tentativa de conciliação, da qual a sentença destaca:

> (...) implementação de indenização adicional consubstanciada na majoração progressiva do aviso prévio indenizado, no valor correspondente a um mês de aviso prévio legal por ano de serviço prestado às suscitadas, limitados a quinze vezes desse valor, considerando-se como um ano a fração igual ou superior a seis meses, sem prejuízo do recebimento do aviso prévio legalmente previsto, considerando que o artigo 10 do ADCT já estabelece uma indenização compensatória nos casos de demissão arbitrária ou sem justa causa; Manutenção integral das cláusulas sociais prevista na Convenção Coletiva vigente das respectivas categorias por 12 meses, a contar da presente data até 13 de março de 2010; Garantia de recontratação preferencial dos empregados dispensados na forma já abordada, pelo prazo de dois anos, na hipótese de reativação dos mesmos postos de trabalho; Manutenção do plano médico familiar, pelo período de 12 (doze) meses; Garantia de estabilidade de emprego para os empregados não dispensados, por um período de 120 (cento e vinte) dias.

A proposta também não foi aceita. Os motivos da dispensa foram, de acordo com a EMBRAER: redução de pelo menos trinta por cento das encomendas de aviões; clientela ligada à área internacional, especialmente aos Estados Unidos e à Europa, de sorte a ser diretamente afetada pela crise econômica.

A empresa alegou que a redução dos postos de trabalho é fundamental para manter o equilíbrio das contas da empresa, dado que houve redução da produção industrial de forma agregada de cerca de 30% dos pedidos então em carteira; que até outubro de 2008 havia previsão de fabricação e entrega de 315/350 aeronaves, das quais 195/200 seriam de grande porte e 120/150, Phenon, sendo que em fevereiro de 2009 houve rebaixamento da previsão para 242 aeronaves, sendo 132 aeronaves de grande porte e 110 de pequeno porte. A redução 30% dos pedidos levou à decisão de redução do contingente de pessoas envolvidas no processo produtivo.

A EMBRAER argumentou, também, haver agido de acordo com o "poder potestativo" que possui, de extinguir contratos de trabalho, e que, embora a Constituição brasileira vede a dispensa arbitrária, não há disciplina em lei complementar. Refere que os empréstimos do BNDES da ordem de oito bilhões de dólares para financiamento de sua produção foram concedidos a seus clientes.

O TRT da 15ª Região julgou a demanda, proferindo decisão cuja ementa é assim redigida:

CRISE ECONÔMICA – DEMISSÃO EM MASSA – AUSÊNCIA DE PRÉVIA NEGOCAÇÃO COLETIVA – ABUSIVIDADE – COMPENSAÇÃO FINANCEIRA – PERTINÊNCIA. As demissões coletivas ou em massa relacionadas a uma causa objetiva da empresa, de ordem técnico-estrutural ou econômico-conjuntural, como a atual crise econômica internacional, não podem prescindir de um tratamento jurídico de proteção aos empregados, com maior amplitude do que se dá para as demissões individuais e sem justa causa, por ser esta insuficiente, ante a gravidade e o impacto sócio-econômico do fato. Assim, governos, empresas e sindicatos devem ser criativos na construção de normas que criem mecanismos que, concreta e efetivamente, minimizem os efeitos da dispensa coletiva de trabalhadores pelas empresas. À míngua de legislação específica que preveja procedimento preventivo, o único caminho é a negociação coletiva prévia entre a empresa e os sindicatos profissionais. Submetido o fato à apreciação do Poder Judiciário, sopesando os interesses em jogo: liberdade de iniciativa e dignidade da pessoa humana do cidadão trabalhador, cabe-lhe proferir decisão que preserve o equilíbrio de tais valores. Infelizmente não há no Brasil, a exemplo da União Europeia (Directiva 98/59), Argentina (Ley n. 24.013/91), Espanha (Ley del Estatuto de los Trabajadores de 1995), França (Lei do Trabalho de 1995), Itália (Lei nº. 223/91), México (Ley Federal del Trabajo de 1970, cf. texto vigente – última reforma foi publicada no DOF de 17/01/2006) e Portugal (Código do Trabalho), legislação que crie procedimentos de escalonamento de demissões que levem em conta o tempo de serviço na empresa, a idade, os encargos familiares, ou aqueles em que a empresa necessite de autorização de autoridade, ou de um período de consultas aos sindicatos profissionais, podendo culminar com previsão de períodos de reciclagens, suspensão temporária dos contratos, aviso prévio prolongado, indenizações, etc. No caso, a EMBRAER efetuou a demissão de 20% dos seus empregados, mais de 4.200 trabalhadores, sob o argumento de que a crise econômica mundial afetou diretamente suas atividades, porque totalmente dependentes do mercado internacional, especialmente dos Estados Unidos da América, matriz da atual crise. Na ausência de negociação prévia e diante do insucesso da conciliação, na fase judicial só resta a esta Eg. Corte, finalmente, decidir com fundamento no art. 4º da Lei de Introdução ao Código Civil e no art. 8º da Consolidação das Leis do Trabalho. Assim, com base na orientação dos princípios constitucionais expressos e implícitos, no direito comparado, a partir dos ensinamentos de Robert Alexy e Ronald Dworkin, Paulo Bonavides e outros acerca da força normativa dos princípios jurídicos, é razoável que se reconheça a abusividade da demissão coletiva, por ausência de negociação. Finalmente, não sobrevivendo mais no ordenamento jurídico a estabilidade no emprego, exceto as garantias provisórias, é inarredável que se atribua, com fundamento no art. 422 do CC – boa-fé objetiva – o direito a uma compensação financeira para cada demitido. Dissídio coletivo que se julga parcialmente procedente.

Em sede de recurso, o TST proferiu a seguinte decisão:

RECURSO ORDINÁRIO EM DISSÍDIO COLETIVO. DISPENSAS TRABALHISTAS COLETIVAS. MATÉRIA DE DIREITO COLETIVO. IMPERATIVA INTERVENIÊNCIA SINDICAL. RESTRIÇÕES JURÍDICAS ÀS DISPENSAS COLETIVAS. ORDEM CONSTITUCIONAL E INFRACONSTITUCIONAL DEMOCRÁTICA EXISTENTE DESDE 1988. A sociedade produzida pelo sistema capitalista é, essencialmente, uma sociedade de massas. A lógica de funcionamento do sistema econômico-social induz a concentração e centralização não apenas de riquezas, mas também de comunidades, dinâmicas socioeconômicas e de problemas destas resultantes. A massificação das dinâmicas e dos problemas das pessoas e grupos sociais nas comunidades humanas, hoje, impacta de modo frontal a estrutura e o funcionamento operacional do próprio Direito. Parte significativa dos danos mais relevantes na presente sociedade e das correspondentes pretensões jurídicas tem natureza massiva. O caráter massivo de tais danos e pretensões obriga o Direito a se adequar, deslocando-se da matriz individualista de enfoque, compreensão e enfrentamento dos problemas a que tradicionalmente perfilou-se. A construção de uma matriz jurídica adequada à massividade dos danos e pretensões característicos de uma sociedade contemporânea sem prejuízo da preservação da matriz individualista, apta a tratar os danos e pretensões de natureza estritamente atomizada é, talvez, o desafio mais moderno proposto ao universo jurídico, e é sob esse aspecto que a questão aqui proposta será analisada. As dispensas coletivas realizadas de maneira maciça e avassaladora, somente seriam juridicamente possíveis em um campo normativo hiperindividualista, sem qualquer regulamentação social, instigador da existência de mercado hobbesiano na vida econômica, inclusive entre empresas e trabalhadores, tal como, por exemplo, respaldado por Carta Constitucional como a de 1891, já há mais um século superada no país. Na vigência da Constituição de 1988, das convenções internacionais da OIT ratificadas pelo Brasil relativas a Direitos Humanos e, por consequência, direitos trabalhistas, e em face da leitura atualizada da legislação infraconstitucional do país, é inevitável concluir-se pela presença de um Estado Democrático de Direito no Brasil, de um regime de império da norma jurídica (e não do poder incontrastável privado), de uma sociedade civilizada, de uma cultura de bem-estar social e respeito à dignidade dos seres humanos, tudo repelindo, imperativamente, dispensas massivas de pessoas, abalando empresa, cidade e toda uma importante região. Em consequência, fica fixada, por interpretação da ordem jurídica, a premissa de que a negociação coletiva é imprescindível para a dispensa em massa de trabalhadores. DISPENSAS COLETIVAS TRABALHISTAS. EFEITOS JURÍDICOS. A ordem constitucional e infraconstitucional democrática brasileira, desde a Constituição de 1988 e diplomas internacionais ratificados (Convenções OIT n. 11, 87, 98, 135, 141 e 151, ilustrativamente), não permite o manejo meramente unilateral e potestativista das dispensas trabalhistas coletivas, por se tratar de ato/fato coletivo, inerente ao Direito Coletivo do Trabalho, e não Direito Individual, exigindo, por consequência, a participação do(s) respectivo(s) sindicato(s) profissional(is) obreiro(s). Regras e princípios constitucionais que determinam o respeito à dignidade da pessoa humana (art. 1º, III, CF), a valorização do trabalho e especialmente do emprego (arts. 1º, IV, 6º e 170, VIII, CF), a subordinação da propriedade à sua função socioambiental (arts. 5º, XXIII e 170, III, CF) e a intervenção sindical nas questões coletivas trabalhistas (art. 8º, III e VI, CF), tudo impõe que se reconheça distinção normativa entre as dispensas meramente tópicas e individuais e as dispensas massivas, coletivas, as quais são social, econômica, familiar e comunitariamente impactantes. Nesta linha, seria inválida a dispensa coletiva enquanto não negociada com o sindicato de trabalhadores, espontaneamente ou no plano do processo judicial coletivo. A d. Maioria, contudo, decidiu apenas fixar a premissa, para casos futuros, de que a negociação coletiva é imprescindível para a dispensa em massa de trabalhadores, observados os fundamentos supra.Recurso ordinário a que se dá provimento parcial.[311]

O caso EMBRAER, tanto em sede originária, quanto no TST, mereceu profundo exame acerca das consequências econômicas e sociais da dispensa de mais de 4.000 trabalhadores. Em sede de juízo originário, restou consignada a não apresentação de provas suficientes, pela empresa,

---

[311] Recurso Ordinário em Dissídio Coletivo TST-RODC-309/2009-000-15-00.4. Relator MAURICIO GODINHO DELGADO. Decisão por maioria. Julgado em 10 de agosto de 2009.

da suposta crise que teria justificado a despedida em massa. O TST, por maioria, compreendeu demonstrada a possibilidade de redução da atividade econômica, capaz de justificar a medida extrema de redução de pessoal. Reprovou, porém, o fato de a medida haver sido tomada sem prévia negociação sindical e sem que alternativas outras fossem buscadas.[312]

Na decisão em exame, o TST declara que "as dispensas coletivas realizadas de maneira maciça e avassaladora, somente seriam juridicamente possíveis em um campo normativo hiperindividualista, sem qualquer regulamentação social, instigador da existência de mercado hobbesiano na vida econômica". Reconhece não ser essa a realidade brasileira após a edição da Constituição brasileira de 1988, que faz clara opção pela valorização *social* do trabalho humano, inclusive, quando estabelece que a ordem econômica, nela fundada, tem por razão de ser *assegurar a todos existência digna, conforme os ditames da justiça social*.[313]

Ainda assim, o TST conclui que a ausência de lei específica disciplinando a dispensa coletiva impede determinação de reintegração no emprego, de sorte que é possível tão somente fixar "a premissa (futura) de que a negociação coletiva é imprescindível para a dispensa em massa de trabalhadores". Percebe-se, pois, que o TST identifica a existência de lacuna,[314] compreendendo que o art. 7º, inciso I, da Constituição, refere-se apenas à dispensa individual.

O Relator do acórdão, Ministro Mauricio Godinho Delgado, assevera "em que pese o texto constitucional mencionar que tal proteção se dará nos termos da lei complementar, está claro que a Constituição delegou

---

[312] No texto do acórdão, lê-se: "o número de postos de trabalho ofertados pelas empresas estão sempre atrelados ao seu potencial produtivo, que dependem, por outro lado, do desenvolvimento da estabilidade da economia de cada país e, no caso, como em muitas outras atividades empresariais, dependente também da estabilidade do mundo globalizado, por isso, oscilações econômicas locais e no mundo são sempre fatores inevitáveis de maior emprego ou desemprego", de tal modo que as dispensas eram justificadas, restando "condenável" apenas "a forma como a demissão coletiva foi conduzida e efetivada, sem que se tenha buscado formas efetivas de suavização dos seus efeitos, como medidas alternativas, e o que é pior, como já ressaltado acima, não houve anúncio prévio, nem manifestação de disposição de negociar uma demissão coletiva de modo a causar um impacto menor nas famílias e na comunidade".

[313] Assim são os termos do art. 170 da Constituição brasileira, que serão posteriormente examinados.

[314] Embora não concordemos com a afirmação de que nesse aspecto existe lacuna em nosso ordenamento jurídico, a premissa pode ser considerada válida ou correta, desde a perspectiva de que lacuna se insere no conceito amplo de antinomia jurídica, na esteira da doutrina de Juarez Freitas, segundo o qual antinomias jurídicas são "incompatibilidades possíveis ou instauradas entre regras, valores ou princípios jurídicos, pertencentes validamente ao mesmo sistema jurídico, tendo de ser vencidas para a preservação da unidade e da coerência do sistema positivo e para que se alcance a máxima efetividade da pluralista teleologia constitucional" (FREITAS, Juarez. *A Interpretação Sistemática do Direito*. 4ª ed. São Paulo: Malheiros, 2004, p. 91). Quando trata da necessária hermenêutica tópico-sistemática, Juarez Freitas observa que cabe ao intérprete ultrapassar lacunas e antinomias buscando no sistema respostas adequadas e eficazes para o problema social enfrentado. (Idem, p. 178).

ao legislador infraconstitucional apenas a eleição de sanções decorrentes da despedida arbitrária", e arremata, afirmando que a "proteção ao trabalhador já está plenamente prevista no texto constitucional, tratando-se de direito fundamental, tendo, portanto, aplicação imediata, impedindo a atuação do aplicador do direito em sentido contrário ao seu conteúdo".

O Ministro registra, também, que "o art. 7º, I, da Constituição brasileira, aplicado às dispensas coletivas, contém norma de eficácia contida, ou seja, regra constitucional cuja eficácia é redutível ou restringível por diploma infraconstitucional, conforme autorizado pela própria Constituição".[315] Afirma que:

> A norma de eficácia contida possui, ainda, importante efeito esterilizante negativo sobre as normas infraconstitucionais que lhe sejam antitéticas ou incompatíveis, efeito não percebido pelo critério teórico tradicional. A simples circunstância de esse tipo de norma invalidar a continuidade ou emergência de preceitos antagônicos ou incompatíveis já lhe confere substantiva eficácia no contexto da ordem jurídica global envolvida. Nesse quadro, a inércia do legislador em regulamentar as consequências e sanções previstas no caso de dispensa coletiva não pode impedir a aplicação de direitos previstos constitucionalmente, como estabelecido no já citado art. 7º, I, além de outros, como a dignidade da pessoa humana e os valores sociais do trabalho e da livre iniciativa, que são fundamentos da República. A Carta Magna prevê, ainda, que a ordem econômica é fundada na valorização do trabalho humano, e tem, entre seus princípios, a busca do pleno emprego.

A conclusão é equivocada, na medida em que o espectro de proteção da norma constitucional, embora aparentemente individual, se multiplica nas hipóteses em que vários trabalhadores sofrem idêntica lesão, em face de dispensa coletiva, sendo, em tal caso, ainda, qualificado pela proteção contida no sistema, à própria negociação coletiva. De qualquer modo, a aceitação da premissa de que não existe lei fixando critérios para a dispensa coletiva, não altera a conclusão de que o pacto social garante como direito fundamental proteção *contra* dispensa arbitrária ou não justificada.

A ausência de lei não pode impedir o intérprete de conferir eficácia ao texto constitucional.[316] Tais parâmetros, como o TST, aliás, expressa-

---

[315] Menciona que "essas regras jurídicas têm aplicabilidade imediata, mas podem ter seu alcance reduzido (por isso fala-se em eficácia contida) pelo legislador infraconstitucional, segundo comando oriundo da própria Constituição. São, em geral, as normas que enunciam direitos com o preceito suplementar, ... na forma que a lei estabelecer , ou, no hipótese normativa em análise, ...nos termos de lei complementar, que preverá indenização compensatória, entre outros direitos. Observe-se: não sendo editada a legislação complementar regulamentadora (e restritiva), a norma constitucional (e seu princípio subjacente) firma-se em vigor". Essa é uma afirmação extremamente importante no âmbito da jurisprudência trabalhista, que mantém entendimentos que negam qualquer aplicabilidade às normas constitucionais, como aquela que prevê "aviso prévio proporcional ao tempo de serviço", confundindo eficácia contida com eficácia nenhuma.

[316] Admitir o contrário implica adotar exegese típica do positivismo acrítico, em que havia direta relação de igualdade entre lei e direito. Implica, ainda, reconhecer que eventual lei que viesse a ser

mente reconhece, devem ser extraídos de tratados internacionais do qual o Brasil seja parte e do direito comparado,[317] como determinam o art. 4º da LICC e o art. 8º da CLT, elencados no acórdão que estamos examinando e já reproduzidos em momento anterior, no presente estudo.[318]

Tanto a sentença originária, quanto a decisão proferida pelo TST, mencionam que diante da presença "das convenções internacionais da OIT ratificadas pelo Brasil relativas a direitos humanos e, por consequência, direitos trabalhistas", e bem assim "em face da leitura atualizada da legislação infraconstitucional do país", torna-se "inevitável concluir-se pela presença de um Estado Democrático de Direito no Brasil, de um regime de império da norma jurídica (e não do poder incontrastável privado), de uma sociedade civilizada, de uma cultura de bem-estar social e respeito à dignidade dos seres humanos, tudo repelindo, imperativamente, dispensas massivas de pessoas, abalando empresa, cidade e toda uma importante região".[319]

A decisão ora analisada reconhece a necessidade de interpretar o sistema com vistas a conferir máxima eficácia social aos direitos fundamentais. O Relator sustenta que "A partir da ideia da normatização dos princípios que protegem os valores magnos da sociedade moderna, não é exagero sustentar que os princípios juntamente com as regras e a argumentação jurídica fazem parte do gênero norma".

É de registrar que não concordamos com essa afirmação, preferindo a classificação de norma como gênero dentro do qual encontramos as espécies regra e princípio, deixando os valores, embora parte do ordenamento jurídico, como categoria diferenciada, que inspira os princípios e regras, mas não se sujeita à ponderação. Essa afirmação não tem espaço para ser melhor desenvolvida aqui, mas traz consequências práticas importantes, já que os valores, assim concebidos, são alicerce do sistema e, nesse aspecto, não se sujeitam diretamente à ponderação, mas apenas com ela dialogam, quando expressados em princípios e normas que deles decorrem. É o que confere segurança ao sistema como tal. Bem por isso, a eleição dos valores tidos como fundamentais por determinada sociedade,

---

editada, pudesse simplesmente negar proteção contra a dispensa, esvaziando o conteúdo da norma constitucional, o que representa, em última análise, quebra do sistema jurídico. (nota da autora).

[317] A decisão elenca as disposições contidas no direito estrangeiro (Espanha, Itália, Portugal, Alemanha, etc.) acerca da dispensa coletiva, todas elas determinando a necessidade de prévia negociação com o Sindicato.

[318] A tais argumentos, soma-se o fato de que o Brasil aprovou e ratificou a Convenção 98 e a Convenção 135, que protegem contra a perda do lugar de trabalho que impede ou restringe a liberdade sindical.

[319] A consequência disso, na decisão final, é, porém, fixar "a premissa de que a negociação coletiva é imprescindível para a dispensa em massa de trabalhadores", estabelecendo parâmetro para o futuro.

em determinado momento histórico, afigura-se essencial para a formação do sistema jurídico, mas também para sua eficácia social. Importante, porém, a afirmação do Relator de que "introduz-se novamente a moral no Direito e a *ideia de justiça* volta a estar presente na interpretação jurídica. Neste contexto, a realização dos direitos fundamentais passa a ser o centro das preocupações dos juristas". A partir disso, conclui o Relator que "a dispensa coletiva não é um direito potestativo do empregador, não existindo na ordem jurídica previsão para que ato de tamanho impacto seja realizado arbitrariamente e de maneira estritamente individual" (sem destaque no original).

O Relator evidencia, ainda, o fato de que houve opção do legislador pela valorização dos direitos sociais, dentre os quais mereceram destaque especial os direitos dos trabalhadores.[320] A partir disso, declara-se, no texto do acórdão, que:

> Em face da leitura atualizada da legislação infraconstitucional do país, é inevitável concluir-se pela presença de um Estado Democrático de Direito no Brasil, de um regime de império da norma jurídica (e não do poder incontrastável privado), de uma sociedade civilizada, de uma cultura de bem-estar social e respeito à dignidade dos seres humanos, tudo repelindo, imperativamente, dispensas massivas de pessoas, abalando empresa, cidade e toda uma importante região.

Embora reconhecida a existência de uma ordem de valores centrada no caráter social do trabalho humano, bem como a presença de um direito fundamental contra dispensa arbitrária e não justificada, o TST declara, por maioria, não haver abuso de direito na dispensa coletiva perpetrada. O Relator, porém, registrando haver sido vencido nesse aspecto, observa que:

> Até que surja negociação coletiva trabalhista regular ou, alternativamente, o processo judicial trabalhista correspondente (dissídio coletivo), o ato potestativo e unilateral empresarial de dispensa coletiva seria inábil a produzir efeitos jurídicos, por não haver no direito coletivo trabalhista semelhante ato coletivo sem a participação do sindicato. Em síntese: as dispensas coletivas de trabalhadores, substantiva e proporcionalmente distintas das dispensas individuais, não podem ser exercitadas de modo unilateral e potestativo pelo empregador, sendo matéria de Direito Coletivo do Trabalho, devendo ser submetidas à prévia negociação coletiva trabalhista ou, sendo inviável, ao processo judicial de dissídio coletivo, que irá lhe regular os termos e efeitos pertinentes". Ainda assim refere que "a ausência de negociação coletiva prévia e espontânea ao ato demissional caracteriza o ato como abusivo e ofensivo à dignidade da pessoa humana e aos valores sociais do trabalho, à livre iniciativa e à cidadania", já que "no domínio econômico, a liberdade de iniciativa deve ser contingenciada por interesses do desenvolvimento nacional e de justiça social", concluindo,

---

[320] Nesse sentido, Ricardo Tenório Cavalcante assevera que a Constituição Federal de 1988 estabelece uma norma geral de proteção ao trabalhador, com status de direito fundamental, diretamente imbricada pela ideia de dignidade da pessoa humana. (CAVALCANTE, Ricardo Tenório. *Jurisdição, Direitos Sociais e Proteção do Trabalhador. A Efetividade do Direito Material e Processual do Trabalho desde a Teoria dos Princípios*. Porto Alegre: Livraria do Advogado, 2008, p. 49)

assim, "abusiva por falta de boa fé objetiva, nos termos do art. 422 do Código Civil, por ausência de negociação prévia, espontânea e direta entre as partes, que revela falta de lealdade da conduta, na medida em que houve tentativa de conciliação tão-somente com mediação judicial e, assim mesmo, por força de uma liminar de suspensão dos efeitos das demissões" e, com base nesses fundamentos, e no que disciplina o art. 422, "o direito de cada empregado demitido a uma compensação financeira de dois valores correspondentes a um mês de aviso prévio, até o limite de sete mil reais", por reconhecer "a inexistência de garantia de emprego ou de estabilidade que justifique a reintegração, ressalvados os casos de estabilidade provisória previstos em lei ou em normas coletivas, que poderão ser objeto dissídios individuais.

Do mesmo modo, em juízo originário, o TRT da 15ª Região, invocando o art. 422 do Código Civil, declara haver o ato de dispensa coletiva sido praticado mediante abuso de direito, mas não determina a reintegração dos trabalhadores, por "falta de previsão legal".

Importante destacar aspectos positivos da decisão que estamos analisando. A fixação de premissa para casos futuros, embora deva sofrer a crítica de não haver resolvido o problema da dispensa dos mais de quatro mil empregados,[321] traz em si o mérito de determinar uma reavaliação da jurisprudência dominante, que tem se furtado a conferir eficácia social ao inciso I do art. 7º da Constituição. Tem, ainda, o inegável mérito de romper com a jurisprudência dominante, quando fixa deva a Convenção n. 158 da OIT, independentemente de sua ratificação, servir como fonte do Direito do Trabalho, por se qualificar como instrumento internacional que versa sobre direitos humanos. De fundamental relevância, ainda, o voto vencido do Relator Ministro Mauricio Godinho Delgado, quando mantém a declaração de abusividade do ato de dispensa.

A decisão tem importância, também, quando fixa, em sua ementa, que a ordem constitucional democrática brasileira *não permite o manejo meramente unilateral e potestativista das dispensas trabalhistas coletivas*. Com isso, traduz uma visão de ordenamento jurídico como sistema, atenta especialmente à existência de valores que devem contaminar as normas jurídicas e que certamente deveria ser estendida para as hipóteses de despedida individual arbitrária.

A decisão do TST no caso EMBRAER evidencia a relevância e a insuficiência do discurso. Temos necessidade de um discurso comprometido com a visão de ordenamento como sistema aberto, axiologicamente hierarquizado. O acesso a essa realidade, de que o sistema não se resume em leis nem pode ser examinado tomando-se uma parte como se fosse o todo ou ignorando as consequências práticas da decisão, não é, porém,

---

[321] Para todos esses trabalhadores, a sentença não servirá, pois não restituirá o posto de trabalho, nem alterará suas condições materiais, sociais e psicológicas, diante do ato praticado pela empregadora. (nota da autora).

suficiente para determinar verdadeira ruptura com o chamado paradigma racionalista.[322] É exatamente por isso que, malgrado o reconhecimento da irregularidade no ato de despedir sem justificar nem negociar com o Sindicato, o TST não conseguiu declarar sua nulidade, recompondo os contratos extintos.

A decisão revela que não bastam alterações legais. Superar o paradigma racionalista implica aceitar que o processo é instrumento do direito material. Isso permite perceber que a tutela imediata e eficaz dos direitos não se contrapõe à noção de segurança. Em realidade, confirma-se o princípio da segurança jurídica, quando se alcança a eficácia social da norma, transformando positivamente o mundo dos fatos.

O compromisso velado que a doutrina assume com a ideia de um Judiciário inerte, cuja função consiste em "descobrir a vontade da Lei", impede que o óbvio seja percebido. Ao ingressar com uma demanda, a parte pretende modificação em seu mundo, em sua vida. Os trabalhadores dispensados sem motivo pela EMBRAER não pretendiam uma aula de direito constitucional. Queriam seus empregos preservados. Declarar a indispensabilidade de negociação coletiva como "parâmetro para casos futuros" não serve à função instrumental do processo.

Fica, pois, da decisão jurisprudencial comentada, o sabor do embate entre o discurso constitucional de proteção contra a perda do lugar de trabalho e o que fazemos dele. Outros países há muito tempo extirparam de seu ordenamento jurídico, a possibilidade de despedida arbitrária (sem justificativa), reconhecendo a nulidade do ato assim praticado.

O Brasil, assim como os países cujas legislações foram rapidamente examinadas no presente capítulo, não ignora a importância que a disciplina acerca da perda do lugar de trabalho assume em uma lógica ditada por regras econômicas, que parecem se sobrepor, em larga medida, às finalidades éticas ou morais.

As discussões acerca da redação do inciso I do art. 7º da Constituição brasileira, durante o processo constituinte, são reflexos dessa realidade. O reconhecimento de que a ordem econômica deve ser orientada a uma finalidade social, também. A própria escolha do tema da despedida como direito fundamental trabalhista a ser disciplinado no primeiro inciso do artigo 7º denuncia essa importância.

---

[322] O racionalismo iluminista assume a razão como móvel da ordem política, forjando a ideia de lei (escrita) como criadora e organizadora da comunidade. Nesse cenário, o documento escrito representa a razão transformada em experiência, constituindo "expressão formal indispensável do fenômeno de racionalização da ordem política" (CANOTILHO, J. J. Gomes. *Direito Constitucional e Teoria da Constituição*. 5ª ed. Coimbra: Almedina, 2000, p. 108).

A positivação de direitos fundamentais, entretanto, não é suficiente para modificar a lógica nas relações privadas. Não há, nessa afirmação, novidade alguma, e o exemplo italiano, especialmente em face das últimas modificações legislativas, apenas sublinha tal constatação.

Introduzimos esse estudo falando de um hiato, um verdadeiro abismo entre a proposta valorativa de uma sociedade justa, fraterna e solidária fundada nos valores sociais do trabalho, e a prática das relações privadas, notadamente aquelas informadas pela presença de poderes privados que as verticalizam, desafiando mesmo sua inserção no genérico conceito de contrato.

O panorama jurídico, nacional e internacional, acerca da despedida, nos dá a medida desse abismo. As consequências pessoais, sociais e econômicas, da perda do lugar de trabalho, tornam o discurso dominante desconfortável. Algo não está bem. Ou é verdade que a ampla possibilidade de despedir fragiliza laços sociais, pode provocar perda de identidade, estresse, depressão e alcoolismo, compromete o rendimento e a eficiência da empresa e, com isso, o desenvolvimento nacional, ou as práticas flexibilizantes estão no caminho certo, quando propõem que o Estado se abstenha de sua função interventora, deixando ao arbítrio da(s) parte(s) contratante(s) a disciplina, casuística e livre, das consequências da despedida.

O que percebemos é uma crise bem mais profunda do que aquela, de viés econômico, anunciada em 2008. Trata-se de uma crise de instituições. É o mesmo Estado que de um lado promove Constituições-cidadãs, enaltecendo o primado do trabalho e garantindo proteção efetiva aos direitos fundamentais, e de outro desmantela essa rede de proteção, mediante erosiva e constante ação jurisprudencial e legislativa.

Um Estado que proclama ser democrático e de direito e que construiu uma Constituição centrada em valores bem definidos, cujas normas, neles inspiradas, não consegue aplicar. A teoria dos direitos e dos deveres fundamentais é o pressuposto teórico que dá ao jurista a munição necessária à defesa de uma eficácia plena e imediata do direito/dever contido no inciso I do art. 7º da Constituição brasileira. É disso que nos ocuparemos no próximo capítulo.

3. Elementos da fundamentalidade do direito do trabalho e do direito à sua preservação

Vimos as consequências da perda do lugar de trabalho, bem como a circunstância de que essa relação jurídica é informada pela presença de um poder social que a torna símile à relação estabelecida entre o cidadão e o Estado. Apresentamos as razões pelas quais a autonomia da vontade, tanto durante a execução quanto por ocasião da extinção do vínculo de emprego, deve ser limitada. Observamos a preocupação presente em praticamente todos os países ocidentais, com a criação de regras de proteção contra a despedida e os institutos jurídicos de que o Brasil já dispõe, para fazer valer o dever contido no texto constitucional.

Mas para que o discurso possa convencer, devemos, ainda, identificar o conteúdo do aludido inciso I, a partir da teoria dos direitos fundamentais. O inciso I do art. 7º da nossa Constituição brasileira dispõe que "são direitos dos trabalhadores urbanos e rurais, além de outros que visem à melhoria de sua condição social: I – *relação de emprego protegida* contra *despedida arbitrária ou sem justa causa*, nos termos de lei complementar, que preverá indenização compensatória, dentre outros direitos".

Ao assim estabelecer, cria-se um direito e um dever fundamental de motivação da despedida. Essa afirmação pode ser sustentada pela simples dicção do dispositivo, na medida em que arbitrário é sinônimo de destituído de motivos lícitos, e a motivação é, necessariamente, dever de quem tem a obrigação de motivar. O direito ali previsto se esvazia se esse dever não for reconhecido. Ainda que pareça claro, o senso comum vem negando efetividade a esse dispositivo há mais de vinte anos, exigindo que sejam estabelecidos os fundamentos indispensáveis à defesa dessa afirmação.

É na teoria dos direitos e deveres fundamentais que encontramos tais fundamentos. Este capítulo pretende demonstrar o conteúdo formal e material que empresta fundamentalidade às normas trabalhistas, para, a partir disso, tratar do dever, também fundamental, de motivação da perda do lugar de trabalho.

A fundamentalidade dos direitos trabalhistas pode ser reconhecida, em razão da redação da Constituição brasileira de 1988, que o insere no Título II – "Dos Direitos e Garantias Fundamentais".

Nossa Constituição tem como Título I – "Dos Princípios Fundamentais", em que estão inseridos os artigos 1º ao 4º. O Título II, "Dos Direitos e Garantias Fundamentais", é composto pelo Capítulo I, "Dos Direitos e Deveres Individuais e Coletivos", e do Capítulo II, "Dos Direitos Sociais".

Nesse segundo capítulo, estão os direitos trabalhistas, previstos nos artigos 7º ao 11º. Trata-se da fundamentalidade formal dos direitos trabalhistas. Essa fundamentalidade não é outorgada ao caso, mas sim eleita pelo legislador originário que se posicionou claramente, ao reconhecer tal condição aos direitos individuais e coletivos, mas sempre sociais, dos trabalhadores brasileiros.

É necessário, porém, admitir, que a fundamentalidade formal do Direito do Trabalho, ou seja, a literalidade do texto constitucional, não é indene de críticas. Por isso mesmo, é necessário que compreendamos tenha se tratado de uma escolha que se impôs ao legislador originário, em razão das características que são próprias desse ramo especial do Direito.

3.1. A história do trabalho e dos direitos fundamentais

A história dos direitos fundamentais está intimamente relacionada à história do Direito do Trabalho. O trabalho é parte da razão de ser do homem, de sua essência. Os estudos mais antigos acerca da organização humana revelam algum tipo de atividade laboral, seja para sobrevivência, para a edificação de cidades ou para a superação dos próprios limites. Entretanto, quando tratamos das implicações sociais, econômicas e jurídicas da despedida, não é de qualquer espécie de trabalho humano que estamos falando. O trabalho que importa à relação jurídica é aquele inserido no sistema capitalista de produção, principal agente no desenvolvimento de uma teoria de direitos que estão no fundamento do Estado.

É nos séculos XVI e XVII que o trabalho humano adquire nova conformação,[323] em face da adoção de um sistema mercantilista liberal de economia.[324] O mercantilismo agrega à noção de propriedade, a de acúmulo

---

[323] É nesse período que "as transformações econômicas que se operaram nas indústrias medievais deram origem a um novo pensamento econômico, que se conhece pelo nome de mercantilismo". (DE LA CUEVA, Mario. *Panorama do Direito do Trabalho*. Porto Alegre: Sulina, 1965, p. 24).

[324] DE LA CUEVA, Mario. *Panorama do Direito do Trabalho*. Porto Alegre: Sulina, 1965, p. 24.

de riquezas. Estamos na época da Revolução Francesa de 1789,[325] que marca a ruptura com o modelo feudal de organização social, já esgotado, e propõe a busca da *paz perpétua* e do desenvolvimento, mediante fortalecimento do homem,[326] como centro e medida de todas as coisas.

Os valores exaltados pelo movimento revolucionário de Liberdade, Igualdade e Fraternidade, mesmo não sendo novos, são *reinventados* em seu conteúdo.[327] Trataremos, brevemente, de explicitar cada um deles.

A Liberdade, como valor fundamental para a organização humana, já aparece em Kant, para quem tal concepção está intrinsecamente ligada à noção de autonomia da vontade[328] (capacidade de autodeterminação), como antes pontuamos. Thadeu Weber escreve que para Kant, a verdadeira liberdade não pode ser conhecida, mas deve poder ser pensada como condição de possibilidade do valor moral dos atos humanos. Ela, junto com a lei moral, constitui a moralidade.[329]

Note-se que o filósofo atrela a noção de Liberdade à capacidade de escolha do bem, vinculando-a diretamente à moralidade. A Liberdade, mesmo aqui, não aparece como um fim em si mesmo ou como a capacidade de fazer o quiser, senão como a possibilidade de exercer o livre arbítrio, fazendo escolhas que atribuam "valor moral" aos atos praticados.

Em Hegel, a Liberdade aparece como algo essencialmente humano e estritamente ligado à organização sob a forma de Estado.[330] Estado vem, então, definido como "aquela forma de realidade em que o indivíduo tem e goza de sua liberdade, mas na condição de conhecer, acreditar e desejar

---

[325] A Revolução Francesa foi precedida pela Revolução Americana de 1787, cujos princípios eram os mesmos: o direito natural como fundamento, um governo fundado na ideia de contrato social, a República como forma de organização política que rompe com a ideia de hereditariedade do trono e a democracia como governo de todos.

[326] Norberto Bobbio assim resume essa realidade: "Con la Rivoluzione francese è entrata prepotentemente nell´immaginazione degli uomini l´idea di un evento politico straordinario che, rompendo la continuità del corso storico, segna la fine ultima di un´epoca e il principio primo di un´altra. Due date, molto vicine tra loro, possono essere elevate a simbolo di questi due momenti: il 4 agosto 1789, la rinuncia dei nobili ai loro privilegi segna la fine del regime feudale; il 26 agosto, l´approvazione della Dichiarazione dei diritti dell´uomo segna il principio di un´era nuova". (BOBBIO, Norberto. *L´età dei Diritti*. Torino: Einaldi, 1997, p. 120).

[327] CANOTILHO, J.J. Gomes. Direito Constitucional e Teoria da Constituição. 5ª ed. Coimbra: Almedina, 2000, p. 109-10.

[328] KANT, Immanuel. *A Paz Perpétua e outros Opúsculos*. Lisboa: Edições 70 LDA, 2009.

[329] WEBER, Thadeu. *Ética e Filosofia Política: Hegel e o Formalismo Kantiano*. 2° ed. Porto Alegre: EDIPUCRS, 2009, p. 25.

[330] Ele afirma que "o Homem é um fim em si mesmo, apenas em virtude do divino que há nele – aquilo que de início designamos como razão ou, até onde vão sua atividade e poder de autodeterminação, como liberdade". (HEGEL, Georg Wilhelm Friedrich. *A Razão na História*. 3° ed. São Paulo: Centauro, 2008, p. 88).

o universo", por isso a ação no Estado deve ser realizada "de acordo com uma vontade comum e adotando os objetivos universais".[331]

A imbricação entre os conceitos de vontade (ou autonomia da vontade) e Liberdade é clara, na medida em que a Liberdade se torna um valor a ser exercido no contexto de uma organização social. Exercer Liberdade é agir no âmbito de um Estado. O foco ainda é nitidamente individualista. O homem detém liberdade, na medida em que concorda em viver num Estado regulado de modo a permitir o convívio social. Esse convívio impõe restrições que, ao mesmo tempo, garantem a Liberdade como valor individual.

Não há, pois, contradição real entre esse conceito e aquele desenvolvido por Hobbes, para quem a liberdade, em seu estado puro, aparece como parte da essência negativa humana (capacidade de destruição de si e do outro), e o Estado surge como um contrato feito entre os homens, mediante o qual abrem mão de parte da sua liberdade, para poder conviver de forma pacífica e, com isso, exercer o restante da liberdade que possuem.[332] Note-se que o fundamento para a importância da preservação do valor Liberdade é o mesmo. E sua proximidade ao conceito de livre-arbítrio ou de exercício da própria vontade é manifesta.

Estudando a evolução dos conceitos de Estado, Política e Liberdade, Hannah Arendt afirma que, "desde o advento do Estado nacional", se compreende que é obrigação do governo proteger a liberdade de cada indivíduo, inclusive, por meio da força. E acrescenta que "a relação entre política e liberdade" pode também ser "entendida nos tempos modernos de modo a ser a política um meio e a liberdade seu objetivo mais elevado". E conclui que, portanto, "a relação em si não mudou, embora o conteúdo e a extensão da liberdade se tenham modificado de forma bastante extraordinária".[333]

O valor Liberdade está intimamente relacionado à noção de Estado democrático. É difícil pensar em democracia sem garantia de liberdade. De acordo com Norberto Bobbio, a democracia é justamente o "grande compromisso histórico" entre os privilégios da propriedade privada e da liberdade exercida por poucos, com o "mundo do trabalho organizado", do qual nasce "direta ou indiretamente a democracia moderna".[334] E pres-

---

[331] HEGEL, Georg Wilhelm Friedrich. *A Razão na História*. 3ª ed. São Paulo: Centauro, 2008, p. 88.

[332] ARENDT, Hannah. *As Origens do Totalitarismo*. São Paulo: Companhia das Letras, 2004, p. 175.

[333] ARENDT, Hannah. *O que é política?* Rio de Janeiro: Bertrand Brasil, 2004, p. 75.

[334] Tradução livre. No original: "grande compromesso storico precedente fra il tradizionale privilegio della proprietà e il mondo del lavoro organizzato, da cui nasce direttamente o indirettamente la democrazia moderna (attraverso il suffragio universale, la formazione dei partiti di massa ecc)". (BOBBIO, Norberto. Il Futuro della Democrazia. Torino: Einaudi, 1995, p. 139)

supõe, acrescenta o autor, o exercício de liberdades individuais, como a escolha dos representantes ou a possibilidade de organização partidária. Não é por acaso que a forma de Estado que se opõe ao denominado Estado Social é justamente o Estado Liberal, ou estado de liberdade individual quase absoluta.

A Liberdade continua sendo, no contexto de um Estado Social, valor de relevância indiscutível. O que se modifica, como pontua Hannah Arendt, na passagem antes citada, é o seu conteúdo. Em um Estado Social, a liberdade a ser exercida é a material, e não apenas a formal. Não bastam regras dispondo sobre a possibilidade de ir e vir ou de exercer o voto. É necessário que o Estado forneça ou propicie condições para que essa liberdade seja usufruída adequadamente.

A liberdade material constitui liberdade de acesso, da qual decorrem obrigações do Estado e dos particulares e em razão da qual toda a doutrina de direitos fundamentais é forjada.

Do mesmo modo, a Igualdade enquanto ideal burguês da Revolução Francesa aparece na obra de Rousseau como decorrência da lei. É o texto de lei que deve fixar regras gerais que tratem a todos do mesmo modo. O objetivo é, em um primeiro momento, superar os benefícios da nobreza e do clero, permitindo à classe social em ascensão a ingerência necessária para a conformação de uma nova realidade social. A Igualdade aparece, pois, como valor fundamental que pressupõe tratamento idêntico aos cidadãos do Estado, e figura como condição de possibilidade da liberdade, especialmente da liberdade para contratar.

Apenas a lei garante a igualdade necessária para que os indivíduos exerçam sua liberdade enquanto convivem como grupo social. Para Rousseau, na medida em que a propriedade privada é uma realidade social inolvidável que gera desigualdades, é indispensável que os indivíduos entre si, livremente, firmem um contrato pelo qual estabeleçam critérios de respeito a essa propriedade e de liberdade para exercê-la sem intervenções. Essa seria a base da "vontade geral", que permitiria a verdadeira liberdade civil.[335]

Por fim, a Fraternidade é apresentada por dois expoentes desse período histórico, sob aspectos diversos. Enquanto Hobbes vê o homem no estado natural como um ser capaz de praticar atrocidades e por isso dependente da criação de uma figura superior (o Estado) que limite sua nocividade e permita o convívio social, encontrando aí a medida da fraternidade (ceder parte da liberdade para poder conviver com os outros e permitir-lhes uma existência digna), Rousseau apresenta o ser humano

---

[335] EHLERS DE MOURA, José Fernando. *Condições da Democracia*. Porto Alegre: Sergio Antonio Fabris Editor, 2007, p. 32-33.

como genuinamente fraterno. Para viver em sociedade, o homem não depende apenas de suas necessidades e do exercício de sua liberdade individual. Está necessariamente submetido a uma "liberdade civil" que encontra limites não apenas na sua vontade, mas em uma vontade geral, em busca do bem comum.[336]

Essa fraternidade dos liberais franceses não impediu (antes, a Revolução fomentou) o desenvolvimento de uma doutrina de raças, que – em uma tentativa de recuperar o *status* perdido com a revolução – via na nobreza uma "raça" naturalmente portada a um tratamento diferenciado. Portanto, ao contrário do século XVIII, em que embora já se acreditasse na diversidade de raças, havia a crença ainda mais forte na "unidade da espécie humana", o século XIX fomentou um pensamento racial que "constituía uma fonte de argumentos de conveniência para diversos conflitos políticos", com profundas bases teóricas.[337]

É de perceber, portanto, que o ideal de fraternidade que inspirou a Revolução Francesa e o período histórico imediatamente posterior não pode ser traduzido pela ideia de inclusão social ou acesso a condições dignas de vida para todos. Antes, a inclusão pretendida era da burguesia nas esferas políticas de poder.

Essa nova concepção de Estado em que a fraternidade, a liberdade e a igualdade assumem conteúdo nitidamente comprometido com a consolidação de um novo regime político e econômico, também impõe uma nova noção do Homem, agora razão de ser das normas jurídicas. O Homem assume o lugar que Deus e a Natureza haviam ocupado. Temos aqui o gérmen da teoria dos direitos fundamentais.

É o Individualismo ou Humanismo, que permite a evolução dos direitos das gentes para uma categoria de direitos individuais, reconhecidos posteriormente como direitos fundamentais para a existência digna.

Ingo Sarlet, quando trata da evolução do conceito de dignidade da pessoa humana, reconhece que a concepção liberal-racionalista de dignidade humana peca pelo excessivo antropocentrismo, por defender que a pessoa, por sua racionalidade, "ocupa um lugar privilegiado em relação aos demais seres vivos",[338] mas tem o mérito de estabelecer o pressuposto (ainda válido) de que "o homem, em virtude, tão somente de sua condição humana e independentemente de qualquer outra circunstância, é titular de direitos que devem ser reconhecidos e respeitados por seus se-

---

[336] EHLERS DE MOURA, José Fernando. *Condições da Democracia*. Porto Alegre: Sergio Antonio Fabris Editor, 2007, p. 31.

[337] Idem, p. 214.

[338] SARLET, Ingo Wolfgang. *Dignidade da Pessoa Humana e Direitos Fundamentais na Constituição Federal de 1988*. 3ª ed. Porto Alegre: Livraria do Advogado, 2004, p. 34.

melhantes e pelo Estado",[339] e, desse modo, semeia o gérmen da democracia constitucional, tal como a concebe a doutrina atual.

As transformações experimentadas nesse período histórico produzem a Declaração dos Direitos do Homem e do Cidadão. A distinção entre homem e cidadão é consequência da teoria da separação entre Sociedade e Estado, e evidencia a importância do reconhecimento do homem como indivíduo.

O binômio homem-cidadão assenta-se no pressuposto de que a sociedade civil, separada da sociedade política e hostil a qualquer intervenção estatal, é, por essência, apolítica. Algo que interessava à conjuntura política e econômica que estava se instalando. São desse período a Declaração dos Direitos do povo da Virgínia, de 1776, e a Constituição Jacobina de 1793, de inspiração rousssseauniana, na qual foram reconhecidos "os direitos do trabalho",[340] demonstrando que os conflitos decorrentes da relação capital x trabalho, justamente por sua condição de "móvel" da sociedade, foram especialmente relevantes à construção de uma teoria democrática e social de Estado.

Em todos esses instrumentos, era uma constante a ideia de que os direitos considerados essenciais deveriam ser reivindicados como "herança inalienável de todos os seres humanos" e, ao mesmo tempo, como "herança específica de nações específicas", fazendo com que a "relação entre o Estado e a sociedade" fosse determinada "pela luta de classes, que havia suplantado a antiga ordem feudal". Apostava-se, pois, no "liberalismo individual" pelo qual a função do Estado era proteger contra as consequências da atomização social e, ao mesmo tempo, garantir a possibilidade de "permanecer nesse estado de atomização".[341]

Com a adoção do sistema capitalista, a divisão da sociedade em classes passa a ser um significante essencial não apenas para o desenvolvimento, como também para o agravamento dos problemas que foram gerados e fomentados pelo capitalismo.[342]

---

[339] SARLET, Ingo Wolfgang. *Dignidade da Pessoa Humana e Direitos Fundamentais na Constituição Federal de 1988*. 3ª ed. Porto Alegre: Livraria do Advogado, 2004, p. 38.

[340] SARLET, Ingo Wolfgang. *A Eficácia dos Direitos Fundamentais*. 9ª ed. Porto Alegre: Livraria do Advogado, 2007, p. 51.

[341] ARENDT, Hannah. *Origens do Totalitarismo*. São Paulo: Companhia das Letras, 2004, p. 262.

[342] Em obra recente, Mauricio Marca propõe a fixação da competência da Justiça do Trabalho a partir de um novo conceito de classe social, formado por aqueles que "vivem-do-próprio-trabalho", afirmando que a "verdadeira e ampla distinção entre as classes sociais está presente entre os que vivem-do-próprio-trabalho e os que vivem-do-trabalho-alheio". (MARCA, Mauricio Machado. *Relação de Trabalho*. São Paulo: LTr, 2010, p. 88). Com isso, torna clara a principal característica que o trabalho humano assume na era moderna e contemporânea: condição de sobrevivência física e emocional.

A sociedade moderna era marcada pela ideia de classes antagônicas (burguesia, nobreza e clero) bem antes do advento da Revolução Francesa. A noção de raça (e do racismo), por exemplo, "é a principal arma ideológica da política imperialista" do século XIX, em face do interesse expansionista em conquistar e subjugar povos diferentes. Com o liberalismo econômico e social, a necessidade de se identificar como raça cumpre o papel de recuperar, para a burguesia, o *status* adquirido no final do período feudal.

É interessante observar como o imperialismo ocidental se configura como consequência não apenas da necessidade de expansão do capital supérfluo, mas também como um novo conceito de Estado, que se pretende maior e unificado a partir dessa noção de raça (unificação étnica). O Estado deixa de ser instrumento da lei e, pois, de proteção de todas as pessoas que nele habitam, independentemente de sua origem, para transformar-se em instrumento da nação e, portanto, de proteção apenas das pessoas que nele nascem.

Essa nova "condição humana" "individualiza" seus membros, tornando-os seres competitivos, capazes de "negociar". O apelo à autonomia da vontade, transformando tudo em contrato e emprestando relevância quase suprema à manifestação da vontade, inclusive, no âmbito das relações de trabalho, acaba provocando situações insustentáveis para o próprio sistema. Atomiza, fazendo com que a preocupação individual se limite à vida privada, em que "a pessoa se torna um ser humano em geral – sem uma profissão, sem uma cidadania, sem uma opinião" – e "diferente em geral, representando nada além da sua individualidade absoluta e singular, que, privada da expressão e da ação sobre um mundo comum, perde todo o seu significado".[343]

O trabalho inserido em uma cadeia produtiva perde a qualidade de obra e, com isso, sua capacidade de satisfazer as necessidades humanas. Ao contrário do processo completo de produção de bens, ao qual se dedicava o artesão na Idade Média, agora as atividades são fracionadas. O trabalhador deixa de ter orgulho do resultado do seu labor. Passa a orgulhar-se apenas do quanto consegue obter (de dinheiro) em troca dele. Muitas vezes, nem mesmo sabe qual será o resultado da peça que está fabricando. Sabe apenas que terá de permanecer várias horas por dia em um ambiente hostil e alienante, para depois poder usufruir da vida com o resultado desse sacrifício. É o homem livre, capaz de contratar, mas alienado, porque se realiza fora do trabalho, e não através dele.[344]

---

[343] ARENDT, Hannah. *Origens do Totalitarismo*. São Paulo: Companhia das Letras, 2004, p. 336.

[344] Ao explicitar esse conceito, Mészáros refere que "o sistema do capital se baseia na alienação do controle dos produtores. Neste processo de alienação, o capital degrada o trabalho, sujeito real da

Ao mesmo tempo em que se *aliena*, o homem que trabalha começa a compreender as idiossincrasias do novo sistema econômico e a perceber a existência de um grupo de pessoas em idêntica situação. E é levado a com elas se identificar, porque o próprio Estado capitalista promove a ideia de que ali se está forjando uma nova classe, indispensável para o progresso social.

A conquista dos primeiros direitos trabalhistas[345] advém, pois, tanto da pressão da nova classe social, reunida em torno de objetivos comuns e sufocada pelas exigências das grandes fábricas, como também das necessidades do capital.

György Lukács descreve essa aparente contradição melhor do que ninguém, ao dizer que a burguesia, para se consolidar no poder, tinha a necessidade de despertar a consciência de classe. Ao fazê-lo, porém, criou e fortaleceu um "novo inimigo", que tomou o lugar da nobreza (dos senhores feudais) na tensão pelo poder social. A burguesia precisava superar o feudalismo, como modelo de organização humana. Para isso, tinha de "vender" a ideia de uma sociedade formada por trabalhadores capazes de gerar a riqueza e acumular capital, destacando-se socialmente, como algo melhor do que a submissão aos senhores feudais, e suas limitações, sobretudo sob o aspecto da capacidade de consumo. Mas, ao fazê-lo, necessariamente despertou a consciência desses trabalhadores, de que o sistema capitalista, embora ofereça um mundo de possibilidades antes não imaginado, oprime.[346]

A *reificação* é um pressuposto inafastável do capitalismo, pois transformar o homem (e a natureza) em mercadoria é a base da visão capitalis-

---

reprodução social, à condição de objetividade reificada – mero 'fator material de produção' – e com isso derruba, não somente na teoria, mas na prática social palpável, o verdadeiro relacionamento entre sujeito e objeto" (MÉSZÁROS, István. *Para Além do Capital*. São Paulo: Boitempo Editorial, 2006, p. 126).

[345] É editada a lei "Le Chapelier", em junho de 1791, tentando restringir a organização sindical, e, em 1826, é reconhecido o direito de associação, na Inglaterra. Surge o Manifesto Comunista e, em maio de 1891, é editada a Encíclica Rerum Novarum, pelo Papa Leão XIII.

[346] Refere textualmente que: "questa situazione tragica della borghesia si rispecchia storicamente nel fatto che essa è ancora impegnata a schiacciare il proprio predecessore, il feudalesimo, quando appare già il suo nuovo nemico, il proletariato; la sua forma fenomenica politica era la lotta contro l'organizzazione della società in stati in nome di una 'libertà' che doveva necessariamente trasformarsi, nel momento della vittoria, in una nuova oppressione; dal punto di vista sociologico, la contraddizione si rivela qui nel fatto che, benché solo la forma della società borghese porti la lotta di classe a manifestarsi nella sua purezza, benché sia stata la borghesia a fissarla come un dato di fatto nella storia, essa deve far di tutto, sia sul piano della teoria che su quello della praxis, perché questo dato di fatto scompaia dalla coscienza sociale; considerando la cosa dal punto di vista ideologico, noi cogliamo la stessa frattura quando vediamo che lo sviluppo della borghesia, se da un lato conferisce all'individualità un'importanza che prima non aveva mai avuto, dall'altro, per effetto delle condizioni economiche di questo individualismo e della reificazione creata dalla produzione di merci, sopprime qualsiasi individualità". (LUKÁCS, György. *Storia e Coscienza di Classe*. Milano: Sugar Editore, 1967, p. 80-81).

ta de mundo. É essa equiparação que permite, por exemplo, a atribuição de valor ao tempo de vida do homem na Terra. Todas as regras sobre jornada partem desse pressuposto de que é possível atribuir um valor ao tempo de vida que um homem dedica ao trabalho.[347]

Da mesma forma, não há como pensar em direitos fundamentais de primeira, segunda e terceira gerações, senão a partir da lógica do Estado liberal moderno, que evoluindo no decorrer dos últimos dois séculos, buscou em alguma medida superar seus problemas mediante a adoção de um sistema democrático e inclusivo de realidade social. Ingo Sarlet observa que os direitos fundamentais como concebidos nas primeiras constituições escritas "são o produto peculiar do pensamento liberal-burguês do século XVIII, de marcado cunho individualista, surgindo-se e afirmando-se como direitos do indivíduo frente ao Estado, como direitos de defesa".[348]

Mais adiante, o autor acrescenta que o impacto da industrialização, os graves problemas sociais e econômicos, as doutrinas socialistas e bem assim "a constatação de que a consagração formal de liberdade e igualdade não gerava a garantia do seu efetivo gozo" foram os fatores que, ainda no século XIX, geraram "amplos movimentos reivindicatórios e o reconhecimento progressivo de direitos, atribuindo ao Estado comportamento ativo na realização da justiça social".[349]

O Direito do Trabalho participa ativamente da história de construção de uma teoria dos direitos fundamentais. As primeiras grandes greves na Europa e a formação dos primeiros Sindicatos impuseram um recuo ao capital, em relação a sua natural tendência à máxima exploração da força de trabalho,[350] forçando um diálogo frutífero entre direitos individuais e direitos sociais.

Desse diálogo surgem os direitos sociais, concebidos como direitos fundamentais de segunda geração e identificados como direitos relacio-

---

[347] Lukács afirma que "Come prodotto del capitalismo, il proletariato è necessariamente sottoposto alle forme di esistenza del suo produttore. Questa forma di esistenza è l'inumanità, la reificazione. Certamente, con la sua semplice esistenza, il proletariato è la critica, la negazione di queste forme di vita. Ma prima che la crisi oggettiva del capitalismo sia giunta a compimento ed il proletariato stesso sia riuscito a penetrarla ed a comprenderla pienamente, acquistando una vera coscienza, di classe, si tratterà di una mera critica della reificazione, che in quanto tale supera ciò che nega solo in modo negativo...non può affatto oltrepassare ciò che nega, come è dimostrato dal carattere piccolo-borghese della maggior parte dei sindacalisti" (Op. cit., p. 100).

[348] SARLET, Ingo Wolfgang. *A Eficácia dos Direitos Fundamentais*. 9ª ed. Porto Alegre: Livraria do Advogado, 2007, p. 54.

[349] Idem, p. 55.

[350] Eric Hobsbawm refere que "mais do que qualquer outra força, o movimento operário ajudou a romper a camisa-de-força individualista de natureza político-jurídica, que confinava os direitos humanos do tipo da Declaração Francesa e da Constituição norte-americana". (HOBSBAWM, Eric J. *Mundos do Trabalho*. São Paulo: Paz e Terra, 2005, p. 434).

nados a "liberdades sociais", como a liberdade de sindicalização, o direito de greve e o reconhecimento de "direitos fundamentais dos trabalhadores".[351]

O ambiente em que o Estado é chamado a imiscuir-se nas relações privadas, limitando a autonomia de vontade, especialmente no âmbito das relações trabalhistas, é aquele em que a classe trabalhadora organizada começa a lutar por um espaço real, e não apenas simbólico, na sociedade capitalista de produção. É, igualmente, aquele em que os detentores de capital percebem a necessidade de adotar regras de proteção ao trabalho humano, que pudessem permitir uma concorrência mais igualitária entre empresas de diferentes portes e que, ao mesmo tempo, fomentassem o consumo.[352]

A primeira grande crise do capitalismo, resultado da superprodução do capital e da existência de excesso de dinheiro que precisaria necessariamente ser investido fora do Estado, se verifica ainda no século XIX. Os investidores começam a buscar no exterior possibilidades de aplicação de sua renda e melhores lucros, que já não existiam dentro do contexto nacional em que estavam.[353]

O Estado liberal, embora tivesse ambições de dominação e expansão territorial,[354] preocupava-se com a gestão de um corpo político nacional. Isso porque mais importante do que propor a superação do Estado nacional como condição para a livre circulação do capital,[355] era reforçar a visão

---

[351] SARLET, op.cit., p. 55.

[352] Não é por razão diversa que no Século XX a doutrina institucionalista propõe deva a relação de trabalho ser examinada não como uma espécie de contrato, mas como mera instituição. A instituição é a empresa, e a mão de obra é um de seus fatores de produção. Deve ser protegida a fim de que não apenas a empresa sobreviva e se desenvolva, mas também o trabalhador se "emancipe", conquistando o direito de consumir as mercadorias que produz. Para tanto, precisa de tempo livre (razão da necessidade de limitação da jornada) e de salário adequado. Keynes e Ford são expoentes dessa doutrina. (MARANHÃO, Délio; SÜSSEKIND, Arnaldo; VIANNA, Segadas. *Instituições de Direito do Trabalho*. São Paulo: LTr, 1991, p. 226).

[353] ARENDT, Hannah. *Origens do Totalitarismo*. São Paulo: Companhia das Letras, 2004, p. 165. Interessante a referência Arendt, no sentido de que os principais investidores na época eram formados especialmente pelos judeus ricos.

[354] Op. cit., p. 153 e seguintes.

[355] Essa ânsia em expandir o âmbito de aplicação do capital decorre diretamente da característica própria do modelo econômico adotado, de substituir (como objetivo do indivíduo) a noção de propriedade privada pela noção de acúmulo de riquezas. O fato de não perseguir uma expansão política supranacional não retira a capacidade de avanço do capital, que ao injetar dinheiro obtém, também, força política sobre os países em desenvolvimento. O imperialismo, típico desse período histórico representado pelo começo do avanço do capital para além das fronteiras territoriais do Estado, ocorrida no século XIX, "deve ser considerado o primeiro estágio do domínio político da burguesia e não o último estágio do capitalismo" (Op. cit., p.167). A burguesia não tinha interesse, inicialmente, pela conquista do poder político. Via o Estado como "uma força policial bem organizada", razão pela qual os direitos fundamentais do homem aparecem primeiro, como direitos de defesa contra a intervenção do Estado.

do Estado como ente necessário para garantir segurança aos cidadãos, naturalmente ameaçados por seus pares.

Um Estado forte e neutro era necessário para permitir o acúmulo de riquezas e o consequente acúmulo de poder.[356] Daí a necessidade de reconhecimento de direitos que não se confundissem com os direitos humanos (de características transnacionais ou internacionais) e que fossem reconhecidos e salvaguardados pelo Estado.[357]

Em um primeiro momento, porém, esse fortalecimento da noção de Estado Nacional, com o gradativo reconhecimento de direitos sociais necessários, inclusive, ao desenvolvimento econômico, como é o caso dos direitos dos trabalhadores, forja uma visão política que faz do Estado mera soma de indivíduos, e do interesse público, a soma de vários interesses individuais.[358]

---

[356] De acordo com Hannah Arendt, esse processo de acúmulo de riqueza e poder criou a ideologia do progresso, de modo que a noção de progresso do século XVIII "pretendia que a crítica do passado fosse um meio de domínio do presente e de controle do futuro; o progresso culminava com a emancipação do homem" (Op. cit., p. 173). Hannah Arendt faz referência à reflexão, especialmente traduzida pelo niilismo, de que esse progresso não seria jamais algo que duraria para sempre, já que os limites determinados pelos recursos naturais, assim como o fato de que a condição humana e os limites do globo são obstáculos inarredáveis, fez com que a humanidade perdesse a crença no valor fundamental de acúmulo de poder por meio do progresso. Crença que, de qualquer modo, foi fundamental para o desenvolvimento político e social havido nos séculos XIX e XX, de tal sorte que a autora chega a afirmar que "o chamado acúmulo de capital que deu origem à burguesia mudou o próprio conceito de propriedade e riqueza (...) a riqueza tornou-se um processo interminável de se ficar mais rico. A classificação da burguesia como classe proprietária é apenas superficialmente correta, porquanto a característica dessa classe é que todos podem pertencer a ela, contanto que concebam a vida como um processo permanente de aumentar a riqueza e considerem o dinheiro como algo sacrossanto, que de modo algum deve ser usado como simples instrumento de consumo". (Idem, p. 174)

[357] Nesse sentido, Ingo Sarlet escreve que embora parte da doutrina equipare direitos fundamentais à direitos humanos, a distinção se justifica na medida em que "o termo direitos fundamentais se aplica para aqueles direitos do ser humano reconhecidos e positivados na esfera do direito constitucional", enquanto os direitos humanos pertencem ao "direito internacional, por se referir àquelas posições jurídicas que se reconhecem ao ser humano como tal, independentemente de sua vinculação com determinada ordem constitucional", com validade universal e "inequívoco caráter supranacional". (SARLET, Ingo Wolfgang. *A Eficácia dos Direitos Fundamentais*. 9ª ed. Porto Alegre: Livraria do Advogado, 2007, p. 35). É perceptível a imbricação de uma teoria dos direitos fundamentais com a necessidade de fortalecimento da noção de Estado Nacional.

[358] O âmbito público é explicado por Hobbes como uma necessidade individual. Segundo ele, todos os homens são igualmente capazes de matar. Essa capacidade os torna inseguros e daí surge a necessidade do Estado, qual seja, de dar segurança ao indivíduo, que se sente ameaçado por seus semelhantes. Hannah Arendt refere haver sido Hobbes o autor que melhor retratou a filosofia política da burguesia, no período imediatamente posterior à Revolução Francesa, pois a sua ideia de Estado como um indivíduo fictício cuja obrigação era exclusivamente dar segurança aos indivíduos, retirava do âmbito público a necessidade de estabelecimento de *certo* e *errado*. Sua teoria baseava-se na necessidade de obediência cega às leis do Estado, para evitar a guerra entre os homens. Portanto, tinha compromisso com o novo paradigma a ser consolidado. Percebia a necessidade (gerada pelo novo modo de organização social e econômica) de acúmulo de capital – diretamente relacionada ao acúmulo de poder – e assim "compreendeu que a aquisição de riqueza concebida como processo sem fim, só pode ser garantida pela tomada do poder político, pois o processo de acumulação violará, mais cedo ou mais tarde, todos os limites territoriais existentes" (ARENDT, op. cit., p. 180).

E, em uma aparente contradição, torna o indivíduo descartável, tratando-o como mero instrumento para atingir a finalidade de acúmulo de capital. Por isso foi possível pensar nos direitos a serem fundamentalmente garantidos pelo Estado como direitos de proteção contra intervenções na esfera particular.

A noção de Estado como soma de interesses individuais gera a perda do senso comum, na exata medida em que desenvolve (como justificativa para a expansão e conquista de novos territórios) o conceito de raças. Com isso, anestesia a noção de solidariedade humana, porque as pessoas não são mais consideradas como pertencentes à "humanidade" (origem comum da espécie humana), mas como membros de determinadas raças,[359] "predestinadas por natureza a guerrearem umas contra as outras até que desapareçam da face da terra".[360]

As duas grandes guerras mundiais são, em certa medida, resultado dessa construção histórica de Estado como protetor da nação e do esgotamento do sistema capitalista, que já à época gerava um cinturão de desempregados e uma inflação que esmagava os pequenos empresários. De acordo com José Felipe Ledur:

> A ideia de proteger a dignidade humana nasce da violação de direitos de primeira geração, especialmente a igualdade. Os povos da Europa, que conheceram a tragédia da questão social e as atrocidades das duas guerras mundiais e da guerra civil espanhola da primeira metade deste século, perceberam que a pessoa humana estava à mercê da violência e do preconceito sem limites. Diante disso, o próprio futuro do convívio das pessoas impunha

---

[359] É expressão disso, o conceito de "massas" (pessoas que se identificam apenas pelo seu grande número e por sua indiferença diante da realidade) que apoiam e de certa maneira tornam viável a existência de movimentos totalitários como os que marcaram, em praticamente todas as partes do mundo, o Século XX. (AREDNT, Hannah. *Origens do Totalitarismo*. São Paulo: Companhia das Letras, 2004, p. 361), e que surgem como uma "onda antidemocrática e pró-ditatorial" após o final da Primeira Grande Guerra (Idem, p. 358). O sucesso dos movimentos totalitários junto às massas "significou o fim de duas ilusões dos países democráticos". A ilusão de que "o povo, em sua maioria, participava ativamente do governo e todo indivíduo simpatizava com um partido ou outro" e a de que "as massas politicamente indiferentes não importavam" para a ação política. As "massas" são produto de um sistema que desde a sua gênese se pretende democrático. Eis, portanto, mais um paradoxo do capitalismo, já que as "liberdades democráticas podem basear-se na igualdade de todos os cidadãos perante a lei, mas só adquirem significado e funcionam organicamente quando os cidadãos pertencem a agremiações ou são representados por elas, ou formam uma hierarquia social e política". (Op. cit., p. 362). Não há, portanto, ambiente para um governo democrático, onde existem movimentos de massa, porque as massas se qualificam justamente por sua apatia diante do processo democrático, esvaziando seu sentido. E as massas, como antítese das classes sociais, provocam seu aniquilamento como força propulsora da história política. Hoje, vemos ressurgir uma preocupante apatia em relação ao movimento sindical.

[360] ARENDT, Hannah. Origens do Totalitarismo. São Paulo: Companhia das Letras, 2004, p. 187. Ressalta que "nas condições da sociedade acumuladora não existe outro elo de ligação entre indivíduos, já que, no próprio processo de acúmulo de poder e expansão, os homens estão perdendo todas as demais conexões com os seus semelhantes". Eis a face do individualismo em todo o seu potencial negativo.

atitude apropriada para salvaguardar a humanidade das investidas e riscos que contra ela se levantaram.[361]

A necessidade de uma resposta eficaz e coordenada ao terror dos movimentos nazi-fascistas vividos no século XX determina a consciência da necessidade de proteção dos direitos fundamentais como elementos essenciais à organização humana, maiores e mais importantes do que as aspirações de um Estado. O Direito do Trabalho, já consolidado como uma necessidade do sistema capitalista, assume então *status* de direito fundamental.

A capacidade humana de autodestruição, que decorre dessa visão consumista do outro e da natureza, revela que a satisfação de interesses particulares não é suficiente para garantir a excelência da vida na Terra. Em outras palavras, para o indivíduo, e para o sistema capitalista, pode ser interessante perseguir a riqueza e a comodidade, mas essa riqueza (sob o ponto de vista da comunidade) não pode ser alcançada com o sacrifício de outros seres humanos, cujos direitos também precisam ser respeitados.

Tal perspectiva, recente em termos históricos, valoriza o homem, mas não como indivíduo, e sim como um entre seus pares, parte de um todo maior em que os demais seres humanos também têm relevância. Por isso mesmo, embora o trabalho como direito regulado de modo especial surja em um momento histórico no qual o mundo ocidental experimenta governos totalitários, ele se consolida, como direito social indisponível, com a reabertura democrática.[362]

A mudança então imposta diz com a própria noção de Direito e Estado e está intimamente ligada às relações de trabalho, que movimentam a economia e evidenciam as contradições do sistema. Em 1948, logo após a segunda grande guerra, é editada a Declaração Universal dos Direitos

---

[361] LEDUR, José Felipe. *A realização do Direito ao Trabalho*. Porto Alegre: Sergio Antonio Fabris Editor, 1998, p. 83.

[362] BOBBIO, Norberto. *Il Futuro della Democrazia*. Torino: Einaudi, 1995, p. 139. O autor alerta para o fato de que o ataque à democracia perpetrado pelo neoliberalismo, que não se compraz mais em opor-se ao socialismo (como fez durante o século XX) é grave, porque atinge a democracia como forma de governo e, com ela, a possibilidade de sucesso do sistema capitalista. Escreve: "l´esigenza espressa dal neo-liberalismo è quella di ridurre la tensione fra i due tagiando le unghie al secondo, e lasciando al primo tutti i suoi artigli acuminati.. l´offensiva dei liberali è stata rivolta storicamente contro il socialismo, il suo naturale avversario nella versione collettivistica (che è del resto quella più autentica) in questi ultimi anni è stata rivolta anche contro lo stato-benessere, cioè contro la versione attenuata (secondo una parte della sinistra, anche falsificata) del socialismo; ora viene attacata la democrazia, puramente e semplicemente. L´insidia è grave". A democracia se assenta, após os graves incidentes do século XX, como forma de governo que melhor se amolda ao sistema adotado. Tem, entretanto, suas raízes em meados do século XIX, quando a doutrina de Stuart Mill, por exemplo, acolhe a possibilidade de uma democracia representativa (não mais aquela em que todos intervinham diretamente, como propunha Rousseau), em que "o povo se governa de modo indireto, através dos representantes que elege". (EHLERS DE MOURA, José Fernando. Op. cit., p. 41).

do Homem e do Cidadão,[363] com trinta artigos que estabelecem direitos fundamentais dentre os quais se destaca o Direito do Trabalho, como decorrência do valor liberdade.

A segunda metade do século XX vivencia uma importante evolução no campo dos direitos sociais e, ao mesmo tempo, uma notável involução no âmbito político, no que concerne ao desenvolvimento de governos democráticos. É após a experiência terrível das duas grandes guerras mundiais, com a necessidade de reconstrução dos países diretamente envolvidos e de garantias (em nível mundial) de que o homem seria de qualquer modo impedido de destruir o planeta (e seus semelhantes), que inicia a chamada era das constituições.

A Constituição não se limita mais a estabelecer direitos de defesa do cidadão contra o Estado, mas passa a representar uma verdadeira *constituição* do que o Estado pretende ser. Por consequência, em lugar das regras (antes vistas como centro da organização jurídica) assumem importância os princípios.[364]

A Constituição passa a ser concebida como um espaço garantidor das relações democráticas entre o Estado e a Sociedade, reconhecendo, além dos direitos liberais clássicos de defesa do cidadão em face do Estado, a existência de deveres de proteção e de prestação, seja por parte do Estado, seja por parte dos atores investidos de poder social.

Canotilho refere que "o livre desenvolvimento da personalidade e a defesa da dignidade da pessoa humana postulam ética e juridicamente a positivação constitucional dos chamados direitos sociais",[365] com o neces-

---

[363] Bobbio refere em outra obra que: "A declaração representa a consciência histórica que a humanidade tem dos próprios valores fundamentais na segunda metade do século XX. (...) A liberdade e igualdade dos homens não são um dado de fato, mas um ideal a perseguir não é uma existência, mas um valor, não é um ser, mas um dever-ser. Enquanto teorias filosóficas, as primeiras afirmações dos direitos do homem são pura e simplesmente a expressão de um pensamento individual; são universais em relação ao conteúdo, à medida que se dirigem a um homem racional fora do espaço e do tempo, mas extremamente limitadas em relação a sua eficácia, à medida que são propostas para um futuro legislador" (BOBBIO, Norberto. *Teoria do ordenamento jurídico*. 2ª reimpressão. Brasília: Ed. Universidade de Brasília, 1991, p. 52). Na Declaração, os direitos considerados fundamentais estão sustentados pelo princípio de que nenhuma disposição pode ser interpretada como o reconhecimento a qualquer Estado, grupo ou pessoa, do direito de exercer qualquer atividade ou praticar qualquer ato destinado à destruição dos direitos e liberdade nela estabelecidos.

[364] Como ensina Jorge Miranda, "a ação mediata dos princípios consiste, em primeiro lugar, em funcionarem como critérios de interpretação e de integração, pois são eles que dão a coerência geral do sistema. E, assim, o sentido exato dos preceitos constitucionais tem de ser encontrado na conjugação com os princípios e a integração há de ser feita de tal sorte que se tornem explícitas ou explicitáveis as normas que o legislador constituinte não quis ou não pode exprimir cabalmente". MIRANDA, Jorge. *Manual De Direito Constitucional*. Tomo II. Constituição e Inconstitucionalidade. 3ª ed. Coimbra Editora, 1996, p. 226, 227.

[365] CANOTILHO, J. J. Gomes. *'Brancosos' e Interconstitucionalidade. Itinerários dos Discursos Sobre a Historicidade Constitucional*. Coimbra: Almedina, 2006, fl. 124. O autor conclui que a Constituição tem que continuar a fornecer "exigências constitucionais mínimas" e estabelecer os fundamentos adequados

sário cuidado de não exigir políticas públicas insuscetíveis de serem cumpridas ou sujeitas à necessária existência de recursos e viabilidade, talvez a principal discussão no âmbito dos direitos sociais, hoje em dia.

Nesse aspecto, é importante percebermos que o Direito do Trabalho figura entre os direitos sociais fundamentais, mas de certo modo individualiza-se, em relação aos demais, justamente por se configurar como imperativo a regular a conduta do empregador, bem mais do que aquela do Estado. Enquanto na categoria geral dos direitos sociais, a prestação capaz de salvaguardar o direito é de ser realizada substancialmente, ou precipuamente, pelo Estado-administrador, aqui, no Direito do Trabalho, é o empregador que detém a obrigação precípua de respeitar e prestar (fazer valer) os direitos dos trabalhadores.

Além de haver sido protagonista na ruptura da dualidade público x privado (ou justamente em função desse papel), o Direito do Trabalho é o âmbito do direito privado que melhor explicita o fenômeno da "constitucionalização do direito civil".

Os direitos sociais integram uma categoria jurídica que se opõe à dos direitos coletivos. Direitos coletivos ou individuais podem ser sociais, sempre que relevantes à criação ou à manutenção de uma sociedade livre, justa e solidária, tal qual preconiza o artigo 1º do texto constitucional brasileiro.

No Direito do Trabalho, temos direitos individuais, como as férias e a remuneração, e direitos coletivos, como o de realizar movimento paredista ou criar convenções normativas. Entretanto, ao contrário do que ocorre em regra no direito à saúde, à educação ou à moradia, o Direito do Trabalho pressupõe uma relação jurídica que se estabelece entre particulares, ainda que um deles esteja investido de poder social que o coloca em posição similar à do Estado.[366]

Assim, enquanto é possível tratar de moradia, educação ou saúde, reconhecendo-as como direitos fundamentais diretamente exigíveis do

---

a uma teoria da justiça, "sem se comprometer com situações particulares" (fl. 126). Observa, porém, que o não cumprimento das promessas da modernidade, em alguns países, como o Brasil, justifica particularismos que não rompem com a lógica de uma teoria da justiça voltada à fixação de estruturas básicas de toda a sociedade, mas sim exprimem "a indispensabilidade de refrações morais no âmbito do contrato social constitucional"(p. 127). Ressalta o papel da Constituição como projeto para a criação de uma sociedade mais responsável, referindo que quanto melhor consolidada a democracia, menos necessidade haverá de um texto dirigente. (Idem, p. 129).

[366] Quando falamos do poder social que habita a relação de trabalho, já fizemos referência a essa "quase verticalidade" facilmente percebida na prática das relações de trabalho e mesmo nas regras jurídicas que a disciplinam. Vale observar que o reconhecimento da eficácia direta dos direitos fundamentais nas relações privadas surge como teoria, também, em face da preocupação em minimizar efeitos nocivos decorrentes dessa "quase verticalidade" que caracteriza algumas relações privadas. Disso trataremos com mais vagar, logo adiante (nota da autora).

Estado, e apenas indiretamente exigíveis de particulares,[367] não há como conceber o Direito do Trabalho a partir desse prisma.[368] Aqui, a proteção especial que a Constituição brasileira de 1988 reconhece expressamente parte da constatação de que na relação jurídica em que esse direito fundamental se expressa, existem particulares que, assumindo um poder privado, comprometem a eficácia do discurso constitucional.

A proteção constitucional só faz sentido se gerar direitos e deveres diretamente exigíveis dos atores da relação jurídica que expressa tal direito. Uma vez reconhecida a existência de um dever relativo a um direito fundamental trabalhista, temos de necessariamente reconhecer a responsabilidade direta do agente privado (empregador/tomador dos serviços) por seu cumprimento. Reconhecê-la, porém, especialmente no caso específico da denúncia do contrato de trabalho, implica atuar no sentido de coibi-la. De nada serve reconhecer no inciso I do art. 7º da Constituição brasileira um dever de conduta, por parte do empregador, se não reconhecermos sanção correspondente à desobediência desse dever fundamental.[369]

No Direito Brasileiro, o reconhecimento do Direito do Trabalho como fundamental é explícito, nos termos do art. 6º da Constituição brasileira de 1988. Trata-se de um direito que radica em princípios fundamentais, razão da inclusão dos valores sociais do trabalho como um dos fundamentos da República, ao lado da livre iniciativa.[370]

---

[367] Não se está aqui a defender a eficácia indireta dos direitos fundamentais sociais à saúde ou à moradia, mas a registrar a existência de parte importante da doutrina constitucional que opta por essa concepção e que se fundamenta justamente na premissa de que o Estado é concebido para, distribuindo riquezas e assumindo obrigações diante dos particulares, propiciar acesso à saúde, educação e moradia (nota da autora).

[368] Reconhecendo essa diferença substancial, Ingo Sarlet observa que os direitos fundamentais sociais abrangem tanto posições jurídicas tipicamente prestacionais (direito à saúde, à educação), "quanto uma gama diversa de direitos de defesa", e que os direitos dos trabalhadores "são, na verdade, concretizações do direito de liberdade e do princípio da igualdade (ou da não-discriminação), ou mesmo posições jurídicas dirigidas a uma proteção contra ingerências por parte dos poderes públicos e entidades privadas" (SARLET, Ingo Wolfgang. *A Eficácia dos Direitos Fundamentais*. 9ª ed. Porto Alegre: Livraria do Advogado, 2007, p. 192)

[369] A tanto não serve a dicção do art. 10 do ADCT, que estabelece apenas valor para a indenização de que cogita o referido artigo constitucional. Ocorre que ao estabelecer um dever fundamental de proibição da dispensa arbitrária ou sem justa causa (e, portanto, de motivação do ato de denúncia), o constituinte originário firma o compromisso de proteção *contra* a perda do posto de trabalho, sempre que arbitrária, fato que a simples indenização não consegue atingir, justamente porque compensa a perda do trabalho, não a impede. Voltaremos a esse tópico ao tratar especificamente da legislação brasileira, no que tange à denúncia do contrato de trabalho, pelo empregador (nota da autora).

[370] Nesse sentido, Ricardo Tenório Cavalcante assevera que a Constituição Federal de 1988 estabelece uma norma geral de proteção ao trabalhador, com status de direito fundamental, diretamente imbricada pela ideia de dignidade da pessoa humana. (CAVALCANTE, Ricardo Tenório. *Jurisdição, Direitos Sociais e Proteção do Trabalhador*. A Efetividade do Direito Material e Processual do Trabalho desde a Teoria dos Princípios. Porto Alegre: Livraria do Advogado, 2008, p. 49).

A Constituição brasileira de 1988, na linha das demais constituições ocidentais da segunda metade do Século XX, procura romper com o individualismo, estabelecendo um novo paradigma: a solidariedade. Esta se traduz pela noção de justiça social e equidade, que deve permear todo e qualquer negócio jurídico e atribui importância à finalidade do ato ou negócio jurídico realizado. Gera a consciência de que, em uma sociedade economicamente massificada, os contratos se entrelaçam, de tal sorte que cada contrato exerça "uma influência e tenha importância em todos os demais contratos que possam estar relacionados".[371]

Esse novo paradigma busca a "indissociabilidade entre os bens tutelados e o sujeito titular ou ocupante de determinada posição jurídica".[372] Exatamente o mesmo fundamento do princípio da proteção que orienta e justifica o Direito do Trabalho.

O trabalho enquanto valor, inserido na lógica da livre iniciativa, é o parâmetro que deve guiar a atuação do intérprete diante da norma do inciso I do artigo 7º da Constituição brasileira. É disso que trataremos a seguir.

3.2. Valores sociais do trabalho, livre iniciativa e dignidade da pessoa humana

O direito fundamental do trabalho cuida da relação jurídica em que há a "compra" da força de trabalho, prestada por conta alheia, dentro de uma sociedade organizada sob o modelo capitalista de produção. Disso, de pronto, extraímos duas conclusões importantes.

O Direito do Trabalho e as normas nele compreendidas não são revolucionários. Ele serve ao sistema, é um de seus elementos. Essa afirmação é de tal modo verdadeira, que não seria possível pensarmos em direitos trabalhistas, na forma como previsto em nosso ordenamento jurídico vigente, em um sistema socialista ou comunista de organização social.

---

[371] FERREIRA DA SILVA, Luis Renato. *A função social do contrato no novo Código Civil e sua conexão com a Solidariedade Social*. In SARLET, Ingo Wolfgang (org.). O Novo Código Civil e a Constituição. Porto Alegre: Livraria do Advogado, 2003, p. 132. Ela contamina de tal modo o conceito de contrato, que passa a ser inconcebível a realização de um negócio jurídico cujo escopo deixe de atender a função social que justifica sua existência.

[372] PERES GEDIEL, José Antônio. *A Irrenunciabilidade a direitos da personalidade pelo trabalhador*. In SARLET, ingo Wolfgang. Constituição, Direitos fundamentais e Direito Privado. 2ª ed. Porto Alegre: Livraria do Advogado, 2006, p. 151-166. Interessante a observação do autor de que o direito do trabalho foi gestado para descaracterizar o trabalho como mercadoria mensurável a preço de mercado, e reconhecê-lo como função social, evidenciando o que já destacamos, no sentido de que a função social do contrato que agora o direito civil sublinha como elemento essencial de um negócio jurídico, está na gênese da relação de trabalho.

A segunda conclusão diz respeito à razão de ser do Direito do Trabalho. É também e, especialmente, porque nossa sociedade está organizada sob a forma de um modelo de trocas e acúmulo de riquezas, pelo qual o lucro é um objetivo lícito a ser perseguido, que os direitos trabalhistas foram galgados ao *status* de norma e valor constitucional.

Os *valores sociais* constituem, pois, o motivo pelo qual o modelo jurídico de Estado até então adotado foi substituído, em 1988, por um modelo inclusivo, em que até mesmo a ordem econômica se submete a uma função social. A livre iniciativa, própria do capitalismo, é a base a partir da qual é possível pensar numa relação jurídica de trabalho e buscar uma proteção adequada aos seus atores. A solidariedade é o elemento que se agrega à essa livre iniciativa, tornando-a necessariamente "contaminada" pela preservação da dignidade (física e emocional) de quem trabalha.

Ao argumento de que os direitos trabalhistas são fundamentais porque assim o quis o constituinte originário em 1988 somam-se aspectos que determinam a fundamentalidade material desse ramo do Direito. Dentre eles, destaca-se o valor *social* que o trabalho remunerado por conta alheia assume necessariamente dentro de uma lógica de livre iniciativa. Destaca-se, também, o dever de proteção que essa relação jurídica reclama, sob pena de erosão do próprio sistema econômico que a justifica como tal.

3.2.1. A importância dos valores em nosso sistema jurídico

O preâmbulo da Constituição brasileira de 1988 e bem assim seus primeiros dispositivos, estabelecem valores a serem perseguidos, sem os quais a ordem jurídica ali idealizada não se consolidará. Dar um "lugar jurídico" aos valores fundamentais, como faz nossa atual Constituição, implica um importante avanço na perspectiva de consolidação de um modelo democrático e, acima de tudo, ético de Estado.

Os valores compõem o sistema jurídico, mas não podem ser "enquadrados" em nossa noção de norma jurídica. Estão acima das normas. Constituem a razão que inspira a construção e a interpretação das normas.

Na definição de Alexy, "princípios são normas que ordenam que algo seja realizado na maior medida possível dentro das possibilidades jurídicas e fática existentes. Princípios são, por conseguinte, mandamentos de otimização".[373]

---

[373] ALEXY, Robert. *Teoria dos Direitos Fundamentais*. Trad. Virgílio Afonso da Silva. São Paulo: Malheiros, 2008, p. 90.

No mesmo sentido, José Afonso da Silva refere que os princípios são "ordenações que se irradiam e imantam os sistemas de normas", "núcleos de condensações nos quais confluem valores e bens constitucionais",[374] ou seja, constituem parâmetros a partir dos quais as regras devem ser não apenas editadas, mas também interpretadas/aplicadas. No dizer de José Joaquim Gomes Canotilho, os princípios são "normas, que estão na base e constituem a *ratio* de regras jurídicas, desempenhando, com isso, uma função normogenética fundamentante".[375]

Consequentemente, os princípios, justamente porque constituem "exigências de otimização", expressam valores indispensáveis a determinada comunidade, em certo contexto histórico. A regra vale ou não. Tendo validade, deve ser cumprida "na exacta medida das suas prescrições, nem mais nem menos". Os princípios convivem, embora muitas vezes em conflito. E, no caso de conflito entre princípios, "estes podem ser objecto de ponderações e de harmonização". Os princípios "suscitam problemas de validade e peso (importância, ponderação, valia); as regras colocam apenas questão de validade (se elas não são correctas devem ser alteradas)".[376]

A posição crítica e comprometida acerca do papel que o Direito do Trabalho assume hoje, inclusive, quando regula o término da relação de trabalho, passa pelo reconhecimento dos valores como elementos do ordenamento jurídico. Embora durante um significativo período de tempo, direito tenha significado conjunto de regras jurídicas que não deveriam ser contaminadas por valores ou ideologias, o certo é que os valores sempre constituíram o fundamento da estrutura jurídica de determinada comunidade, em certo momento histórico.

A negação dos valores, separando Moral e Direito, é ao mesmo tempo a defesa de determinados valores, relacionados à consolidação e à manutenção de um determinado modo de organização social, pelo qual as trocas deveriam permitir o acúmulo e a formação de riqueza, independentemente do *status* social do indivíduo.

---

[374] SILVA. José Afonso da. *Curso de direito constitucional positivo*. 12ª ed. São Paulo: RT, 1996, p. 94.

[375] CANOTILHO, José Joaquim Gomes. *Direito constitucional e teoria da constituição*. 7ª ed. Coimbra: Edições Almedina, 2003, p. 1161. Menciona que "A teoria da metodologia jurídica tradicional distinguia entre normas e princípios (Norm-Prinzip, Principles-rules, Norm and Grundsatz). Abandonar-se-á aqui esta distinção para, em sua substituição, sugerir: (1) as regras e princípios são duas espécies de normas; (2) a distinção entre regras e princípios é uma distinção entre duas espécies de normas. [...] Os princípios são normas jurídicas impositivas de uma optimização, compatíveis com vários estágios de concretização, consoante os condicionalismos fácticos e jurídicos; as regras são normas que prescrevem imperativamente uma exigência (impõem, permitem ou proíbem) que é ou não cumprida (nos termos de Dworkin: *applicable in all-or-nothing fashion*); a convivência dos princípios é conflitual (Zagrebelsky), a convivência de regras é antinômica; os princípios convivem, as regras antinómicas excluem-se.

[376] Idem, p. 1161, 1162.

Os valores, portanto, sempre pertenceram ao Direito, mesmo quando ele negou sua paternidade. Direito e sociedade sempre foram, e ainda são, partes de uma mesma realidade, traduzida em princípios e regras que, por sua vez, são inspirados por certos valores, estejam eles explicitados ou não.

É a noção de que "toda conduta confronta-se com uma escolha, e qualquer escolha, direta ou indiretamente, com uma hierarquização axiológica", ou seja, que toda decisão no âmbito da vida em sociedade implica a eleição de valores considerados indispensáveis à pacificação dos conflitos sociais.[377]

O que a Era Contemporânea conseguiu, ou está lutando para conseguir, é que o Direito assuma a paternidade dos valores e que em lugar de escondê-los atrás de uma *pseudoneutralidade*, os evidencie que se comprometa abertamente com eles, como fez a Constituição brasileira de 1988.

É exatamente isso que nos permite concluir tenham os valores constituído elementos do sistema, desde sempre. Ainda quando não explicitados, ainda quando veementemente negados, os valores sempre informaram a construção da "ciência" jurídica. Hoje, porém, possuem a vantagem de estarem explicitados. Foram incorporados, aceitos e festejados nos primeiros artigos de praticamente todas as Constituições ocidentais vigentes. Não é possível negar eficácia a esse reconhecimento, do mesmo modo que não é possível pretender converter ou transmudar a natureza dos valores, pelo simples fato de que o sistema jurídico finalmente assumiu sua paternidade. Direito e moral não eram coisas totalmente separadas, nem mesmo na obra de Kant. Um sempre foi a fonte inspiradora do outro.

O fato de agora "as cartas estarem na mesa", ou os valores estarem na Constituição, apenas empresta maior força a essa afirmação. Implica compromisso com a busca de uma razão de ser do sistema jurídico adotado. E qualifica o texto constitucional, onde os valores estão declarados, como um compromisso, no qual estabelecemos circunstâncias inaceitáveis, ideais a serem perseguidos e o conjunto de parâmetros que entendemos indispensável para a construção da sociedade que almejamos.

O artigo 1º da Constituição já estabelece como fundamentos da República,[378] a dignidade humana e os valores sociais do trabalho e da livre

---

[377] Nesse sentido: FREITAS, Juarez. *A Interpretação Sistemática do Direito*. 4ª ed. São Paulo: Malheiros, 2004, p. 136.

[378] Art. 1º A República Federativa do Brasil, formada pela união indissolúvel dos Estados e Municípios e do Distrito Federal, constitui-se em Estado Democrático de Direito e tem como fundamentos: I – a soberania; II – a cidadania; III – a dignidade da pessoa humana; IV – os valores sociais do trabalho e da livre iniciativa; V – o pluralismo político. Parágrafo único. Todo o poder emana do povo, que o exerce por meio de representantes eleitos ou diretamente, nos termos desta Constituição.

iniciativa. Com isso, marca uma opção política comprometida com valores claros que devem, ou deveriam, servir de base axiológica para toda e qualquer interpretação/aplicação de norma jurídica.

O reconhecimento da importância dos valores é a base para a compreensão da eficácia dos direitos fundamentais, dentre os quais destacamos aqui o Direito do Trabalho. O homem é o motivo para a criação e aplicação de normas jurídicas. É fundamento do Estado. Não o homem individual, mas enquanto parte de uma comunidade (e, pois, da humanidade em seu aspecto plural), dimensão em que o homem reconhece que não poderá abrir mão de sua responsabilidade para com o bem-estar dos outros.[379]

É o que vemos hoje retratado em nossa Constituição, quando expressa como valor fundamental a busca do "bem de todos", a partir de uma lógica flagrantemente comprometida com a solidariedade. Por isso, a dignidade da pessoa humana aparece já no artigo primeiro e acaba assumindo a condição de elemento essencial à função interpretativa/criadora do Estado-Juiz.

3.2.2. Solidariedade e livre iniciativa na Constituição brasileira

A constatação da necessidade de superação do paradigma do individualismo, valorizando a solidariedade e, pois, a inclusão (garantia de proteção de um mínimo existencial a todos e a cada um), viceja dentro da realidade de um sistema capitalista de produção que estimula e mesmo sobrevive da livre iniciativa. A liberdade, sobre a qual já tratamos quando abordamos a questão da autonomia da vontade, assume um novo papel, mas não perde sua centralidade.

Em um modelo de Estado pelo qual o desenvolvimento social e econômico é pautado pela livre iniciativa, é indispensável a existência de normas cogentes que disciplinem a relação jurídica que se estabelece entre o capital e o trabalho e cuja missão é justamente permitir a persecução do lucro mediante exploração de mão de obra capaz de gerar mercadorias e serviços.

Assim, ao identificar o Direito do Trabalho como direito social fundamental (art. 7º), reconhecendo os *valores sociais* do trabalho como fundamentos da República (art. 1º), a ordem constitucional sublinha o duplo viés dos direitos trabalhistas: são direitos fundamentais individuais ou coletivos, mas sempre sociais. Pertencem ao *homem-que-trabalha*, mas interessam à comunidade.

---

[379] CASTANHEIRA NEVES, António. *O Direito Interrogado pelo Tempo Presente na Perspectiva do Futuro*. Boletim da Faculdade de Direito de Coimbra. Vol. LXXXIII, p.1-73,Coimbra, 2007.

Importante perceber que o artigo 1º da Constituição brasileira de 1988 coloca os valores sociais do trabalho e a livre iniciativa no mesmo inciso, em direta relação. Esse fato, antes de causar qualquer espanto, torna ainda mais evidente o que viemos afirmando até aqui: o Direito do Trabalho, especialmente em sua dimensão social, serve ao sistema capitalista de produção, cuja gênese é caracterizada, inclusive, pela noção de "livre iniciativa".

A necessidade de ampla regulação da relação entre capital e trabalho, com vistas a valorizar socialmente, não apenas o trabalho humano, mas também a atividade empresarial, foi sentida já no século passado, quando o Estado foi chamado a produzir normas imperativas que limitassem a natural tendência de exploração do sistema. Esse tema já foi enfrentado. Aqui, serve relembrá-lo para confrontá-lo não apenas com a clara redação do art. 1º do texto constitucional, mas com a importância que a Constituição brasileira empresta, em todo o seu contexto, a essa premissa básica: tanto o trabalho quanto a livre iniciativa se submetem a valores sociais. Estão, pois, atrelados ao paradigma da solidariedade.[380]

Dentro desta lógica, a Constituição brasileira refere textualmente que a ordem econômica "tem por fim assegurar a todos existência digna, *conforme os ditames da justiça social*".[381]

A expressão "sociedade mais livre, justa e solidária" é, nesse sentido, essencial. Aqui está o cerne da nova ordem constitucional: liberdade substancial, assim compreendida como possibilidade igual de acesso a todos os bens indispensáveis para uma vida digna; justiça como função do direito e solidariedade como preocupação, nos atos individuais, com seus efeitos sociais, com a inclusão, com a não afetação da capacidade de subsistência de indivíduos, para os quais e em função dos quais essa sociedade existe.

A liberdade de iniciativa é necessária para permitir o desenvolvimento econômico da sociedade, fator importante para que seja possível pensar em vida digna. E a ordem constitucional estabelecida em 1988 re-

---

[380] FERRARI, Irany. NASCIMENTO, Amauri Mascaro. MARTINS FILHO, Ives Gandra da Silva. *História do Trabalho, do Direito do Trabalho e da Justiça do Trabalho*. 2ª ed. São Paulo: LTr, 2002, p. 71. Segundo os autores, a função social do trabalho permite "a realização pessoal do trabalhador", que diz com "a dignidade atribuída ao homem pelo trabalho. É o sentimento de que existe e de que é útil à sociedade a que pertence".

[381] Art. 170. A ordem econômica, fundada na valorização do trabalho humano e na livre iniciativa, tem por fim assegurar a todos existência digna, conforme os ditames da justiça social, observados os seguintes princípios: I – soberania nacional; II – propriedade privada; III – função social da propriedade; IV – livre concorrência; V – defesa do consumidor; VI – defesa do meio ambiente, inclusive mediante tratamento diferenciado conforme o impacto ambiental dos produtos e serviços e de seus processos de elaboração e prestação; VII – redução das desigualdades regionais e sociais; VIII – busca do pleno emprego; IX – tratamento favorecido para as empresas de pequeno porte constituídas sob as leis brasileiras e que tenham sua sede e administração no País.

força essa premissa. Entretanto, condiciona o exercício desse direito de liberdade, à observância de alguns deveres.[382] E o faz porque tal limite é necessário à sobrevivência e ao desenvolvimento do próprio sistema econômico. Fá-lo, também, em face da circunstância especial de que o Direito do Trabalho se reconhece e se consolida na relação de trabalho, móvel do sistema capitalista de produção, única na qual o objeto do contrato não se separa do sujeito *que trabalha*.

Ao determinar como fundamento da República os "valores sociais" do trabalho e da livre iniciativa, o que a Constituição de 1988 fez, portanto, foi dizer que em nossa sociedade, porque o trabalho move a economia e fomenta a livre iniciativa, base do sistema capitalista, quem trabalha deve atuar em um ambiente sadio, deve ser remunerado adequadamente, de sorte a conseguir consumir e realizar algum tipo de atividade esportiva e recreativa, deve ter tempo suficiente para estar com a família e os amigos e para interagir na sociedade[383] e, sobretudo, deve ter a tranquilidade de que não perderá o emprego sem um justo motivo.

Eis o conteúdo do direito constitucional ao trabalho: não um direito a qualquer trabalho, mas ao trabalho que se explicita por meio de uma relação de emprego que garanta uma existência digna[384] e que, portanto, é composto dos direitos trabalhistas previstos nos artigos 7º a 11º da Constituição.

O princípio/dever de proteção, cuja essência não difere daquela que identifica o princípio da dignidade da pessoa humana, é o cerne e a razão da especificidade do Direito do Trabalho.

---

[382] Abrantes observa que "a liberdade de empresa, base dos poderes patronais, também se encontra constitucionalmente tutelada, e, por isso, o exercício pelo trabalhador dos seus direitos fundamentais não pode afectar a finalidade principal da empresa nem gerar o incumprimento do contrato de trabalho, devendo antes a sua eficácia harmonizar-se com outros princípios e valores, tais como a liberdade negocial, a boa-fé, o cumprimento pontual dos contratos". (ABRANTES, José João. *Contrato de trabalho e Direitos fundamentais*. Coimbra: Coimbra Editora, 2005, p.172). O que se deve perseguir, segundo o autor, é uma interpretação em conformidade com a máxima otimização dos valores constitucionais, alcançando a concordância prática, o que "obriga a articulação, à ponderação, dos diversos interesses e valores em jogo, sem o sacrifício absoluto de uns pelos outros, antes pela limitação recíproca, harmônica e equilibrada entre eles, de modo a possibilitar a sua integração no sistema total de relações jurídicas do Estado e da sociedade" (p. 173).

[383] Do contrário, estaríamos admitindo uma sociedade de *operários-abelhas*, que trabalham, comem e dormem. Simplesmente. Essa não é uma realidade distante daquela em que vivem milhões de trabalhadores brasileiros, remunerados com um salário mínimo, que hoje está fixado em R$ 510,00 por mês (http://www.planalto.gov.br/ccivil_03/_Ato2007-2010/2009/Mpv/474.htm, acesso em 10/1/2010), enquanto a cesta básica (extremamente básica, é preciso pontuar) está estimada em R$ 236,55 (http://turandot.dieese.org.br/bdcesta/tmp/porto_alegre74955.html, acesso em 10/1/2010).

[384] Não é por razão diversa que o inciso I do art. 7º, reconhece o direito fundamental dos trabalhadores brasileiros à "relação *de emprego* protegida" e, a partir daí, elenca uma série de direitos/deveres que constituem essa relação jurídica.

3.2.3. O princípio/dever de proteção e a dignidade da pessoa humana

O princípio da proteção é reconhecido como *razão de ser* do Direito do Trabalho. A evolução histórica do conceito de trabalho e de sua função dentro do sistema capitalista de produção, sobre a qual falamos anteriormente, é suficiente para demonstrar essa afirmação. O trabalho como direito, dentro da lógica do Estado Liberal, surge para atender às demandas da crise cíclica do sistema capitalista e às demandas dos trabalhadores organizados. Desenvolve-se como um conjunto próprio de princípios e regras porque tem essa característica especial, que decorre diretamente da "inseparabilidade da prestação de trabalho da pessoa do trabalhador" e da "normal exclusividade da dedicação do trabalhador à empresa, da qual extrai o único e principal recurso para sua subsistência".[385]

Enquanto princípio, a ideia de proteção ao trabalho humano expressa essa condição objetiva pela qual o sistema admite e até incentiva o homem a "vender" sua força de trabalho, parte de si mesmo, em troca de remuneração. Esse dado de fato autoriza ou mesmo impõe ao ordenamento jurídico, a adoção de regras que tenham como "pano de fundo" a preservação do homem que trabalha.

As regras de proteção ao trabalhador constituem expressão de uma nova função do Estado, de garantia dos direitos sociais reconhecidos como fundamentais e que constituem a melhor forma de preservação de uma vida digna.[386]

Com isso, estamos afirmando que o princípio da proteção e o princípio da dignidade da pessoa humana remetem ao mesmo valor fundamental, bem por isso o art. 3º do texto constitucional[387] estabelece como objetivos fundamentais, dentre outros, a busca de uma sociedade livre, justa e *solidária*.

Nas palavras do prof. Juarez Freitas, é o art. 3º que nos revela qual o propósito da Constituição brasileira, qual a sua missão entre nós. Isso significa que é deste dispositivo que devemos retirar o propósito do tex-

---

[385] PLÁ RODRIGUEZ, Américo. *Princípios de Direito do Trabalho*. 3ª ed. São Paulo: LTr, 2000, p. 89.

[386] Ernesto Krotoschin define a questão, aduzindo que "el principio del derecho del trabajo es muy simple: el hombre que trabaja tiene derecho a conducir una vida que corresponda a la dignidad de la persona humana" (KROTOSCHIN, Ernesto. *Instituciones de Derecho del Trabajo*. 2ª ed. Buenos Aires: Ediciones Depalma, 1968, p. 08).

[387] Art. 3º Constituem objetivos fundamentais da República Federativa do Brasil: I – construir uma sociedade livre, justa e solidária; II – garantir o desenvolvimento nacional; III – erradicar a pobreza e a marginalização e reduzir as desigualdades sociais e regionais; IV – promover o bem de todos, sem preconceitos de origem, raça, sexo, cor, idade e quaisquer outras formas de discriminação.

to constitucional e, bem assim, os valores que elegemos como essenciais para a nossa sociedade, nesse momento histórico.[388]

Os "valores sociais" do trabalho e da livre iniciativa estão contidos no princípio da dignidade da pessoa humana. São valores a partir dos quais a ordem jurídica pretende resguardar a dignidade de todos os cidadãos aos quais se destinam e determinam o conteúdo do denominado Direito do Trabalho.

É, pois, a dignidade humana, não apenas em seu conteúdo de garantia da existência humana, mas de uma existência *com dignidade social* que aparece explicitada no texto constitucional. Por isso, a especial relevância aos "ditames da justiça social". A importância do valor/princípio da dignidade humana em que está contida a ideia de dever de proteção ao trabalho humano, repousa, pois, no fato de que a não efetivação do conjunto mínimo de direitos de caráter alimentar nega a possibilidade de sobrevivência digna.[389]

A concepção inicial de dignidade humana é gestada no ambiente político em que viceja a ideia de Estado neutro, que não deve se intrometer na vida social. A lei deve ser interpretada de forma a salvaguardar a autonomia do indivíduo, preservando-o das interferências do Poder Público. Tal juízo encerra um modo de compreender os direitos fundamentais como direitos anteriores ao Estado, impostos como limites à atividade estatal. São direitos contra o Estado, direitos de autonomia e direitos de defesa.

A evolução da concepção de dignidade humana pressupõe em um segundo momento, uma visão oposta de homem e Estado, pois afirma que realizando o bem coletivo, protegem-se, indiretamente, os interesses individuais.[390] Por essa razão, o interesse do Estado deveria prevalecer sobre o interesse do indivíduo. A pessoa não era vista como valor supremo, pois a dignidade humana realizava-se no âmbito coletivo. Também essa noção de dignidade humana evolui, a partir de uma visão que rejeita a concepção individualista e a coletivista, porque considera impossível a harmonia espontânea entre indivíduo e sociedade.[391] Busca-se a compa-

---

[388] FREITAS, Juarez. *A Interpretação Sistemática do Direito*. 4ª ed. São Paulo: Malheiros, 2004.

[389] É a "suposição de que a identidade de uma pessoa transcende em grandeza e importância, tudo o que ela possa fazer ou produzir" que constitui "elemento indispensável da dignidade humana" (ARENDT, Hannah. *A Condição Humana*. 10ª ed. Rio de Janeiro: Forense Universitária, 2002, p. 223).

[390] FACCHINI NETO, Eugênio. *Reflexões Histórico-Evolutivas sobre a constitucionalização do direito privado*. In SARLET, Ingo Wolfgang (org.). Constituição, Direitos fundamentais e Direito Privado. 2ª ed., Porto Alegre: Livraria do Advogado, 2006, p. 13-62.

[391] Hannah Arendt refere que "quando os direitos do homem foram proclamados pela primeira vez, foram considerados independentes da história e dos privilégios concedidos pela história a certas camadas da sociedade. Essa nova independência constituía a recém-descoberta dignidade do homem.

tibilização entre os valores individuais e coletivos, a partir de uma visão do homem, não apenas como parte da sociedade, mas também como pessoa.

A consequência é a negação do predomínio do indivíduo ou do predomínio da coletividade. A solução há de ser buscada em cada caso, de acordo com as circunstâncias. O traço marcante aqui é a distinção entre indivíduo e pessoa. Enquanto o individualismo exalta o homem abstrato, típico do liberalismo burguês, o personalismo evidencia a pessoa, em sentido amplo, o que uma unidade coletiva jamais pode ser. Por consequência, o coletivo não pode sacrificar o valor individual do ser humano, pois este constitui a base da sociedade.

A pessoa é um ser absoluto e sua dignidade deve ser preservada a qualquer custo. Por isso, Hannah Arendt diz que "os homens existem essencialmente no plural". A pessoa deve ser considerada o motivo e o fim do ordenamento jurídico, que existe em função dela. Deve, porém, ser considerada sempre em sua relação com os demais.

A consequência é a mudança na percepção de valores que desde sempre estiveram presentes no convívio social. A solidariedade assume importância vital, porque representa esse espectro social. Mesmo a "solidariedade negativa" determinada pela consciência da possibilidade da destruição global (seja por armas atômicas, seja pelo mau uso do ambiente) gera uma noção de responsabilidade política que dela não pode ser dissociada.

É radical a mudança no conteúdo do conceito de dignidade da pessoa humana, quando em vez de considerá-la a partir dos interesses do indivíduo, em manter-se vivo e saudável, em residir de forma decente e, em nossa realidade atual, poder consumir, passamos a considerá-la também a partir de uma visão social.

A dignidade que se reconhece à pessoa humana abarca a possibilidade de inserção social, a capacidade de falar e ser ouvido, de votar, de intervir nas decisões políticas, de viver em um ambiente saudável, de conviver com seus pares. Esse "valor fundante", presente em todos os

---

(...) a natureza dessa nova dignidade era um tanto ambígua", a natureza tomou o lugar da história, de modo que a própria linguagem da declaração da independência americana e da declaração dos direitos do homem concebia tais direitos como "inalienáveis", "recebidos por nascimento", "verdades evidentes por si mesmas" (*Origens do Totalitarismo*, p. 331). "a humanidade que para o século XVIII, na terminologia kantiana, não passava de uma ideia reguladora, tornou-se hoje de fato inelutável", a humanidade assumiu o papel antes atribuído à natureza ou à história, de tal sorte que "o direito a ter direitos, ou o direito de cada indivíduo pertencer à humanidade, deveria ser garantido pela própria humanidade" (Idem, p. 332). Porém, "uma concepção da lei que identifica o direito com a noção do que é bom, para o indivíduo ou para a família ou para o povo ou para a maioria, torna-se inevitável quando as medidas absolutas e transcendentais da religião ou da lei da natureza perdem a sua autoridade" (Ibidem).

incisos do art. 1º da nossa Constituição brasileira, remete à ideia de *pluralidade*, de consciência de que o homem não vive isoladamente.

É preciso pontuar que a dignidade da pessoa humana é preceito que antecede e supera qualquer dispositivo legal, mesmo constitucional, que pretenda contemplá-la. É suposto que se fundamenta na essência mesma da compreensão da existência humana, cujas bases podem ser encontradas, em maior ou menor medida, em todas as fases da história do homem.[392]

Apesar disso, o conceito jurídico de dignidade humana é relativamente novo. A visão do homem *em-si-mesmo*, em que o individualismo valorizado pelo novo modo de organização social legitima, coloca a humanidade em um "beco sem saída", na medida em que as descobertas e os avanços científicos por ela propiciados, e bem assim o novo modo de organização centrado na relação capital x trabalho, criam demandas que comprometem a ilusória "segurança" que caracteriza o Século XX.[393]

A teoria clássica que sustenta o Estado Moderno, tanto em seus aspectos jurídicos, quanto sociais e econômicos, não é capaz de atender as demandas que surgem a cada dia.[394] A visão do homem como indivíduo torna-se insuficiente, a ponto de determinar o resgate da compreensão da pessoa como "um ser pessoal e simultaneamente um ser social",[395] evidenciando a direta relação com o paradigma da solidariedade. O conceito de dignidade humana que aparece em Kant como decorrência lógica da condição de ser humano e, portanto, com o fato de que o homem tem consciência da própria finitude, avança para uma concepção de dignidade do *homem entre seus pares*, como responsável pelo bem-estar de todos em sociedade.

Hoje, o princípio da dignidade da pessoa humana, em sua dimensão jurídica, encerra um valor fundamental pelo qual o homem deve ter assegurado, desde o seu primeiro dia de vida, os elementos necessários a uma sobrevivência digna, dentre os quais podemos destacar a igualdade, a liberdade, a segurança, o trabalho, a propriedade, a moradia, a saúde, a alimentação e a educação.

---

[392] Para um estudo mais aprofundado do tema, ler: SARLET, Ingo Wolfgang (org.). *Dimensões da Dignidade. Ensaios da Filosofia do Direito e Direito Constitucional*. Porto Alegre: Livraria do Advogado, 2005.

[393] Nesse sentido, ver: GIDDENS, Anthony. *Mundo em Descontrole*. 4ª ed. Rio de Janeiro: Record, 2005, e BAUMANN, Zygmund. *Comunidade*. Trad. Plínio Dentzien. Rio de Janeiro: Jorge Zahar Editor, 2003.

[394] CASTANHEIRA NEVES, Antônio. *O Direito Hoje e com que Sentido? O problema actual da autonomia do direito*. Lisboa: Instituto Piaget, 2002, p. 69.

[395] CARETTI, Paolo. *I Diritti Fondamentali. Libertà e Diritti Sociali*. Torino: Giappichelli Editore, 2005, p. 83.

Sarlet menciona que ela se caracteriza como a "qualidade intrínseca e distintiva reconhecida em cada ser humano que o faz merecedor do mesmo respeito e consideração por parte do Estado e da comunidade".[396] É o princípio dos princípios e talvez o seja justamente por não se caracterizar apenas como um princípio. É, também, um valor fundamental, como reconhece o artigo 1º da nossa Constituição brasileira.

Conforme ensina Ingo Sarlet, "a dignidade da pessoa humana, na condição de valor (e princípio normativo) fundamental" acaba por atrair "o conteúdo de todos os direitos fundamentais", e não é diferente no que se refere aos direitos trabalhistas. Mais do que isso: "exige e pressupõe o reconhecimento e proteção dos direitos fundamentais de todas as dimensões", na medida em que lhes negar eficácia equivaleria a negar "a própria dignidade".[397] Em decorrência disso, o autor sustenta que os direitos sociais, seja na condição de direitos de defesa (negativos), seja em sua dimensão positiva, "constituem exigência e concretização da dignidade da pessoa humana".[398] Como tal, seu comando imperativo deve ser concretizado (*maximizado*) pelas normas infraconstitucionais.

A imbricação do valor/princípio da dignidade da pessoa humana com o princípio/dever de proteção que caracteriza e justifica o Direito do Trabalho é expressiva. Do mesmo modo que a noção de dignidade humana aparece em Kant, representada pela fórmula "age de tal maneira que uses a humanidade, tanto na tua pessoa como na pessoa de qualquer outro, sempre e simultaneamente, como fim e nunca simplesmente como meio",[399] o Direito do Trabalho nasce enquanto direito social especial, a partir da fórmula "trabalho não é mercadoria", presente na Constituição da OIT, como razão para a criação não apenas de um organismo internacional dedicado a estabelecer e a fiscalizar a observância de regras de proteção ao trabalho humano, mas também de um conjunto específico de normas destinadas a essa finalidade.

Em ambos, a preocupação é idêntica: o homem é a razão pela qual as instituições são criadas. É a razão pela qual existem Direito, Sociedade e Estado. Logo, não faz sentido que esse mesmo homem, compreendido em sua singularidade e em sua pluralidade, sirva de meio para atingir um resultado, que no cenário das relações de trabalho é o lucro. Ocorre que o sistema capitalista de produção, criado pelo homem e para o homem,

---

[396] SARLET, Ingo Wolfgang (Org.). *Dimensões da Dignidade. Ensaios da Filosofia do Direito e Direito Constitucional*. Porto Alegre: Livraria do Advogado, 2005, p. 37.

[397] SARLET, Ingo Wolfgang. *Dignidade da Pessoa Humana e Direitos Fundamentais na Constituição Federal de 1988*. 3ª ed. Porto Alegre: Livraria do Advogado, 2004, p. 84.

[398] Idem, p. 90.

[399] KANT, Immanuel. *A Paz Perpétua e outros Opúsculos*. Lisboa: Edições 70, 2009.

não apenas permite, mas, inclusive, incentiva a "venda" da força de trabalho (parte integrante do homem que trabalha) em troca de remuneração e com o objetivo de lucro.

Essa é a razão, e ao mesmo tempo a medida, da necessidade de intervenção pública em uma relação tipicamente privada. No âmbito das relações de trabalho, o homem torna-se também o meio. É sujeito e objeto. Entretanto, para que possamos continuar sustentando um ideal de Estado eticamente comprometido, precisamos de normas que garantam ao trabalhador que, mesmo oferecendo seu tempo de vida, sua força física, seus neurônios, seu equilíbrio emocional em troca de remuneração, será respeitado como destinatário das normas jurídicas, como razão de ser da organização social.

O chamado *estranhamento* do próprio *homem*[400] que o capitalismo necessariamente provoca, é da gênese da relação entre capital e trabalho. Esse é um fato objetivo, que não depende da condição econômica ou técnica do sujeito-trabalhador e com o qual a sociedade tem de necessariamente lidar. Sempre que um ser humano, inserido na lógica do sistema capitalista de produção, *vender* sua mão de obra (e, portanto, *vender* a si mesmo), haverá a imperiosa necessidade de proteção dessa relação jurídica, por normas de ordem pública, que impeçam a *coisificação* desse indivíduo.

Interessante observar que esse conteúdo em dignidade, que o princípio da proteção inegavelmente contém, não o impede de se justificar, inclusive, a partir de uma lógica estritamente liberal. A proteção ao trabalho humano também decorre da necessidade de dividir entre os contratantes os riscos inerentes ao sistema capitalista, relacionados tanto à sobrevivência física, quanto à necessidade de lucro da empresa.

John Rawls defende um liberalismo político pautado pela democracia constitucional e por ideais de justiça. Evidencia em seus escritos uma preocupação em harmonizar o sistema da livre iniciativa, geneticamente excludente, com ideais de justiça que transitam, inclusive, por iguais oportunidades de acesso (igualdade material) e intervenções estatais capazes de promover as necessárias discriminações positivas. Parece ser esse, também, o objetivo do constituinte originário, com a redação do art. 1º da Constituição brasileira de 1988, em que a livre iniciativa e os valores

---

[400] O homem do capitalismo é o centro (sujeito da história) e ao mesmo tempo o produto (objeto da história). E o é por força do modelo social-econômico eleito. O capitalismo "ao invés de libertar o homem de sua dependência da natureza, continua a criar limitações novas e artificiais". Assim, "quanto mais a propriedade privada – obedecendo à lei da concorrência – estende seu poder e sua esfera, fornecendo ao homem-mercadoria uma grande abundância de mercadorias, tanto mais tudo se torna sujeito a um poder exterior ao homem". (MÉSZAROS, Istvan. *A Teoria da Alienação*. São Paulo: Boitempo Editorial, 2006, p. 135).

sociais do trabalho são colocados lado a lado, ambos como fundamento da República. É esse, sem dúvida, o objetivo do princípio da proteção, que expressa um dever de conduta ligado ao Estado e ao empregador.

Os deveres de proteção que constituem expressão desse princípio estão justificados, inclusive, pela "ignorância" em relação ao "dia seguinte" de quem sobrevive do que recebe em troca de sua força de trabalho. Pietro Ichino identifica no princípio da proteção a redução de riscos inerentes ao fato de que o homem, dissociado dos meios de produção, põe-se em sociedade tendo apenas a sua mão de obra a ofertar, dependendo das condições do mercado e da oferta de trabalho, para exercer sua sobrevivência digna. Segundo o autor, o paradigma de John Rawls permite considerar como "ragione d´essere del diritto del lavoro", uma preferência *a priori* pela igualdade, derivante da aversão ao risco que envolve a generalidade os seres humanos quando estão sobre o "veú da ignorância" em relação a sua posição social futura e às dotações de que dispõem.[401]

O fato de que um autor liberal se preocupe em apresentar a justificação (ou uma das possíveis justificativas) para tal princípio/dever, em uma relação jurídica de trabalho, revela sua importância para o sucesso/manutenção do próprio sistema capitalista, a ponto de tornar-se condição de possibilidade da livre iniciativa.

Essa é uma noção de proteção que guarda direta relação com as regras acerca do término do contrato de trabalho, pois a segurança social que passa a constituir dever do Estado está representada, sobretudo, pelo direito ao trabalho e à sua manutenção. E essa intervenção estatal aparece justamente por meio de imposição de deveres ao contratante que "compra" a força de trabalho.

John Rawls defende três requisitos suficientes "para a sociedade ser um sistema equitativo e estável de cooperação entre cidadãos livres e iguais, profundamente divididos pelas doutrinas abrangentes e razoáveis que professam". O primeiro requisito é que a estrutura básica da sociedade deva ser regulada por "uma concepção política de justiça". Em segundo lugar, essa concepção política deve ser objeto de "um consenso sobreposto entre doutrinas abrangentes e razoáveis". Por fim, Rawls refere a importância de uma discussão pública, "quando os fundamentos constitucionais e questões de justiça básica estão em jogo", a qual deve ser conduzida "nos termos da concepção política de justiça". Esse resumo

---

[401] Tradução livre. No original: ""una preferenza *a priori* per l´ugualianza, derivante a sua volta dall´avversione al rischio che connota la generalità degli esseri umani quando si trovano sotto il 'velo dell´ignoranza' riguardo alla loro posizione sociale futura e alle dotazioni di cui disporramo". ICHINO, Pietro. *Lezioni di Diritto del Lavoro*. Milano: Giuffrè, 2004, p. 105.

caracteriza o liberalismo político e a forma pela qual ele entende o "ideal de democracia constitucional".[402]

O elo estabelecido entre o princípio/dever da proteção e a teoria da justiça liberal de Rawls sublinha o que já tentamos demonstrar aqui. O Direito do Trabalho não é revolucionário, ele serve ao sistema capitalista de produção, caracterizando-se, por isso mesmo, como um elemento indispensável à construção ou ao desenvolvimento de uma sociedade *liberal* comprometida, em alguma medida, com a inclusão social. É esse o paradigma estabelecido na Constituição brasileira de 1988.

O fato de constituir, como regra, fonte de subsistência exclusiva do trabalhador e de sua família, é elemento relevante para identificar a relação de trabalho como dotada de especial importância, a justificar uma intervenção estatal positiva, no sentido de proteger quem depende diretamente de sua *continuidade*. É, porém, a circunstância objetiva de que o homem não se separa do trabalho que realiza, dentro de uma lógica social em que esse trabalho pode e deve ser "vendido" como se fosse mercadoria, que melhor fundamenta a ideia de "princípio/dever de proteção".

É, pois, para lidar com esse paradoxo, minimizando suas consequências negativas, que o trabalho passa a ser disciplinado por um direito com princípios e regras baseadas na ideia de dever de proteção ao *sujeito-que-trabalha*, a fim de evitar sua equiparação à mercadoria.

O princípio/dever da proteção, portanto, mesmo tendo surgido para atender às demandas de uma sociedade de fábricas, em que os operários dependiam diretamente do salário para sobreviver e o capital dependia de regras claras para poder competir de modo minimamente "saudável", se consolida como resposta ao fato objetivo de que o sistema admite e mesmo incentiva a utilização do homem como mercadoria.

Essa é a razão pela qual a Organização Internacional do Trabalho, criada em 1919, logo após o término da primeira grande guerra, estabelece em sua Constituição a premissa de que o trabalho não é mercadoria, evidenciando que mais importante do que tutelar quem depende do salário para sobreviver é criar um conjunto de regras que tutele todos aqueles que, em face do sistema econômico no qual estão inseridos, utilizem sua mão de obra (e, portanto, parte de si mesmo) como meio para atingir um resultado.

Compreender que aí reside o conteúdo e o fundamento do princípio/dever de proteção afasta toda a linha de argumentação restritiva, que procura identificar sua presença apenas nas relações entre capital e trabalho em que presente dependência econômica. Em realidade, esta-

---

[402] RAWLS, John. *O Liberalismo Político: elementos básicos*. São Paulo: Ática, 2000, p. 88.

mos diante de uma relação jurídica especial (e por isso informada pelo princípio/dever de proteção) em face de uma circunstância objetiva, que independe das qualidades ou do potencial econômico de cada um dos contratantes.

A despedida assume lugar especial entre as regras que disciplinam a relação capital x trabalho e que encontram fundamento no princípio da proteção. Nas palavras de Manuel Alonso Olea, a perda do emprego, que na era contemporânea se qualifica como fonte de subsistência, é de ser presumida prejudicial à vida, à saúde e à própria sobrevivência do trabalhador. Por isso mesmo, "se coloca en todo caso al empresário en la necessidad de justificar su decisión",[403] conclusão que, publicada em 1958, nos parece de uma atualidade imensa.

Nesse contexto, conferir efetividade ao inciso I do artigo 7º da Constituição brasileira, não para o efeito de impedir o término dos contratos, mas para exigir uma justificativa capaz de tornar a dispensa um ato lícito,[404] é corolário lógico do princípio da proteção que inspira e justifica a existência desse ramo especial do direito: a valorização *social* do trabalho humano.

A solidariedade se traduz pela noção de justiça social e equidade, que deve permear todo e qualquer negócio jurídico e traz consigo a ideia de finalidade do ato ou negócio jurídico realizado. Gera a consciência de que em uma sociedade economicamente massificada, os contratos se entrelaçam, de tal sorte que cada contrato exerça "uma influência e tenha importância em todos os demais contratos que possam estar relacionados".[405] Logo, à noção de contrato agrega-se uma finalidade específica. Ela contamina de tal modo seu conceito, que passa a ser inconcebível a realização de um negócio jurídico cujo escopo deixe de atender a função social que justifica sua existência.

A finalidade social passa a constituir objetivo e limite para o exercício pleno do poder-dever de contratar, especialmente no âmbito das

---

[403] OLEA, Manuel Alonso. *El Despido*. Madrid: Instituto de Estudios Políticos, 1958, p. 192. O autor conclui, com veemência que "la facultad de resolver ad nutum no existe en el contrato de trabajo por tiempo indeterminado".

[404] Isso porque, como refere Alonso Olea, se existe um contrato de trabalho em vigor, o ato de despedir implica descumprimento do pacto e, portanto, qualifica-se, a princípio, como ato antijurídico. Sua juridicidade está condicionada a existência de uma razão lícita. Por isso, "salvo que se alegue y pruebe una causa que destruya la aparencia de antijuridicidad" caso em que "no le cabe, ante la denuncia del hecho por el trabajador a la instancia encargada de dirimir, indicar que ha usado de una potestad libérrima, porque esta potestad no existe", nao haverá ato válido, impondo-se a reintegração do trabalhador. (Op. cit., p 22).

[405] FERREIRA DA SILVA, Luis Renato. *A função social do contrato no novo Código Civil e sua conexão com a Solidariedade Social*. In SARLET, Ingo Wolfgang (org.). O Novo Código Civil e a Constituição. Porto Alegre: Livraria do Advogado, 2003, p. 132.

relações de trabalho. Qualquer contrato apresenta função social interna relacionada ao interesse imediato das partes contratantes e função externa relativa ao papel que assume em um contexto histórico-social, do qual não se pode furtar. Por isso mesmo, todo contrato deve permitir a manutenção das trocas econômicas, já que ele se caracteriza, enquanto instituto jurídico, como instrumento de circulação de riquezas, dentro de uma sociedade orientada pela noção de livre iniciativa.

Tais trocas devem ser justas e úteis, sob pena de quebra da finalidade contratual. Para tanto, é preciso que as partes "retirem vantagens em condições paritárias", de sorte a se perceber uma "equação de utilidade e justiça nas relações contratuais".[406] Esse é o aspecto interno da função social do contrato, porque relacionado diretamente com o interesse dos contratantes.

A função social externa do contrato se caracteriza pela necessidade de adoção de regras que não afetem a esfera jurídica de terceiros e que tampouco gerem insegurança no meio social. Demais disso, constitui função social do contrato, do ponto de vista externo, a necessária preocupação com a repercussão, econômica, ambiental ou social, das cláusulas nele contidas.

No âmbito das relações trabalhistas, pensar a partir da função social do contrato nada mais é do que resgatar o norte desde sempre fundante dessa seara especial do Direito. A atribuição de finalidade social ao contrato de trabalho, como condição de sua validade, está representada pelos termos dos artigos 9º, 10º, 448 e 468 da CLT, que consideram nulas quaisquer cláusulas tendentes a suprimir ou restringir direitos trabalhistas, vedam alterações unilaterais ou estendem a responsabilidade àqueles que auferem vantagem com a mão de obra.

O que a Constituição brasileira de 1988 fez, ao adotar expressamente o paradigma da solidariedade, foi justamente priorizar a função social, inclusive, nas relações privadas. Por isso, os valores sociais do trabalho e a livre iniciativa tornam-se elos de uma mesma corrente. A liberdade individual cede espaço ao bem comum, justificando a restrição da autonomia de vontade.

O caminho que culmina na edição de um texto constitucional no qual os valores sociais do trabalho e, pois, o princípio/dever de proteção é erigido à condição de fundamento do Estado, é ditado pela evolução nos conceitos de direito e dever. Estabelecer o paradigma da solidariedade, em lugar do paradigma do individualismo, implica reconhecer a importância dos deveres fundamentais que, muitas vezes, e sobretudo no

---

[406] FERREIRA DA SILVA, Luis Renato. *A função social do contrato no novo Código Civil e sua conexão com a Solidariedade Social*. Op. cit.

caso das relações de trabalho, constituem condição de possibilidade de eficácia social dos direitos fundamentais.

É dos deveres de proteção, dentre os quais figura o dever de motivar a despedida, que trataremos no próximo capítulo.

4. A despedida e os deveres de proteção no âmbito de um estado democrático de direito

A tese de que a Constituição brasileira de 1988 estabelece um dever fundamental de motivação do ato de denúncia do contrato de trabalho, pelo empregador, pressupõe o reconhecimento da fundamentalidade dos direitos trabalhistas, de que tratamos no capítulo anterior.

O fato de o Direito do Trabalho figurar dentre os fundamentos do Estado é, necessariamente, o reconhecimento de que ele se afirma como expressão de garantia da dignidade humana, que não se resume à sobrevivência física, mas abarca, também, a realização pessoal e profissional.

Definidos os elementos que garantem a fundamentalidade material dos direitos trabalhistas, em que se insere o direito a uma relação de emprego "protegida *contra* a despedida arbitrária", temos já condições de, agora, identificar o dever que lhe corresponde.

De plano, portanto, devemos reconhecer que o dever de motivação de que estamos tratando não é autônomo. Trata-se de um dever conexo ao direito estabelecido no artigo 7°, inciso I, da Constituição brasileira, que assume nitidamente a característica de condição de possibilidade para a sua efetividade. Como tal, insere-se na noção de "deveres de proteção" impostos ao Estado e ao particular, sob pena de insuficiência na concretização do projeto constitucional.

Antes de apresentar contornos mais nítidos, trataremos da importância que a noção de dever assume em um Estado Democrático de Direito. Então, trataremos da doutrina dos deveres de proteção e de sua configuração no âmbito das relações de trabalho, para, por fim, delinear o dever fundamental do qual nos estamos ocupando: o dever de motivar a despedida. Apenas assim, teremos a possibilidade de identificar a responsabilidade do Estado-Juiz, com sua efetividade.

4.1. A importância da noção de dever: o binômio liberdade x responsabilidade

A noção de dever está intimamente relacionada à própria ideia de viver em comunidade. Na medida em que "somos com o outro"[407] e que essa interação, de certo modo determina quem somos, temos responsabilidade por um convívio social equilibrado. Em uma sociedade repleta de direitos fundamentais, os deveres aparecem como limites e, ao mesmo tempo, condição de possibilidade de seu exercício. Vale dizer: uma sociedade que garanta direitos, mas não imponha deveres, não consegue realizar seu projeto de justiça.

A preocupação com a importância dos deveres, sem os quais não há falar em sociedade organizada, já ocupava os pensamentos de Kant, para quem "o homem só é livre quando cumpre a lei moral que ele mesmo se impõe".[408] Quando trata da mentira, por exemplo, o filósofo defende a existência de deveres incondicionados[409] e identifica aí o exercício da verdadeira liberdade, já que a razão deve determinar imediatamente a vontade. Isso porque em Kant a liberdade constitui uma "propriedade atribuída a todos os seres racionais, e não só uma condição de minha vontade subjetiva",[410] que se opõe à necessidade, como "independência do arbítrio frente à coerção pelos impulsos da sensibilidade".

Kant identifica a liberdade à autonomia da vontade e, ao fazê-lo, exige do homem que, exercendo sua liberdade em face da racionalidade que o distingue dos animais, assuma deveres relacionados aos seus pares, tal como o dever de respeito à dignidade da pessoa humana, que, como já mencionamos, o filósofo formula com a "lei moral" segundo a qual cada indivíduo deve agir de modo a "usar a humanidade", tanto por si quanto para o outro, "sempre e simultaneamente, como fim e nunca simplesmente como meio".[411]

Nesse conceito, encontramos uma relação direta entre as noções de liberdade e de responsabilidade, que são substratos da teoria dos direitos e deveres fundamentais e que vão permear toda a doutrina dos deveres, seja no âmbito jurídico, seja naquele filosófico.

---

[407] Expressão utilizada por Heidegger. HEIDEGGER, Martin. *Ser e Tempo*. Parte I. 12ª ed. [Trad. Márcia Sá Cavalcante Schuback]. Rio de Janeiro: Vozes, 2002.

[408] Para Kant, o conceito de autonomia da vontade está intimamente ligado com esse conceito de liberdade. (WEBER, Thadeu. *Ética e Filosofia Política: Hegel e o Formalismo Kantiano*. 2ª ed. Porto Alegre: EDIPUCRS, 2009, p. 17).

[409] KANT, Immanuel. *A Paz Perpétua e outros Opúsculos*. São Paulo: Edições 70, 2009, p. 192.

[410] WEBER, Thadeu. *Ética e Filosofia Política: Hegel e o Formalismo Kantiano*. 2ª ed. Porto Alegre: EDIPUCRS, 2009, p.79.

[411] Idem, p. 38.

Veja-se, por exemplo, que para Hegel "a moralidade do indivíduo consiste em que ele cumpra os deveres de sua posição social". O autor apresenta um conceito de dever, aduzindo que "o conteúdo essencial de um relacionamento desse tipo, sua fundamentação lógica, é conhecido. É precisamente o que chamados de dever".[412] Embora com um comprometimento flagrante com a ordem política vigente, a doutrina de Hegel não descuida a importância de relacionar a liberdade, enquanto direito fundamental a ser exercido em sociedade (ou seja, entre seus pares), e a responsabilidade que torna possível essa convivência.

Desses pensadores, colhemos a impossibilidade de pretender um Estado *de Direito* que não seja, também, um Estado de deveres, a serem exigidos dos cidadãos e do próprio ente público. Em uma perspectiva mais atual, John Ralws propõe uma teoria da justiça liberal a partir das noções de liberdade e responsabilidade.[413] Apresenta um conceito de justiça como equidade, a fim de que a liberdade seja exercida sem descurar "nossos deveres para com as gerações futuras".[414]

Acrescenta que a concepção tradicional de justiça é essencial para especificar "os princípios mais adequados para realizar a liberdade e a igualdade, uma vez que se considere a sociedade como um sistema equitativo de cooperação entre cidadãos livres e iguais".[415] Ou seja, a justiça liberal em Rawls pressupõe condições iguais de acesso e oportunidades, mediante "cooperação social",[416] o que implica, necessariamente, dever de proteção e de atuação em face dos membros da comunidade.

Ao tratar da necessidade de cooperação e de restrições à liberdade individual, como um modo de vida desejável em um Estado Liberal, Rawls está retomando a noção de deveres essenciais, que já existia em Kant, bem como a ideia de que é possível que existam "princípios de justiça", quando todos os reconhecem como válidos e aceitam uma autolimitação da liberdade, necessária para fazê-los ter validade.

A noção de liberdade em Rawls não difere muito da concepção kantiana, já que ele também defende que "os cidadãos são livres no sentido

---

[412] HEGEL, Georg Wilhelm Friedrich. *A Razão na História*. 3ª ed. São Paulo: Centauro, 2008, p. 76. Ele conclui que o Estado é "aquela forma de realidade em que o indivíduo tem e goza de sua liberdade, mas na condição de conhecer, acreditar e desejar o universo", por isso a ação no Estado deve ser realizada "de acordo com uma vontade comum e adotando os objetivos universais" (Op. cit., p. 88).

[413] RALWS, John. *O Liberalismo Político: elementos básicos*. São Paulo: Ática, 2000.

[414] Op. cit., p. 63.

[415] Idem, p. 65.

[416] Ibidem, p. 69.

de conceberem a si mesmos e aos outros como indivíduos que têm a faculdade moral de ter uma concepção do bem".[417]

Rawls centra suas investigações no tema da justiça no âmbito de um Estado Liberal e propõe elementos para a identificação do papel do Estado contemporâneo. Por isso mesmo, preocupa-se em desenvolver uma ideia de liberdade relacionada à condição humana de racionalidade e à capacidade humana de ser razoável e o faz, partindo do princípio de que para serem válidas, as instituições e doutrinas devem ser "endossadas pelos cidadãos", ou seja, de que deve haver uma "concepção pública de justiça". Apenas assim "deveres e obrigações autenticam-se a si próprios, de um ponto de vista político".[418]

Há, pois, a preocupação de que a vida em sociedade se estabeleça a partir de um sistema de direitos e deveres correlatos. A responsabilidade perante seus pares e as "gerações futuras" é o limitador da liberdade individual.[419] Nesse sentido, o autor conclui que "os cidadãos são vistos como livres" quando "percebidos como capazes de assumir responsabilidade por seus objetivos".[420] Identifica, pois, a liberdade com a responsabilidade sobre os próprios atos.

Também Habermas relaciona o direito de liberdade à responsabilidade, quando afirma que as liberdades individuais devem ser exercidas, inclusive, como meio de viabilização de um direito legítimo, que se instaura com a soberania popular. Defende que não é a força, mas o reconhecimento do pluralismo, da convivência na diferença e, pois, da limitação da liberdade individual mediante reconhecimento de deveres sociais, que legitima o chamado Estado moderno.[421]

Os conceitos de liberdade e responsabilidade estão, pois, necessariamente interligados. A liberdade como "capacidade de autodeterminação", qualidade de guiar as ações orientando a vontade sem ser determinado ou constrangido pela vontade dos outros,[422] implica responsabilidade pelos atos praticados. Opõe-se ao conceito negativo de liberdade como ausência de constrangimentos e pressupõe a assunção de deveres de respeito, e não intervenção na esfera jurídica alheia.

---

[417] RALWS, John. *O Liberalismo Político: elementos básicos*. São Paulo: Ática, 2000, p. 70.

[418] Op. cit., p. 76.

[419] Rawls afirma que "quando descrevemos o modo pelo qual os cidadãos se consideram livres, descrevemos sua maneira de pensar a si próprios numa sociedade democrática quando surgem questões de justiça política". (Idem, p. 76)

[420] RALWS, John. *O Liberalismo Político: elementos básicos*. São Paulo: Ática, 2000, p. 77.

[421] HABERMAS, Jürgen. *Direito e Democracia entre Facticidade e Validade*. Rio de Janeiro: Tempo Brasileiro, 1997.

[422] BOBBIO, Norberto. *Estado, Governo e Sociedade: para uma teoria geral da política*. [Trad. Marco Aurélio Nogueira]. Rio de Janeiro: Paz e Terra, 1995.

É certo que a construção clássica do conceito de liberdade, embora já tivesse como pressuposto uma estreita relação com a responsabilidade, vislumbrava uma atuação menos invasiva do Estado, como vimos em capítulo anterior, ao referir os valores exaltados pela Revolução Francesa e que serviram de base à construção do conceito de Estado nacional. Havia preocupação com o estabelecimento de um Estado, em que deveres sociais convivessem com a máxima garantia da liberdade individual. A liberdade era o ideal a ser conquistado, através da viabilidade, aos plebeus burgueses, da aquisição de propriedade privada, da qual decorria o direito de exercer a vontade mediante contrato.

O Estado Liberal clássico valorizava a liberdade em detrimento da responsabilidade, reconhecendo a autonomia privada como um valor quase absoluto. Exemplo disso é a decisão proferida nos EUA em 1923, na qual a Suprema Corte declarou a inconstitucionalidade de lei que fixava salário mínimo para mulheres no Distrito de Colúmbia.[423]

A necessidade de intervenção estatal, limitando o âmbito da autonomia de vontade, intervindo diretamente em relações privadas, determina uma mudança de postura acerca do papel da responsabilidade como elemento de concretização dos direitos fundamentais.

É também dos EUA o exemplo que se extrai de decisões da Suprema Corte americana, com o governo de Roosevelt que, ao ter de enfrentar a quebra da bolsa de Nova Iorque em 1929 propondo um "New Deal" para os americanos, resolveu justamente investir em políticas públicas e na criação de uma forte legislação trabalhista.[424] Essa mudança de postura política aos poucos acarretou mudanças, também, na postura do Poder Judiciário que passou a chancelar tais legislações de caráter notoriamente limitador da liberdade individual.[425]

---

[423] SARMENTO, Daniel. *Os Princípios Constitucionais da Liberdade e da Autonomia Privada*. Boletim Científico: Escola Superior do Ministério Público da União. Brasília, ano 4, n. 14, janeiro/março 2005, p. 167-217.

[424] Idem.

[425] O autor cita decisão paradigmática, proferida em 1937, na qual o Tribunal Constitucional americano chancelou a constitucionalidade do "National Labor Relations Act", reconhecendo que a liberdade numa organização social implica "proteção da lei contra males que ameaçam a saúde, a segurança, a moral e o bem-estar do povo". (IBIDEM). Duas considerações se fazem necessárias aqui. Em primeiro lugar, é interessante observar – e Daniel Sarmento salienta isso em seu artigo – que até mesmo os EUA, defensores intransigentes das liberdades individuais, reconheceram, justamente ao enfrentar grave crise financeira, a importância dos direitos sociais e, portanto, de uma limitação da liberdade por intermédio do Estado, mediante imposição de deveres aos particulares. Em segundo lugar, importa salientar o fato de que é justamente a legislação trabalhista que aparece como ator nesta mudança de postura. A mudança de papel do Estado, seja nos EUA, seja nos demais países ocidentais, é capitaneada pelo direito do trabalho, que assume a função pública de limitar o sistema capitalista, mediante criação de direitos e deveres que, em pouco tempo, passam a ser reconhecidos como fundamentos do Estado contemporâneo. (nota da autora).

O que denominamos Estado Social é justamente a organização sob a forma de Estado nacional que representa o momento histórico em que, diante de graves crises inerentes ao sistema capitalista de produção, se opta por reconhecer a necessidade de intervenção mediante restrição das liberdades individuais, ou seja, o momento em que, conquistada a liberdade e reconhecido o direito de propriedade, passamos a emprestar relevância à categoria dos deveres, essenciais para que o modelo de Estado (mesmo liberal) se consolidasse integralmente.

O reconhecimento da importância dos deveres, como condição de possibilidade de concretização dos direitos, sofre certa retração com as experiências de guerra do século XX, quando emerge a doutrina acerca da fundamentalidade de alguns direitos a serem garantidos pelo Estado.[426] A necessidade de reconhecer que alguns direitos estão no fundamento do Estado, imbricando-se, pois, com a própria noção de Estado democrático, acaba por negligenciar, de certo modo, a categoria dos deveres também fundamentais.

Para Casalta Nabais, "tratou-se tão só de dar prioridade à liberdade (individual) sobre a responsabilidade (comunitária)",[427] fato que decorreu, especialmente em âmbito constitucional, da circunstância de que a abertura democrática foi uma resposta a governos totalitários, em que havia uma supremacia dos deveres. O autor bem observa que a necessidade histórica de reafirmar direitos e, de certo modo, deixar de lado os deveres fundamentais, já foi superada, e que os deveres fundamentais constituem "uma exigência estrutural de qualquer constituição", pois servem justamente para legitimar a intervenção do poder público "em determinadas relações sociais ou em certos âmbitos da autonomia pessoal dos cidadãos".[428]

Com efeito, em pouco tempo a necessidade histórica de reafirmação dos direitos que constituem fundamento de um Estado revela-se ambiente fértil para o resgate da importância dos deveres que se qualificam como

---

[426] Nesse sentido, Luigi Ferrajoli, dentre tantos outros, observa que a modificação do paradigma, valorizando os direitos fundamentais inclusive em detrimento dos deveres, pode ser claramente identificada em termos históricos. É "all´indomani della catastrofe della seconda guerra mondiale e della sconfitta del nazifascismo. Nella temperie culturale e politica nella quale nasce l´odierno costituzionalismo – la carta dell´ONU del 1945, la Dichiarazione universale dei diritti del 1948, la costituzione italiana del´48, la legge fondamentale della Repubblica federale tedesca del´49 – si comprende che il principio di mera legalità, se è sufficiente a garantire contro gli abusi della giurisdizione e dell´amministrazione, è insufficiente a garantire contro gli abusi della legislazione e contro le involuzioni illiberali e totalitarie dei supremi organi decisionali. E si riscopre perciò il significato di 'costituzione' come limite e vincolo ai pubblici poteri stipulato due secoli fa nell´art. 16 della Dichiarazione dei diritto del 1789". (FERRAJOLI, Luigi. *Diritti Fondamentali*. Roma-Bari: Laterza, 2001, p. 34,35)

[427] CASALTA NABAIS, José. *Por Uma Liberdade com Responsabilidade. Estudos sobre Direitos e Deveres Fundamentais*. Coimbra: Coimbra Editora, 2007, p. 198-199.

[428] Idem, p. 202.

condição de possibilidade do exercício desses direitos. Por isso mesmo, hoje há praticamente consenso de que num Estado Democrático os direitos e os deveres fundamentais são inseparáveis, na medida em que "não há garantia jurídica e real dos direitos fundamentais sem o cumprimento de um mínimo de deveres do homem e do cidadão".[429]

A necessária coexistência de liberdade e responsabilidade pressupõe o reconhecimento de que enquanto o Direito deve "assegurar aos cidadãos um âmbito de liberdade e autonomia", os deveres fundamentais constituem um necessário limite ao "excessivo individualismo e o carácter demasiado liberal tradicionalmente imputado à ideia de estado de direito", privilegiando os elementos sociais e a responsabilidade (solidária) que deles decorre.[430]

Existem, portanto, deveres autônomos, necessários por si só, para viabilizar o convívio social. Existem, também, deveres diretamente relacionados a direitos fundamentais, sem os quais tais direitos não podem ser exercidos em sua plenitude. Esses deveres que constituem a "outra face" dos direitos fundamentais, "implicam um comportamento positivo ou omissivo dos seus titulares e, consequentemente, podem ser objeto de violação".[431]

Assim, se o afã de garantir direitos, evitando a repetição das experiências negativas do século XX, de certo modo, evitou a criação de uma teoria dos deveres fundamentais, é justamente na teoria dos direitos fundamentais, aí frutificada, que encontramos os fundamentos para a defesa de deveres que obrigam diretamente particulares, por se qualificarem como mecanismos de viabilização daqueles direitos.

A necessidade de que o valor liberdade dialogue com a responsabilidade reafirma a primeira como valor ordenador do *campus* jusfundamental, implicando a "redefinição da fundamentalidade dos direitos", bem como a concepção dos direitos como "limites aos poderes" sociais. Se todos os direitos fundamentais estão a serviço da liberdade, inclusive, os

---

[429] CASALTA NABAIS, José. *Por Uma Liberdade com Responsabilidade. Estudos sobre Direitos e Deveres Fundamentais*. Coimbra: Coimbra Editora, 2007, p. 246.

[430] Ibidem. Para o autor, os deveres fundamentais são aqueles previstos na Constituição. Afirma que "os deveres fundamentais apenas valem como tal – como deveres fundamentais – se e na medida em que disponham de consagração (expressa ou implícita) na constituição, ideia esta que, ao jogar no sentido de conferir primazia ao reconhecimento e garantia dos direitos fundamentais, presta vassalagem ao princípio da liberdade" (p. 251).

[431] Idem, p. 253, 254. O autor entende que particulares não sejam sujeitos passivos dos direitos sociais, afirmação com a qual não concordamos, mas que em realidade está na base de sua tese de que o Estado social deve realizar-se por meio de prestações estatais viabilizadas com o pagamento de impostos. Apesar disso, a teoria por ele desenvolvida é de suma importância para o estudo dessa categoria denominada "deveres fundamentais", especialmente em face de sua conclusão de que "os deveres fundamentais são essencialmente posições jurídicas individuais".

direitos sociais, é indispensável a imposição de um limite que "permita o exercício da liberdade daqueles que têm esta total ou fortemente bloqueada".[432]

A imbricação entre os conceitos de responsabilidade e liberdade revela ser inviável qualquer pretensão de governo democrático sem uma clara noção dos deveres que devem nortear o agir em sociedade, não apenas, mas, especialmente nas relações que, a exemplo do que ocorre entre capital *x* trabalho, são marcadas pela forte presença de um poder social.

Embora seja possível detectar em Casalta Nabais um posicionamento liberal, traduzido, inclusive, pela defesa do trabalho infantil regulado,[433] é interessante referir a ideia desse autor, de que os deveres fundamentais formam uma categoria autônoma, composta de deveres constitucionais orgânicos, deveres que se qualificam como limites de direitos fundamentais e deveres correspondentes aos direitos fundamentais (face passiva dos direitos).[434]

Nessa última categoria estariam os deveres que decorrem dos direitos fundamentais trabalhistas elencados nos artigos 7º a 11º, dentre os quais destacamos aqui o dever de motivar o ato de denúncia do contrato de trabalho.

Os deveres fundamentais que decorrem de direitos assim previstos no texto constitucional e que se configuram como a parte passiva desses direitos "estão constitucionalmente previstos nas normas que consagram os correspondentes direitos".[435]

Em outras palavras, é da natureza mesma do dever relacionado a um direito fundamental, que não seja ele explicitado diretamente no texto constitucional, mas contido no direito cuja condição é a sua observância.

Em vários momentos, o artigo 7º da Constituição brasileira estabelece direitos fundamentais que dependem diretamente da observância de deveres, por parte do empregador. Esses deveres não se confundem com ônus. Qualificam-se como uma "necessidade jurídica de adopção de um determinado comportamento", enquanto os ônus "concretizam-se na necessidade prática em que se encontra o detentor de um poder reconhecido pela ordem jurídica de praticar certo acto ou de adoptar certo comportamento para conseguir a produção de um efeito jurídico favorável ou para não perder um efeito útil já produzido".[436]

---

[432] CASALTA NABAIS, José. *Por Uma Liberdade com Responsabilidade. Estudos sobre Direitos e Deveres Fundamentais*. Coimbra: Coimbra Editora, 2007, p. 119.

[433] Idem, p. 122.

[434] Idem, p. 172.

[435] Idem, p. 168.

[436] Idem, p. 275.

O que a Constituição impõe, portanto, no artigo 7º, não é a necessidade de praticar um ato para obter um efeito determinado, mas o dever de praticá-lo (ou de não praticá-lo), sob pena de ofensa, esvaziamento, de um direito fundamental correlato. Isso é bastante claro na dicção do inciso I desse dispositivo constitucional, quando veda a despedida arbitrária ou sem justa causa. Não se cogita, aí, de mero ônus de quem detém o poder social na relação privada. Cogita-se de um dever de atuação.

Na medida em que o ordenamento protege contra despedida arbitrária, está fixando para o empregador um dever de conduta conforme, ou seja, um dever de justificar o ato de denúncia do contrato. O Estado só poderá realmente garantir aos trabalhadores brasileiros "relação de emprego *protegida contra despedida arbitrária*", se reconhecer ao empregador, diretamente, o dever de motivar o ato de dispensa. Ignorar a existência desse dever é negar conteúdo ao direito ali inscrito.

Disso se extrai que a eficácia jurídica e social do direito fundamental trabalhista está diretamente ligada à eficácia do dever a ele relacionado. E, em hipóteses como aquela do inciso I do art. 7º da Constituição brasileira, parece claro que estamos diante de um dever fundamental diretamente exigível do empregador, especialmente porque aqui existe uma espécie de substituição do poder do Estado, que justifica a existência de deveres fundamentais diretamente relacionados aos particulares.[437]

A questão não é tranquila entre os doutrinadores que se ocupam do tema dos direitos e deveres fundamentais e a explicação parece simples. A teoria dos direitos fundamentais e dos deveres daí decorrentes é forjada a partir de uma ideia de Estado não interventor. Uma realidade na qual a autonomia de vontade, expressa através do contrato, é elevada à potência máxima das categorias jurídicas. Nesse contexto, parte-se do pressuposto da igualdade nas relações privadas.

É natural que, partindo dessa lógica, atribuamos ao Estado o papel de destinatário dos deveres fundamentais. É o Estado que está acima das relações privadas e que, como instituição, passa a ter o dever de prover.

A lógica da horizontalidade nas relações privadas é contestada diariamente, porém, pela complexidade das relações que vêm se estabelecendo entre os particulares. Relações, muitas vezes, ditadas pela marcada

---

[437] Nesse sentido, Casalta Nabais, embora defenda que apenas o Estado é responsável pelo cumprimento dos deveres fundamentais, cita a relação de trabalho como exemplo de relação fortemente marcada pela presença de um poder, estabelecendo uma "relação de dependência econômica e social", em que é indispensável que o valor liberdade seja conjugado com a ideia de responsabilidade. (Idem, p. 121). É o que procuramos demonstrar em capítulo anterior. Na relação de trabalho, a hierarquização é de tal modo presente, que justificamos a aplicação de penalidades ao trabalhador. Não podemos, portanto, tratar essa relação jurídica como contrato, exceto se observarmos suas peculiaridades.

presença de um poder privado e, outras tantas, caracterizada por circunstâncias que impõem a intromissão estatal, como condição de garantia de realização do projeto social e político contido em nossa Constituição brasileira.

Diante dessa realidade, a doutrina vem reconhecendo que as alterações na própria função do Estado determinam revisão acerca do alcance dos direitos fundamentais, sob pena de tornar o texto constitucional inócuo. Trata-se de conferir eficácia direta aos direitos fundamentais, inclusive, nas relações privadas, retratando o fenômeno por alguns denominado de "constitucionalização do direito civil", que encontra no âmbito das normas trabalhistas, justamente por sua peculiariedade, fértil campo de exploração.

4.2. O dever de motivar a despedida a partir da perspectiva da necessária eficácia dos direitos fundamentais

O dever de motivação do ato de despedida assume relevância desde a perspectiva de preservação do conteúdo do direito fundamental contido no artigo 7°, inciso I, da Constituição brasileira. O dever, aqui, se inscreve dentre as condições de possibilidade de eficácia daquele direito constitucional fundamental. Logo, dele não podemos tratar sem fazer alguma referência à teoria da eficácia dos direitos fundamentais, especialmente nas relações privadas.

A eficácia dos direitos fundamentais refere-se à possibilidade de aplicação da norma, bem como a sua capacidade para gerar mudança no mundo dos fatos. Sarlet define eficácia jurídica como "a possibilidade (no sentido de aptidão) de a norma vigente (juridicamente existente) ser aplicada aos casos concretos e de – na medida de sua aplicabilidade – gerar efeitos jurídicos". Por sua vez, a eficácia social (ou efetividade) engloba "tanto a decisão pela efetiva aplicação da norma (juridicamente eficaz) quanto o resultado concreto decorrente – ou não – desta aplicação".[438]

No contexto jurídico brasileiro, o artigo 5°, § 1°, da Constituição brasileira refere textualmente que "as normas definidoras dos direitos e garantias fundamentais têm aplicação imediata". Garante a eficácia, em maior ou menor grau, a todos os direitos fundamentais.[439]

---

[438] SARLET, Ingo Wolfgang. *A Eficácia dos Direitos fundamentais*. 10ª ed. Porto Alegre: Livraria do Advogado, 2009, p. 253.

[439] SARLET defende que "a melhor exegese da norma contida no art. 5°, § 1°, da nossa Constituição é a que parte da premissa de que se trata de norma de cunho inequivocamente principiológico considerando-a, portanto, uma espécie de mandado de otimização (ou maximização)". A consequência é que a norma gera uma "presunção em favor da aplicabilidade imediata das normas definidoras de direi-

José Afonso da Silva propõe uma teoria tricotômica, amplamente difundida, que divide as normas de direitos fundamentais, quanto a sua eficácia, em normas de eficácia plena, contida e limitada.[440] Por sua vez, Sarlet prefere adotar uma concepção dicotômica, dividindo as normas de direitos fundamentais entre aquelas de alta densidade (aptas, desde logo, a gerar seus efeitos jurídicos) e aquelas de baixa densidade (que dependem de uma ação do legislador para gerar seus principais efeitos jurídicos), ambas com aplicabilidade direta "pelo menos de alguns efeitos".[441]

Registramos, de plano, nossa opção pela classificação proposta por Sarlet, em razão do critério utilizado e da valorização da aptidão para gerar efeitos, presente em todas as normas de direitos fundamentais. Todas essas normas são, desde sua promulgação, aptas a gerar pelo menos alguns dos seus efeitos, embora todas sejam igualmente suscetíveis de restrições ou limites. Nesse contexto, a função do § 1º do art. 5º é justamente a de determinar uma visão do intérprete, comprometida em conferir máxima eficácia a essas normas.[442]

Os direitos fundamentais geram, de imediato, um dever de *interpretação conforme*, o que se denomina eficácia irradiante dos direitos fundamentais. Geram, também de imediato, dever de proteção, por parte do Estado, que deverá garantir sua livre fruição. Geram, por fim, dever

---

tos e garantias fundamentais" (Idem, p. 288), de tal sorte que a resistência em concretizá-las deverá ser fundamentada a partir de uma interpretação tópico-sistemática, nos moldes propostos pelo prof. Juarez Freitas (Idem, p. 289). Gera, ainda, o dever de máxima concretização. Os direitos fundamentais, desse modo, possuem uma condição privilegiada em relação às demais normas constitucionais e justamente por isso são fundamentais.

[440] SILVA, José Afonso da. *Curso de Direito Constitucional positivo*. 12ª ed. São Paulo: Malheiros, 1996. As normas de eficácia plena são aquelas aptas, de plano, para gerar a plenitude de seus efeitos. As normas de eficácia contida têm eficácia plena, mas contém em si uma autorização para que o legislador infraconstitucional limite esses efeitos (reserva legal). As normas de eficácia limitada têm uma dicção que depende da norma infraconstitucional para produzir a plenitude dos seus efeitos. A lei não irá balizá-lo ou restringi-lo, mas conformá-lo, emprestar-lhe contornos de aplicabilidade. A crítica a essa teoria é justamente no sentido de que todas as normas de eficácia plena são passíveis de restrições e limites e, se é assim, não há falar em normas de eficácia contida como categoria própria, já que em nada se distinguem (de modo juridicamente relevante) das normas de eficácia plena.

[441] SARLET, Ingo Wolfgang. *A Eficácia dos Direitos fundamentais*. 10ª ed. Porto Alegre: Livraria do Advogado, 2009, p. 266.

[442] Com isso, o autor assume expressamente uma posição "intermediária", que – do ponto de vista da atuação do Poder Judiciário diante das normas fundamentais – não proclama uma atitude inerte nem pró-ativa. Para o autor, quando o legislador constituinte opta por relegar ao legislador ordinário a função de dar melhores contornos ao direito fundamental, permitindo sua plena aplicação, ao Judiciário é reservado o encargo de viabilizar a utilização dos remédios constitucionais adequados (mandado de injunção e ação de inconstitucionalidade por omissão) para fazer com que seja editada a lei respectiva. Cabe, ainda, ao Poder Judiciário, no momento da interpretação e aplicação das normas fundamentais aos casos concretos, extrair delas a maior eficácia possível. Reconhece, portanto, que a norma-princípio do art. 5º, § 1º, estabelece uma "regra geral"de aplicação conforme, cabendo ao Poder Judiciário "o preenchimento das lacunas existentes", sem descurar a existência de limites e restrições. (Op. cit., p. 287e 288) Uma regra a ser examinada a partir das peculiaridades de cada caso específico.

de ação, por parte do Estado, promovendo condições de oportunidade e acesso, para que sejam exercidos. Sobre isso, não parece haver controvérsia. As divergências existem em relação à amplitude desses deveres e à possibilidade de exigi-los ou não (e em que medida) diretamente dos particulares.

A eficácia do direito fundamental à relação de emprego protegida contra a despedida arbitrária depende do reconhecimento da existência de um dever de proteção diretamente exigível do empregador e do Estado (Administrador, Legislador e Juiz). O primeiro, com a função de agir explicitando o motivo da denúncia e o segundo com a atribuição de garantir que esse dever do empregador seja efetivamente cumprido.

Já referimos anteriormente que a eficácia dos direitos e deveres no âmbito das relações privadas surge especialmente como um modo de tentar equacionar a existência de relações privadas em que a forte presença de um poder social a torna hierarquizada.[443]

A teoria surge na doutrina alemã, que a denomina *drittwirkung der grundrechte*,[444] a partir de um caso paradigmático, "caso Lüth", em que o Tribunal Constitucional Federal alemão observa que a Constituição encerra uma ordem objetiva de valores que, por isso mesmo, se impõe aos atores públicos e privados, e que está fundamentada "no livre desenvolvimento da dignidade da pessoa humana no ambiente social".[445]

As normas de direitos fundamentais possuem, pois, um "efeito de irradiação", que determina sua aplicação não apenas vertical (na relação cidadão x Estado), mas também nas relações privadas, impondo ao Estado o dever de "permanente concretização e realização dos direitos fundamentais".[446] Assim, os direitos fundamentais, além da eficácia como exigência de atuação (positiva ou negativa) do Estado, também geram dever de atuação direta dos particulares.[447]

---

[443] Luciano Feldens refere que "por um lado, o Estado perdeu parcela de seu poder em favor de organizações privados, as quais assumiram funções anteriormente desempenhadas diretamente pelo poder público. Em consequência, uma porção significativa dos perigos que rondam os direitos humanos e fundamentais provém, na atualidade, dos poderes privados". (FELDENS, Luciano. *Direitos fundamentais e Direito Penal*. Porto Alegre: Livraria do Advogado, 2008, p. 75).

[444] SARLET, Ingo Wolfgang (org.). *A Constituição Concretizada. Construindo Pontes com o Público e o Privado*. Porto Alegre: Livraria do Advogado, 2000, p. 114.

[445] FELDENS, Luciano. *Direitos fundamentais e Direito Penal*. Porto Alegre: Livraria do Advogado, 2008, p. 62.

[446] SARLET, Ingo Wolfgang. *A Eficácia dos Direitos fundamentais*. 10ª ed. Porto Alegre: Livraria do Advogado, 2009, p. 89.

[447] José João Abrantes refere que a tese é desenvolvida especialmente por Hans Carl Nipperdey, um dos maiores nomes em direito do trabalho na Alemanha, juiz do Tribunal Federal do Trabalho, na década de 50. (ABRANTES, José João. *Contrato de trabalho e Direitos fundamentais*. Coimbra: Coimbra Editora, 2005, p. 66).

Ao fixar o âmbito de eficácia em relação aos direitos fundamentais, Sarlet diferencia duas principais categorias, os direitos de defesa e os direitos a prestações sociais, reconhecendo a maior facilidade em conferir eficácia (jurídica e social) aos primeiros, justamente por (em regra) não exigirem intervenção ativa do Estado ou ação direta de particulares.[448]

O problema do alcance do artigo 5º, § 1º, da Constituição brasileira, para o tema que estamos enfrentando, diz obviamente com a categoria dos direitos sociais. O Direito do Trabalho, do qual decorre o direito à manutenção do lugar de trabalho, situa-se entre os chamados direitos sociais, que impõem conduta ativa, seja por parte do Estado, seja por parte dos particulares.

Ao se dedicarem ao tema da eficácia dos direitos fundamentais a prestações sociais, os autores, geralmente, têm em vista direitos à moradia, à saúde e à educação, ou seja, o rol de prestações sociais em regra exigíveis diretamente do Estado e que compõem um conceito mais estreito de "mínimo existencial", para o efeito de preservação da dignidade da pessoa humana.

O Direito do Trabalho aparece, comumente, apenas pelo prisma da obrigação estatal de oportunizar um desenvolvimento econômico que aumente a demanda por mão de obra.[449] Não é pouco, nem pode ser diminuída a importância de uma tal abordagem. Entretanto, é importante perceber que o sistema jurídico brasileiro deu um salto de qualidade em relação a essa visão dos direitos fundamentais sociais, que parece estar engendrada para atender e conformar apenas as prestações *estatais*.

A Constituição brasileira de 1988, a exemplo de outras, acabou por ampliar o conceito tradicional de direitos fundamentais a prestações sociais, evidenciando o que em realidade já compunha seu conteúdo: a existência de direitos fundamentais que obrigam diretamente particulares, porque dizem com relações jurídicas essencialmente privadas, cuja relevância pública justifica o tratamento especial a elas conferido.

É exatamente esse o caso da relação de trabalho, bastando, para comprovar a veracidade desta assertiva, constatar que embora o conceito de

---

[448] O autor precisa o fato de que todos os direitos fundamentais têm uma dimensão ativa e outra negativa (a exigir mera abstenção). O que na prática diferencia os direitos de defesa daqueles prestacionais, emprestando à disciplina desses últimos maior complexidade, quando o tema é a sua eficácia, é justamente o fato de que a dimensão negativa (mera exigência de abstenção do Estado em intervir na esfera particular) é maior na primeira categoria de direitos fundamentais e expressivamente menor na segunda. (Idem, p. 292-299).

[449] Sarlet, por exemplo, cita a classificação de direitos fundamentais feita por Dieter Murswiek, a partir da perspectiva de prestações estatais (p. 303), embora ao conceituar direitos a prestações sociais os defina como sendo aqueles que têm por objetivo "uma conduta positiva do Estado (ou particulares destinatários da norma)" (SARLET, Ingo Wolfgang. *A Eficácia dos Direitos fundamentais*. 10ª ed. Porto Alegre: Livraria do Advogado, 2009, p. 302).

direitos sociais quase sempre se restrinja, em certa medida, aos direitos a prestações estatais, é no âmbito das relações de trabalho que a doutrina constitucional busca seus principais exemplos de consagração de um Estado Social, em oposição ao conceito de Estado Liberal. E essa alteração na gênese do conceito de Estado, que passa a ser um Estado Social e Democrático, é justamente o que impõe a necessidade de reconhecimento da vinculação direta dos particulares às normas constitucionais fundamentais.

Os direitos dos trabalhadores legitimam-se, historicamente, a compor o rol dos direitos fundamentais, na medida em que impõem limites à relação privada que sustenta – política e economicamente – o modelo de produção que adotamos. A Constituição brasileira de 1988 não é inovadora, portanto, mas sem dúvida traz um elemento diferenciador, para o exame da eficácia dos direitos fundamentais, quando insere direitos tipicamente oriundos de uma relação privada, no título dos direitos e garantias fundamentais, alcançado pelo disposto no art. 5º, § 1º, da Constituição brasileira.

A "aplicação imediata" de que nos fala o § 1º do art. 5º da Constituição brasileira assume um caráter diferenciado, no âmbito de prestações sociais que comprometem particulares e, evidentemente, também o Estado, como centro legitimador e garantidor do cumprimento dos deveres ali relacionados.

O que o legislador constituinte fez em 1988, no que tange às normas trabalhistas, foi tornar fundamentais direitos que, em sua maioria, já estavam positivados, a eles agregando um número reduzido de novos direitos, todos a obrigar diretamente o empregador, como condição de possibilidade de um verdadeiro equilíbrio dentro dessa realidade que se consagrou como contratual. Mesmo esses "novos direitos", dos quais o adicional de penosidade pode ser um bom exemplo, não exigem o uso de "recursos finitos", mas apenas disciplinam a contraprestação pela força de trabalho, dentro de uma lógica capitalista "contaminada" pela ideia de preservação da dignidade da pessoa humana.

É notável, pois, a diferença substancial entre os direitos fundamentais sociais, como gênero, e a espécie direitos fundamentais trabalhistas, justamente pela característica de gerar obrigações contratuais diretamente ao empregador, relegando ao Estado a função de fiscalizar e, sobretudo, exigir seu cumprimento. Parece-nos importante ter presente essa diferença, em relação a qual a doutrina constitucional pouco se dedica. Se for viável discutir a possibilidade finita de recursos estatais quando o Juiz determina o fornecimento de um remédio ou a internação de um doente, não nos parece ser essa uma discussão pertinente, quando o assunto é a observância, por exemplo, do direito a um aviso prévio proporcional ao tempo de serviço.[450]

Aqui, estamos em âmbito absolutamente diverso, privado por definição, mas orientado pela necessidade de estabelecer uma ordem pública capaz de reduzir as diferenças (abissais) existentes entre empregado e empregador, conferindo àquele maior capacidade de negociação e de preservação de sua fonte de trabalho.

Em outras palavras, por opção legislativa decorrente de um projeto comprometido de Estado e de Sociedade, o Brasil emprestou a normas que em aparência são meramente contratuais o *status* de direitos fundamentais. Essas normas não podem ser examinadas a partir da teoria clássica dos direitos a prestações sociais como direitos exigíveis apenas em face do Estado. Se for verdade o que a doutrina constitucional vem insistindo em demonstrar – que todos os direitos sociais são, em alguma medida, exigíveis diretamente nas relações privadas – é ainda mais verdadeira a afirmação de que essa eficácia direta é condição de possibilidade da realização do direito, no âmbito das relações de trabalho.

Os direitos fundamentais trabalhistas se prestam à eficácia mínima, inerente a todos os direitos sociais, e que diz com a "revogação dos atos normativos anteriores e contrários", com a necessária atuação *conforme* do legislador ordinário (que não poderá ignorar os termos da norma constitucional, ao editar a lei que a discipline) e com a "declaração de inconstitucionalidade de todos os atos normativos editados após a vigência da Constituição brasileira, caso colidentes com o conteúdo dos direitos fundamentais".[451] Determinam, ainda, uma proibição de atuação em sentido contrário àquele preconizado na norma constitucional.[452] Entretanto, não esgotam aí suas possibilidades. Vão além. Obrigam diretamente os particulares e, salvo raras exceções,[453] são de alta densidade, gerando deveres exigíveis de imediato.

---

[450] A chamada reserva do possível adquirirá importância, no âmbito dos direitos trabalhistas, quando o Estado for chamado a efetivá-los, mediante ação de execução, e se deparar com circunstâncias especiais, tais como a insuficiência manifesta de recursos do devedor. A necessidade de decidir acerca da possibilidade de penhora de salário, para conferir efetividade a uma demanda de execução trabalhista é exemplo típico em que a finitude de recursos será discutida. Mesmo aqui, porém, uma diferença substancial é de ser observada: os recursos finitos são do empregador, e não do Estado. (nota da autora).

[451] SARLET, Ingo Wolfgang. *A Eficácia dos Direitos fundamentais*. 10ª ed. Porto Alegre:Livraria do Advogado, 2009, p. 315, 316.

[452] Idem, p. 317.

[453] O inciso IV do artigo 7º, ao consagrar como direito fundamental trabalhista "salário mínimo , fixado em lei, nacionalmente unificado, capaz de atender a suas necessidades vitais básicas e às de sua família com moradia, alimentação, educação, saúde, lazer, vestuário, higiene, transporte e previdência social, com reajustes periódicos que lhe preservem o poder aquisitivo, sendo vedada sua vinculação para qualquer fim", reclama uma atuação estatal que é condição para que seja diretamente exigível

É preciso referir que parte importante da doutrina constitucional já reconhece aos direitos sociais, como gênero, eficácia direta inclusive nas relações privadas.[454] O que estamos procurando demonstrar aqui, ao tratar do inciso I do art. 7º da Constituição brasileira, não é, pois, em medida alguma, inovador. Tampouco diz respeito exclusivamente aos direitos dos trabalhadores. A peculiaridade do Direito do Trabalho é salientada apenas para sublinhar sua condição de elemento de crise na dicotomia público x privado, figurando, não por acaso, nos exemplos trazidos pelos doutrinadores, para justificar a necessidade do reconhecimento de que aos particulares impõem-se deveres, sem os quais não é possível pensar a realização dos direitos fundamentais.

A tese da chamada eficácia direta dos direitos fundamentais nas relações privadas, que surge na Alemanha, na década de cinquenta, se fundamenta tanto na necessidade de conferir máxima efetividade às normas de direitos fundamentais quanto no reconhecimento da presença de poder nas relações privadas.[455]

Até então, havia consenso acerca dos efeitos imediatos das normas constitucionais, direcionados exclusivamente ao Estado. Havia, pois, concordância no sentido de que o Estado era o sujeito passivo por excelência, dos direitos fundamentais, sendo sua a função de efetivá-los e de protegê-los contra intervenções de terceiros. Trata-se da chamada teoria da eficácia indireta.

Adotando-a, Wilson Steinmetz refere que o particular não está obrigado a construir escolas, no caso do direito à educação, tampouco a construir hospitais, em se tratando do direito à saúde.[456] Parece tranquila a sua afirmação, embora – como o próprio autor em seguida reconhece – não sirva para todas as espécies de direitos sociais, nem para todas as situações que os envolvem.

---

do empregador. É exceção que, em nosso entender, justifica a regra evidenciada na grande maioria dos demais incisos desse dispositivo legal.

[454] Nesse sentido, Sarlet ressalta que a concepção de uma "simultânea e interdependente eficácia dos direitos fundamentais, em relação aos agentes estatais e comportamentos dos sujeitos privados, não elide as diferenças existentes entre ambas as esferas de influência e nem afasta, em princípio, a distinção entre uma eficácia direta e indireta dos direitos fundamentais no âmbito das relações privadas". (SARLET, Ingo Wolfgang. *A Influência dos Direitos Fundamentais no Direito Privado: o caso brasileiro*. In MONTEIRO, Antonio Pinto. NEUNER, Jorg. SARLET, Ingo (orgs). *Direitos Fundamentais e Direito Privado. Uma Perspectiva de Direito Comparado*. Coimbra: Almedina, 2007, p. 111-144).

[455] SARLET, Ingo Wolfgang. *A Eficácia dos Direitos fundamentais*. 10ª ed. Porto Alegre: Livraria do Advogado, 2009.

[456] STEINMETZ, Wilson Antônio. *A vinculação dos particulares a direitos fundamentais*. São Paulo: Malheiros, 2004, p. 279. É preciso pontuar que o autor admite que os direitos trabalhistas constituem categoria a parte, em que se justifica a eficácia imediata.

Essa visão, acerca da eficácia dos direitos fundamentais, concebe tais direitos como uma ordem de valores que pode ser aplicada nas relações entre particulares, apenas através da mediação do Estado, ou seja, de filtros como a intervenção do legislador e a interpretação judicial das normas, bem como com o uso de conceitos indeterminados e de cláusulas gerais.[457] Já reconhece, portanto, a necessidade de concretização dos direitos fundamentais no âmbito das relações privadas, mas somente por meio da atuação legislativa.[458]

A teoria da eficácia indireta não nega a aplicação imediata da norma, com a extração de efeitos jurídicos e práticos daí decorrentes. Exige, porém, uma intermediação estatal que, por definição, é de ser exercida pelo Poder Legislativo.

A opção por uma ou outra teoria é nitidamente ideológica, na medida em que representa uma ideia de Estado, como único centro de irradiação de poder e mesmo como único responsável pela "realização do direito". O reconhecimento de uma eficácia direta dos direitos fundamentais, gerando deveres nas relações privadas, implica a superação da dicotomia público x privado,[459] com o reconhecimento da responsabilidade dos particulares pela "realização do direito".

A constatação de que o Direito do Trabalho é o primeiro ramo do direito privado a romper com essa racionalidade, o que foi bem compreendido por Nipperdey, se revela inclusive, em autores comprometidos com a teoria da eficácia apenas indireta nas relações privadas. Canaris, por

---

[457] SARMENTO, Daniel. *Direitos Fundamentais e Relações Privadas*. Rio de Janeiro: Lúmen Júris, 2004, p. 241.

[458] Ricardo Tenório Cavalcante observa que "tanto a teoria da eficácia direta quanto a teoria da eficácia indireta têm em comum a superação da concepção liberal-burguesa de que os direitos fundamentais são oponíveis apenas e sempre contra o Estado. Mesmo a teoria indireta alcança o particular, sendo que através da lei. Ambas ainda se valem da concepção objetiva dos direitos fundamentais, enquanto ordem de valores que legitimam todo o ordenamento jurídico. E ambas reconhecem também a aplicação dos direitos fundamentais a entidades privadas com "poder social", no que aplicam por analogia a relação indivíduo/Estado". (CAVALCANTE, Ricardo Tenório. *Jurisdição, Direitos Sociais e Proteção do Trabalhador*. A Efetividade do Direito Material e Processual do Trabalho desde a Teoria dos Princípios. Porto Alegre: Livraria do Advogado, 2008, p. 66).

[459] Nesse sentido, Facchini afirma que a constitucionalização do direito civil "implica um necessário compromisso com a eficácia jurídica e com a efetividade social dos direitos fundamentais" (FACCHINI NETO, Eugênio. *Reflexões Histórico-Evolutivas sobre a constitucionalização do direito privado*. In SARLET, Ingo Wolfgang (org.). Constituição, Direitos fundamentais e Direito Privado. 2ª ed, Porto Alegre: Livraria do Advogado, 2006, p. 13-62). E conclui que é papel também do Estado-Juiz, e não apenas do Estado-legislador, concretizar esses direitos fundamentais, reconhecendo sua eficácia direta nas relações privadas. Afirma que "cabe ao magistrado assegurar a fundamentalidade dos direitos humanos, interpretando o ordenamento jurídico de forma que respeite e fomente tais direitos, garantindo preferencialidade de tal interpretação sobre quaisquer outras possibilidades hermenêuticas que se abram". E conclui que "caso a eficácia de um direito fundamental dependesse de uma legislação infraconstitucional que o implementasse, correr-se-ia o risco de a omissão do legislador ordinário ter mais força eficacial do que a ação do legislador constituinte".

exemplo, reconhece que as normas de direito privado, por vezes, caracterizam-se simultaneamente como "intervenções nos direitos fundamentais de uma parte e garantias de protecção dos direitos fundamentais da outra". E cita como exemplo a Lei de Protecção contra os Despedimentos na Alemanha, que "visa satisfazer o imperativo, resultante do artigo 12º da LF, de protecção do trabalhador contra a perda do seu posto de trabalho",[460] reconhecendo que essa lei impõe limitação aos direitos fundamentais do empregador, restringindo sua autonomia privada.

Canaris admite que o Estado intervenha nas relações privadas, sem, entretanto, afirmar que daí decorram deveres diretamente oponíveis ao empregador. Ainda assim, em nota de rodapé, acrescenta que "o direito a uma denúncia regular de relações obrigacionais duradouras faz parte da garantia constitucional da autonomia privada" que representa, entre outras coisas, "uma intervenção na liberdade contratual, pelo menos, por excluir convenções das partes em contrário".[461]

Observa que esse imperativo de tutela pode sofrer restrições, como se verificou em decisão do Tribunal Constitucional Federal alemão, quando excluiu da protecção conferida pela Lei de Protecção contra despedimentos, trabalhadores de certas pequenas empresas.[462]

O que Canaris, e toda a doutrina que defende a eficácia indireta dos direitos fundamentais, está a preconizar, nesse caso, é a necessidade de atuação estatal, com a criação de lei que discipline, por exemplo, as hipóteses de denúncia do contrato de trabalho, pelo empregador.

Por sua vez, o que a teoria da eficácia direta reconhece é que além desse dever de atuação estatal, que não se esgota na função legislativa, existe também um dever de atuação do agente privado, que está diretamente obrigado a fazer valer o direito fundamental e que encontra fundamento na proibição de insuficiência.

Desse modo, o problema não está em discutir o fato de que alguns direitos sociais são subjetivos e, portanto, geram deveres e obrigações diretamente exigíveis de particulares, mas a medida em que esses deveres podem ser exigidos.[463]

---

[460] CANARIS, Claus-Wilhelm. *Direitos fundamentais e Direito Privado*. Coimbra: Almedina, 2ª reimpressão, 2009, p. 34.

[461] Idem.

[462] Op. cit., p.36. É importante pontuar, novamente, que Canaris defende a eficácia indireta nas relações privadas, partindo do gênero dos direitos sociais. As transcrições acima revelam, porém, que o autor acaba por reconhecer a especificidade do direito do trabalho. Ora, a proteção dos trabalhadores contra a injustificada perda do trabalho não pode se realizar plenamente apenas através da exigência de atuação estatal. Implica, necessariamente, um dever de atuação por parte do empregador.

[463] ALEXY, Robert. *Teoria dos Direitos fundamentais*. Trad. Virgílio Afonso da Silva. São Paulo: Malheiros, 2008, p. 528.

4.2.1. Algumas linhas sobre a teoria da eficácia direta

A teoria da eficácia direta dos direitos fundamentais nas relações privadas parte do pressuposto da unidade da Constituição e, pois, da necessidade de conformação do direito privado aos valores lá instituídos.[464] Embora Nipperdey tenha apontado a existência de poderes sociais como motivo capaz de justificar a vinculação direta dos particulares, sua principal preocupação é mais abrangente.[465] Diz com a impossibilidade de consolidar uma ordem constitucional inovadora, sem que todos, inclusive os particulares, estejam diretamente vinculados às normas fundamentais.[466]

É certo que essa vinculação não pode ignorar a importância da liberdade no âmbito de um contexto democrático, nem a especificidade de uma relação privada, em que direitos fundamentais, muitas vezes colidentes, estão em jogo.

A mudança de perspectiva, com o reconhecimento da eficácia direta dos direitos fundamentais nas relações privadas e, especialmente, na relação de trabalho, não altera a condição do Estado de ator privilegiado em sua função de fazer valer a Constituição. Reconhece, porém, a esse Estado, o dever de exigir uma atuação conforme por parte dos particulares.[467] E ao reconhecer esse dever estatal, acaba por reconhecer também e necessariamente, deveres que obrigam os particulares, independentemente de prévia intervenção estatal. Essa atuação deverá ser "modulada", por implicar conflito entre titulares de direitos fundamentais.[468]

---

[464] SARLET, Ingo Wolfgang (org.). *A Constituição Concretizada. Construindo Pontes com o Público e o Privado*. Porto Alegre: Livraria do Advogado, 2000, p. 121, 122.

[465] Em razão desse reconhecimento da existência de poder social na relação de trabalho, Sérgio Gamonal Contreras defende a necessidade de reconhecimento de uma eficácia diagonal em relação aos direitos fundamentais trabalhistas. Refere que não a assimetria entre as partes do contrato de trabalho faz com que o empregador assuma papel similar àquele conferido ao Estado, em suas relações com os cidadãos. Bem por isso, segundo o autor, é necessário um exame diferenciado, que parte do pressuposto dessa situação "diagonal", para o efeito de reconhecer eficácia plena nas relações privadas de trabalho. (GAMONAL C., Sergio. *Cidadania na Empresa e Eficácia Diagonal dos Direitos fundamentais*. São Paulo: LTr, 2011)

[466] Ibidem.

[467] Na obra já citada, Alexy menciona que as três concepções, da eficácia direta, da indireta e da eficácia "mediada por direitos em face do Estado" pressupõe a atuação estatal, emprestando especial relevância à função do Estado-Juiz. (ALEXY, Robert. *Teoria dos Direitos fundamentais*. Trad. Virgílio Afonso da Silva. São Paulo: Malheiros, 2008, p. 531). Não chegaremos a mencionar, no corpo da dissertação, a teoria da eficácia mediada por direitos em face do Estado, em razão da extensão desse estudo. Trata-se de tese pela qual o Estado é diretamente responsável pelos atos praticados por particulares, quando violam direitos fundamentais. Remetemos à leitura da obra de Robert Alexy, que faz referência sobre essa perspectiva acerca da eficácia dos direitos fundamentais, percebendo o fato de que ela em verdade remete à mesma solução proposta pela teoria da eficácia direta, reconhecendo no Estado o único ente capaz de responsabilizar-se diretamente pela efetividade e bem assim pela violação dos direitos fundamentais.

[468] Idem, p. 532.

Sarlet fala de uma relação de "complementariedade", no que tange à eficácia dos direitos fundamentais, que "geram efeitos diretos *prima facie* no âmbito das relações privadas". A "relação de complementariedade entre a vinculação dos órgãos estatais e a vinculação dos atores privados aos direitos fundamentais" verifica-se, inclusive, em relação ao "modo pelo qual se opera esta eficácia".[469]

Por isso mesmo, Alexy propõe "um modelo em três níveis", afirmando que as concepções acerca da eficácia dos direitos fundamentais não se excluem. Antes, se complementam. Existe a eficácia indireta "no nível do dever estatal" de prestar. Existe, ainda, um segundo nível de eficácia no qual o Estado-Juiz tem o dever de "levar em consideração a ordem de valores dos direitos fundamentais", interpretando as normas jurídicas e aplicando-as em conformidade com esses valores e, nesse nível, o Estado pode inclusive violar direitos subjetivos, sendo responsável direto por essa violação.[470]

Em um terceiro nível de eficácia, teríamos a eficácia direta na relação entre particulares que, para Alexy, se verifica quando "os princípios de direitos fundamentais conduzem a direitos e obrigações nas relações entre particulares que são necessários em razão da existência desses princípios, mas que não o seriam na sua ausência".[471] O problema está na afirmação do autor de que os três níveis coexistem e "decidir qual deles será escolhido na fundamentação jurídica é uma questão de conveniência".[472] Parece verdade que os direitos fundamentais geram eficácia em níveis diversos, obrigando tanto o Estado diretamente, quanto os particulares.

A "escolha de um deles" não é, porém, opção do intérprete. Alexy está tratando da aplicação da norma ao caso concreto e, pois, do papel do Juiz na solução de um litígio, como ele mesmo esclarece no início do texto em que enfrenta a questão da eficácia. O fato é que o reconhecimento da eficácia direta determina um olhar diverso, por parte do Juiz. Não é, pois, questão de conveniência, mas imperativo constitucional. Os três níveis, a nosso ver, se somam.

O reconhecimento de que alguns princípios constitucionais conduzem a obrigações que sem eles não existiriam, não se destaca de toda a doutrina que se forja na segunda metade do século XX, propondo um novo conceito de Constituição.

---

[469] SARLET, Ingo Wolfgang. *A Influência dos Direitos Fundamentais no Direito Privado: o caso brasileiro*. In MONTEIRO, Antonio Pinto. NEUNER, Jorg. SARLET, Ingo (orgs). Direitos Fundamentais e Direito Privado. Uma Perspectiva de Direito Comparado. Coimbra: Almedina, 2007, p. 111-144.

[470] Op. cit., p. 534, 535.

[471] Idem, p. 539.

[472] Idem, p. 540.

Alexy refere a existência de três "constelações" possíveis na relação entre Constituição e Estado Legislador, identificando, na primeira, a visão da Constituição como texto destinado a revelar as funções do Estado, ou seja, como um documento puramente procedimental, que, portanto, "não contém nenhum dever ou proibição substancial que restrinja a competência do legislador".

Na segunda constelação, a Constituição aparece como documento que "contém deveres ou proibições para toda e qualquer decisão legislativa imaginável" e, portanto, puramente material, de sorte que "toda e qualquer discricionariedade é eliminada". A terceira constelação "consiste na existência de coisas facultadas e coisas não facultadas, ou seja, obrigatórias ou proibidas".[473] Trata-se de uma constituição material e procedimental.

Em seguida, Alexy utiliza a metáfora da moldura, para explicar que a Constituição representa uma moldura ao ordenamento jurídico, quando disciplina o que é obrigatório e o que é proibido. Tudo aquilo que é facultado ao legislador ordinário "se encontra no interior da moldura" e compõe o espectro de discricionariedade do legislador. E arremata: "aquilo que a Constituição obriga é constitucionalmente necessário; o que ela proíbe, constitucionalmente impossível, e o que ela faculta não é constitucionalmente nem necessário, nem impossível, mas meramente possível".[474]

Uma Constituição puramente material, que realmente retire do legislador ordinário toda e qualquer discricionariedade, parece-nos pouco viável. O que Alexy denomina constituição material-procedimental é a que melhor se compatibiliza com um modelo democrático de Estado. É aquela que exige uma postura ativa do Juiz, como responsável pela concretização das normas de direitos fundamentais.[475] Trata-se do que Canotilho define como Constituição dirigente e que em momento algum tolhe a capacidade de criação do Poder Legislativo, mas apenas lhe oferece o norte e os limites dentro dos quais poderá atuar.[476]

---

[473] ALEXY, Robert. *Teoria dos Direitos fundamentais*. Trad. Virgílio Afonso da Silva. São Paulo: Malheiros, 2008, p. 581, 583.

[474] Idem.

[475] Paulo Bonavides afirma que é papel do Poder Judiciário concretizar a Constituição e, ao mesmo tempo, impedir a adoção de medidas legislativas ou administrativas, que a desnaturem, de tal modo que apenas "se o Judiciário cumprir sua tarefa de salvaguardar a Constituição, a democracia sobreviverá, e a sociedade das gerações futuras ser-lhe-á imensamente agradecida" (BONAVIDES, Paulo. *Do País Constitucional ao País Neocolonial. A derrubada da Constituição e a recolonização pelo golpe de Estado institucional*. 3ª ed. São Paulo: Malheiros, 2004, p. 85).

[476] Canotilho observa que "no atual contexto constitucional este esquema deixou de ser uma construção aceitável. A reserva de lei no âmbito dos direitos fundamentais (maxime no âmbito dos direitos, liberdades e garantias) dirige-se contra o próprio legislador : só a lei pode restringir direitos, liberda-

Dentro dessa lógica, ignorar o texto constitucional implica quebrá-lo enquanto "pacto social"[477] ou mesmo descaracterizá-lo enquanto "genoma jurídico"[478] do Estado. Daí decorre a ideia de unidade da Constituição, como objetivo a ser perseguido pelos operadores do direito, pautado nos valores explicitados na norma fundamental.[479] Afirmar que é missão do intérprete/aplicador do direito dar conteúdo material à Constituição, reconhecendo-a como um texto vivo, capaz de transformar o dever-ser da norma, em realidade, é assumir compromisso com a eficácia direta das normas constitucionais nas relações privadas.

---

des e garantias, mas a lei só pode estabelecer restrições se observar os requisitos constitucionalmente estabelecidos. Daí a relevância dos direitos fundamentais como elemento determinador do âmbito da reserva de lei". CANOTILHO, J. J. Gomes. *Direito Constitucional*. 6ª ed; Coimbra: Almedina, 1993, p. 729.

[477] "Violar a Constituição ou deixar de cumpri-la é descumprir essa constituição do contrato social. Isto porque a Constituição – em especial a que estabelece o Estado Democrático de Direito, oriundo de um processo constituinte originário, após a ruptura com o regime não-constitucional autoritário –, no contexto de que o contrato social é a metáfora na qual se fundou a racionalidade social e política da modernidade, vem a ser a explicitação desse contrato social". (STRECK, Lenio. *Hermenêutica Jurídica E(m) Crise*. Porto Alegre: Livraria do Advogado, 1999, p.214,215). É importante observar que a ideia de Constituição como "contrato" não é unânime, nem está aqui adotada como parâmetro. Para Hegel, por exemplo, o que fundamenta materialmente a Constituição e o "espírito do povo", ou seja, as origem, tradições, costumes (história) do povo. Nem o Estado nem a Constituição, para Hegel, são contratos sociais (como querem Kant, Hobbes, Locke e outros). Os contratualistas referem um "pacto social" que limite a natureza humana, e justificam aí o Estado e a Constituição. Ao contrário, para Hegel o Estado não é artificial, para ele, nós já nascemos no Estado – materialmente considerado –, em uma cultura de tradições, costumes e hábitos, dentro de um 'espírito do tempo'. Por isso, a concepção não-normativa de Constituição: a Constituição (espírito do povo) não pode ser dada a um povo, é por ele constituída (já está sempre dada). A Constituição formal representará esse espírito. O conceito de Estado em Hegel pressupõe o conceito de sociedade civil (organizada em estamentos). Sua função é administrar os conflitos (a diversidade) no âmbito da sociedade, através da Constituição. (BOBBIO, Norberto. *Estudos Sobre Hegel*. 2º ed. Brasília: Brasiliense,1995).

[478] ALEXY, Robert. Op. cit., p. 577.

[479] Aqui entra a noção de interpretação sistemática das normas constitucionais, em que a concretização da norma pressuponha "a compreensão do conteúdo da norma a concretizar", "cabendo aos princípios de interpretação constitucional a missão de orientar e de causar o processo de relação, coordenação e valoração dos pontos de vista ou considerações que devem levar à solução do problema, aparecendo em primeiro lugar o princípio da unidade da Constituição, que deve evitar limitações unilaterais". (FREITAS, Juarez. *A Interpretação Sistemática do Direito*. 4ª ed. São Paulo: Malheiros, 2004, p. 126). Um dos aspectos mais relevantes de busca eficaz da conformação das normas aos valores constitucionais opera-se pelo exercício do chamado controle difuso da constitucionalidade, expressão da teoria de tripartição de poderes e de sua necessária interpenetração. Esse controle, expressamente previsto no ordenamento jurídico brasileiro, parte da ideia de coerência de um sistema pautado em valores contidos na norma constitucional.. Exatamente por isso a doutrina constitucional posiciona-se a favor de uma interpretação *conforme* a Constituição como melhor forma de controle difuso da constitucionalidade. Desse modo, estaríamos preservando "a função de protecção jurídica dos direitos e a consideração das normas consagradoras de direitos fundamentais como normas garantidoras de bens jurídicos (dignidade, liberdade, vida, integridade pessoa)". GOMES CANOTILHO, J.J. *Direito Constitucional e Teoria da Constituição*. 7ª ed. Coimbra: Almedina, p.1292. O autor ressalta o fato de que a interpretação conforme a Constituição será sempre uma interpretação "em conformidade com os direitos fundamentais" e que se essa interpretação conforme se afigurar "insuficiente" no caso concreto, é obrigação do intérprete "a desaplicação da lei (por inconstitucional)".

Independentemente do conceito de Constituição como contrato, como genoma, como norma-moldura, o fato é que a função do Estado muda, quando reconhecemos no texto constitucional um papel material, um papel *constituinte* de uma sociedade que se pretende alcançar. As normas constitucionais, desse modo, embora refiram-se ao "dever-ser" do Estado e da Sociedade, firmam um compromisso de atuação do Estado, inclusive (e talvez até principalmente) mediante restrições à autonomia nas relações privadas.

Sarlet observa que:

> O que efetivamente importa em primeira linha é que se obtenha uma solução sistemicamente adequada e que guarde compatibilidade com os princípios e regras da Constituição, portanto, seja com o núcleo essencial da autonomia privada e da liberdade contratual, seja com os demais direitos fundamentais, correspondendo, de resto, tanto às exigências da proibição de excesso quanto às da vedação da proteção insuficiente.[480]

Essa é a função de um Estado Democrático e de Direito, como o Brasil se intitula no artigo 1º da Constituição brasileira de 1988. E nesse ponto, parece correto o raciocínio de Alexy, quando afirma que o reconhecimento da eficácia direta dos direitos fundamentais nas relações privadas é parte do reconhecimento da eficácia indireta.[481] Ou seja, firma-se no pressuposto de que é dever do Estado atuar inclusive restringindo a autonomia privada, exercendo um papel ativo, na efetivação desses direitos,[482] a partir de um compromisso com a Constituição, exigindo, na prática, a observância do comando imperativo.

Isso não significa, porém, reconhecer demasiada liberdade ao intérprete/aplicador do direito, na "escolha" da eficácia preponderante, em determinado caso concreto. Parece-nos que a compreensão do que repre-

---

[480] Sarlet refere que "o reconhecimento da conexão entre a vinculação do Estado (de modo especial no que diz com a concretização dos imperativos de tutela constitucionais) por um lado, e dos particulares, por outro, aos direitos fundamentais (inclusive no que diz com a circunstância de que, em geral, existe uma regulação legal a ser aplicada) não afasta a possibilidade de uma defesa da tese de que, em princípio, as normas de direitos fundamentais possuem uma eficácia direta também na esfera das relações entre particulares" (SARLET, Ingo Wolfgang. *A Influência dos Direitos Fundamentais no Direito Privado: o caso brasileiro*. In MONTEIRO, Antonio Pinto. NEUNER, Jorg. SARLET, Ingo (orgs). Direitos Fundamentais e Direito Privado. Uma Perspectiva de Direito Comparado. Coimbra: Almedina, 2007, p. 111-144). E acrescenta que no caso específico do Brasil, a eficácia direta dos direitos fundamentais está estabelecida no art.5º, § 1º, da Constituição Federal e se opera inclusive nas relações entre particulares.

[481] Op. cit., p. 540.

[482] Acerca da função do Poder Judiciário, Ingo Sarlet escreve que "estando vinculado (diretamente) pelos deveres de proteção, o Juiz, aplicando os direitos fundamentais e cumprindo, portanto, o seu dever de tutela – no sentido de proteger os particulares uns contra os outros – estará assegurando a sua incidência na esfera das relações privadas" (SARLET, Ingo Wolfgang. *A Influência dos Direitos Fundamentais no Direito Privado: o caso brasileiro*. In MONTEIRO, Antonio Pinto. NEUNER, Jorg. SARLET, Ingo (orgs.). Direitos Fundamentais e Direito Privado. Uma Perspectiva de Direito Comparado. Coimbra: Almedina, 2007, p. 111-144.

senta conferir eficácia aos direitos eleitos como fundamentais em determinado Estado implica justamente torná-los efetivos, além de juridicamente capazes de produzir efeitos. E isso se dá tanto através do reconhecimento de um compromisso do Estado, quanto de um compromisso dos particulares, em assumir uma conduta conforme e em praticar atos que tornem materialmente possível o exercício dos direitos fundamentais.[483]

A liberdade material e, portanto, a verdadeira autonomia privada, pressupõe regras fortes, capazes de minimizar as diferenças de acesso e oportunidade. Pressupõe, pois, um Estado que aplique suas regras e princípios *a partir* dos valores constitucionais e de cidadãos que se sintam (e estejam realmente) diretamente vinculados a essa ordem.

Em um Estado Democrático e de Direito "os direitos fundamentais sociais constituem exigência inarredável do exercício efetivo das liberdades e garantia da igualdade de chances (oportunidades) inerentes à noção de uma democracia e um Estado de Direito de conteúdo não meramente formal, mas, sim, guiado pelo valor da justiça material".[484] Se isso é verdade, não há falar em escolha acerca da eficácia dos direitos fundamentais, eles devem obrigar também e diretamente os particulares, sob pena de se tornarem mera retórica.

Os direitos dos trabalhadores, como já sublinhamos antes, se diferenciam dos demais direitos sociais, justamente por assumir a qualidade de direitos subjetivos dos trabalhadores, capazes de gerar deveres de atuação (imediata) por parte dos empregadores. Essa afirmação desloca o centro das discussões acerca da eficácia dos direitos fundamentais trabalhistas.

Em lugar de nos preocuparmos, precipuamente, com a função do Estado-administrador (como responsável pela prestação social), temos de olhar para o Estado-Juiz, responsável pela concretização da Constituição brasileira nas relações privadas. Bilbao Ubillos observa que a teoria da eficácia direta representa o reconhecimento da força normativa da Constituição, emprestando proteção maior aos direitos fundamentais, na medida em que "esta tutela derivada directamente del texto constitucional

---

[483] Também no sentido de complementariedade entre as teorias da eficácia direta e indireta: BILBAO UBILLOS, Juan Maria. *En que medida vinculan a los particulares los derechos fondamentales? In* SARLET, Ingo Wolfgang (org.). Constituição, direitos fundamentais e direito privado. Porto Alegre: Livraria do Advogado, 2006.

[484] Bem por isso Ingo Sarlet afirma que há "indissociável vinculação entre os direitos fundamentais e as noções de Constituição e Estado de Direito". SARLET, Ingo Wolfgang. *A Eficácia dos Direitos Fundamentais.* 10ª ed. Porto Alegre: Livraria do Advogado, 2007, p. 67. Afirma que "a Constituição (e, neste sentido, o Estado constitucional), na medida em que pressupõe uma atuação juridicamente programada e controlada dos órgãos estatais, constitui condição de existência das liberdades fundamentais". (Op. cit., p. 68).

colmaría las lagunas de la regulación legal, cubriendo supuestos no contemplados específicamente".[485]

O que se está a reconhecer é que exigir do Estado-Legislador a edição de leis que especifiquem o conteúdo dos dispositivos constitucionais é importante, mas não suficiente como resposta à pergunta acerca do dever fundamental do Estado diante dos direitos sociais e, em especial, do Direito do Trabalho.[486] Mais do que em qualquer outro âmbito dos direitos sociais, aqui, o caráter público e privado da relação jurídica de trabalho determina uma posição comprometida e eficaz do Estado, especialmente por meio do Poder Judiciário.

Isso ocorre, inclusive, mas não apenas, em face do poder social presente nessa relação jurídica. Como já evidenciamos, a pressuposição de igualdade material entre as partes que se vinculam sem a interferência direta do Estado é o ambiente em que viceja e ganha força a teoria da eficácia indireta dos direitos fundamentais. Por sua vez, as relações privadas marcadas por uma verticalização muitas vezes determinante foram justamente aquelas que despertaram a atenção da doutrina para a necessidade de exigir uma vinculação direta dos atores sociais.[487]

É importante mencionar que a disparidade objetiva entre os contratantes, a exemplo do que ocorre na relação de trabalho, é um fator a sublinhar a necessidade de reconhecimento da eficácia direta dos direitos fundamentais nas relações privadas, mas não suficiente, de per si, para legitimá-lo. Concordamos com o posicionamento adotado por Canaris e secundado por Sarlet, de que a presença do poder privado não constitui condição para o reconhecimento da eficácia direta, mas apenas algo que potencializa sua importância.[488] Essa precisão é necessária, para evitar que a tese se restrinja a relações privadas verticalizadas.

A importância de reconhecer a força normativa da Constituição está presente, inclusive, nas relações efetivamente horizontais e igualitárias.

---

[485] BILBAO UBILLOS, Juan Maria. En que medida vinculan a los particulares los derechos fondamentales? *In* SARLET, Ingo Wolfgang (org.). *Constituição, direitos fundamentais e direito privado*. Porto Alegre: Livraria do Advogado, 2006, p. 319.

[486] Embora a grande maioria dos livros e dos artigos que se dedicam ao tema da despedida e, por consequência, da eficácia do art. 7º, inciso I, da Constituição Federal, se preocupem especialmente com a necessidade de ed de lei complementar ou de re-ratificação da Convenção 158 da OIT, a tese aqui proposta refere-se justamente a desnecessidade de tais medidas, diante da suficiente eloquência do dispositivo constitucional. Bem por isso, na perspectiva da eficácia dos direitos fundamentais sociais trabalhistas, nossa preocupação irá centrar-se no papel do Estado-Juiz que, com sua injustificável inércia, vem permitindo que os empregadores neguem no âmbito das relações trabalhistas, o conteúdo da Constituição Federal. (nota da autora).

[487] SARLET, Ingo Wolfgang (org.). *A Constituição Concretizada. Construindo Pontes com o Público e o Privado*. Porto Alegre: Livraria do Advogado, 2000, p. 128.

[488] Idem, p. 130.

Justifica-se pela necessidade de conformar o ordenamento jurídico aos valores constitucionais e não por circunstâncias peculiares a determinadas relações privadas. Ressaltamos, aqui, a existência do poder privado na relação de trabalho, apenas como mais um elemento a reforçar a tese de que na relação de trabalho, mais do que em qualquer outro âmbito do direito privado, impõe-se o reconhecimento de deveres fundamentais diretamente exigíveis dos contratantes.

Na mesma linha do que antes sustentamos, no sentido de que a opção por uma ou outra teoria reveste-se, acima de tudo, de caráter ideológico, traduzindo uma noção específica de Estado, Direito e Sociedade, Sarlet observa que "a opção por uma eficácia direta traduz uma decisão política em prol de um constitucionalismo da igualdade, objetivando a efetividade do sistema de direitos e garantias fundamentais".[489] Podemos acrescentar que a opção política adotada pelo constituinte brasileiro, que inseriu no título dos direitos e garantias fundamentais os direitos subjetivos dos trabalhadores, revela nítido compromisso com a construção de um "constitucionalismo da igualdade", em que os particulares estivessem tão vinculados e comprometidos com os valores e as normas constitucionais quanto o Estado.

Esse comprometimento se reflete diretamente na doutrina dos deveres que se extraem dos direitos fundamentais. Deveres conexos cujo conteúdo depende, em larga medida, do reconhecimento da eficácia imediata dos direitos fundamentais nas relações privadas, sob pena de esvaziamento. Esse é o caso do inciso I do artigo 7º da Constituição brasileira.

Nas palavras de Fábio Konder Comparato, "quando a Constituição reconhece que as normas definidoras de direitos fundamentais têm aplicação imediata, ela está implicitamente reconhecendo a situação inversa; vale dizer, a exigibilidade dos deveres fundamentais é também imediata, dispensando a intervenção legislativa".[490]

O direito fundamental a uma relação de emprego protegida contra a despedida arbitrária esvazia-se, se condicionarmos seu exercício a uma atuação legislativa desnecessária, porque terá de dizer o óbvio. Ora, mesmo sob a perspectiva da eficácia indireta dos direitos fundamentais, a doutrina é unânime em reconhecer a necessidade de conformação do sistema jurídico às normas constitucionais. Logo, seria inconstitucional qualquer legislação que propusesse a ausência do dever de motivação do

---

[489] SARLET, Ingo Wolfgang (org.). *A Constituição Concretizada. Construindo Pontes com o Público e o Privado*. Porto Alegre: Livraria do Advogado, 2000, p. 147.

[490] COMPARATO, Fabio Konder. Direitos e Deveres Fundamentais em Matéria de Propriedade. Disponível em: http://www.dhnet.org.br/direitos/militantes/comparato/comparato_direitos_deveres_fundamentais_materia_propriedade.pdf, acesso em 09/5/2011.

ato de denúncia do contrato. A lei, a ser editada a partir da ordem contida no inciso antes referido, terá necessariamente que disciplinar os motivos da despedida lícita e as consequências da perda do emprego. Ou seja, explicitar o dever já contido no dispositivo constitucional.

A eficácia dos direitos fundamentais e, portanto, a existência de deveres diretamente exigíveis dos atores privados, é tema de ampla discussão, não apenas porque tenhamos de reconhecer nossa opção política e ideológica em relação à função do Estado, mas também em razão de suas consequências práticas.

Reconhecer a eficácia direta implica atribuir força à norma constitucional em seu embate com normas constitucionais de igual hierarquia, das quais é titular o ator privado contra quem ela é invocada. Enquanto na relação entre cidadão e Estado, temos a comodidade de defender a titularidade do direito fundamental contra quem o criou e tem a obrigação de protegê-lo/efetivá-lo, na relação privada o direito fundamental geralmente choca-se contra um direito igualmente fundamental, do outro contratante.

Isso, porém, não serve para afastar a importância do avanço representado pela teoria da eficácia direta dos direitos fundamentais nas relações privadas, mas apenas para retratar a complexidade do momento em que vivemos. O reconhecimento de direitos que estão no fundamento da nossa noção de Estado Social e Democrático implica a exigência de deveres que, por sua vez, necessariamente impõem restrições importantes. Em verdade, estamos diante da explicitação dos conceitos de liberdade com responsabilidade, de que tratam Kant, Hegel ou Habermas.

A preocupação cada vez maior, da doutrina constitucional, em reconhecer critérios para a ponderação de direitos fundamentais, sem descuidar a necessidade de vincular os particulares à concretização do projeto constitucional é, pois, resultado do reconhecimento da importância dos deveres fundamentais. Os direitos foram garantidos, mas não sairão do papel se os deveres não forem igualmente exigidos de todos e de cada um.

Essa constatação reforça nosso convencimento, no sentido de que o direito fundamental contido no artigo 7º, inciso I, da Constituição brasileira só será efetivo na medida em que reconhecermos o dever do empregador, de motivar o ato de denúncia, restrição da autonomia da vontade que se afigura indispensável à concretização daquele direito.

A técnica da ponderação ou proporcionalidade assume importância nesse contexto de complexos direitos e deveres que se relacionam e se restringem mutuamente. Dela, porém, falaremos mais adiante. Antes, devemos delimitar o conteúdo do dever fundamental de motivar a despedida.

4.3. O conteúdo do dever fundamental de justificar a despedida

O art. 7º, I, da Constituição brasileira, garante o direito fundamental à relação de emprego "protegida *contra* despedida arbitrária ou sem justa causa". Arbitrário é o ato juridicamente relevante, destituído de motivação.

Ao garantir uma relação de emprego protegida *contra* a despedida arbitrária, a Constituição estabelece um dever fundamental diretamente ligado ao direito ali conferido aos trabalhadores brasileiros.

O dever de motivação do ato de denúncia, embora constitua dever do beneficiário da mão de obra, implica, também, dever do Estado. Implica reconhecer ao Estado o papel de agente ativo, na linha do que argumenta Dworkin, quando afirma que o "governo" (Estado-Juiz; Estado-Legislador; Estado-Administrador) que "leva os direitos à sério" é aquele que reconhece a necessidade de preservação da dignidade humana e da igualdade material,[491] *atuando para torná-las realidade*.

Implica, por consequência, conferir à Constituição o caráter de norma substancial, que conforma o ordenamento jurídico, estabelecendo parâmetros que não podem ser ignorados pelos operadores do Direito. Repita-se: o dever de motivar o ato de denúncia é do empregador, mas a responsabilidade de exigi-lo, transformando, assim, a lógica nas relações de trabalho, é do Estado.

O dever de justificar a despedida está contido nos termos do inciso I do art. 7º da Constituição brasileira, porque não há como garantir "relação de emprego protegida *contra* despedida arbitrária", senão exigindo uma justificativa válida para o rompimento do vínculo, por parte do empregador. Os termos do aludido dispositivo constitucional vedam, portanto, qualquer espécie de dispensa que não seja motivada por uma razão lícita.

---

[491] Dworkin diz que um governo que respeite os direitos deve considerar pelo menos duas ideias importantes: "que existem maneiras de tratar um homem que são incompatíveis com seu reconhecimento como um membro pleno da comunidade humana" (noção de dignidade em Kant) e que "os membros mais frágeis da comunidade política têm direito à mesma consideração e ao mesmo respeito que o governo concede a seus membros mais poderosos, de modo que, se algumas pessoas têm liberdade de decisão, qualquer que seja o efeito sobre o bem-estar geral, todas as pessoas devem ter a mesma liberdade". (DWORKIN, Ronald. *Levando os Direitos a Sério*. Trad. Nelson Boeira. São Paulo: Martins Fontes, 2010, p. 304, 305).

Trata-se de um dever fundamental,[492] justamente porque extrapola a esfera jurídica dos contratantes, assumindo relevância social. Na medida em que o dever de motivação do ato de denúncia se constitui como condição de possibilidade da proteção contra a despedida arbitrária,[493] sua fundamentalidade está justificada no reconhecimento, pela ordem constitucional brasileira, da fundamentalidade daquele direito social.

A existência de um dever-poder de direção da atividade não contempla, portanto, o poder punitivo ou mesmo o poder "potestativo" de extinguir um vínculo de trabalho.[494] Trata-se, isso sim, de um dever fundamental conexo[495] ao direito que ali está estabelecido.[496] Portanto, dever fundamental, enquanto expressão da dimensão objetiva do direito fundamental, a uma relação de emprego protegida contra a dispensa imo-

---

[492] E não apenas deveres legais, como de certo modo defende Casalta Nabais (NABAIS, José Casalta. *Por uma Liberdade com Responsabilidade. Estudos sobre Direitos e Deveres Fundamentais*. Coimbra: Coimbra Editora, 2007).

[493] Para refutar a afirmativa de que o dever de motivar o ato de denúncia é condição de possibilidade do direito fundamental à relação de emprego protegida contra despedida arbitrária, ter-se-ia de demonstrar que nada obstante o reconhecimento do direito potestativo de dispensa 'ad nutum', sem qualquer motivação, os trabalhadores brasileiros teriam resguardada a proteção de que cogita o texto constitucional. Ter-se-ia, ainda, de afastar do conceito de despedida arbitrária, a noção de despedida não motivada, pois, do contrário, é forçoso reconhecer que o sistema jurídico constitucional veda essa espécie de dispensa, vedando, nessa medida, o direito potestativo que insistimos em reconhecer ao empregador. E se essa vedação existe, o pagamento de indenização não é bastante para fornecer a proteção de que trata a norma constitucional. Estaríamos diante de uma hipótese de insuficiência vedada pela doutrina constitucional. Proteção insuficiente em relação a direitos fundamentais é ausência de proteção. Sobre isso, falaremos mais no próximo capítulo. (nota da autora).

[494] É poder potestativo aquele que pode ser exercido independentemente da vontade do outro, embora cause consequências na esfera jurídica deste. Existe uma defesa quase mística de um direito absoluto e potestativo do empregador em por fim ao contrato de trabalho, malgrado o texto constitucional vigente, que veda despedida "arbitrária ou sem justa causa", evidenciando a necessidade de motivação do ato, como meio de aferição de sua licitude. Em decisão proferida em maio de 2010, pelo TRT da 4ª Região, em que uma trabalhadora, após 27 anos de trabalho dedicados exclusivamente a uma fundação, foi dispensada sem qualquer motivo e demonstrou, no processo, efeitos pessoais devastadores, decorrentes da perda do posto de trabalho, a decisão declara – em evidente compromisso com a lógica do poder absoluto do empregador: "INDENIZAÇÃO POR DANOS MORAIS. A despedida imotivada do empregado, por si só, não caracteriza ilicitude no ato da empregadora, tampouco intenção de prejudicar moral ou socialmente a empregada" (0102100-70.2009.5.04.0005 (RO)). A decisão reconhece a existência de um poder potestativo, pelo qual o empregador pode simplesmente pôr fim ao contrato de trabalho, sem qualquer motivação. Este estudo tem justamente o propósito de demonstrar que se trata de uma falsa premissa. Tal poder não poderia existir, porque não se justifica dentro de uma lógica contratual, nem encontra respaldo no ordenamento jurídico vigente ou nos princípios que informam e justificam a existência do direito do trabalho. A decisão, porém, reflete um senso comum muito longe de ser superado, o que revela a atualidade e a necessidade de rediscutirmos o papel do poder no âmbito da relação de trabalho.

[495] Nesse sentido: SARLET, Ingo Wolfgang. *A Eficácia dos Direitos fundamentais*. 10ª ed. Porto Alegre: Livraria do Advogado, 2009, p. 228.

[496] O inciso I do art. 7º da Constituição certamente gera outros deveres conexos, tais como o pagamento das verbas que decorrem da extinção do vínculo e mesmo o dever de reintegrar, na hipótese de declaração da nulidade do ato de denúncia. Aqui, porém, tratamos apenas do dever de motivar, que determina a licitude do ato de extinção do contrato e, ao mesmo tempo, impõe limites ao exercício desse direito constitucional.

tivada. Dever que decorre da função social do contrato,[497] expressão da transparência e da lealdade no âmbito da relação privada.

O conteúdo do dever de motivar a despedida atinge diretamente a autonomia da vontade, emprestando-lhe uma posição secundária na relação obrigacional. A vontade, antes um elemento essencial do contrato, passa a condição de elemento agregado à função social a ser exercida pelo pacto firmado.[498] Tanto o empregado quanto o empregador estão obrigados a agir com lealdade e correção nos atos que incidam diretamente na relação de trabalho, inclusive após ou por ocasião de sua denúncia, mas é o empregador, em razão das diferenças objetivas entre esses contratantes, que detém deveres fundamentais relacionados aos direitos sociais contidos na Constituição brasileira.[499]

O reconhecimento de que na relação de trabalho, mesmo com nossa insistência em classificá-la como contrato, existe um poder social evidente, determina essa intervenção do Estado, imiscuindo-se na vontade dos contratantes, para vedar determinadas condutas e obrigar outras, de sorte a minimizar os efeitos sociais dessa realidade.

A importância dos deveres fundamentais que emanam dos direitos contidos especialmente no art. 7º da Constituição brasileira, pressupõe, pois, a noção de que existe um poder de sujeição, cuja função é recalcar uma lógica disciplinante pela qual impedimos, conscientemente ou não, revoluções sociais. É elemento de dominação, puro e simples, facilitado pela separação do trabalhador, dos meios de produção, e impulsionado pela existência de um excedente de mão de obra.

---

[497] O contrato de trabalho tem finalidade social que não diz apenas com o trabalhador ou com a empresa diretamente envolvida. Diz com a necessária busca de uma sociedade saudável, organizada, formada por seres humanos incluídos na ordem econômica e social vigente, que tenham a possibilidade de sobreviver e de atuar no meio em que vivem. A responsabilidade contratual que daí decorre legitima o entendimento de que se o trabalhador mantiver boa conduta, respeitando seus deveres, não deverá perder seu emprego, porque essa é também a sua fonte de sobrevivência em uma sociedade capitalista como a nossa. Desse modo, o direito de despedir, mesmo sendo admitido como potestativo, não pode ser utilizado com abuso, estando sujeito a restrições (nota da autora).

[498] Américo Plá Rodriguez, citando Paulo Durand, menciona que "as relações de trabalho não consistem em um simples intercâmbio de prestações de ordem patrimonial. Elas fazem o trabalhador entrar em uma comunidade de trabalho e obrigam o empregador a testemunhar-lhe uma confiança necessária" (PLÁ RODRIGUEZ, Américo. *Princípios de Direito do Trabalho*. 3ª ed. São Paulo: LTr, 2000, p. 35).

[499] Deveres que podem inclusive ser expressados por meio de norma coletiva ampliando as hipóteses já disciplinadas de restrição à possibilidade de defesa, como defende com propriedade Gilberto Stürmer, referindo que "a preocupação com o trabalho em geral aumentou e a sociedade procura respostas e saídas", de modo que o "melhor caminho de implantação da proteção contra a despedida arbitrária no sistema jurídico brasileiro, para além das hipóteses de lei complementar (art. 7º, I, da Constituição Federal de 1988) é a negociação coletiva". (STÜRMER, Gilberto. *Proteção à Relação de Emprego: Promessa, Efetividade de um Direito Social e Crise*. In *Revista Justiça do Trabalho*. Porto Alegre, RS. HS Editora, n. 302, fevereiro/2009, p. 07-18)

Exatamente porque na relação de trabalho existe um poder social que não podemos ignorar, é que o ordenamento jurídico optou por disciplinar de modo imperativo, a conduta esperada das partes, impondo especialmente ao empregador, deveres objetivos.

Dentro de um contrato de trabalho, o beneficiário da mão de obra tem o dever de dirigir a prestação de serviços, a fim de atingir seus objetivos empresariais. Trata-se de um dever (não de um poder) justamente porque ao *comprar* a mão de obra, o empregador recebe uma autorização do sistema jurídico para dela dispor dentro de determinado período de tempo, e com ela, "recebe" necessariamente, em sua fábrica, em sua casa, em sua loja ou em seu empreendimento, o ser humano que trabalha, em sua integralidade, com suas incoerências humanas, sua força física, sua capacidade intelectual e suas características psicológicas.

Do ponto de vista da doutrina dos direitos e deveres fundamentais, a partir de uma perspectiva de Constituição garantista, tal como a nossa, é abusiva a despedida não justificada, por atentar contra a finalidade social do contrato, diretamente relacionada à necessária busca de uma sociedade saudável, organizada, formada por seres humanos incluídos na ordem econômica e social vigente, que tenham a possibilidade de sobreviver e de atuar no meio em que vivem.

O cerne do dispositivo, seu "núcleo essencial", está consubstanciado na proteção *contra* dispensa que se caracterize como arbitrária ou sem justa causa e só é possível identificar tenha a dispensa ocorrido de modo não arbitrário ou justificado, se o motivo for explicitado.

Apenas assim, abandona-se a ideia de conceber a relação obrigacional por sua causa (teoria da vontade), passando-se a concebê-la à luz dos seus efeitos. O contrato de trabalho *contamina-se* com a noção de boa-fé objetiva,[500] que se caracteriza como "uma norma de conduta que impõe aos participantes da relação obrigacional um agir pautado pela lealdade", e modifica a essência mesma da noção de obrigação/dever, para o ordenamento brasileiro, fazendo com que os deveres que decorrem da lealdade e da boa-fé objetiva operem "defensiva e ativamente, isto é, impedindo o exercício de pretensões e criando deveres específicos".[501] O ca-

---

[500] Art. 422: "os contratantes são obrigados a guardar, assim na conclusão do contrato, como em sua execução, os princípios de probidade e boa-fé". A doutrina trata da boa-fé objetiva e da boa-fé subjetiva. É subjetiva a boa-fé quando se afere a intenção do sujeito. Ela "redunda em por, contra o sujeito, um dever de diligência concretizável, o mais das vezes, num dever de indagação sobre a situação da coisa". Parte do exame casuístico da intenção do sujeito na hipótese concreta, isentando-lhe de responsabilidade sempre que evidenciada uma conduta intencionalmente conforme o direito. Por sua vez, a boa-fé objetiva traduz-se como regra de conduta. Concretiza-se "através de deveres de informação e lealdade". (MENEZES CORDEIRO, Antônio Manoel da Rocha e. *Da Boa-Fé no Direito Civil*. Coimbra: Almedina, 1997, p. 407).

[501] Idem, p. 411.

ráter normativo do princípio da boa-fé tem como efeito o "nascimento de deveres verdadeiramente obrigacionais que não possuem suas fontes na vontade".[502]

O dever de motivar a despedida deve, ainda, ser remetido à noção de propriedade, contida na ordem constitucional vigente. Fábio Konder Comparato observa que ao determinar deva a propriedade, atender à sua finalidade social, a Constituição a torna fonte de deveres fundamentais.[503]

Um desses deveres, quando a propriedade é a empresa capitalista, é o dever de motivação do ato de despedida. Nesse sentido, Enoque Santos menciona que "a função social do contrato apresenta grande similitude com a função social da propriedade" e as identifica como "as principais ferramentas do capitalismo moderno", "veículos de circulação de bens e riqueza". A função social deve determinar a visão do contrato "como veículo de justiça social, de solidariedade e de sociabilidade humana".[504]

Ao tratar dos direitos trabalhistas, José João Abrantes faz referência especialmente a exemplos ligados à despedida. Cita caso em que a Corte italiana reverteu um "despedimento" motivado pelo fato de a empregada da empresa Renault haver adquirido um veículo Peugeot, com a alegação de que o dever de lealdade do empregado se restringe ao âmbito do trabalho e às situações a ele diretamente relacionadas, não podendo invadir a esfera de vida privada.

O exemplo interessa especialmente, porque revela que a motivação é a condição de possibilidade de aferição da legalidade do ato do empregador. Só é possível investigar a existência ou não de ofensa a direitos fundamentais (ou de personalidade) do empregado, se houver a explicitação do motivo que ocasionou a despedida.[505]

---

[502] Os deveres decorrentes da boa-fé podem, assim, não ser declarados pelas partes, não ser por elas queridos ou ser por elas totalmente desprezados. Não obstante, participarão do conteúdo jurídico da relação, porque as normas decorrentes da boa-fé integram o negócio, mesmo quando não expressamente mencionadas (nota da autora).

[503] COMPARATO, Fábio Konder. *Direitos e deveres fundamentais em matéria de propriedade. A questão agrária e a justiça.* Juvelino José Strozake (org.). São Paulo: RT, 2000.

[504] SANTOS, Enoque Ribeiro dos. *A Função Social do Contrato e o Direito do Trabalho. In Revista LTr.* São Paulo, ano 67, n. 12, p. 1460-1468, dezembro, 2003.

[505] José João Abrantes observa que na Espanha uma sentença de 1985 declarou ilícita uma despedida motivada por declarações que o empregado médico deu à imprensa, criticando seu empregador. (ABRANTES, José João. *Contrato de trabalho e Direitos fundamentais.* Coimbra: Coimbra Editora, 2005, p. 145)

A utilização da expressão "dever de motivar"[506] em lugar de "princípio da motivação"[507] tem o condão de evidenciar que o inciso I do art. 7º da Constituição encerra um dever diretamente exigível do tomador dos serviços, que extrapola, quanto à sua eficácia imediata e suas implicações, a ideia geral que dá contornos ao princípio da motivação dos atos, embora tenha similar substância.[508]

O direito fundamental à relação de emprego protegida *contra* despedida arbitrária ou sem justa causa terá eficácia social na medida em que o ordenamento jurídico garantir não apenas um conjunto de consequências que decorrem de uma dispensa arbitrária ou não justificada, mas também – e principalmente – a existência de um dever correlato de motivação do ato que põe fim do contrato. Se admitirmos a possibilidade de denúncia vazia no âmbito do contrato de trabalho, estamos em realidade negando ao trabalhador a possibilidade de atuar durante a execução do contrato, como verdadeiro contratante.[509]

Portanto, o dever fundamental de motivar está diretamente relacionado à efetividade do direito fundamental ali contido. Isso porque não há falar em efetiva proteção *contra* a dispensa por meio de mecanismos que agem *após* a extinção do contrato, como é o caso da indenização, do sistema do seguro-desemprego ou da previsão de pagamento de verbas resilitórias.

Haverá proteção apenas na medida em que o ato de denúncia se revestir de um motivo válido. Haverá proteção, pois, apenas quando o ato de despedir for considerado nulo, determinando o retorno à higidez do

---

[506] Martins Catharino reconhece o dever de motivar como necessário às relações de trabalho no âmbito de um Estado democrático, já que a liberdade empresarial, que permite a extinção do vínculo, exige que se garanta ao empregado "uma via para obter o controle de sua legalidade e do seu mérito, preferencialmente por autoridade judiciária" (MARTINS CATHARINO, José. *Em Defesa da Estabilidade*. São Paulo: LTr, 1966, p. 30). Chega a afirmar que "a despedida meramente subjetiva é um negócio abstrato, sem causa, nu, cego ou 'bruto' (DE PAGE). 'Insindicável' como dizem os italianos" (Op. cit., p. 32).

[507] Modo como o fenômeno é tratado, especialmente no âmbito do direito administrativo.

[508] A qualificação como "dever fundamental" implica compromisso de observância e cumprimento, com todos os efeitos daí decorrentes. Não há, pois, mero princípio de motivação no inciso I do art. 7º, mas verdadeiro dever fundamental de que o tomador motive, lícita e previamente, sua opção empresarial, sob pena de nulidade do ato.

[509] Também não constitui mera coincidência, o fato de que mais de 90% das ações trabalhistas se referem a contratos de trabalho já extintos. Interessante observar que a (necessária) autonomia contratual aparece no discurso daqueles que defendem qualquer espécie de pseudotransação no âmbito de um processo trabalhista, bem como por aqueles que defendem a flexibilização das regras trabalhistas, permitindo aos atores sociais (empregados e empresa) que, sozinhos, estabeleçam os parâmetros da contratação. O mesmo argumento, porém, é esquecido, quando a questão se refere à eficácia real de atuação desse ator social (empregado) na melhoria ou mesmo na simples modificação das condições em que executado o contrato. (nota da autora)

contrato, sempre que não motivado licitamente. Essa é a razão pela qual o constituinte originário resolveu vedar a dispensa arbitrária.

Essa afirmação não implica negar a existência de limites e restrições ao dever de motivar o ato de denúncia, como teremos a oportunidade de examinar posteriormente. Implica, porém, o reconhecimento de um dever fundamental que contamina o contrato de trabalho, obrigando o contratante beneficiário dos serviços, justamente por se tratar de condição para o verdadeiro exercício do direito fundamental à relação de emprego. Um dever que também gera obrigações ao Estado-Juiz, impondo-lhe uma conduta ativa no sentido de fazer valer a norma constitucional.

4.4. O Estado-Juiz diante do dever de proteção contra a perda do emprego

Insistimos, desde o início desse estudo, que não estamos propondo a edição de lei que discipline os motivos da despedida, dando melhores contornos ao inciso I do art. 7º da Constituição brasileira. Não porque concordemos com a tese esposada pelo STF, de que não há mora a ser purgada. A mora existe e é evidente. A experiência dos países europeus revela a facilidade que o enfrentamento do tema pode alcançar, quando o legislador não se omite em sua obrigação de disciplinar dispositivos constitucionais.

Ocorre que a investigação a que nos propomos tem direcionamento diverso. Defendemos a existência de um dever fundamental de motivar a despedida, cuja não observância acarreta, nos termos da legislação brasileira já em vigor, o retorno ao estado anterior de plena higidez do contrato de trabalho. Portanto, nosso lugar de fala é comprometido com a atuação do Estado-*Juiz*. Atuação possível, necessária e urgente, que independe da edição de novas leis.

O reconhecimento de deveres exigíveis diretamente dos "atores" privados implica uma nova postura do Juiz. O Poder Judiciário assume o papel de agente de legitimação da ordem vigente, cuja função garantidora[510] passa a constituir condição de possibilidade de efetivação de um Estado democrático.

Do Juiz exige-se, portanto, uma postura comprometida com a democracia, que reconhece à norma constitucional a função de revelar quais

---
[510] MELLO, Cláudio Ari. *Democracia Constitucional e Direitos fundamentais*. Porto Alegre: Livraria do Advogado, 2004, p. 275.

são os direitos essenciais para que determinado Estado possa realizar seu objetivo de garantia da liberdade material.[511]

A efetividade de um ordenamento jurídico é, portanto, determinada pelas garantias jurídicas,[512] que se tornam ainda mais importantes em momentos de crise[513] e crise é o lugar comum em que habita o Direito do Trabalho e o ambiente em que as discussões acerca da despedida mais se aguçam.

Construídas e consolidadas nos momentos de instabilidade do sistema capitalista, as regras de proteção ao trabalho humano estão sempre no "olho do furacão", quando a crise se faz presente. Daí a importância do "salto de qualidade" operado pela Constituição brasileira, com seu caráter garantista, a conferir novo papel ao Juiz.

O reconhecimento da fundamentalidade dos direitos dos trabalhadores traduz um projeto de Estado em que tais crises sirvam para alargar, e não para fragilizar, a estrutura jurídica da relação capital e trabalho.[514] Por isso, ao contrário do que ocorre com a maioria dos direitos sociais, os direitos trabalhistas não são endereçados diretamente ao Estado, mas destinados a serem "cumpridos" pelo empregador. A função do Estado é zelar por esse cumprimento, conferindo existência real ao que o projeto social contido na Constituição apresenta como dever-ser.

---

[511] Nesse sentido, Cláudio Ari Mello refere que a jurisdição constitucional é aquela destinada a assegurar "na maior medida possível a validade e a eficácia do sistema de direitos e princípios fundamentais das constituições" (Idem).

[512] "Il garantismo è l´altra faccia del costituzionalismo, consistendo nell´insieme delle tecniche idonee ad assicurare il massimo grado di effettività ai diritti costituzionalmente riconosciuti" (FERRAJOLI, Luigi. *Diritti Fondamentali*. 2° edizione. Roma-Bari: Laterza, 2002, p. 348). O autor conclui que "la garanzia politica della fedeltà dei pubblici poteri consiste nel rispetto della parte loro della legalità costituzionale ed innanzitutto dei diritti fondamentali. È chiaro che in sua mancanza il diritto è ineffettivo e le garanzie giuridiche sono impotenti" (Idem, p. 987).

[513] Robert Alexy afirma que "é exatamente em tempos de crise que a proteção constitucional, ainda que mínima, de posições sociais, parece ser imprescindível". Observa que "a extensão do exercício dos direitos fundamentais sociais aumenta em crises econômicas. Mas é exatamente nesses momentos que pode haver pouco a ser distribuído" (Op. cit., p. 512). Assevera, atentando para a necessidade de uma visão que também considere as consequências da decisão judicial, que são inegáveis os efeitos financeiros dos direitos fundamentais sociais. O que não os fragiliza como direitos fundamentais, mas apenas confere a eles ainda maior importância, por sua imbricação política e econômica. No direito do trabalho, esse argumento tem força devastadora. Em nome da crise, propomos (não pela primeira vez na história das relações de trabalho dentro do sistema capitalista de produção) o desmantelamento de direitos fundamentais sociais conquistados em décadas de resistência e paulatina construção jurídico-social. Na realidade, porém, a crise já serviu à estruturação do direito do trabalho como ramo próprio do direito.

[514] A intenção aparece claramente delineada na redação do caput do artigo 7° da Constituição Federal, quando estabelece que são direitos dos trabalhadores brasileiros "além de outros que visem a melhoria da sua condição social". À inserção dos direitos trabalhistas no rol de direitos fundamentais, soma-se, pois, a noção de mínimo a ser preservado e necessariamente 'agregado' por outros direitos decorrentes da evolução social que se espera em um Estado Democrático (nota da autora).

Em um "sistema provedor" é o Estado (administrador) que ocupa o lugar simbólico de um sistema democrático. Quando esse Estado falha, por não cumprir as "promessas da modernidade", a justiça assume esse lugar, tornando-se, nas palavras de Garapon, "um espaço de exigibilidade da democracia".[515] Tal espaço, porém, não substitui o âmbito da responsabilidade privada. Antes, o identifica e exige sua observância. Esse é o desafio que o Estado-Juiz assume dentro de um sistema democrático. A eficácia direta dos direitos e deveres fundamentais nas relações privadas implica, portanto, uma compreensão diferenciada do Juiz e do discurso jurídico.

O que muda, quando o nosso olhar para a Constituição se modifica e passamos a concebê-la como instrumento material do direito (e não apenas procedimental), é a linguagem do nosso discurso,[516] que passa a justificar a aplicação de direitos e deveres cuja fundamentalidade reclama uma ação positiva do Estado. Bem por isso é errôneo dizer que a teoria da eficácia direta dos direitos e deveres fundamentais retira do Legislador sua função.

O campo de atuação do Estado-Legislador é a concretização do texto constitucional, observando a "moldura" que essa norma impõe à ordem jurídica, mediante a escolha dos meios mais adequados para disciplinar a matéria.[517] Porém, quando o Estado-Legislador nega essa função, insistindo em permanecer inerte diante de normas constitucionais que reclamam sua atuação ou quando os particulares insistem em ignorar as regras já existentes, entra em cena o Estado-Juiz.[518]

Os autores que defendem uma eficácia mediata ou indireta dos direitos fundamentais nas relações privadas conferem ao Estado-Juiz o papel de "preencher as cláusulas indeterminadas criadas pelo legislador, levando em consideração os direitos fundamentais, bem como o de rejeitar, por inconstitucionalidade, a aplicação de normas privadas incompa-

---

[515] Nesse âmbito, o processo, de "instrumento de solução de conflitos, passa se transforma no modo comum de gestão de setores inteiros, como a família". GARAPON, Antoine. O Juiz e a Democracia. O Guardião das Promessas. Trad. Maria Luiza de Carvalho. 2ª ed. Rio de Janeiro: Revan, 2001, p. 49.

[516] STRECK, Lenio Luiz. Da Crise da Hermenêutica à Hermenêutica da Crise: compreendemos porque interpretamos ou interpretamos porque compreendemos?. In Revista da Academia Brasileira de Direito Constitucional. V. Curitiba, PR: Academia Brasileira de Direito Constitucional, n. 5, 21-9-2004, p. 241-292.

[517] A proporcionalidade (ou sopesamento) aparece na obra de Alexy como inerente, também, à função legisladora. Analisaremos posteriormente a técnica da proporcionalidade, para o caso específico da motivação da denúncia do contrato de trabalho, mas sob o ponto de vista da atuação do Estado-Juiz

[518] Ao assumir a função de Juiz no Estado brasileiro, o cidadão que se dedica a esse encargo jura respeitar e cumprir a Constituição Federal. É exatamente essa função primeira do Estado-Juiz, cumprir o texto constitucional, emprestando-lhe eficácia e efetividade. (nota da autora).

tíveis com tais direitos".[519] A perspectiva que aqui se assume vai além: o dever do Estado não pode se limitar ao dever de fomentar a produção e a circulação de riqueza ou editar leis de proteção a quem trabalha, embora esteja também aí contido.[520] Estende-se até a atuação firme e positiva diante das relações privadas de trabalho, fazendo valer o texto constitucional no caso concreto.[521]

Para Canotilho, a circunstância de ser a norma constitucional, diretamente aplicável, significa que a Constituição se impõe como lei, estabelecendo limites que não podem ser olvidados.[522] Portanto, a "força normativa da Constituição traduz-se na vinculação, como direito superior, de todos os órgãos dos poderes públicos", especialmente em relação aos países que não cumpriram as promessas da modernidade, como é o caso do Brasil. Ressalta o papel da Constituição como projeto para a criação de uma sociedade mais responsável, referindo que quanto melhor consolidada a democracia, menos necessidade haverá de um texto dirigente.[523]

Do mesmo modo, Konrad Hesse trata da força normativa da Constituição, especificando o duplo viés do texto constitucional. Ao mesmo tempo em que retrata a conjugação de forças das classes dominantes, que interferem nos direitos a serem reconhecidos como vigentes em determinada comunidade, a Constituição também se apresenta como um projeto de Estado. Tem, pois, pretensão de eficácia, que "não pode ser separada das condições históricas de sua realização, que estão, em diferentes for-

---

[519] SARMENTO, Daniel. *Direitos Fundamentais e Relações Privadas*. Rio de Janeiro: Lúmen Júris, 2004, p. 241

[520] Admitir a eficácia mediata dos direitos e deveres fundamentais nas relações privadas, reservando para o Estado-Juiz apenas a possibilidade de adotar medidas judiciais e legislativas que exortem o Estado-Legislador a cumprir seu papel já se revelou ineficiente. No Brasil, passados vinte e dois anos da promulgação do texto constitucional e após dois mandados de injunção julgados procedentes, determinando a regulamentação do inciso XXI do art. 7º da Constituição Federal, que trata do aviso-prévio proporcional ao tempo de serviço, com vários projetos de lei sobre o tema, sem que nada até hoje tenha sido modificado, não é mais possível sustentar tal posição. O exemplo é de uma clareza assustadora. Até hoje aplicamos a lei ordinária, repetindo que o aviso prévio devido pelo empregador, quando da ruptura do contrato, é de trinta dias, malgrado a dicção cristalina da Constituição Federal, tratando de um dever de proporcionalidade em relação ao tempo de serviço. Essa miopia constitucional revela um compromisso com o Estado neutro, dependente da ação política do Poder Legislativo, que se traduz, na prática, em um Estado que nega sua Constituição. (nota da autora).

[521] Como já salientamos, na linha da doutrina de Sarlet, a "vinculação direta dos órgãos estatais no âmbito dos deveres de proteção decorrentes dos direitos fundamentais não exclui a possibilidade de os particulares também estarem vinculados por determinados deveres de proteção". (SARLET, Ingo Wolfgang. *A Influência dos Direitos Fundamentais no Direito Privado: o caso brasileiro*. In MONTEIRO, Antonio Pinto. NEUNER, Jorg. SARLET, Ingo (orgs). *Direitos Fundamentais e Direito Privado. Uma Perspectiva de Direito Comparado*. Coimbra: Almedina, 2007, p. 111-144).

[522] CANOTILHO, J.J. Gomes. *'Brancosos' e Interconstitucionalidade. Itinerários dos Discursos Sobre a Historicidade Constitucional*. Coimbra: Almedina, 2006, p. 117.

[523] Idem, p. 127.

mas, numa relação de interdependência".[524] E que, por outro lado, tem de ser um projeto que não dependa as reais condições para a sua realização, mas a esta se alie para obter o resultado pretendido.

Tratar da força normativa da Constituição é, pois, referir-se a um "dever-ser", a uma pretensão de sociedade que, no caso brasileiro, deverá ser mais justa, fraterna e solidária. Bem por isso, enquanto estivermos lidando com um projeto de Estado longe de ser consolidado, temos necessidade de conferir máxima eficácia às normas de direitos fundamentais. Em outras palavras, o abismo entre a realidade social e a realidade perseguida pelo projeto constitucional, ao qual nos referíamos no início deste estudo, é fator determinante para uma maior vinculação à norma constitucional.[525]

Interessante a observação de Antoine Garapon, de que uma característica dos países democráticos é a complexidade social e a perda das tradições. É a democracia, ao gerar novas expectativas de resolução dos conflitos dessa sociedade complexa, partindo de um pressuposto de busca da igualdade material, que acaba por concentrar na figura do Juiz a função política de dar sentido à norma e, com isso, dar sentido à noção de autoridade.[526]

Nesse contexto, é razoável afirmar, com Canotilho, que a consolidação da democracia deverá exigir uma Constituição cada vez mais suscinta, mas também parece importante perceber que a liberdade democrática, dentro de um sistema que não é acessível a todos, gera demandas que reclamam cada vez maior atuação do Estado-Juiz.[527] As afirmações não são contraditórias. Em realidade, se complementam. A Constituição apresenta-se como um projeto para a construção de um Estado democrático que garanta um mínimo existencial, e pretende, também, atender às de-

---

[524] HESSE, Konrad. *A Força Normativa da Constituição*. Trad. Gilmar Ferreira Mendes. Porto Alegre: Sergio Fabris Editor, 1991, p. 14.

[525] Idem, p. 17.

[526] O autor francês pontua que "a emancipação do Juiz tem sua origem, antes de tudo, no colapso da lei que garantiu, na visão clássica, a subordinação do juiz, e na nova possibilidade de julgar a lei oferecida pelos textos que contêm princípios superiores, como a Constituição". Na medida em que a lei perde coerência e objetividade (seja pelo fenômeno da inflação legislativa, seja por constituir resultado de "jogo de alianças e coalisões"), o sistema jurídico passa a exigir uma nova configuração, ditada pela noção de princípios e pela proliferação de conceitos abertos. Nesse novo ambiente, a "missão" do Juiz deixa de ser a de aplicar a lei ao caso concreto, porque a própria lei "torna-se um produto semi-acabado que deve ser terminado pelo juiz". (GARAPON, Antoine. *O Juiz e a Democracia. O Guardião das Promessas*. Trad. Maria Luiza de Carvalho. 2ª ed. Rio de Janeiro: Revan, 2001, p. 40,41).

[527] Basta acompanhar as mais recentes discussões jurisprudenciais acerca da utilização de células-tronco ou, em nosso campo de estudo, as dificuldades na regulamentação do teletrabalho, para perceber que o cumprimento das chamadas "promessas da modernidade" permitirão uma redução no rol dos direitos fundamentais, mas – em igual medida – propiciarão a criação de novas demandas, cada vez mais complexas, acerca de um mínimo existencial digno (nota da autora).

mandas que são consequências da consolidação desse projeto de Estado, geneticamente excludente.

A proteção contra a perda do lugar de trabalho atende precipuamente a função de garantia do mínimo existencial. Aqui, estamos ainda cuidando de atender a uma das promessas da modernidade, que, ao preconizar o emprego como meio de subsistência e ascensão social, colocando-o no centro das relações jurídicas, deve preservá-lo contra o poder privado que também reconhece e incentiva, mas cujo exercício abusivo pode aniquilá-lo.

A revolução do *sentido* da perda do emprego e de suas consequências, que se propõe nesta obra, direciona-se, pois, em primeiro lugar, aos Juízes do Trabalho, que têm a atribuição de julgar os litígios, conferindo-lhes contornos consentâneos com a lógica constitucional. É o Estado-Juiz que desempenha esse papel. É ele que tem a possibilidade de conferir força normativa à Constituição, de fomentar, com suas decisões, uma "vontade de Constituição",[528] que torne real o que, por ora, encontramos apenas como discurso, no texto constitucional.

4.4.1. O direito do trabalho entre o discurso e a prática

A revisão acerca do conteúdo da teoria dos direitos e deveres fundamentais, a eloquência do texto constitucional vigente e o exame das consequências da perda do lugar de trabalho revelam um descompasso entre o discurso constitucionalmente comprometido e a práxis jurídica. Desvendar o mistério que cerca esse abismo depende da compreensão do que orienta nossa fala.

O discurso é sempre permeado de ideologia[529] e a linguagem se revela como importante instrumento das relações de poder.[530] Não existem palavras inocentes. Estamos comprometidos, enquanto indivíduos, quando decidimos, porque antes de proferir uma decisão, nos decidimos como seres humanos.[531] Desse modo, o Judiciário, por suas decisões, é instru-

---

[528] Expressão utilizada por Konrad Hesse para significar os esforços que o Estado e a comunidade devem fazer, inclusive sacrificando interesses individuais em prol do interesse comum, para que o projeto constitucional se torne realidade. HESSE. Konrad. *A Força Normativa da Constituição*. Trad. Gilmar Ferreira Mendes. Porto Alegre: Sergio Fabris Editor, 1991, p. 29.

[529] No mesmo sentido: LACAN, Jacques. *O Avesso da Psicanálise*. Rio de Janeiro: Jorge Zahar, 1992. Também neste sentido: WITTGENSTEIN, Ludwig. *Della Certezza*. Torino: Einaudi, 2007.

[530] WARAT, Luis Alberto. *A Ciência Jurídica e Seus Dois Maridos*. Santa Cruz do Sul: Faculdades Integradas de Santa Cruz do Sul, 1985, p. 100.

[531] O professor Ovídio Baptista da Silva, referindo-se a Gadamer, menciona que "o intérprete acaba pertencendo a seu objeto", para explicitar a ausência de distância entre fato e norma, e o que encerra o ato de julgar: decidir, decidindo-se e escolhendo entre duas ou mais alternativas possíveis e legítimas. (BAPTISTA DA SILVA, Ovídio A. *Processo e Ideologia*. Rio de Janeiro: Forense, 2004, p. 296 e 274).

mento de poder, que pode tanto se prestar à ideologia da neutralidade, quanto servir à transformação social imposta pela ordem de valores estabelecidos no texto constitucional de 1988.[532]

A linguagem é, pois, condição de possibilidade que se fundamenta no discurso.[533] Ao interpretar/aplicar a norma, o intérprete não desvela a "vontade da Lei", mas a revela conforme a sua vontade.[534]

Uma vontade que hoje, a partir da teoria dos direitos e deveres fundamentais, deve assumir compromisso com valores e princípios bem estabelecidos nos primeiros artigos da nossa Constituição brasileira e que permeiam todo o seu texto. Trata-se de superar o paradigma lógico que até hoje orienta o ato de interpretação/aplicação da norma pelo intérprete, substituindo-o pelo pensamento analógico, "que deve ter como pres-

---

[532] Nesse sentido: GOMES, Luiz Flávio. *A Dimensão da Magistratura no Estado Constitucional e Democrático de Direito*. São Paulo: Revista dos Tribunais, 1997, p. 131,132; BUENO DE CARVALHO, Amilton. *Magistratura e Direito Alternativo*. 2ª ed. Rio de Janeiro: Luam, 1996, p. 95.

[533] Martin Heidegger percebe a linguagem a partir do sujeito que a produz. Para ele, a informação é o modo de revelar a natureza não como ela realmente é, mas, sim, "enquanto submetida às perguntas do homem, enquanto relacionada a ele, enquanto manipulável por ele". HEIDEGGER, Martin. *Ser e Tempo*. Parte I. 12ª ed. Trad. Márcia Sá Cavalcante Schuback. Rio de Janeiro: Vozes, 2002, p. 219. Para Heidegger, a compreensão do *ser-no-mundo* se pronuncia no discurso. Ou seja, "das significações brotam palavras", de sorte que o discurso "é constitutivo da existência da pre-sença". Juarez Freitas observa que Heidegger demonstrou que "o sentido que se revela em qualquer interpretação já a precede, atuando, por assim dizer, como seu pressuposto ou condição de possibilidade. Tendo em vista que o sentido já integra e adere ao "ser-aí" (*dasein*), o que se nota é que o intérprete desde sempre carrega o sentido que busca, explicitando, assim, o movimento circular da compreensão hermenêutica. ... esse fenômeno do 'círculo hermenêutico' significa que "a interpretação de algo enquanto algo funda-se, essencialmente, em uma posição prévia, visão prévia e concepção prévia. A interpretação nunca é apreensão de um dado preliminar, isenta de pressuposições" (FREITAS, Juarez. *A Interpretação Sistemática do Direito*. 4ª ed. São Paulo: Malheiros, 2004, p. 161).

[534] Com isso, Heidegger rompe com o dualismo até então aceito entre mundo-linguagem, corpo-alma, sujeito-objeto, rompe com a ideia de que a linguagem é instrumento. Antes disso, "se a linguagem é a *casa do ser*, então ela é nossa morada, porque somos *ser-no-mundo*: nossa compreensão no mundo é, sempre, lingüisticamente interpretada.". "Toda linguagem humana é perpassada por uma dimensão de profundidade anterior à instância proposicional, fonte mesma de toda fala. Nesse sentido, pode-se dizer que nossa linguagem é sempre marcada por uma *tensão estrutural*, pois nela acontece a diferença ontológica: em nível proposicional falamos dos entes, mas enquanto falamos dos entes, apontamos para o ser que é a condição de possibilidade do nosso falar sobre os entes. Por isso, a dimensão radical da linguagem é o dizer do ser. (...) O ser-homem é, assim, inseparável da linguagem, pois, na medida em que vela pela revelação do ser, ele abre um espaço para emergência de uma vida marcada pelo sentido. Assim, fica aberto para a verdade de tudo: falar é desvelar o mundo, tornar possível a emergência do sentido essencial e constitutivo de tudo. É só a partir da linguagem, que o homem tem propriamente o mundo, onde todas as coisas podem encontrar seu lugar." (Op. cit., p. 210-222). É nesse sentido que Hans Georg Gadamer, partindo das constatações de Heidegger, ressalta a importância da historicidade para a verdadeira compreensão. Para ele, o desafio é entender a compreensão como algo circular, que se realiza a partir de uma pré-compreensão (historicidade). Gadamer adverte que "é só o reconhecimento do caráter essencialmente preconceituoso de toda compreensão que pode levar o problema hermenêutico à sua real agudeza" (GADAMER, Hans-Georg. *Verdade e Método I: Traços fundamentais de uma hermenêutica filosófica*, 6ª ed. [Trad. MEURER, Flávio Paulo]. Petrópolis, RJ: Vozes, 2004, p. 360).

suposto uma concepção do direito que o faça comprometido com valores, que o conceba como um direito permeado de eticidade".[535]

O Direito positivista surge como uma resposta à instabilidade e à ausência de transparência que caracterizavam o chamado "antigo regime".[536] Desenvolve-se e se estabelece, especialmente durante o século XX, como "uma estratégia de organização", um programa destinado a resolver conflitos individuais a partir da perspectiva da sociedade.[537] Enfrenta, porém, uma crise de identidade tão forte a ponto de ver questionada sua autonomia.[538] Parece mesmo difícil negar a íntima relação dessa crise, no centro da qual o Direito do Trabalho se encontra, com a função do Estado-Juiz, desde sempre concebida como algo menor, sujeito às deliberações do executivo e às determinações do legislativo.[539]

Podemos afirmar que o discurso constitucional dominante já há tempo superou (ao menos aparentemente)[540] a visão desconectada do Direito, que o resumia ao texto da lei. Podemos também perceber com certa facilidade que ainda há uma distância enorme entre a teoria e a prática. Não serve admitirmos a importância do uso da proporcionalidade[541] ou a rele-

---

[535] BAPTISTA DA SILVA, Ovídio A. *Processo e Ideologia*. Rio de Janeiro: Forense, 2004, p. 290.

[536] BONAVIDES, Paulo. *Do País Constitucional ao País Neocolonial. A derrubada da Constituição e a recolonização pelo golpe de Estado institucional*. 3ª ed. São Paulo: Malheiros, 2004.

[537] CASTANHEIRA NEVES, António. *O Direito Interrogado pelo Tempo Presente na Perspectiva do Futuro*. Boletim da Faculdade de Direito de Coimbra. Vol. LXXXIII, Coimbra, 2007, p.1-73.

[538] Nesse sentido, toda a linha teórica da análise econômica do direito propõe o direito como algo a ser examinado *a partir* da realidade econômica, negando-lhe, por consequência, autonomia ou função própria. Sobre o tema: CANOTILHO, J.J. Gomes. *'Brancosos' e Interconstitucionalidade. Itinerários dos Discursos Sobre a Historicidade Constitucional*. Coimbra: Almedina, 2006.

[539] Em função do âmbito desse estudo, não nos deteremos no exame da evolução das concepções de Estado, direito e Sociedade, ou mesmo no ideal de Estado Nacional consubstanciado na teoria da tripartição dos poderes, de Montesquieu, até hoje concebida como norte a orientar nossa ideia acerca das funções estatais. A referência tem por objetivo apenas evidenciar o quanto a noção de Estado e da (des)necessária divisão de poderes entre executivo, legislativo e judiciário, é responsável (também) pelo discurso dominante que nega efetividade às normas constitucionais trabalhistas e de que modo a consciência disso pode nos auxiliar a inverter essa realidade (nota da autora).

[540] A teoria (ver: BOBBIO, Norberto. *Teoria Geral do Direito*. 3ª ed. São Paulo: Martins Fontes, 2010), desde as noções de positivismo crítico, até as ideias de garantismo constitucional (FERRAJOLI, Luigi. Diritto e Ragione. Roma-Bari: Laterza, 2004), constitucionalismo reflexivo (CANOTILHO, J.J. Gomes. 'Brancosos' e Interconstitucionalidade. Itinerários dos Discursos Sobre a Historicidade Constitucional. Coimbra: Almedina, 2006.) ou constitucionalismo discursivo (ALEXY, Robert. *Constitucionalismo Discursivo*. Trad. Luis Afonso Heck. 2ª ed, Porto Alegre: Livraria do Advogado, 2008), apenas para citar alguns exemplos, insiste na necessidade de superar a visão do direito como mero projeto ou como reflexo da soma de problemas individuais previstos em códigos e resolvidos por um Juiz neutro e descomprometido.

[541] AVILA, Humberto. *Teoria dos Princípios. Da Definição à aplicação dos princípios jurídicos*. 10ª ed. São Paulo: Malheiros, 2009.

vância de um *"diritto mite"*,[542] nem discutirmos ideais de justiça,[543] se não definirmos antes o conteúdo do Direito e, por consequência, do discurso jurídico no âmbito prático das relações de trabalho.

A evolução na construção do Direito pelo Estado, com o reconhecimento de um novo papel a ser desempenhado pela Constituição[544] é o que provoca uma importante modificação na postura dos demais agentes do direito, suscitando, inclusive, as atuais controvérsias acerca dos benefícios e prejuízos de um suposto ativismo judicial[545]. Não negamos essa evolução. O abismo, entretanto, persiste.[546]

A função do Juiz do Trabalho é a realização do Direito (do Trabalho), a partir da avaliação das condições do caso concreto, do sistema jurídico de princípios e regras, dos julgamentos já realizados sobre matéria similar e do manancial histórico-social que conforma determinada sociedade.[547] O que parece simples, porém, não o é. Vários incisos do artigo 7º da Constituição brasileira continuam sendo simplesmente ignorados, como é o caso do inciso I, do qual estamos tratando.

Para Castanheira Neves, a superação desse vazio de sentido em que transformamos o texto constitucional, passa pelo reconhecimento da concepção do Direito como validade, a partir de uma perspectiva "judicativamente microscópica" do homem.[548] A afirmação é interessante. O jurista português, em verdade, compromete-se com a diversidade, revelando-se especialmente preocupado com as circunstâncias do caso concreto e – o que é fundamental – com o homem envolvido na relação social.

O Direito existe para garantir a cada homem, considerado como ser único e igualmente importante, uma vida minimamente digna e esse ob-

---

[542] ZAGREBELSKY, Gustavo. *Diritto Mite*. Torino: Einaudi, 1992.

[543] RAWLS, John. *Uma Teoria da Justiça*. São Paulo: Martins Fontes, 2002.

[544] SARLET, Ingo Wolfgang (org.). *A Constituição Concretizada. Construindo Pontes com o Público e o Privado*. Porto Alegre: Livraria do Advogado, 2000.

[545] Preocupação revelada em uma série de publicações, dentre as quais destaco: STRECK, Lenio Luiz. *Verdade e Consenso. Constituição, Hermenêutica e Teorias Discursivas da Possibilidade à Necessidade*. 3ª ed. Rio de Janeiro: Lumen Juris, 2009.

[546] Apenas no âmbito do direito do trabalho, são inúmeras as normas constitucionais que, apesar de transcorridos 22 anos desde a promulgação da Constituição Federal, não foram efetivadas, valendo como exemplos o aviso prévio proporcional ao tempo de serviço e o adicional de penosidade (nota da autora).

[547] São, em termos simplistas, as condições da argumentação jurídica, de que nos fala Alexy. (ALEXY, Robert. *Teoria dos Direitos fundamentais*. [Trad. Virgílio Afonso da Silva]. São Paulo: Malheiros, 2008, p.548).

[548] O Direito do Trabalho é perfeito para exemplificar essa mudança de concepção no papel do direito, pois é aqui que melhor percebemos (ou deveríamos perceber) o homem como algo individual, único e importante, cujo conflito, embora aparentemente irrelevante (litígio pelo pagamento do salário de R$ 510,00, por exemplo) assume proporções que justificam a existência mesma de um sistema jurídico (nota da autora).

jetivo é perseguido mediante a previsão e concretização de institutos que privilegiem, inclusive, a responsabilidade do Estado e dos cidadãos, na promoção de uma possível igualdade material.[549]

Reconhece-se, assim, a função integradora que o Direito desempenha. Não pode se limitar a dar condições de acesso e a respeitar as diversidades, tem de promover a inclusão social e a autonomia pessoal. É o direito do proprietário, mas é também do morador de rua. É direito do capital, mas é também do trabalho. Para Castanheira Neves, a função do Direito é reconhecer "a cada homem a qualidade de sujeito ético", ou seja, reconhecer como "um valor indisponível para o poder e a prepotência dos outros e comunitariamente responsabilizado para com os outros, pois só assim ele poderá ser, também simultaneamente, titular de direitos, dirigidos aos outros, e de obrigações, exigidas pelos outros".[550]

O caráter de intervenção, que nos interessa de modo especial, limitando a autonomia privada, aparece com maior força nesse discurso, superando uma visão meramente liberal do direito e das instituições que o compõem.

Nessa mesma linha de raciocínio, Dworkin afirma a necessidade de reconhecimento da igualdade jurídica, que pressupõe que "os membros

---

[549] Castanheira Neves refere que o objetivo do direito "não estará na assimilação das heterónomas teleologias sociais de todos os tipos e sim na solução de validade normativa dos problemas da prática humana concreta", a partir da consideração dos "homens-pessoas na sua histórico-situada coexistência e convivência comunitárias". Com isso, parece inverter a lógica proposta por Rawls, que, também partindo da noção de diversidade, propõe um liberalismo razoável no qual as pessoas "são consideradas livres e iguais em virtude de possuírem, no grau necessário, as duas faculdades da personalidade moral, quais sejam, a capacidade de ter senso de justiça e a capacidade de ter uma concepção do bem" (RALWS, John. *O Liberalismo Político: elementos básicos*. São Paulo: Ática, 2000, p. 78), e o direito afigura-se como a instância "que expressa e torna real no mundo o conceito de liberdade". (RAWLS, John. *História da Filosofia Moral*. São Paulo, Martins Fontes, 2005, p. 401). Ambos propõem o necessário respeito à diversidade, mas cada um parte de um valor fundamental diverso, que implica a modificação substancial do conceito e da função do direito. Rawls, a exemplo de Hegel, elege o valor liberdade como razão de ser das instituições jurídicas e políticas, pressupondo a possibilidade de uma "posição original" em que formalmente nos colocamos para idealizar o Direito e o Estado. Por sua vez, Castanheira Neves atribui essa função à igualdade. A consequência é a importância que, no discurso de Castanheira Neves, assume o compromisso ético do direito. Sem oposição de fundo à ideia de um "pluralismo razoável", indispensável para que possamos conviver com as diferenças, o que o texto de Castanheira Neves, de certo modo acrescenta, como razão de ser do direito, é a função de promover a "autonomia cultural do homem", apresentando-se como uma resposta "culturalmente humana" "ao problema também humano de convivência no mundo histórico-social e da partilha dele, e desse modo sem a necessidade ou a indisponibilidade ontológicas, mas antes com a historicidade constitutiva de toda a cultura". (CASTANHEIRA NEVES, António. O Direito Interrogado pelo Tempo Presente na Perspectiva do Futuro. Boletim da Faculdade de Direito de Coimbra. Vol. LXXXIII, Coimbra, 2007, pp.1-73). Em outras palavras, o direito serve para resolver o dilema da nossa condição "mundano-social", pela qual existe uma "pluralidade humana na unidade do mundo, o mundo é um e os homens nele são muitos, mundo que comungamos e partilhamos", buscando uma "convergência comunitária" (Idem).

[550] CASTANHEIRA NEVES, António. *O Direito Interrogado pelo Tempo Presente na Perspectiva do Futuro*. Boletim da Faculdade de Direito de Coimbra. Vol. LXXXIII, Coimbra, 2007, p.1-73.

mais frágeis da comunidade política têm direito à mesma consideração e ao mesmo respeito que o governo concede a seus membros mais poderosos".[551] Devemos, pois, reconhecer que as instâncias políticas, sociais e jurídicas não são neutras, pois estão comprometidas com a "promessa" que o direito expressado pela maioria faz às minorias, de que "sua dignidade e igualdade serão respeitadas".[552]

Esse "compromisso" é representado pelos valores fundamentais, instância em que o direito aparece como um ideal concretizado ou em processo de concretização, e se justifica não apenas através de direitos de defesa ou de prestações sociais, mas também, e especialmente, sob a fórmula de deveres fundamentais de proteção.

Castanheira Neves, na linha de outros autores, ressalta a importância que a categoria dos deveres assume, quando o Direito é visto sob a perspectiva ética. Ele refere que o reconhecimento de um princípio de igualdade implica o reconhecimento, também, de um princípio de responsabilidade. Isso conduz à conclusão de que "a pessoa se vê investida não só em direitos, mas igualmente em responsabilidade – a pessoa, com seus direitos, é também chamada a *respondere* em termos comunitários – pelo que os deveres são para ela tão originários como os direitos".[553]

O conceito de justiça, nesse âmbito, é extraído do equilíbrio entre "a participação e a realização comunitária da pessoa e a sua responsabilidade também comunitária". Então, o Direito é definido como "a intenção e a exigência normativamente integrante e dialecticamente dinâmica do reconhecimento de cada um pelos outros e da responsabilidade de cada um perante os outros na coexistência em um mesmo mundo humano constituído por todos".[554]

Diante dessa concepção de Direito e Justiça, a função do Estado-Juiz passa a ser a de construir e concretizar o Direito, através de uma visão interdisciplinar do fenômeno social, sem "fechar os olhos" ao que a Psicanálise, a Sociologia, a Economia e a Filosofia, por exemplo, têm a dizer

---

[551] DWORKIN, Ronald. *Levando os Direitos a Sério*. Trad. Nelson Boeira. São Paulo: Martins Fontes, 2010, p. 304-5.

[552] Op.Cit., p. 314. Nessa afirmação, Dworkin retira como consequência a necessária eficácia (inclusive social) do direito.

[553] CASTANHEIRA NEVES, António. *O Direito Interrogado pelo Tempo Presente na Perspectiva do Futuro*. Boletim da Faculdade de Direito de Coimbra. Vol. LXXXIII, Coimbra, 2007, p.1-73.

[554] Idem. Avança, pois, em uma concepção dialética, em relação ao "pluralismo razoável" que define justiça em Rawls, porque não nega as premissas lá reconhecidas, mas a elas acrescenta o compromisso do Estado com a melhoria das condições de vida para todos. Compreende como função do direito, inclusive por meio dos deveres fundamentais, a progressiva eliminação da exclusão social, um problema que a teoria de justiça em Rawls apenas tangencia.

sobre o fato,[555] mas, ao mesmo tempo, sem descuidar a "autonomia" do Direito.[556]

É claro que o vazio de sentido que emprestamos a várias normas contidas no artigo 7º da Constituição brasileira tem relação, também, com o fato de que o projeto constitucional é recente. A democracia no Brasil é extremamente jovem, ainda em fase de autoreconhecimento e assimilação. Essa é uma afirmação que explica, mas não justifica nossa inércia. Antes disso, nos compromete com um discurso transformador.

Não é por razão diversa que no contexto atual o Estado-Juiz assume a função de concretizar um discurso democrático e inclusivo, reconhecendo a existência de poderes privados, cujo lugar de fala "organizado em nome da verdade", acaba por retirar (pretensamente) a complexidade dos "conflitos sociopolíticos, apresentados pela teoria positivista do direito como simples relações individuais (atomizadas)",[557] interrogando sobre o "caráter emancipatório do direito".[558]

É o efetivo reconhecimento dessa função jurídica, pelos operadores do Direito do Trabalho, que permitirá ultrapassar a mera retórica dos direitos e dos deveres fundamentais, reconhecendo no texto constitucional, não apenas um projeto para o futuro, mas também uma condição de possibilidade de um presente mais comprometido com a justiça.

Esse presente depende, em larga medida, do que os Juízes fazem com a Constituição,[559] do convencimento de que realizar a ordem de va-

---

[555] Nesse sentido: GESTA LEAL, Rogério. *Perspectivas Hermenêuticas dos direitos humanos e fundamentais no Brasil*. Porto Alegre: Livraria do Advogado, 2000, p. 193.

[556] Em um artigo entitulado "Aplicar a letra da Lei é uma Atitude Positivista?", disponível em: www.univali.br/periodicos, Lênio Streck observa que "Paradoxalmente, depois dessa revolução copernicana representada pelo acentuado grau de autonomia do direito conquistado no Estado Democrático de Direito, está-se diante de uma crescente perda da sua autonomia, que pode ser interpretada simbolicamente, nestes tempos duros de pós-positivismo, a partir das diversas teses que apostam na análise econômica do direito, no interior das quais as regras e os princípios jurídico-constitucionais só têm sentido funcionalmente" (...) "o direito não tem DNA". E acrescenta: "o direito do Estado Democrático de Direito está sob constante ameaça. Isso porque, de um lado, corre o risco de perder a autonomia (duramente conquistada) em virtude dos ataques dos predadores externos (da política, do discurso corretivo advindo da moral e da análise econômica do direito) e, de outro, torna-se cada vez mais frágil em suas bases internas, em face da discricionariedade/arbitrariedade das decisões judiciais e do consequente decisionismo que disso exsurge inexoravelmente".

[557] GESTA LEAL, Rogério. Op. cit., p. 194.

[558] O discurso da flexibilização assume esse viés "simplista" do Direito do Trabalho, propugnando devam as relações de trabalho ser examinadas como relações privadas, integralmente sujeitas ao arbítrio dos contratantes, ignorando, propositadamente, as complexas questões que envolvem um litígio dessa natureza e que tornam utópica a efetiva 'negociação'. Nesse sentido: GALLINO, Luciano. *Il lavoro non è una merce*. Contro la flessibilità. Roma-Bari: Laterza, 2007.

[559] Nesse sentido: CANOTILHO, J.J. Gomes. *Direito Constitucional*. 6ª ed; Coimbra: Almedina, 1993; GUASTINI, Riccardo.*Teoria e Ideologia da Interpretação Constitucional*. Revista Interesse Público – INPB, Belo Horizonte, n. 40, nov./dez. 2006, pp. 217-256.; SARLET, Ingo Wolfgang. *Constituição, Direitos fundamentais e Direito Privado*. 2ª ed. Porto Alegre: Livraria do Advogado, 2006.

lores ali expressados inclui a necessidade de um "freio no ímpeto da acumulação privada de riquezas" e de "uma disciplina bem mais vigorosa no controle dos sistemas" de poder econômico.[560]

É, pois, questão substancialmente jurídica a escolha dos meios adequados ao atingimento dos fins pretendidos por uma ordem constitucional que se declara comprometida com a solidariedade, a fraternidade e a justiça. Deve ser do Direito a preocupação em conferir uma resposta "culturalmente humana" ao "problema também humano da convivência", rejeitando soluções que tolerem a exclusão ou a indiferença. Aí se compreende o ato de julgar.[561]

Ingressar com uma ação em juízo (ir até o Estado-Juiz) é dar "existência pública" ao conflito, buscando a linguagem de autoridade que é "um ato de denominação, um dizer público".[562] Isso ocorre tanto nas decisões que teimam em continuar a ver o Direito como sinônimo de Lei Ordinária,[563] quanto nas decisões que, demonstrando pleno conhecimento acerca da evolução da hermenêutica constitucional, tratam o caso concreto como mera retórica, de sorte a fazer duvidar que por trás dele existam seres humanos de verdade.[564]

---

[560] GESTA LEAL, Rogério. *Perspectivas Hermenêuticas dos direitos humanos e fundamentais no Brasil.* Porto Alegre: Livraria do Advogado, 2000, p. 194.

[561] O pensamento se dá em relação ao que está ausente. Não soluciona um fato concreto; apenas estabelece considerações dialéticas (*eu-comigo-mesmo*) sobre ele. É necessário, pois, que haja um pensamento sobre determinado fato, para que a partir dele possa haver julgamento. Hannah Arendt, ao tratar do pensamento humano, refere que pensar significa "tomar novas decisões cada vez que somos confrontados com alguma dificuldade". Por sua vez, a ausência de pensamento, embora pareça segura, também implica compromisso. Torna o ser humano frágil, na medida em que o impede de compreender e criticar. Se não pensamos, aderimos facilmente às regras de conduta, por mais estapafúrdias que sejam. Essa é certamente uma das razões que explicam o fato de que uma sociedade inteira tolerou práticas de extermínio em massa, como no caso dos judeus e ciganos no regime de Hitler, ou mesmo o fato de que o regime militar no Brasil angariou adeptos (declarados ou por omissão) e persistiu por um período de tempo tão significativo da nossa história, que há quem defenda subsista, em potência e discurso, até hoje. (TELES, Edson. SAFATLE, Vladimir (org.). *O que Resta da Ditadura*. São Paulo: Boitempo, 2010).

[562] GARAPON, Antoine. *O Juiz e a Democracia. O Guardião das Promessas*. Trad. Maria Luiza de Carvalho. 2ª ed. Rio de Janeiro: Revan, 2001, p. 166.

[563] Permanecer inerte é adotar uma ideologia. É comprometer-se com o sistema político, para perpetuar as relações de poder. Hannah Arendt alerta que negar o pensamento é fugir do medo, da responsabilidade, buscando não comprometer-se. Como o medo aniquila a felicidade, negamos pelo pensamento aquilo que não queremos que nos afete. (ARENDT, Hannah. *A Vida do Espírito*. 5ª ed. Rio de Janeiro: Relume Dumará, 2002, p. 122). Talvez isso explique, embora não justifique a postura de muitos operadores jurídicos, notadamente magistrados, que diante de fatos da vida preferem se omitir, aplicando o texto de lei sem questioná-lo, como se desse modo pudessem aplacar o medo que advém do novo.

[564] Embora o Juiz possa acreditar sinceramente na comodidade de julgar declarando a vontade da Lei de modo isento, é preciso compreender que assim agindo, ele também estará assumindo um compromisso ideológico. Não se posicionar diante dos fatos da vida, é posicionar-se optando conscientemente pela manutenção do *status quo*. "Evidentemente que Juiz não investigador do real conflito, não criativo, não contestador, interessa àqueles que são os donos da lei, àqueles que fazem a juris-

Os operadores do Direito do Trabalho, diante de norma constitucional da eloquência do inciso I do artigo 7º, já sabem o que "pretendem" dela extrair, quando a aplicam a um caso concreto. Compreendem a partir do pensamento e dele se utilizam, quando julgam.[565] Quando interpretam, portanto, é porque já compreenderam.[566]

A existência de um dever fundamental de motivar a despedida, que obriga diretamente os particulares, só adquire sentido prático, portanto, na atuação comprometida do Estado-Juiz. Dele dependerá o reconhecimento social de que existe um dever de motivação a ser observado, como condição para a validade do ato de despedir. Por isso, a doutrina insiste

---

prudência, àqueles que ensinam: os julgadores ser-lhes-ão instrumento de suas verdades". (BUENO DE CARVALHO, op. cit., p. 95).

[565] STRECK, Lenio Luiz. *Da Crise da Hermenêutica à Hermenêutica da Crise: compreendemos porque interpretamos ou interpretamos porque compreendemos?*. In Revista da Academia Brasileira de Direito Constitucional. V. Curitiba, PR: Academia Brasileira de Direito Constitucional, n. 5, 2004-09-21, p. 241-292. Por isso, Lênio Streck escreve que "a partir de um olhar hermenêutico, é possível afirmar, entre outras coisas, que o julgador não decide para depois buscar a fundamentação; ao contrário, ele só decide porque já encontrou o 'fundamento'. (Op. cit., p. 246). O autor menciona que apesar da revolução hermenêutica havida no século XX, o imaginário dos juristas permanece povoado da ideia de que a linguagem constitui "uma terceira coisa que se interpõe entre um sujeito (o intérprete do direito) e um objeto (a 'realidade')", de tal sorte que continuam laborando em um "universo da ultrapassada – porque metafísica – relação cognitiva sujeito-objeto". Por consequência, a "verdade torna-se produto de uma adequada manipulação desse 'procedimento cognitivo'", dando a ilusão de que pode ser alcançada a "certeza do processo interpretativo".

[566] OLIVEIRA, Manfredo Araújo de. *Reviravolta Lingüístico-Pragmática na Filosofia Contemporânea*. Coleção Filosofia. 2ª ed. São Paulo: Ed Loyola, 2001, p. 30. Assevera que "desde o *Crátilo* de Platão, a linguagem é considerada como instrumento secundário do conhecimento humano. O mundo conhecido reflete-se se valendo das frases da linguagem. Há, pois, uma relação entre linguagem e mundo, realizada por meio do caráter designativo da linguagem: as palavras são significativas na medida mesma em que designam objetos[...]. Para saber qual é a significação de uma palavra qualquer, temos que saber o que por ela designado. [...] Linguagem é condição de possibilidade da comunicação do resultado do conhecimento humano". Sobre o papel da linguagem nas atividades humanas de pensar e julgar, Manfredo Oliveira apresenta, sob o ponto de vista estritamente filosófico, o que Ovídio identificara ao trabalhar o conceito de *jurisdição*. Ambos salientam o fato de que a linguagem enquanto identificada como mero instrumento de produção de sentido na relação sujeito-objeto, perde seu verdadeiro caráter de representação do diálogo do *"eu-comigo-mesmo"* que se estabelece no sujeito que pensa. E, com isso, perde seu sentido. Passa a constituir mera atribuição de um significado preexistente. Desse modo, acabamos por equiparar julgamento à mera declaração. Diz o mestre: "O conceito de jurisdição que nos foi legado pelo direito romano tardio pressupunha a distinção clara e radical entre a função declaratória do direito, enquanto *ius dicere* e o *facere* com que o magistrado haveria de socorrer o litigante, impondo uma ordem, a ser cumprida pelo demandado, quer dizer, se o direito não fosse 'da se sufficiente' para realizar-se através de uma atividade própria e exclusiva do titular. [...] o pensamento moderno, ao conceber a jurisdição como declaração de direitos, separando julgamento e ordem – além de reduzir as ações apenas às três espécies formadoras do processo de conhecimento (declaratórias, constitutivas e condenatórias) – produtoras de consequências exclusivamente normativas, e não fáticas – presta tributo excessivo àquele pressuposto teórico, autêntico paradigma. [...] A identificação que a doutrina faz entre decidir e julgar é talvez o testemunho mais eloqüente de que a jurisdição, tal como ela é concebida por nosso direito, resume-se numa pura declaração". (BAPTISTA DA SILVA, Ovídio A. *Jurisdição e Execução na Tradição Romano-Canônica*. 2ª ed. São Paulo: Revista dos Tribunais, 1997, p. 31- 36).

na importância do controle judicial da opção empresarial pela ruptura do vínculo,[567] e diverge sobre seu âmbito de incidência.[568]

A tarefa do Estado-Juiz, enquanto responsável por fazer valer o dever fundamental contido no inciso I do art. 7º da Constituição brasileira, é desvelar o que há de pré-concebido, para então compreender o conteúdo da norma. Isso implica, por exemplo, reconhecer a importância da historicidade, como condição de possibilidade da compreensão, porque compreendemos a partir de uma tradição da qual não dispomos.[569] Nós nos sujeitamos a ela. Eis o primeiro passo para a compreensão do discurso jurídico dominante acerca das normas de proteção contra a perda do lugar de trabalho, capaz de permitir questionarmos o julgamento que nega a construção da ordem constitucional vigente.

A importância de contextualizar o fenômeno jurídico, emprestando relevância aos processos democráticos de construção dos princípios e regras, quando da sua interpretação/aplicação, também é salientada por Juarez Freitas, para quem sistema jurídico é "uma rede axiológica e hierarquizada topicamente" de princípios, valores e regras, cuja função é a de "dar cumprimento aos objetivos justificadores do Estado Democrático, assim como se encontram consubstanciados, expressa ou implicitamente na Constituição".[570]

A ruptura com essa ideia de tradição, de reconhecimento dos valores contidos na constituição de um Estado democrático, pode ser percebida com nitidez no período que se segue à Revolução Francesa. Mesmo ali, porém, "a exigência de superação de todo e qualquer pré-conceito, que constitui o ideal do Iluminismo, se revela como um pré-conceito que precisa ser questionado, a fim de abrir espaço a finitude humana".[571]

---

[567] BAYLOS, Antonio. PÉREZ REY, Joaquín. *El Despido o La violencia Del Poder Privado*. Madrid: Editorial Trotta, 2009.

[568] VALENTINI, Vicenzo. *Licenziamento e Reintegrazione. Il Dialogo tra giurisprudenza e dottrina*. Torino: Giappichelli, 2008; ICHINO, Pietro. *Lezioni di Diritto del Lavoro. Un Approccio di Labour and Economics*. Milano: Giuffrè, 2004.

[569] Para Gadamer, não é a história que nos pertence, na verdade nós é que pertencemos a ela. [...] A historicidade não é, para Gadamer, simplesmente a determinação do limite da razão e de sua pretensão de atingir uma verdade absoluta, mas é, muito mais, a condição positiva para o conhecimento da verdade. Daí a conclusão: exigir um critério para uma verdade absoluta significa nada mais do que cultuar um ídolo metafísico. [...] a ontologia não é mais pergunta pelo efetivamente existente, mas pelo 'Ser enquanto sentido', a partir de onde somente se pode determinar o que seja a realidade e em que grau algo pode valer como real. O Ser, enquanto sentido, dá-se lingüisticamente, na formulação de Gadamer: 'O Ser que pode ser compreendido é Linguagem'. Daí "por que a linguagem emerge como horizonte intranscendível da ontologia hermenêutica." (GADAMER, Hans-Georg. *Verdade e Método I: Traços fundamentais de uma hermenêutica filosófica*. 6ª ed. [Trad. MEURER, Flávio Paulo]. Rio de Janeiro: Vozes, 2004).

[570] FREITAS, Juarez. *A Interpretação Sistemática do Direito*. 4ª ed. São Paulo: Malheiros, 2004, p. 54.

[571] GADAMER, Hans-Georg. *Verdade e Método I: Traços fundamentais de uma hermenêutica filosófica*. 6ª ed. [Trad. MEURER, Flávio Paulo]. Rio de Janeiro: Vozes, 2004.

Ao estipular a verdade, desconectada da história (com a qual precisávamos romper), o Iluminismo nega todas as outras realidades possíveis. Parte de uma premissa inquestionável e, portanto, atua com base em um pré-conceito que nos impede de exercer verdadeiro raciocínio crítico. Entretanto, se a razão só existe enquanto história, como defende Gadamer, até mesmo a ideia de autoconstrução absoluta da razão, pretendida pelo Iluminismo, constitui uma falácia.[572]

O pensamento racionalista distancia o homem da sua história, como se fosse possível agir sem estar comprometido com a epocalidade que define o homem como "ser-no-mundo". Na medida em que a Lei passa a representar a razão transformada em experiência, constituindo "expressão formal indispensável do fenômeno de racionalização da ordem política",[573] não é preciso julgar. Canotilho ressalta que o distanciamento que o paradigma iluminista acaba provocando entre a Lei [como força "criadora e conformadora da razão" e a História é fruto da necessidade política, advinda do rompimento com as antigas leis do reino, quando da Revolução Francesa.[574]

Disso extraímos que, em sua raiz, o Iluminismo reflete o modo-de-ser-no-mundo dos homens que o forjaram como teoria política e que, a despeito de tudo que defenderam, estavam sim amplamente comprometidos com sua historicidade, pois visavam à manutenção de uma classe política no poder. A teoria falha, pois, em sua gênese. Pretende reduzir a linguagem a mero instrumento,[575] mas o faz agindo de modo compro-

---

[572] "Um pré-conceito básico do Iluminismo, assumido pelo historicismo, é o de que a subjetividade do conhecimento só é alcançável pela superação da situacionalidade própria à subjetividade que compreende; portanto, o ideal era eliminar os pré-conceitos por meio de um método seguro".(Op. cit., p. 228-9).

[573] CANOTILHO, J.J. Gomes. *Direito Constitucional e Teoria da Constituição*. 5ª ed. Coimbra: Almedina, 2000, p. 108.

[574] Assim, "ao contrário do que tem sido sustentado a partir do universo metafísico calcado nos princípios epocais, que sempre possuem um caráter entificador e por isso põem a linguagem como objeto, o intérprete não possui a linguagem; é a linguagem que o possui, desde sempre; é, enfim aquilo que nos carrega". STRECK, Lenio Luiz. *Da Crise da Hermenêutica à Hermenêutica da Crise: compreendemos porque interpretamos ou interpretamos porque compreendemos?*. In Revista da Academia Brasileira de Direito Constitucional. V. Curitiba, PR: Academia Brasileira de Direito Constitucional, n. 5, 2004-09-21, p. 241-292.

[575] Por muito tempo, defendeu-se a ideia de que entre compreensão e linguagem havia uma diferença substancial. A linguagem era vista como instrumento a ligar mundos totalmente dissociados: o mundo dos fatos, apresentado ao mundo do direito, pelo advento da linguagem, mediante a qual a norma jurídica é desvelada e aplicada ao caso concreto. Wittgenstein supera essa tradição, defendendo que para que alguém "signifique algo" para outrem, de modo a estabelecer uma comunicação, é preciso que "este outro compreenda o que é significado". A linguagem é algo que "figura o mundo sobre o qual ela fala e a respeito do qual nos informa", e por isso mesmo "só tem significação enquanto elemento, isto é, enquanto membro de uma frase". (Manfredo Oliveira, op. Cit., p. 107 -113) Logo, "a compreensão depende da *situação histórica* em que a frase é usada e não do ato intencional de querer significar. O compreender (...) é um elemento de uma forma de vida, na qual se está inserido em

metido e, pois, partindo de uma pré-compreensão do que pretende seja a função legitimadora da linguagem. Usa a linguagem jurídica como veículo de algo que já está compreendido: a ideia de manutenção da burguesia no poder.

Voltamos à afirmação anterior: não há discurso desprovido de contaminação ideológica. A própria ideia de Lei como fonte reveladora da "verdade" implica adoção de uma ideologia bem definida.[576] Daí decorre a insistência na necessidade dos juristas contemporâneos, de que seja editada uma lei que expresse o que a norma constitucional do inciso I do art. 7º já reconhece.[577]

Examinar a função do Poder Judiciário e o urgente reconhecimento de um dever de atuação conforme a nova ordem constitucional, no que concerne ao tema da perda do lugar de trabalho, passa necessariamente pela recuperação do sentido de "julgar" que implica imiscuir-se nas peculiaridades do caso concreto para, partindo de nossa pré-compreensão sobre o tema, compreender o que ocorreu e, com isso, decidir.[578]

A decisão, porém, não deve ser arbitrária, mas determinada pelos valores, princípios e regras contidos no ordenamento jurídico. Como menciona Juarez Freitas, devemos conferir "um sentido unitário à vontade da Constituição, construída (mais do que descoberta) no inescapável círculo hermenêutico, numa gadameriana 'fusão de horizontes' que acontece tópica e sistematicamente".[579]

O projeto constitucional que se transformou em realidade há duas décadas, é fruto de uma abertura democrática recente e sofrida. Reflete

---

virtude do contexto sócio-histórico". (IBIDEM, p. 125). Assim, a linguagem não serve apenas para designar o mundo, até porque não há um "mundo em si independente da linguagem". As palavras não têm "essência", sendo impossível conferir-lhes um significado, sem contextualizá-las.

[576] Luis Alberto Warat menciona, com propriedade, que "um discurso coerente e sistemático não deixa, por isso, de ser ideológico. A organização coerente de um discurso, por vezes, permite silenciar problemas; através de tais silêncios, os discursos cumprem funções políticas na sociedade, tornando-se, a partir dessa coerência, um discurso ideológico. [...] um discurso da ciência terá uma dimensão ideológica ineliminável". (WARAT, Luis Alberto. *O Direito e Sua Linguagem*. 2ª versão. Porto Alegre: Sergio Antonio Fabris Editor, 1995, p. 50).

[577] Como refere Ovídio Baptista, "o abandono da epistemologia das ciências da descoberta, até agora aplicada ao Direito, de modo que se possa recuperar a sua *historicidade*, significa libertá-lo do espírito dogmático, reintroduzindo-o no domínio das ciências da *compreensão*, de que o direito processual foi retirado em virtude da pretensão do racionalismo de torná-lo uma ciência demonstrativa". BAPTISTA DA SILVA, Ovídio A. *Processo e Ideologia*. Rio de Janeiro: Forense, 2004, p. 79.

[578] Pontes de Miranda, em uma obra ainda atual, critica essa lógica dogmática, afirmando que "a tese do realismo, assim como o empirismo e o materialismo, são inexperimentáveis. São posições." Ressalta, pois, a busca de significados, e não de uma verdade absoluta, pois do contrário "todos comprometem o que é indispensável e capital para o cientista: a livre disponibilidade do espírito". (PONTES DE MIRANDA. *O Problema Fundamental do Conhecimento*. 2ª ed. Rio de Janeiro: Editor Borsoi, 1972, p. 274).

[579] FREITAS, Juarez. *A Interpretação Sistemática do Direito*. 4ª ed. São Paulo: Malheiros, 2004, p. 58.

uma tendência em nível internacional ao reconhecimento (ou resgate) da importância do valor liberdade. Uma liberdade democrática e que, mesmo para autores liberais como Rawls, deve necessariamente ser inclusiva. Trata-se de afirmações que encontramos na grande maioria dos livros de Direito.

Os autores, inclusive no âmbito trabalhista, reconhecem o importante passo adiante representado pela Constituição brasileira de 1988 e sublinham a necessidade de concretizá-la. Na prática, porém, a ordem constitucional está bem longe de se tornar realidade, sobretudo, no que concerne às questões ligadas à perda do lugar de trabalho, como pudemos facilmente perceber no decorrer desse estudo.

Esse é o cerne da questão relativa à eficácia do dever fundamental contido no inciso I do art. 7º da Constituição brasileira. Mesmo reconhecendo como verdadeira toda a argumentação até aqui expendida, ainda precisamos em alguma medida comprometer o operador do direito com a ordem constitucional vigente. Uma ordem cujo conteúdo não é uníssono e tem de ser constantemente complementado pelo intérprete.

Precisamos identificar quais os mecanismos capazes de garantir a vinculação do operador jurídico à norma constitucionalmente válida e, em nosso caso, apontar caminhos que permitam o reconhecimento e a aplicação do dever de motivação do ato de denúncia do contrato de trabalho.

A compreensão do que encerra o ato de julgar nos dá pistas importantes para entender esse discurso jurídico estéril, que simplesmente teima em não conferir outro conteúdo à norma do inciso I do art. 7º da Constituição brasileira, do que aquele contido no Ato das Disposições Constitucionais *Transitórias*. Não é, porém, suficiente. Ainda não sabemos qual é o caminho para que a Constituição seja vista em sua plenitude, para que o direito a uma relação de emprego protegida contra despedida arbitrária seja realidade para os trabalhadores brasileiros.

A inquietação experimentada no âmbito das relações de trabalho, especialmente quando o tema é a perda do lugar de trabalho, não é diversa daquela vivida por operadores do Direito em outras áreas. O tema da vez, não por acaso, é o ativismo judicial ou a extensão do papel do Juiz no âmbito de um Estado Democrático de Direito.

A preocupação revela uma crise de instituições. Decorre do fato objetivo de que o legislador vem se omitindo em seu dever de conformar a ordem jurídica ao discurso constitucional introduzido no Brasil em 1988. Decorre, também, da circunstância de que o Estado-Juiz chamado a desempenhar a função de guardião e concretizador das promessas da modernidade, muitas vezes, se perde de suas atribuições originárias, assumindo às vezes de legislador ou administrador, sem que tenha legitimidade democrática para tanto.

Identificar a função do Estado-Juiz para a concretização do dever de motivar é, pois, tarefa indispensável nessa investigação.

4.4.2. O Estado-Juiz e a proibição de proteção insuficiente

A concepção dos direitos fundamentais como direitos dotados de dupla função, constituindo-se como "proibições de intervenção" e "imperativos de tutela"[580] é reflexo do avanço da teoria acerca dos direitos fundamentais, reconhecendo-lhes o papel de agentes na construção de um Estado Democrático de Direito. Para que façam diferença, emprestando realidade à quimera constitucional, os direitos fundamentais devem vincular os particulares, ao mesmo tempo em que impõem ao Estado um limite dentro do qual sua atuação é imprescindível.

Trata-se da doutrina dos chamados "deveres de proteção" do Estado, pela qual o Estado abandona sua posição de "adversário" dos direitos fundamentais, para assumir uma postura de "garante", "guardião desses direitos".[581]

Além da função tipicamente liberal, pela qual os direitos fundamentais conduzem, "sem mais, a proibições de intervenção no tráfico jurídico-privado e a direitos de defesa em face de outros sujeitos de direito privado",[582] reconhece-se uma função protetiva.

Os direitos fundamentais como "imperativos de tutela" impedem que "se desça abaixo de certo mínimo de protecção", que se pode denominar como "proibição de insuficiência", interferindo, inclusive, na "autovinculação das partes por contrato", já que "a vinculação contratual, tendo embora, na verdade, o seu fundamento primário na autonomia privada das partes, apenas adquire vigência no plano jurídico-positivo mediante um 'reconhecimento' por parte do Estado e da ordem jurídica".[583]

Para Canaris, essa função de imperativo de tutela, que se imiscui inclusive na manifestação de vontade nas relações privadas, sequer rompe com a concepção clássica de Estado e de Direito. Antes, para ele "estabelecer limites à autonomia privada corresponde, mesmo, ao pensamento

---

[580] CANARIS, Claus-Wilhelm. *Direitos fundamentais e Direito Privado*. Coimbra: Almedina, 2ª reimpressão, 2009, p. 36.

[581] FELDENS, Luciano. *Direitos fundamentais e Direito Penal*. Porto Alegre: Livraria do Advogado, 2008, p. 77.

[582] CANARIS, Claus-Wilhelm. *Direitos fundamentais e Direito Privado*. Coimbra: Almedina, 2a reimpressão, 2009, p. 53.

[583] Idem, p. 71.

liberal clássico", pelo menos em relação a alguns direitos fundamentais de caráter personalíssimo, dos quais traz como exemplo a liberdade religiosa.

Note-se que embora evidencie a necessidade de "imperativos de tutela", Canaris não reconhece a eficácia direta dos direitos fundamentais nas relações entre privados, porque para ele o objetivo da função de imperativo de tutela no âmbito das relações entre particulares é "o de proteger os bens jurídico-fundamentais, perante intervenções fácticas por parte de outros sujeitos de direito privado, e de assegurar a sua efectiva capacidade funcional".[584] Refere-se, pois, à tutela estatal, a ser prestada tanto pelo Estado-Juiz, bem como, e principalmente, pelo Estado-Legislador.

Trata-se de uma visão consentânea com o papel tipicamente liberal do Estado de Direito, em que a tutela a ser prestada diz especialmente com a edição de leis que permitam a concretização dos direitos fundamentais. O contato entre os direitos fundamentais e as relações privadas se estabelece, portanto, por intermédio do Poder Legislativo.

Mesmo Canaris, porém, reconhece que embora o legislador ordinário tenha um amplo espaço livre para atuar, entre a proibição de excesso e a proibição de insuficiência, a aplicação dos direitos fundamentais nas relações entre privados passa pela fundamentação da "existência do dever de protecção como tal" e, num segundo momento, da verificação se o direito ordinário satisfaz "suficientemente esse dever de protecção, ou se, pelo contrário, apresenta, neste aspecto, insuficiências".[585] É na insuficiência de proteção da lei ordinária, que deve atuar o Estado-Juiz,[586] aplicando o ordenamento jurídico *a partir* de uma visão comprometida com o texto constitucional.

A teoria da proibição de insuficiência como decorrência da necessidade de eficácia dos direitos fundamentais é importante argumento para a fundamentação da obrigação que o Estado-Juiz tem de fazer valer o dever fundamental diretamente oponível ao particular. Surge na Alemanha, a partir da interpretação da Lei Fundamental Alemã, que dispõe em seu artigo 1.1, que a dignidade da pessoa humana é inviolável e que é obrigação dos poderes estatais respeitá-la e protegê-la.[587]

---

[584] CANARIS, Claus-Wilhelm. *Direitos fundamentais e Direito Privado*. Coimbra: Almedina, 2a reimpressão, 2009, p. 107.

[585] Idem, p. 123.

[586] Por isso, Canaris salienta que embora em princípio seja o legislador o responsável pela concretização dos direitos fundamentais, a partir das funções de proibição de excesso e de insuficiência, há, também, dever de controle "jurídico-constitucional de uma omissão legislativa" mediante compensação "pela jurisprudência em conformidade à Constituição". (Idem, p. 137).

[587] BALTAZAR JUNIOR, José Paulo. *Crime Organizado e Proibição de Insuficiência*. Porto Alegre: Livraria do Advogado, 2010, p. 54.

A proibição de excesso na aplicação dos direitos e deveres fundamentais implica a necessidade de submetê-los a critérios de sopesamento (proporcionalidade), a partir de uma situação concreta, verificando se a lei existente atinge (e em que grau) direitos fundamentais de modo razoável e proporcional. Pressupõe o diálogo constante entre os direitos fundamentais envolvidos, de sorte a permitir restrições e limites, quando necessários.

Por sua vez, a proibição de insuficiência gera deveres ao Estado e aos sujeitos de direito privado, "para possibilitar, no plano fáctico, o exercício efectivo do direito fundamental de outro particular". Em Canaris, um dos critérios para a identificação da necessidade de tutela, sob pena de insuficiência da proteção constitucional, é justamente "o critério da dependência do titular do direito fundamental, em relação ao comportamento do outro sujeito de direito privado".[588]

Assim, enquanto a proibição de excesso se dá em relação a um ato legislativo concreto, a proibição de insuficiência examina a "imprescindibilidade da lei ou do seu aprimoramento, para o objetivo traçado pela Constituição".[589] Portanto, enquanto a proibição de excesso está necessariamente relacionada ao dever do Estado, a proibição de insuficiência diz com a relação triangular que se estabelece entre Estado e os titulares dos direitos fundamentais em conflito. Por isso mesmo, aqui o Estado assume a função de garantidor do direito, devendo promover proteção mediante intervenção e, consequentemente, restrição a direito fundamental.[590]

Em outras palavras, a proibição de insuficiência transita justamente no campo dos deveres fundamentais, atribuindo ao Estado a função de exigir sua observância, pelos particulares.

No âmbito do Direito do Trabalho, esse dever está intimamente relacionado ao princípio da proteção, de que tratamos anteriormente, ou seja, já em sua gênese, o Direito do Trabalho, como ramo especial que é, exige do Estado uma função protetiva que se revela na necessidade de edição de leis que minimizem as diferenças objetivas entre empregado e empregador, mas também na atuação do Juiz, em fazer valer as normas trabalhistas, na realidade dos contratos.[591]

O dever de proteção que impede a insuficiência é, pois, do Estado-Legislador, mas é também do Estado-Juiz, pois "viola o dever de proteção

---

[588] CANARIS, Claus-Wilhelm. *Direitos fundamentais e Direito Privado*. Coimbra: Almedina, 2ª reimpressão, 2009, p. 111.

[589] Idem, p. 57.

[590] Idem, p. 60.

[591] LEDUR, José Felipe. *Direitos fundamentais Sociais. Efetivação no Âmbito da Democracia Participativa*. Porto Alegre: Livraria do Advogado, 2009, p. 44.

não apenas o legislador omisso, mas também o juiz que dá à legislação interpretação que não assegure proteção, como aquela que leva a um completo esvaziamento ou impossibilidade de aplicação das normas"[592] constitucionais. É exatamente isso que ocorre em relação ao inciso I do artigo 7º da Constituição brasileira.

Note-se que o dever de proteção consubstanciado na proibição de insuficiência impõe-se justamente quando a violação a um bem jurídico "configura-se como uma barreira jusfundamental geral ao exercício do direito de liberdade",[593] em uma relação privada na qual "pressupõe-se uma assimetria entre as partes envolvidas".[594]

Na relação jurídica de emprego, confrontamos a liberdade de condução do empreendimento (livre iniciativa) com o direito fundamental à relação de emprego (contido no inciso I do artigo 7º da Constituição brasileira). A assimetria nessa relação jurídica é evidente e já foi amplamente demonstrada neste estudo. O trabalhador não tem condições de, por sua conta, evitar a lesão ao seu direito fundamental, consubstanciada em uma despedida arbitrária ou abusiva, senão por meio de tutela estatal.

Percebemos, portanto, que embora a doutrina da proibição de insuficiência não assuma compromisso com a eficácia direta dos direitos fundamentais nas relações privadas, resolvendo-se, especialmente, por meio de tutela legislativa, nos moldes preconizados pela teoria da eficácia indireta ou mediata, concede-nos argumentos favoráveis à defesa da extensão dessa função de tutela ao Estado-Juiz, mediante o reconhecimento de deveres fundamentais exigíveis diretamente dos atores privados, sob pena de ineficácia do discurso constitucional.

A proibição de insuficiência é de ser aplicada a partir da técnica da ponderação ou proporcionalidade. Ao menos assim, entende a grande maioria dos doutrinadores que se ocupam do tema.

4.4.3. *A proteção suficiente a partir da técnica da proporcionalidade e do critério de proibição de retrocesso*

A proibição de insuficiência de proteção por parte de um Estado Democrático de Direito implica bem mais do que a imposição de regras ou seu afastamento, mediante declaração de incompatibilidade com a norma constitucional.

---

[592] BALTAZAR JUNIOR, José Paulo. *Crime Organizado e Proibição de Insuficiência*. Porto Alegre: Livraria do Advogado, 2010, p. 64.

[593] FELDENS, Luciano. *Direitos fundamentais e Direito Penal*. Porto Alegre: Livraria do Advogado, 2008, p. 78.

[594] Ibidem.

A insuficiência de proteção pode se consubstanciar na ausência de uma interpretação/aplicação autêntica de determinado direito fundamental. E, nesse caso, não estamos diante do excesso ou mesmo da omissão do legislador. Estamos, isso sim, diante da insuficiência de atuação do Estado-Juiz, em seu dever de exigir dos particulares uma conduta conforme a ordem constitucional vigente.

Enfrentar o problema da função do Estado-Juiz diante do dever de motivar a despedida é, em larga medida, examinar a importância da decisão judicial e o modo como ela deve/pode atrelar-se ao discurso constitucional, em uma realidade na qual mesmo as regras possuem conteúdo aberto, dependente de uma complementação por parte do intérprete.

Para Alexy, a resposta está na ponderação dos princípios constitucionais. Como "os direitos fundamentais excluem alguns conteúdos como constitucionalmente impossíveis e exigem alguns conteúdos como constitucionalmente necessários",[595] mas não traçam um único caminho, é preciso valorizar a vinculação do intérprete à Constituição. Vinculação que, para ele, passa necessariamente pela técnica da proporcionalidade.[596]

A necessidade de uso dessa técnica pressupõe o reconhecimento de que o sistema jurídico é aberto, necessariamente carente de complementação, por parte do intérprete/aplicador. Como tal, depende em larga medida de valorações jurídicas carregadas de *pré*-conceitos. Para de algum modo "amarrá-las" ao texto constitucional, é necessário seguir critérios objetivos de ponderação. Parte-se, pois, do pressuposto de que os princípios fundamentais, justamente por se caracterizarem como mandados de otimização, convivem e limitam-se mutuamente.

A distinção entre princípios e regras constitui o marco de uma teoria normativa-material dos direitos fundamentais e o ponto de partida para responder à pergunta acerca da possibilidade e dos limites da racionalidade no âmbito destes direitos. Isso porque, em regra, não é possível estabelecer uma ordem de prevalência entre princípios constitucionais. Daí concluir, o doutrinador, que a natureza princípio/lógica do Direito implica a necessidade de sopesamentos. A técnica da ponderação aparece

---

[595] ALEXY, Robert. *Teoria dos Direitos Fundamentais*. Trad. Virgílio Afonso da Silva. São Paulo: Malheiros, 2008, p. 543.

[596] No mesmo sentido, o prof. Ovídio Baptista da Silva menciona que "o juiz terá – na verdade sempre teve e continuará tendo, queiramos ou não – uma margem de discrição dentro de cujos limites, porém, ele permanecerá sujeito aos princípios da razoabilidade, sem que o campo da juridicidade seja ultrapassado". (BAPTISTA DA SILVA, Ovídio A. *Processo e Ideologia*. Rio de Janeiro: Forense, 2004, p. 271).

como um processo racional, que, entretanto, não leva a uma única solução para cada caso concreto.[597]

Alexy salienta a necessidade de não se perder de vista o texto da norma, que vincula a argumentação "por meio da criação de um ônus argumentativo a seu favor",[598] assim como ressalta a importância da gênese do processo de construção da norma.[599] Esse segundo ponto é essencial à compreensão do conteúdo do inciso I do art. 7º da Constituição brasileira. O processo constituinte de redação desse dispositivo diz muito acerca do seu conteúdo e não pode simplesmente ser ignorado no processo de interpretação/aplicação ao caso concreto.

A lei do sopesamento, porém, vai além dessas concepções. Reconhece a força normativa dos princípios, que não podem ser ignorados, quando da aplicação da norma ao caso concreto. E determina ao intérprete que indague "se a importância da satisfação de um princípio justifica o necessário grau de não satisfação de um outro".[600]

Alexy admite que isso não determinará o resultado do discurso jurídico, mas entende que haverá uma impulsão na "direção de uma estrutura racional". Crê, também, na possibilidade de estabelecer uma precedência prima facie, a partir dos valores fundamentais eleitos por determinado ordenamento jurídico, que permitem uma hierarquização flexível dos princípios, de forma a estabelecer aqueles que devem prevalecer, em determinadas espécies de conflitos.[601]

---

[597] Op. cit., p. 544. Pouco depois, Alexy refere que "é possível conciliar muita coisa com o texto das disposições constitucionais, mas não tudo. O fato de o texto requerer ou excluir uma determinada interpretação é um argumento muito forte a favor ou contra essa determinação. (...) Para superá-lo não é suficiente demonstrar que a solução contrária ao texto é melhor que a com ele compatível; as razões para a solução contrária ao texto têm que ser extremamente fortes para que, do pondo de vista da Constituição, o afastamento do teor literal fique justificado" (Idem, p. 553).

[598] Idem, p. 553. No mesmo sentido, Lenio Streck escreve que é necessária uma "resistência através da hermenêutica, apostando na Constituição (direito produzido democraticamente) como instância da autonomia do direito para limitar a transformação das relações jurídico-institucionais em um constante estado de exceção. Disso tudo é possível dizer que, tanto o velho discricionarismo positivista, quanto o pragmatismo fundado no declínio do direito, têm algo em comum: o déficit democrático. Isto porque, se a grande conquista do século XX foi o alcance de um direito transformador das relações sociais, será (é?) um retrocesso reforçar/acentuar formas de exercício de poder fundado na possibilidade de atribuição de sentidos de forma discricionária, que leva inexoravelmente às arbitrariedades, soçobrando, com isso, a própria Constituição. Ou seja, se a autonomia do Direito aposta na determinabilidade dos sentidos como uma das condições para a garantia da própria democracia e de seu futuro, as posturas axiologistas e pragmatistas – assim como os diversos positivismos *stricto sensu* – apostam na indeterminabilidade. E por tais caminhos e condicionantes que passa a tese da resposta correta em direito". (STRECK, Lenio. *Aplicar a Letra da Lei é uma Atitude Positivista*. Revista NEJ – Eletrônica, Vol. 15 – n. 1 – p. 158-173 / jan-abr 2010, disponível em: www.univali.br/periodicos, acesso em 20/11/2010).

[599] ALEXY, Robert. *Teoria dos Direitos Fundamentais*. Trad. Virgílio Afonso da Silva. São Paulo: Malheiros, 2008, p. 554.

[600] Op. cit., p. 569.

[601] Idem, p. 572.

A proporcionalidade é identificada a partir de três "passos". Em primeiro lugar, analisa-se "o grau de não satisfação ou afetação de um dos princípios". Em segundo, "a importância da satisfação do princípio colidente". Por fim, examina-se "se a importância de satisfação do princípio colidente justifica a afetação ou a não satisfação do outro princípio".[602]

A primeira crítica, que não é nova nem original, reside na constatação de que o sucesso dessa técnica depende, em larga medida, de maior precisão quanto ao alcance e o conteúdo dos princípios constitucionais. O exame da jurisprudência pátria revela a complexidade do problema. O princípio da dignidade da pessoa humana, por exemplo, citado em inúmeros acórdãos, aparece muitas vezes como um elemento de retórica a preencher o vazio da argumentação.[603] Há pouca preocupação em definir o alcance de cada princípio e talvez isso seja mesmo uma tarefa complicada, diante da plasticidade própria dessa espécie de norma jurídica.

Ainda assim, Juarez Freitas também preconiza a técnica do sopesamento como melhor saída para atrelar a decisão judicial ao conteúdo normativo da Constituição. Agrega à técnica da proporcionalidade, o que denomina princípio da "hierarquização axiológica",[604] propondo a supremacia dos princípios fundamentais, em relação às regras e mesmo aos valores, e defendendo como missão do intérprete/aplicador da lei a "superação de antinomias". Também reconhece o sistema jurídico como um sistema aberto, a ser complementado pelo operador do Direito, de forma coerente, conforme a Constituição.[605] Ressalta a importância da historicidade, dizendo que a função do intérprete é buscar o "melhor significado a partir de uma dada escolha axiológica" que, necessariamente, hierarquiza princípios, regras e valores.

A abertura do sistema determina, assim, a possibilidade de uma hierarquização diversa, dependendo do caso concreto, razão pela qual o autor defende que os princípios, valores e regras contidos no sistema jurídicos são "hierarquizáveis e nunca inteiramente hierarquizados de modo prévio". A hierarquia dependerá das "demandas concomitantes de segurança e de justiça".[606]

Para Freitas, toda a interpretação jurídica "emerge como um só processo tópico e sistemático", que determina a busca de um "equilíbrio entre formalismo e pragmatismo", na busca de "soluções que respeitem a

---

[602] Op. cit., p. 594.

[603] Nesse sentido alerta Sarlet: SARLET, Ingo Wolfgang (org.). *Dimensões da Dignidade. Ensaios da Filosofia do Direito e Direito Constitucional*. Porto Alegre: Livraria do Advogado, 2005.

[604] FREITAS, Juarez. *A Interpretação Sistemática do Direito*. 4ª ed. São Paulo: Malheiros, 2004, p. 55.

[605] Idem, p. 59.

[606] Idem, p. 64.

dimensão axiológica e o caráter histórico", preservando a unidade "substancial e formal" do Direito. Acerca da colisão de princípios, refere que a função do intérprete/aplicador consiste em "conciliá-los, ciente de que toda resolução de antinomias de normas estritas oculta um conjunto de soluções axiologicamente superiores no campo dos princípios, não apenas diferenciação no nível de linguagem".[607]

O raciocínio agrega àquele proposto por Alexy a preocupação com uma hierarquização axiológica, que tem o condão de revelar a importância dos valores fundamentais em determinado sistema, reconhecendo sua função de condição de possibilidade para uma ponderação eficaz.[608]

A técnica de sopesamento proposta por Alexy deve ser aplicada sem perder de vista, na linha teórica de Hesse, o caráter aberto e amplo da Constituição e a necessária vinculação do intérprete ao seu conteúdo. Por isso, "a meta da interpretação é encontrar o resultado constitucionalmente correto, por meio de um procedimento racional e controlável e da fundamentação deste resultado de modo igualmente racional e controlável".[609] Eis a grande dificuldade: identificar qual é o procedimento "racional e razoável", passível de controle, capaz de garantir uma resposta constitucionalmente adequada.

Sarlet também preconiza a necessidade de sopesamento de princípios, salientando que, especialmente nas relações privadas, exige-se "uma ponderação entre a proteção da dignidade da pessoa humana e do mínimo existencial (ou do núcleo essencial, quando não idêntico ao conteúdo em dignidade) dos direitos a prestações, por um lado, e da autonomia privada ou outros bens fundamentais, por outro".[610]

---

[607] FREITAS, Juarez. *A Interpretação Sistemática do Direito*. 4ª ed. São Paulo: Malheiros, 2004, p. 68-69.

[608] Juarez Freitas refere que a função do intérprete, diante dos direitos fundamentais, é resolver antinomias, que define como "incompatibilidades possíveis ou instauradas entre regras, valores ou princípios jurídicos, pertencentes validamente ao mesmo sistema jurídico, tendo de ser vencidas para a preservação da unidade e da coerência sistemática e para que se alcance a efetividade máxima da pluralista teleologia constitucional". (Idem, p. 102). O princípio da hierarquização axiológica é, para ele, exigência da "racionalidade jurídica", e explica que "o princípio da hierarquização é que, em instância última, diz sobre se deve preponderar, por exemplo, o princípio da legalidade ou se, por exceção, em respeito a outro princípio hierarquizado como mais importante – qual seja, o da confiança – deve se evitar, em situações excepcionais, a injusta anulação de um ato administrativo" (Idem, p. 117).

[609] FREITAS, Juarez. *A Interpretação Sistemática do Direito*. 4ª ed. São Paulo: Malheiros, 2004, p. 125. Interessante observar que apesar de concordar com a necessidade de sopesamento, Juarez Freitas compreende como necessária a busca de uma resposta constitucionalmente adequada, de que nos fala Dworkin.

[610] SARLET, Ingo Wolfgang. *A Influência dos Direitos Fundamentais no Direito Privado: o caso brasileiro*. In MONTEIRO, Antonio Pinto. NEUNER, Jorg. SARLET, Ingo (orgs). Direitos Fundamentais e Direito Privado. Uma Perspectiva de Direito Comparado. Coimbra: Almedina, 2007, p. 111-144.

O autor reconhece que os direitos fundamentais sociais geram efeitos diretos *prima facie* no âmbito das relações privadas, exatamente porque "possuem, em regra, um vínculo mais ou menos intenso com a dignidade da pessoa humana", já que se trata de garantia de "um mínimo existencial para uma vida digna que, de resto, encontra reconhecimento mesmo no âmbito de determinadas concepções liberais de justiça social".[611]

Em outra obra, na qual trata especificamente do princípio/regra da dignidade da pessoa humana, Sarlet observa que "coexistem, em verdade, duas espécies de normas de dignidade da pessoa (princípio e regra)" e que, enquanto princípio, a dignidade da pessoa humana, muitas vezes, assume precedência em face dos demais princípios".[612] Tempera, pois, a noção de sopesamento, presente na obra de Alexy, acrescentando-lhe o reconhecimento da importância diferenciada do "conteúdo em dignidade" dos direitos fundamentais.

Afirma que "os direitos e garantias fundamentais encontram seu fundamento direto, imediato e igual na dignidade da pessoa humana, do qual seriam concretizações", na medida em que tais direitos e garantias podem "ser reconduzidos de alguma forma à noção de dignidade da pessoa humana, já que todos remontam à ideia de proteção e desenvolvimento das pessoas, de todas as pessoas".[613]

Talvez tenhamos aqui o diferencial que torna eficaz a técnica da proporcionalidade. Além de observar os parâmetros propostos por Alexy, parece indispensável reconhecer, em cada caso concreto, o "conteúdo em dignidade" dos direitos fundamentais em conflito, a fim de – a partir disso – justificar limites e restrições. A finalidade do princípio já citado, que assume aqui valor especial, é justamente "impor limites aos direitos fundamentais", "restrições à atividade limitadora no âmbito dos direitos fundamentais", para "coibir eventual abuso que pudesse levar ao seu esvaziamento".[614]

Trata-se de um parâmetro para a aferição do que Alexy denomina como proibição de "insuficiência e demasia", que pode ser examinada desde a lógica de Habermas, para quem a aplicação dos princípios constitucionais no âmbito do "faticamente possível" exige necessária relação

---

[611] SARLET, Ingo Wolfgang. *A Influência dos Direitos Fundamentais no Direito Privado*. Op. cit.

[612] SARLET, Ingo Wolfgang. *Dignidade da Pessoa Humana e Direitos Fundamentais na Constituição Federal de 1988*. 3ª ed. Porto Alegre: Livraria do Advogado, 2004, p. 74.

[613] Idem, p. 79.

[614] Idem, p. 118.

com as finalidades, de sorte que direitos individuais podem ser sacrificados em nome de finalidades coletivas.[615]

A insuficiência no trato dos direitos e deveres fundamentais passa pela impossibilidade de construir uma única resposta correta para cada hipótese em que necessário o sopesamento de princípios, enquanto a demasia estaria na completa retirada da discricionariedade e mesmo da função do legislador derivado, que se restringiria à "constatação daquilo que já foi decidido pela Constituição".[616]

Alexy reconhece a existência de uma "lacuna de racionalidade" a ser preenchida pelo "discurso dos direitos fundamentais", que persegue o "atingimento de resultados constitucionalmente corretos".[617] Aqui, acaba aproximando-se um pouco da teoria de Dworkin, ao qual tece críticas. Para Dworkin, o objetivo político do processo e, pois, do Estado-Juiz, pensado sob uma perspectiva ética, é descobrir a resposta constitucionalmente correta.[618] Na mesma linha de argumentação, Lenio Streck entende ser possível "encontrar uma resposta constitucionalmente adequada para cada problema jurídico",[619] justamente porque compreende hermenêutica como interpretação/aplicação do Direito.

Para ele, "negar a possibilidade de que possa existir uma resposta correta pode vir a se constituir – sob o ponto de vista da hermenêutica filosófica – em uma profissão de fé no positivismo e, portanto, na discricionariedade judicial, uma vez que o caráter marcadamente não relativista da hermenêutica é incompatível com a existência de múltiplas respostas". O autor traça um paralelo entre o positivismo, centrado na ampla possibilidade de discricionariedade, verificada já nas técnicas clássicas de aplicação do direito e o ativismo judicial que se dissocia do texto da norma, conferindo ao Estado-Juiz um "excesso de liberdade na atribuição dos sentidos".[620]

---

[615] ALEXY, Robert. *A Teoria dos Direitos fundamentais*. Trad. Virgilio Afonso da Silva. São Paulo: Malheiros, 2008, p. 576.

[616] Idem, p. 578.

[617] Idem, p. 573.

[618] DWORKIN, Ronald. *Levando os Direitos a Sério*. Trad. Nelson Boeira. São Paulo: Martins Fontes, 2010, p. 430.

[619] STRECK, Lenio. *Aplicar a Letra da Lei é uma Atitude Positivista*. Revista NEJ – Eletrônica, Vol. 15 – n. 1 – p. 158-173 ,jan-abr 2010, disponível em: www.univali.br/periodicos, acesso em 20/11/2010.

[620] Para Streck, "a resposta constitucionalmente adequada é o ponto de estofo em que exsurge o sentido do caso concerto (da coisa mesma). Na coisa mesma (Sache selbst), nessa síntese hermenêutica, está o que se pode denominar de a resposta hermeneuticamente (mais) adequada, que é dada sempre e somente na situação concreta. Este é o salto que a hermenêutica dá em relação às teorias da argumentação, que são procedimentais. A tese da resposta hermeneuticamente adequada é, assim, corolária da superação do positivismo – que é discricionário, abrindo espaço para várias respostas e a consequente livre escolha do juiz – pelo neoconstitucionalismo, sustentado em discursos de aplica-

A preocupação, na retomada de um "compromisso" do intérprete com o texto da norma, é reveladora da crise de legitimidade de que falávamos anteriormente. Tanto a teoria de que existe uma resposta correta, quanto àquela que admite várias respostas, a serem alcançadas mediante sopesamento de princípios, consideram a necessidade de atribuir significado especial à Constituição. Delas, portanto, extrai-se especialmente a necessidade de coerência do sistema jurídico, ultrapassando definitivamente o pensamento positivista, pelo qual havia uma só instância constitucional de produção do direito, com a consequente redução das noções de direito e justiça àquilo que diz a lei.

O Estado Constitucional, ou a atribuição de novo sentido à Constituição, implicou uma importante "mutação genética", quanto à função da regra escrita no ordenamento jurídico.[621] A função da Constituição passou a ser a de estabelecer valores e princípios mais "altos", cogentes inclusive para o legislador, visando a resgatar uma coerência sistêmica, e, de consequência, a própria função do Direito.[622]

Nessa perspectiva, o reconhecimento de que existe uma resposta constitucionalmente adequada para cada caso concreto parece vir ao encontro da função assumida pela Constituição, desde a ótica dos direitos e deveres fundamentais. A força sistemática e coerente da Constituição não pode ser compreendida como mera substituta da força antes pertencente à lei e é nesse sentido a crítica formulada por Dworkin. Essa "resposta constitucionalmente adequada" encontra-se provavelmente onde conseguimos identificar o conteúdo em dignidade dos direitos em conflito.

A técnica da ponderação é um interessante auxiliar à decisão judicial, desde que compreendida a partir dessa ótica de um discurso constitucional comprometido com a dignidade da pessoa humana. Mesmo Alexy reconhece isso, quando refere que o sopesamento, quando adequadamente realizado, conduz ao melhor caminho para a solução da controvérsia.

A técnica da proporcionalidade e o reconhecimento da existência de uma resposta constitucionalmente adequada, não se excluem necessariamente. A primeira é uma técnica, e como tal deve ser aplicada. A segunda é uma proposta de reconhecimento da função do Estado-Juiz, como defensor/aplicador da Constituição, aliado ao reconhecimento de que o texto constitucional tem um propósito claro, que não pode ser desvirtuado pelo intérprete. A elas soma-se a noção de dignidade da pessoa humana como princípio norteador da função do intérprete e que determina a pre-

---

ção, intersubjetivos, em que os princípios têm o condão de recuperar a realidade que sempre sobra no positivismo" (Idem).

[621] ZAGREBELSKY, Gustavo. *Diritto Mite*. Torino: Einaudi, 1992, p. 38-39.

[622] Idem, p. 48.

cedência *prima facie* das normas que melhor explicitam ou preservam o conteúdo em dignidade do direito que se pretende efetivado.[623]

A diferença entre as teorias do discurso jurídico defendidas por Alexy e Dworkin, que não é pequena nem pode ser negligenciada, diz respeito, justamente, ao reconhecimento da possibilidade ou não de discricionariedade judicial. A técnica do sopesamento implica necessariamente "duplo poder discricionário por parte do Juiz", seja pela "criação de uma hierarquia axiológica entre os dois conflitos envolvidos", seja pela possibilidade de "mudança do valor comparativo dos dois princípios à luz de uma nova e diferente controvérsia a resolver". Nesse sentido, Riccardo Guastini reconhece que a técnica da ponderação determina a aplicação de um princípio, em detrimento de outro, apenas para determinado caso concreto.[624]

De outro lado, o reconhecimento de que existe uma resposta correta ou adequada busca eliminar a possibilidade de discricionariedade judicial. Interessante é que o faz com o intuito de emprestar eficácia à norma constitucional, como uma resposta ao fato de que, no Brasil, passados mais de vinte anos, continuamos insistindo em uma interpretação/aplicação das normas, completamente dissociada do discurso constitucional vigente. Quer nos parecer, na linha do que afirmava Ovídio Baptista, que é ilusório pretender a eliminação da discricionariedade do ato de julgar.[625] O problema está justamente no que compreendemos como discricionário e que não se confunde com o conceito de arbitrariedade.

A discricionariedade, presente também no âmbito dos atos administrativos, se qualifica como possibilidade de escolha, dentre as situações permitidas/previstas pelo legislador. O nosso sistema jurídico em inúmeras hipóteses propõe mais de uma solução ao intérprete, razão bastante para perceber a inviabilidade da pretensão de extinção da discricionariedade no âmbito de atuação do Estado-Juiz. O que Dworkin ataca, com razão, é a arbitrariedade judicial, caracterizada por decisões que falham em sua argumentação e se dissociam dos valores, princípios e normas considerados fundamentais pela Constituição.

De qualquer modo, o tema do dever de motivação da dispensa serve para evidenciar essa crise que se esconde por trás das teorias acerca da decisão judicial e, pois, do papel do Estado-Juiz, no contexto de um país

---

[623] HABERLE, Peter. *A Dignidade como Fundamento da Comunidade Estatal*. In SARLET, Ingo W. (org.) Dimensões da Dignidade. Ensaios de Filosofia do Direito e Direito Constitucional. Porto Alegre: Livraria do Advogado, 2005, p. 89-152.

[624] GUASTINI, Riccardo. Teoria e Ideologia da Interpretação Constitucional. *Revista Interesse Público – INPB*, Belo Horizonte, n. 40, nov./dez. 2006, p. 217-256.

[625] BAPTISTA DA SILVA, Ovídio A. *Processo e Ideologia*. Rio de Janeiro: Forense, 2004, p. 271.

constitucional. A técnica do sopesamento serve para a aplicação integral do conteúdo do inciso I do art. 7º da Constituição brasileira, se assumimos a perspectiva de que os valores sociais do trabalho (o princípio/dever de proteção) possuem uma precedência prima facie em relação ao princípio de liberdade expressado pela proteção à autonomia privada, justamente porque ao limitá-la impede sua autodestruição.[626]

Essa precedência não é arbitrária, não está disponível à escolha do Estado-Juiz. Foi fixada na Constituição brasileira, quando já em seu artigo 1º estabelece que são fundamentos da República os valores *sociais* do trabalho e *da* livre iniciativa. Retomamos aqui o discurso feito em capítulo anterior, acerca da importância da adoção do paradigma da solidariedade e do compromisso que esse valor estabelece, em relação à interpretação/aplicação de todas as normas jurídicas.

A técnica da ponderação deve ser utilizada desde a perspectiva de compromisso com esse valor fundamental, de sorte que ao intérprete cabe interrogar-se acerca da existência de um dever de proteção e, em seguida, a propósito da suficiência de proteção oferecida não apenas pelo Estado, mas também pelo particular.

No caso em exame, a existência do dever de proteção contra a dispensa ressai nítida, dos termos do inciso I do artigo 7º da Constituição brasileira. A suficiência da proteção oferecida pelo Estado-Legislador e pelo particular deve ser aferida a partir da sua capacidade para proteger o núcleo essencial do direito tutelado. Pois bem, o pagamento de indenização e um parco sistema de seguro-desemprego temporário certamente não oferecem ao trabalhador brasileiro proteção *contra* a despedida arbitrária, núcleo do direito fundamental à relação de emprego "protegida", de que nos fala o dispositivo constitucional antes referido.

Assim, trazendo o discurso para a prática das relações de trabalho, parece-nos possível a defesa, a partir do conteúdo ético da função do Estado-Juiz e da utilização dos critérios propostos pela técnica da ponderação, de que a resposta constitucionalmente adequada ao trabalhador despedido sem qualquer motivação é a declaração de arbitrariedade do ato, e consequente reintegração no emprego, por força do que estabelece o dispositivo constitucional antes mencionado.

---

[626] A afirmação carece, aqui, de maiores explicações. Tudo o que já escrevemos acerca da origem e da evolução do Direito do Ttrabalho, e do quanto regras imperativas que limitem a autonomia privada servem, e sempre serviram, à manutenção e à viabilidade do sistema capitalista de produção, é o que nos permite afirmar que conferir precedência ao princípio/dever de proteção é, em última análise, um modo de preservar o núcleo essencial da autonomia privada nas relações de trabalho (nota da autora).

Os argumentos que sustentam essa afirmação residem no reconhecimento de que o sistema jurídico optou claramente pelo valor solidariedade, em detrimento do paradigma individualista do liberalismo clássico, conformando a ordem econômica à observância de uma função social e a livre iniciativa aos valores sociais do trabalho humano. Residem, ainda, na dicção do dispositivo que estamos examinando que, ao *proteger contra* impõe limite à ordem jurídica vigente, vedando despedida que se configure como arbitrária. Encontram fundamento, também, no processo constituinte de formação da norma, que evidencia um consenso entre interesses antagônicos, reconhecendo um pluralismo razoável, na linha da concepção de justiça de John Rawls.

Por fim, sustentam-se na circunstância de que a perda do lugar de trabalho tem consequências negativas que extrapolam a esfera jurídica individual e que, bem por isso, reclamam a intervenção do Estado.

A resposta constitucionalmente adequada de que existe um dever de motivar a despedida, em face do que dispõe o inciso I do art. 7º da Constituição brasileira, também está informada pela noção de proibição de retrocesso social, que esse dispositivo constitucional expressamente alberga quando, em seu *caput* refere que os direitos dos trabalhadores ali contemplados não excluem outros que visem à melhoria de sua condição social.

A proibição de retrocesso social[627] é o princípio que fundamenta a necessidade e a importância do controle da constitucionalidade das normas, como forma de preservação do sistema jurídico. Para o nosso estudo, interessa enquanto elemento de preservação do texto constitucional e de contaminação das regras infraconstitucionais pelos valores que inspiram a Constituição. Nesse sentido, Lenio Streck cita "importante decisão do Tribunal Constitucional de Portugal", que aplica a proibição do retrocesso social justamente para estabelecer que:

---

[627] J. J. Gomes Canotilho observa que o princípio da democracia econômica e social aponta para a proibição de retrocesso social, que qualifica como proibição de "contra-revolução social" ou da "evolução reacionária". De acordo com o autor, o princípio pode ser definido pela ideia de que "uma vez obtido um determinado grau de realização, passam a constituir uma garantia institucional e um direito subjetivo". Desse modo, evita-se a reversibilidade dos direitos adquiridos, protegendo a "a segurança dos cidadãos no âmbito econômico, social e cultural, e do núcleo essencial da existência mínima inerente ao respeito pela dignidade da pessoa humana". De acordo com Canotilho, a "violação do núcleo essencial efetivado justificará a sanção de inconstitucionalidade relativamente a normas manifestamente aniquiladoras da chamada justiça social". E conclui: "O princípio da proibição do retrocesso social pode formular-se assim: o núcleo essencial dos direitos sociais já realizados e efetivados, através de medidas legislativas, deve considerar-se constitucionalmente garantidos, sendo inconstitucionais quaisquer medidas estaduais que, sem a criação de outros esquemas alternativos ou compensatórios, se traduzam, na prática, numa anulação, revogação ou aniquilação pura e simples desse núcleo essencial". (CANOTILHO, J. J. Gomes. *Direito Constitucional*. 6ª ed; Coimbra: Almedina, 1993, p. 338-340).

A partir do momento em que o Estado cumpre (total ou parcialmente) as tarefas constitucionalmente impostas para realizar um direito social, o respeito constitucional deste deixa de consistir (ou deixa de consistir apenas) numa obrigação positiva para se transformar ou passar também a ser uma obrigação negativa. O Estado que estava obrigado a atuar para dar satisfação ao direito social, passa a estar obrigado a abster-se de atentar contra a realização do direito social.[628]

A ideia de proibição de retrocesso social está visceralmente ligada, portanto, à noção de Estado Social de Direito, ou seja, à noção de Estado como ente comprometido não apenas com a manutenção das liberdades negativas, mas também com prestações tendentes a garantir direitos sociais.

Um Estado que, além de ter a obrigação de "não piorar a situação dos cidadãos" (própria do Estado liberal), tem também a obrigação de "melhorar as condições de vida", garantindo um mínimo existencial compreendido como necessário em determinada comunidade e momento histórico, para garantir uma vida digna,[629] e, bem por isso, tem a obrigação de manter o mínimo existencial já conquistado e de progredir em matéria de direitos sociais.

Nesse aspecto, a proibição de retrocesso está imbricada com a noção de progresso social. O artigo 2º, § 1º, do Pacto Internacional dos Direitos Econômicos, Sociais e Culturais[630] estabelece o dever de buscar progressivamente a plena efetividade dos direitos.

Vários autores ressaltam o fato de que esse dispositivo, e sua interpretação pelo Comitê de Direitos Econômicos, Sociais e Culturais, inspirou a redação da Convenção Americana sobre Direitos Humanos (Pacto de San Jose da Costa Rica), que também fixa, em seu art. 26,[631] o princípio

---

[628] STRECK, Lenio Luiz. *Hermenêutica Jurídica e(m) Crise*. Porto Alegre: Livraria do Advogado, 1999, p. 223.

[629] Esta é a definição de Ferrajoli, quando refere "muta altresì la base di legittimazione dello stato: mentre lo stato di diritto liberale deve solo non peggiorare lê condizioni di vita dei cittadini, lo stato di diritto sociale deve anche megliorare; deve non solo non essere per loro uno svantaggio, ma anche essere un vantaggio". (Diritto e Ragione, p. 903).

[630] Adotado pela Resolução n.2.200-A (XXI) da Assembleia Geral das Nações Unidas, em 16 de dezembro de 1966 e ratificado pelo Brasil em 24 de janeiro de 1992. O artigo em referência dispõe "Cada Estado Membro no presente Pacto compromete-se a adotar medidas, tanto por esforço próprio como pela assistência e cooperação internacionais, principalmente nos planos econômico e técnico, até o máximo de seus recursos disponíveis, que visem a assegurar, progressivamente, por todos os meios apropriados, o pleno exercício dos direitos reconhecidos no presente Pacto, incluindo, em particular, a adoção de medidas legislativas".

[631] O dispositivo é assim redigido: Art. 26 – Os Estados-partes comprometem-se a adotar as providências, tanto no âmbito interno, como mediante cooperação internacional, especialmente econômica e técnica, a fim de conseguir progressivamente a plena efetividade dos direitos que decorrem das normas econômicas, sociais e sobre educação, ciência e cultura, constantes da Carta da Organização dos Estados Americanos, reformada pelo Protocolo de Buenos Aires, na medida dos recursos disponíveis, por via legislativa ou por outros meios apropriados.

do desenvolvimento progressivo. No mesmo sentido dispõe o Protocolo de San Salvador, já em seu artigo primeiro.[632]

A expressão desse verdadeiro compromisso com a solidariedade se estabelece, conforme Sarlet, pela "incidência de uma proibição de retrocesso em matéria de direitos fundamentais"[633], especialmente no que tange aos direitos fundamentais sociais[634], representada pela ideia de progresso social. O autor refere que:

> A ideia nuclear é a de que eventuais medidas supressivas ou restritivas de prestações sociais implementadas (e, portanto, retrocessivas em matéria de conquistas sociais) pelo legislador haverá de ser considerada inconstitucional por violação do princípio da proibição de retrocesso, sempre que com isso restar afetado o núcleo essencial legislativamente concretizado dos direitos fundamentais, especialmente e acima de tudo nas hipóteses em que resultar uma afetação da dignidade da pessoa humana no sentido de um comprometimento das condições materiais indispensável para uma vida com dignidade, no contexto daquilo que tem sido batizado como mínimo existencial.[635]

É de observar, portanto, que o princípio da proibição de retrocesso guarda íntima relação com a ideia de segurança jurídica e social, como leciona Sarlet, quando afirma que o direito à segurança deve ser visto como "direito à proteção dos direitos sociais (acima de tudo no âmbito dos benefícios de cunho existencial) contra ingerências dos órgãos estatais" e está imbricado com a ideia de confiança (boa-fé objetiva).

Nesse passo, segurança jurídica significa também "proteção da confiança do cidadão" na continuidade da ordem jurídica. Ou seja, confiança na atuação comprometida (com a Constituição) do Estado-Juiz. Quando o operador do Direito olha para o texto constitucional com os olhos voltados para valores superados (como o individualismo) ou nega efetividade a suas normas, também ocorre retrocesso social.[636]

---

[632] Art. 1º. Os Estados Partes neste Protocolo Adicional à Convenção Americana sobre Direitos Humanos comprometem-se a adotar as medidas necessárias, tanto de ordem interna como por meio da cooperação entre os Estados, especialmente econômica e técnica, até o máximo dos recursos disponíveis e levando em conta seu grau de desenvolvimento, a fim de conseguir, progressivamente e de acordo com a legislação interna, a plena efetividade dos direitos reconhecidos neste Protocolo.

[633] SARLET, Ingo Wolfgang. *Dignidade da Pessoa Humana e Direitos Fundamentais na Constituição Federal de 1988*. 3ª ed. Porto Alegre: Livraria do Advogado, 2004, p. 121.

[634] Op. cit., p. 121.

[635] Identificada no próprio artigo 3º da Constituição Federal, quando estabelece como objetivo o "desenvolvimento nacional", quanto em dispositivos como aquele contido no art. 5º da mesma carta política, quando protege o ato jurídico perfeito, o direito adquirido e a coisa julgada. A proibição de retrocesso está também consubstanciada na norma do art. 60, § 4º, da Constituição Federal de 1988, quando protege o texto constitucional contra medidas erosivas do legislador infraconstitucional, estabelecendo cláusulas pétreas, dentre as quais estão os direitos e garantias fundamentais.

[636] SARLET, Ingo Wolfgang. *A Eficácia do Direito Fundamental à Segurança Jurídica:* Dignidade da Pessoa Humana e Proibição de Retrocesso Social no Direito Constitucional Brasileiro. In *Revista Latino-Americana de Estudos Constitucionais* (Dir. Paulo Bonavides), n. 4, p. 317-366, julho/dezembro de 2004.

Sarlet afirma que há retrocesso passível de ser proibido por meio de declaração de inconstitucionalidade não apenas quando uma lei é revogada, mas também quando "estamos diante da afronta legislativa ao conteúdo do direito fundamental social concretizado pelo legislador". Permitir que a lei seja interpretada, modificada ou aplicada sem que haja uma "vinculação" do legislador e dos demais órgãos estatais "ao núcleo essencial já concretizado na esfera dos direitos sociais e das imposições constitucionais em matéria de justiça social" implica "fraude à Constituição".[637]

A proteção ao conteúdo em dignidade de cada direito fundamental se expressa, portanto, não apenas na proibição da prática de atos retroativos, como também de medidas que embora não afetem o ato jurídico perfeito, a coisa julgada e o direito adquirido, afetam esse conteúdo já concretizado, do direito social.[638] Por isso mesmo, o retrocesso pode ocorrer mediante a prática de atos de efeitos prospectivos e sua mensuração parte da análise da possibilidade (e da extensão dessa possibilidade) de o legislador infraconstitucional "volver atrás en lo que se refiere a la implementación de los derechos sociales fondamentales".[639]

O conteúdo do princípio da proibição de retrocesso social está diretamente relacionado à ideia de proporcionalidade, cujo limite é o conteúdo essencial do direito, que não pode ser, em hipótese alguma, pulverizado, desnaturalizado ou destruído.[640] Eventual restrição de um direito fundamental deve ser justificada por fatos ou circunstâncias sociais que persigam os objetivos da Constituição. Os limites e restrições entram nesta regra, sob pena de inconstitucionalidade.

4.4.4. Limites e restrições ao dever de motivar a despedida

A noção de restrições e limites aos direitos e deveres fundamentais é essencial à preservação do direito, na medida em que evita seu uso indiscriminado e, com isso, a perda de conteúdo que daí pode decorrer.[641]

Compreender a existência de limites a um direito fundamental implica aceitar seu diálogo com os demais direitos, também fundamentais, no âmbito das relações sociais. Implica compreender a inexistência de

---

[637] SARLET, Ingo Wolfgang. *A Eficácia do Direito Fundamental à Segurança Jurídica*: Op. cit.

[638] Ingo Sarlet aprofunda esse aspecto da proibição de retrocesso no artigo: SARLET, Ingo Wolfgang. *La prohibición de retroceso en los derechos sociales fundamentales en Brasil*: algunas notas sobre el desafio de la supervivencia de los derechos sociales en un contexto de crisis. *In* COURTIS, Christian (org.). *Ni um paso atrás*. Buenos Aires: Del Puerto, 2006, p. 329-359.

[639] Op. cit., p. 334.

[640] COURTIS, Christian. *La Prohibición de Regresividad en materia de derechos sociales: apuntes introductorios*. p. 03-52. In COURTIS, Christian (org.). Ni um paso atrás. Buenos Aires: Del Puerto, 2006.

[641] Nesse sentido: SARLET, Ingo W. *A Eficácia dos Direitos fundamentais*. Op. cit., p. 384 e seguintes.

direitos absolutos e privilegiar a dimensão plural da proteção a determinado grupo de direitos, considerados fundamentais por sua importância para a implementação dos valores considerados essenciais em determinado contexto. Implica, por fim, delimitar o conteúdo real do direito ou dever, a fim de obter argumentos suscetíveis de controle, capazes de fundamentar aplicação da proibição de retrocesso a partir da alegação de que atingido seu núcleo essencial.[642]

Só compreendemos a ideia de limite ou restrição quando percebemos que o ordenamento jurídico deve necessariamente ser visto como um sistema aberto,[643] plástico e fundado em valores eleitos pelo constituinte originário, a partir dos quais as normas jurídicas deverão ser interpretadas.

A imposição de limites e restrições a determinado direito fundamental pode ocorrer por determinação expressa da lei, no caso das chamadas reservas legais, ou mediante aplicação do princípio da proporcionalidade, mediante ponderação de dois direitos em conflito no caso concreto. Passa pela identificação do núcleo essencial do direito, que não poderá ser afetado pelos limites. Trata-se, aqui, do que a doutrina chama de "limites dos limites dos direitos fundamentais".[644]

No caso do dever fundamental de motivar que se extrai do inciso I do art. 7º da Constituição, o limite pode abranger pelo menos três aspectos diversos.[645] A lei complementar, que deverá prever "indenização compensatória, dentre outros direitos" constitui, sem dúvida, limite ao direito constitucional à relação de emprego protegida contra a dispensa. O legislador originário remete ao legislador infraconstitucional o encargo de criar uma lei na qual estabeleça indenização compensatória e outras consequências para atos que impliquem ofensa ao direito fundamental ali estabelecido. Esse limite não poderá, porém, afetar o núcleo essencial do direito.

---

[642] Ingo Sarlet, na obra citada na nota de rodapé anterior, ressalta a importância na identificação do núcleo essencial de um direito fundamental, por ser ele o campo de incidência da "intocabilidade" desse direito, protegido como cláusula pétrea, nos termos do art. 60, IV, da Constituição. Refere a diferença entre a teoria interna e a teoria externa sobre limites e restrições, que aqui não será enfrentada, em face do âmbito desse estudo, bastando anotar que enquanto a teoria interna defende que os limites compõem a noção mesma de determinado direito, a externa refere que o Direito é originariamente ilimitado e absoluto, sendo os limites e restrições a ele externos, posteriores.

[643] Os direitos dialogam entre si, a partir do filtro determinado pelos valores constitucionais e, porque dialogam, são necessariamente restringíveis e limitáveis. Exatamente por isso Zagrebelsky assevera que o papel da Constituição é "estabelecer valores e princípios mais "altos", cogentes, inclusive, para o legislador, visando a resgatar uma coerência sistêmica, e, de consequência, a própria função de um ordenamento jurídico" (ZAGREBELSKY, Gustavo. *Diritto Mite*. Torino: Einaudi, 1992, p. 48; tradução nossa).

[644] SARLET, Op. cit., p. 392-393.

[645] Art. 7º, I, "I – relação de emprego protegida contra despedida arbitrária ou sem justa causa, nos termos de lei complementar, que preverá indenização compensatória, dentre outros direitos".

O núcleo nos parece passível de ser identificado na proteção que o dispositivo estabelece. Vale dizer: não poderá a norma ser editada com base no comando de limitação expresso no inciso I do art. 7º da Constituição, negar proteção à relação de emprego contra despedida arbitrária ou sem justa causa. Deverá fixar a indenização devida, até hoje regulada por lei provisória;[646] e bem assim deverá estabelecer "outros direitos" que decorrem da declaração de desrespeito à proteção ali contida.

Direitos que, de acordo com Chiarelli, contemplam especialmente a ideia da reintegração, como consequência natural da declaração de nulidade do ato de denúncia, nos termos das discussões havidas por ocasião da edição do texto constitucional.[647] Não poderá, de modo algum, manter um direito potestativo do empregador de extinção *ad nutum* do contrato, porque com isso eliminaria a proteção *contra* despedida arbitrária ou sem justa causa. Eliminaria o próprio direito fundamental em seu núcleo essencial.

Esse é o entendimento de Carmen Camino, que critica o flexibilização operada pela interpretação lesiva dada ao art. 7º, inciso I, da Constituição, asseverando que a Constituição em realidade estabelece o "princípio da justificação social da despedida", de sorte que "deu-se ao empregador o direito de resilir o contrato de trabalho, desde que amparado em motivação socialmente aceitável".[648]

Vemos, portanto, que o próprio dever fundamental de motivar o ato de denúncia figura como restrição ao direito fundamental de proteção da relação de emprego contra a dispensa. Desde que licitamente motivada, a dispensa é ato válido para pôr fim à relação de trabalho, eliminando, em determinado caso concreto, o direito subjetivo fundamental à relação de emprego. Mantendo, porém, é importante salientar, o núcleo do direito que é a proteção contra uma despedida que seja arbitrária ou não justificada, e não o vínculo eterno do contrato.

Por isso mesmo, é possível examiná-lo como limite aceitável ao direito fundamental e, pela mesma razão, convém insistir na premissa de que tanto o inciso I do art. 7º da Constituição, quanto o art. 4º da Convenção n. 158, antes reproduzido, não estabelecem estabilidade ou garantia absoluta de manutenção de emprego. Apenas garantem, como direito fundamental, uma proteção que já está expressa em dispositivos infraconstitucionais e que deve ser aditivada por lei complementar. Uma proteção que encontra limite na possibilidade de motivação lícita do ato de dispensa, pelo empregador.

---

[646] Art. 10 do ADCT.

[647] CHIARELLI, Carlos Alberto. *Trabalho na Constituição. Direito individual.* São Paulo: LTr, 1989.

[648] CAMINO, Carmen. *Função Social do Contrato de Trabalho e Garantia de Emprego. In* Democracia e Mundo do Trabalho. Porto Alegre, ano 1. n. 1, p. 70-75, jan/jun 2005.

Por fim, é possível examinar limites ao próprio dever de motivar. No Direito italiano, o empregador doméstico constitui uma das categorias excluídas do rol de pessoas vinculadas ao dever fundamental de motivar o ato de denúncia.[649] A exceção se justifica, conforme doutrina italiana, nas peculiaridades dessa espécie de vínculo e, especialmente, no fato de que o trabalhador doméstico executa suas atividades no âmbito da família, também tutelada de modo especial pela ordem constitucional italiana.[650] É preciso observar, porém, que não é o objetivo de lucro, ou as circunstâncias especiais dos agentes, que determina a existência do dever de motivar, mas a necessidade de que o *homem-que-trabalha* seja respeitado em sua qualidade de contratante.

A exclusão do empregador doméstico, do dever de motivar, é razoável apenas a partir da perspectiva da proximidade que o vínculo necessariamente gera entre os contratantes.[651] Talvez o fato de que esse empregado conviva diretamente no ambiente familiar, tornando a relação extremamente próxima, torne difícil a explicitação de um motivo para a despedida. É, entretanto, algo questionável. O trabalhador doméstico já enfrenta a discriminação decorrente do conteúdo do parágrafo único do art. 7º da Constituição brasileira, compreendido por alguns autores como manifestamente contrário ao princípio da isonomia.

A explicitação de um motivo para a despedida, dentro da lógica de uma relação contratual transparente, informada pela confiança e pela lealdade, atinge inclusive (e sobretudo) o âmbito doméstico, que reproduz, como bem sabemos, a lógica da organização social. É no ambiente familiar que devemos, em primeiro lugar, cultivar os valores que pretendemos informem o convívio social. Nesse aspecto, parece-nos complicado sustentar a exclusão do dever de motivação para essa espécie de contrato.

Do mesmo modo, a Convenção n. 158 da OIT, embora em seu artigo 2º refira que a Convenção se aplica a todos os ramos de atividade econômica e a todos os trabalhadores, no item 2 desse dispositivo autoriza os Estados-membros a excluir de algumas ou de todas as suas disposições os trabalhadores contratados a prazo certo ou por tarefa, os trabalhado-

---

[649] O art. 4º, § 1º, primeira parte, da Lei n. 108/90, estabelece: 1. Fermo restando quanto previsto dall'articolo 3, le disposizioni degli articoli 1 e 2 non trovano applicazione nei rapporti disciplinati dalla legge 2 aprile 1958, n. 339. La disciplina di cui all'articolo 18 della legge 20 maggio 1970, n. 300, come modificato dall'articolo 1 della presente legge, non trova applicazione nei confronti dei datori di lavoro non imprenditori che svolgono senza fini di lucro attività di natura politica, sindacale, culturale, di istruzione ovvero di religione o di culto.

[650] VALLEBONA, Antonio. *Istituzioni di diritto del lavoro*. Verona: Cedam, 2008, p. 455.

[651] Nesse sentido: VILLATORE, Marco Antônio Cesar. HASSON, Roland (coord). *Direito Constitucional do trabalho Vinte Anos Depois*. Curitiba: Editora Juruá, 2008, p. 167-180.

res contratados por experiência e aqueles contratados de modo ocasional para um contrato de curta duração.[652]

Interessante perceber que a Convenção n. 158 da OIT não faz referência à categoria dos trabalhadores domésticos, como espécie de empregados para os quais a justificativa do término do contrato não se aplicaria. Opta por facultar a exclusão/limite ao direito/dever a uma denúncia motivada do contrato de trabalho apenas àqueles contratados por prazo ou por experiência. Nessa última hipótese, a restrição não nos parece razoável. Tratando-se de contrato a termo e por condição, como é o caso do contrato de experiência, a aferição da realização da condição (êxito da experiência) também só é possível se explicitado o motivo da não efetivação do empregado.

É mesmo da gênese dessa espécie de contrato a explicitação do motivo da sua não transformação em contrato a prazo indeterminado. Isso porque o contrato de experiência nasce com a condição de que as partes "experimentarão" mutuamente suas aptidões para a manutenção do vínculo. Havendo êxito nessa experiência, a consequência lógica é a transmutação automática do contrato, em pacto sem prazo para terminar.[653]

Quanto aos contratos com prazo certo ou para a realização de determinada tarefa, entendemos que a desnecessidade de explicitação do motivo para a ruptura do vínculo não se justifica por se cogitar, aí, de exceção à regra geral de motivação da denúncia.

Antes disso, em tal caso, o motivo para o término do contrato já está explicitado no momento da contratação, razão porque mesmo nessas hipóteses não estamos diante de autorização para despedida *ad nutum* ou arbitrária.

Nesse caso, a ausência de necessidade de apresentação de uma justificativa no momento da denúncia decorre do fato singelo de que o motivo justo para o rompimento do vínculo é explicitado já quando da contratação. É claro que isso dependerá, sempre, da efetiva verificação de que o contrato de trabalho é espécie legalmente prevista de contrato a prazo determinado, exceção dentro da lógica do sistema jurídico brasileiro, a exemplo do que ocorre nos demais países capitalistas ocidentais.

Em contrapartida, cada vez que o contrato com prazo certo para ser extinto for denunciado antes do advento da data prevista, deverá haver

---

[652] Disponível em: www.oitbrasil.com.br, acesso em 09/1/2011.

[653] A opção do legislador brasileiro é clara nesse sentido, e está explicitada nos seguintes artigos da CLT: Art. 451. O contrato de trabalho por prazo determinado que, tácita ou expressamente, for prorrogado mais de uma vez passará a vigorar sem determinação de prazo. Art. 452. Considera-se por prazo indeterminado todo contrato que suceder, dentro de 6 (seis) meses, a outro contrato por prazo determinado, salvo se a expiração deste dependeu da execução de serviços especializados ou da realização de certos acontecimentos.

motivação lícita que justifique a denúncia, sob pena de ofensa ao núcleo essencial do inciso I do artigo 7º da Constituição brasileira.

Outra possibilidade de limite ao dever de motivação, prevista no direito comparado, como já tivemos a oportunidade de sinalar, é a dos empregadores com número de empregados inferior a um patamar "x". A discriminação positiva é defendida como uma forma de proteção à pequena empresa, que não se insere no mercado nem concorre em condições de igualidade com os grandes empreendimentos. É um argumento verdadeiro. Não são poucas nem podem ser negligenciadas as argruras do pequeno empresário na realidade econômica brasileira.

Essa restrição, porém, desloca o conteúdo do dever de motivação, vendo-o como uma obrigação atrelada à empresa e à sua condição econômica, menos do que como expressão de um direito fundamental do trabalhador. O trabalhador contratado pela pequena empresa, assim como aquele contratado pela grande multinacional, é, objetivamente, detentor dos mesmos direitos fundamentais.

A nossa Constituição, e mesmo a legislação ordinária, em momento algum os diferencia. Tal restrição seria, portanto, inovatória no âmbito do sistema jurídico pátrio e suscetível de crítica. Sustentá-la implicaria romper com muitos dos argumentos que aqui foram defendidos como justificativa para a opção do constituinte originário, em estabelecer um dever de motivação do ato de denúncia do contrato de trabalho.

Esse rápido panorama revela a possibilidade de limites e restrições ao próprio dever de motivar, sublinhando – a *contrario sensu* – a existência de um dever geral de motivação que compõe o núcleo essencial do inciso I do artigo 7º da Constituição brasileira.

No atual contexto jurídico, entretanto, não há falar em limites ao dever de motivação, justamente pela ausência da norma de que cogita o aludido dispositivo constitucional. Justamente por se tratar de limite a direito fundamental, eventual exclusão do dever de motivação deverá ser expressamente prevista. Por ora, o que temos no Brasil é uma Constituição que fixa o dever geral e fundamental de motivação, sem excluir qualquer classe de trabalhadores. Esse dever impõe uma obrigação não apenas ao empregador, mas também ao intérprete/aplicador da lei.

A exigência de explicitação de um motivo lícito, nos termos da Constituição vigente, gera o ônus de julgar em conformidade com a Constituição. Esse ônus, evidentemente, não confere ao intérprete/aplicador a possibilidade de criar motivos que entenda lícitos para justificar a dispensa, mas de exigir do empregador a explicitação das razões que o levaram a extinguir o contrato, a fim de torná-las sujeitas a controle judicial.

Considerações finais ou caminhos para uma atuação efetiva do Estado-Juiz

A mudança de cultura operada pela Constituição brasileira não poderá ser imposta do dia para a noite. Nossa Constituição encerra em si um projeto de Estado que está longe de se tornar realidade. O modelo de sociedade democrática e socialmente inclusiva, previsto na Constituição de 1988, terá de enfrentar os pré-conceitos da própria sociedade, amplamente marcada por uma cultura escravagista, com pouca experiência no diálogo democrático.

Essas afirmações não ignoram o quão recente é a história, e em especial o percurso democrático transcorrido pelo Brasil, especialmente em comparação aos países europeus. O problema da despedida, diretamente imbricado a questões de legitimidade democrática, sobretudo quando esse ato se judicializa em um processo trabalhista, não é prerrogativa brasileira.

A discussão acerca das consequências sociais, econômicas e jurídicas do desemprego está presente no cenário internacional. Diante de nova crise cíclica do sistema econômico, vários países europeus optam por fragilizar a segurança conferida contra a perda do trabalho. Segurança festejada como principal elemento a coibir a verticalização dessa relação jurídica, minimizando as consequências do poder social representado pelo empregador.

Trata-se, pois, de questão fundamental à consolidação do modelo de democracia substancial que não apenas o Brasil, mas vários países ocidentais, buscam consolidar desde a segunda metade do século XX. Nossa "juventude" não nos impede de aprender com o erros e avançar na construção de uma sociedade verdadeiramente inclusiva.

O primeiro passo para a desconstrução do senso comum de que o empregador exerce um poder inato de sujeição do empregado, que lhe confere a possibilidade de aplicar sanções e extinguir o contrato de trabalho, sem qualquer motivação, é reconhecer a origem desse poder e as consequências que um discurso de disciplina e submissão causou às relações de trabalho contemporâneas. Consequências tão fortes que impedem até hoje, no Brasil, apesar de decorridos mais de vinte e dois anos, a aplicação do texto constitucional construído e editado em 1988.

Estamos convivendo com uma realidade paradoxal. Temos um texto constitucional que garante proteção *contra* despedida arbitrária e sem justa causa, uma doutrina de direitos fundamentais que reconhece a importância social das normas trabalhistas e uma realidade que reclama interferência do Estado-Juiz para a manutenção de um *status* mínimo de segurança social aos trabalhadores. Mas também temos, e não podemos ignorar esse fato, uma sociedade fundada na ideia de submissão e controle, na qual a disciplina vem exercendo, há alguns séculos, papel fundamental na manutenção das distorções sociais.

Temos um sistema de organização social e econômica que privilegia o individualismo e a competição constantes, que sublinha a diferença de classes como uma consequência natural e desejável e que questiona a centralidade do Direito do Trabalho, apontando-a como anacrônica e desnecessária, diante da possibilidade de livre composição das partes no âmbito de um contrato.

Os trabalhadores, em larga medida, reproduzem o discurso dominante de que o "patrão" tem poder para despedir, sem ter de dizer o porquê. Os empregadores defendem esse suposto poder. No discurso prático, é mesmo difícil explicar aos "atores" desse negócio jurídico, a mudança de postura que o texto constitucional propõe, especialmente porque mesmo os operadores do Direito do Trabalho reproduzem um discurso ultrapassado, sem sequer questioná-lo. Sabemos quais são as premissas e que forças combatem contra a aplicação plena e imediata do inciso I do art. 7º da Constituição brasileira.

O direito comparado nos oferece a lição de países cuja história é bem mais longa do que a brasileira. Ainda que admitindo limites e restrições, a grande maioria desses países capitalistas reconhece a superação da lógica individualista, introduzindo o dever de motivação como medida de equilíbrio e expressão de lealdade e transparência no âmbito das relações de trabalho.

No Brasil, a Constituição brasileira de 1988, a partir de ampla discussão entre forças contrárias e como resultado de um frutuoso debate democrático, insere os direitos trabalhistas no rol dos direitos fundamentais. O artigo 7º inicia com a proteção *contra* a despedida que, evidentemente, não se esgota em medidas a serem adotadas após a perda do emprego.

A doutrina dos deveres fundamentais nos revela a importância da responsabilidade como garantia para a efetividade dos direitos eleitos como essenciais em um Estado que se pretende Democrático e Social. O destinatário principal desse dever é o empregador. Importa, porém, especialmente aos operadores do Direito, reconhecer e exigir que o dever fundamental de motivar a despedida seja efetivado pelo Estado-Juiz.

É do Estado-Juiz a função de tornar vivo o texto constitucional, conferindo-lhe efetividade. Na hipótese do inciso I do artigo 7º da Constituição brasileira, nossa principal conclusão é que a lei complementar poderá estabelecer limites ou restrições, assim como deverá fixar quais são os "outros direitos" capazes de proteger *contra a despedida*. Não poderá, porém, interferir no dever de motivar que já está ali contido e que compõe o núcleo essencial desse dispositivo.

Nessa perspectiva, para que se reconheça o dever de motivação lícita, como condição de validade do ato de denúncia do contrato de trabalho, pelo empregador, não há necessidade de edição de lei. Basta uma atuação comprometida, que exija do empregador a explicitação do motivo que o levou a extinguir o contrato, que sempre existe, embora, muitas vezes, esteja propositadamente oculto.

Essa exigência implicará uma mudança importante de cultura, permitindo a coibição bem mais eficaz de despedidas discriminatórias ou abusivas. Tornará o ato de ruptura do vínculo de emprego um ato comprometido com a boa-fé objetiva, orientado pela transparência e pela lealdade, objetivo a ser perseguido em todas as relações jurídicas engendradas no âmbito de uma sociedade que se quer livre, fraterna e solidária.

Todo o discurso acerca da decisão judicial, do que encerra o ato de julgar, serve justamente para embasar a conclusão de que ao Estado-Juiz compete aplicar a norma constitucional, conferindo-lhe parâmetros a partir do sistema jurídico vigente. Na impossibilidade de permanecer inerte, diante da omissão deliberada do Estado-Legislador, o Estado-Juiz assume a missão de concretizar o direito/dever fundamental de proteção contra a despedida arbitrária, mas deve fazê-lo a partir do direito posto.

Tais parâmetros são facilmente encontrados. O artigo 165 da CLT, usando a mesma expressão eleita pelo constituinte originário, conceitua *despedida arbitrária* como sendo aquela "que não se fundar em motivo disciplinar, técnico, econômico ou financeiro". A ausência de maior explicitação acerca de quais seriam esses motivos não deve causar incômodo.

A grande maioria dos países que reconhecem a necessidade de justo motivo para a extinção do contrato de trabalho limitam-se a referir a "ordem" de razões capazes de justificar a denúncia, deixando ao Estado-Juiz a incumbência de examinar a licitude do motivo alegado ou mesmo se o motivo efetivamente existe ou não.

De qualquer modo, no âmbito da legislação brasileira, a Lei n. 9.962, relativa ao empregado público, explicita alguns desses parâmetros, e também pode ser utilizada por analogia. Essa Lei estabelece, no art. 3º, possibilidade de denúncia do contrato de emprego em razão de "necessidade de redução de quadro de pessoal, por excesso de despesa", semelhante à previsão contida no direito comparado, acerca da possibilidade de dispensa em razão de dificuldades financeiras, devidamente demonstradas e não decorrentes da má gestão administrativa.

No que tange aos motivos disciplinares, também é a Lei n. 9.962 que oferece parâmetro ao Estado-Juiz, fixando a possibilidade de denúncia do vínculo quando comprovada a "insuficiência de desempenho". Prevê a possibilidade de defesa do empregado, antes da adoção da medida extrema, adotando posição compatível com a boa-fé objetiva e com os deveres de lealdade, transparência e confiança que daí decorrem. É medida que atende, também, ao quanto estabelece o artigo 7º da Convenção n. 158 da OIT, sobre o qual já fizemos referência.

Quanto aos motivos econômicos, há previsão expressa na Convenção n. 158 da OIT, cuja utilização como fonte do direito do trabalho foi expressamente reconhecida pelo TST, na decisão reproduzida no Capítulo 2 (item 2.2.2), de que haja prévia explicitação e comprovação, pela empresa, dos problemas que justificam a adoção da medida extrema. A Convenção exige a negociação com o Sindicato da categoria profissional, viabilizando formas alternativas de enfrentamento dos problemas econômicos, com a preservação dos postos de trabalho. Destina-se às despedidas coletivas, mas não há razão prática ou jurídica para que não seja adotada em caso despedida individual. O motivo "econômico" dificilmente embasará o ato de dispensa de um único empregado.

Por fim, a própria CLT traz uma solução à tentativa de conferir eficácia ao texto constitucional, especialmente no que tange às causas disciplinares ou ligadas à pessoa do empregado. O artigo 482 da CLT relaciona as condutas faltosas, que só justificam dispensa com alegação de falta grave quando por sua natureza ou em face de sua reiteração, tornarem insustentável o prosseguimento do vínculo.[654]

É possível, pois, sustentar que a própria CLT contempla hipóteses de motivo lícito para a despedida (art. 482) que apenas em determinadas circunstâncias se qualificam como motivo suficiente à justa causa (despedida em face do cometimento de falta grave).

O que preconizamos, portanto, não é a *criação* judicial acerca do conteúdo ou das consequências do inciso I do artigo 7º da Constituição brasileira, mas sua pura e simples aplicação. O reconhecimento de que o texto da norma encerra em si o dever de fundamentar a despedida implica

---

[654] Art. 493. Constitui falta grave a prática de qualquer dos fatos a que se refere o art. 482, quando por sua repetição ou natureza representem séria violação dos deveres e obrigações do empregado.

mudança na lógica da relação de trabalho, impondo ao Estado-Juiz uma atuação conforme, sob pena de proteção insuficiente. Atuação que deverá fundamentar-se no ordenamento jurídico vigente.

O reconhecimento de que existe previsão constitucional impondo o dever de justificar a dispensa já determina, ao empregador, a explicitação das razões de sua escolha administrativa. Do mesmo modo, determina ao Estado-Juiz um olhar diverso para o fenômeno da perda do lugar de trabalho, autorizando-o a examinar a conformidade do motivo alegado com a previsão legal autorizadora da denúncia, ou mesmo sua efetiva existência.

A diferença no mundo das relações de trabalho será expressiva. O empregador comprometido em explicitar o motivo pelo qual rompe um contrato de trabalho deverá documentá-lo e, uma vez acionado em juízo, terá a incumbência de comprová-lo. A ética nas relações de trabalho será certamente reforçada e o trabalhador deixará de ter seu emprego utilizado como moeda de troca ou meio de coerção para a realização de quaisquer tarefas ou condições impostas no ambiente de trabalho.

Apenas assim as relações entre capital e trabalho começarão a livrar-se do ranço escravagista. Empregado e empregador começarão realmente a comportar-se como partícipes de um vínculo contratual, orientado pela noção de solidariedade e transparência, que permeia todo o sistema jurídico brasileiro desde 1988.

Eis a razão pela qual o dever de motivar, embora comprometa diretamente o empregador, encontra no Estado-Juiz seu aliado ou algoz. Se os operadores do Direito não começarem a reconhecer a necessidade de motivo lícito para a despedida, melhor distribuindo o ônus da prova, quando há, por exemplo, alegação de discriminação, permitindo ao empregador que demonstre a razão lícita de sua escolha, não haverá mudança na cultura assimétrica e assujeitadora das relações de trabalho.

Não estamos, com isso, afirmando que a mudança na concepção acerca da existência de um dever de motivação é a única capaz de modificar a cultura presente nas relações de trabalho. É certo que os problemas que envolvem essa relação hierarquizada são bem mais complexos e envolvem uma série de medidas que inclui, em uma perspectiva mais profunda, talvez até mesmo a superação do sistema econômico vigente.

O que estamos afirmando é que a Constituição brasileira impôs essa mudança na concepção do término da relação de trabalho e incumbiu naturalmente o Estado-Juiz de torná-la efetiva. Trata-se de um papel do qual o Juiz do Trabalho não se pode furtar e que pode/deve ser exercido com base na legislação já em vigor.

Anexo

CONVENÇÃO 158 DA OIT

Convenção sobre término da relação de trabalho por iniciativa do empregador

A Conferência Geral da Organização Internacional do Trabalho:

Convocada em Genebra pelo Conselho de Administração da Repartição Internacional do Trabalho, e reunida nessa cidade em 2 de junho de 1982, na sua Sexagésima-Oitava Sessão;

Tendo tomado nota das normas internacionais contidas na Recomendação sobre o Término da Relação de Trabalho, 1963, foram registradas importante novidades na legislação e na prática de numerosos Estados-Membros relativas às questões que essa Recomendação abrange. Considerando que em razão de tais novidades é oportuno adotar novas normas internacionais na matéria, levando particularmente em conta os graves problemas que se apresentam nessa área como conseqüência das dificuldades econômicas e das mudanças tecnológicas ocorridas durante os últimos anos em grande número de países;

Após ter decidido adotar diversas proposições relativas ao término da relação de trabalho por iniciativa do empregador, questão que constitui o quinto item da agenda da Reunião, e

Após ter decidido que tais proposições tomariam a forma de uma Convenção, adota, na data 22 de junho de 1982, a presente Convenção sobre o Término da Relação de Trabalho, 1982:

PARTE I

Métodos de Aplicação, Área de Aplicação e Definições!

Artigo I

Dever-se-á dar efeito às disposições da presente Convenção através da legislação nacional, exceto na medida em que essas disposições sejam aplicadas por meio de contratos coletivos, laudos arbitrais ou sentenças judiciais, ou de qualquer outra forma de acordo com a prática nacional.

Artigo 2

A presente Convenção aplica-se a todas as áreas de atividade econômica e a toda as pessoas empregadas.

Todo membro poderá excluir da totalidade algumas das disposições da presente Convenção as seguintes categorias de pessoas empregadas:

a. os trabalhadores de um contrato de trabalho de duração determinada ou para realizar uma determinada tarefa;

b. os trabalhadores que estejam num período de experiência ou que tenha o tempo de serviço exigido, sempre que, em qualquer um dos casos, a duração tenha sido fixada previamente e for razoável;

c. os trabalhadores contratados em caráter ocasional durante um período de curta duração.

2. Deverão ser previstas garantias adequadas contra o recurso a contratos de trabalho de duração determinada cujo objetivo seja o de iludir a proteção prevista nesta Convenção.

a. Na medida que for necessário, e com a prévia consulta das organizações de empregadores e de trabalhadores interessadas, quando tais organizações existirem, a autoridade competente ou o organismo apropriado de cada país poderá tomar medidas para excluir da aplicação da presente Convenção, ou de algumas de suas disposições, certas categorias de pessoas empregadas, cujas condições de emprego forem regidas por disposições especiais que, no seu conjunto, proporcionem uma proteção pelo menos equivalente à prevista nesta Convenção.

3. Na medida que for necessário, e com a prévia consulta das organizações de empregadores e de trabalhadores interessadas, quando tais organizações existirem, a autoridade competente ou o organismo apropriado de cada país poderá tomar medidas para excluir da aplicação da presente Convenção ou de algumas de suas disposições, outras categorias limitadas de pessoas empregadas, a cujo respeito apresentam-se problemas especiais que assumam certa importância, levando em consideração as condições de emprego particulares dos trabalhadores interessados ou a dimensão ou natureza da empresa que os emprega.

4. Todo Membro que ratificar a presente Convenção deverá enumerar, no primeiro relatório sobre a aplicação da Convenção que submeter em virtude do artigo 22 da Constituição da Organização Internacional do Trabalho, as categorias que tiverem sido excluídas em para essa exclusão, e deverá indicar nos relatórios subseqüentes a situação da sua legislação e

prática com relação às categorias excluídas e a medida em que é aplicada ou se tenciona aplicar a Convenção essa categorias.

Artigo 3

Para os efeitos da presente Convenção as expressões "término" e "término da relação de trabalho" significam término da relação de trabalho do empregador.

Parte II

Normas de Aplicação Geral

SEÇÃO A

Justificação do Término

Artigo 4

Não se dará término à relação de trabalho de um trabalhador a menos que exista para isso uma causa justificada relacionada com sua capacidade ou seu comportamento ou baseada nas necessidades de funcionamento da empresa, estabelecimento ou serviço.

Artigo 5

Entre os motivos que não constituirão causa justificada para o término da relação de trabalho constam os seguintes:

a) a filiação a um sindicato ou a participação em atividades sindicais fora das horas de trabalho ou, com o consentimento de empregador, durante as horas de trabalho;

b) ser candidato a representante dos trabalhadores ou atuar ou ter atuado nessa qualidade;

c) apresentar uma queixa ou participar de um procedimento estabelecido contra um empregador por supostas violações de leis ou regulamentos, ou recorrer perante as autoridades administrativas competentes;

d) a raça, a cor, o sexo, o estado civil, as responsabilidades familiares, a gravidez, a religião, as opiniões políticas, a ascendência nacional ou a origem social;

e) a ausência do trabalho durante a licença-maternidade.

Artigo 6

A ausência temporal do trabalho por motivo de doença ou lesão não deverá constituir causa justificada de término da relação de trabalho.

A definição do que constitui uma ausência temporal do trabalho, a medida na qual será exigido um certificado médico e as possíveis limitações à aplicação do parágrafo 1 do presente artigo serão determinadas em conformidade com os métodos de aplicação mencionados no artigo 1 da presente Convenção.

SEÇÃO B
Procedimentos Prévios ao Término por Ocasião do Mesmo

Artigo 7

Não deverá ser terminada a relação de trabalho de um trabalhador por motivos relacionados com seu comportamento ou seu desempenho antes de se dar ao mesmo a possibilidade de se defender das acusações feitas contra ele, a menos que não seja possível pedir ao empregador, razoavelmente, que lhe conceda essa possibilidade.

SEÇÃO C
Recurso Contra o Término

1. O trabalhador que considerar injustificado o término de sua relação de trabalho terá o direito de recorrer contra o mesmo perante uma organismo neutro, como, por exemplo, um tribunal, um tribunal do trabalho, uma junta de arbitragem ou um árbitro.

2. Se uma autoridade competente tiver autorizado o término, a aplicação do parágrafo 1 do presente artigo poderá variar em conformidade com a legislação e a prática nacionais.

3. Poder-se-á considerar que o trabalhador renunciou a seu direito de recorrer contra o término de sua relação de trabalho se não tiver exercido tal direito dentro de um prazo razoável após o término.

Artigo 9

1. Os organismos mencionados no artigo 8 da presente Convenção estarão habilitados para examinarem as causas alegadas para justificar o término da relação de trabalho e todas as demais circunstâncias relacionadas com o caso, e para se pronunciar sobre o término ser ou não justificado.

2. A fim do trabalhador não estar obrigado a assumir por si só o peso da prova de que seu término foi injustificado, os métodos de aplicação mencionados no artigo 1 da presente Convenção deverão prever uma ou outra das seguintes possibilidades, ou ambas:

a) caberá ao empregador o peso da prova da existência de uma causa justificada para o término, tal como foi definido no artigo 4 da presente Convenção;

b) os organismos mencionados no artigo 8 da presente Convenção estarão habilitados para decidir acerca das causas alegadas para justificar o término, levando em conta as provas apresentadas pelas partes e em conformidade com os procedimentos estabelecidos pela legislação e a prática nacionais.

3. Nos casos em que forem alegadas, para o término da relação de trabalho, razões baseadas em necessidades de funcionamento da empresa, estabelecimento ou serviço, os organismos mencionados no artigo 8 da presente Convenção estarão habilitados para verificar se o término foi devido realmente a essas razões, mas a medida em que esses organismos estarão habilitados também para decidirem se tais razões seriam suficientes para justificar o término deverá ser determinada pelos métodos de aplicação mencionados no artigo 1 desta Convenção.

Artigo 10

Se os organismos mencionados no artigo 8 da presente Convenção chegarem à conclusão de que o término da relação de trabalho é justificado e se, em virtude da legislação e prática nacionais, esses organismos não estiverem habilitados ou não considerarem possível, devido às circunstâncias, anular o término e, eventualmente, ordenar ou propor a readmissão do trabalhador, terão a faculdade de ordenar o pagamento de uma indenização adequada ou outra reparação que for considerada apropriada.

SEÇÃO D
Prazo de Aviso Prévio

Artigo 11

O trabalhador cuja relação de trabalho estiver para ser dada por terminada terá direito a um prazo de aviso prévio razoável ou, em lugar disso, a um indenização, a não ser que o mesmo seja culpado de uma falta grave de tal natureza que seria irrazoável pedir ao empregador que continuasse a empregá-lo durante o prazo do aviso prévio.

SEÇÃO E
Indenização por Término de Serviços e Outras Medidas De Proteção dos Rendimentos

Artigo 12

1. Em conformidade com a legislação e a prática nacionais, todo trabalhador cuja relação de trabalho tiver sido terminada terá direito:

a) a uma indenização por término de serviços ou a outras compensações análogas, cuja importância será fixada em função, entre diretamente pelo empregador ou por um fundo constituído através de cotizações dos empregados; ou

b) a benefícios do seguro desemprego, de um sistema de assistência aos desempregados ou de outras formas de previdência social, tais como benefícios por velhice ou por invalidez, sob as condições normais às quais esses benefícios estão sujeitos; ou

c) a uma combinação de tais indenizações ou benefícios.

1. Quando o trabalhador não reunir as condições de qualificação para ter direito aos benefícios de um seguro desemprego ou de assistência aos desempregados em virtude de um sistema de alcance geral, não será exigível o pagamento das indenizações ou benefícios mencionados no parágrafo 1, item a), do presente artigo, pelo único fato do trabalhador não receber benefício de desemprego em virtude do item b) do parágrafo mencionado.

2. No caso de término devido a falta grave, poder-se-á prever a perda do direito a desfrutar das indenizações ou benefícios mencionados no parágrafo 1, item a), do presente artigo pelos métodos de aplicação mencionados no artigo 1 da presente Convenção.

PARTE III

Disposições Complementares sobre o
Término da Relação de Trabalho por Motivos Econômicos,
Tecnológicos Estruturais ou Análogos

SEÇÃO A

Consulta aos Representantes dos Trabalhadores

Artigo 13

1. Quando o empregador prever términos da relação de trabalho por motivos econômicos, tecnológicos, estruturais ou análogos;

a) Proporcionará aos representantes dos trabalhadores interessados, em tempo oportuno, a informação pertinente, incluindo os motivos dos términos previstos, o número e categorias dos trabalhadores que poderiam ser afetados pelos menos e o período durante o qual seriam efetuados esses términos:

b) em conformidade com a legislação e a prática nacionais, oferecerá aos representantes dos trabalhadores interessados, o mais breve que for possível, uma oportunidade para realizarem consultas sobre as medidas que deverão ser adotadas para evitar ou limitar os términos e as medidas para atenuar as conseqüências adversas de todos os términos para os trabalhadores interessados, o mais breve que possível, uma oportunidade para realizarem consultas sobre as medidas que deverão ser adotados para evitar ou limitar os términos e as medidas para atenuar as conseqüências adversas de todos os términos para os trabalhadores afetados, por exemplo, achando novos empregos para os mesmos.

2. A aplicação do parágrafo 1 do presente artigo poderá ser limitada, mediante os métodos de aplicação mencionados no artigo 1 da presente Convenção, àqueles casos em que o número de trabalhadores, cuja relação de trabalho tiver previsão de ser terminada, for pelo menos igual a uma cifra ou uma porcentagem determinadas do total do pessoal.

3. Para efeitos do presente artigo, a expressão "representantes dos trabalhadores interessados" aplica-se aos representantes dos trabalhadores reconhecidos como tais pela legislação ou a prática nacionais, em conformidade com a Convenção sobre os Representantes dos Trabalhadores, em 1971.

SEÇÃO B
Notificação à Autoridade Competente

Artigo 14

1. Em conformidade com a legislação e a prática nacionais, o empregador que prever términos por motivos econômicos, tecnológicos, estruturais ou análogos, deverá notificá-los o mais breve possível à autoridade competente, comunicando-lhe a informação pertinente incluindo uma exposição, por escrito, dos motivos dos términos previstos, o número e as categorias dos trabalhadores que poderiam ser afetados e o período durante o qual serão efetuados esses términos.

2. A legislação nacional poderá limitar a aplicabilidade do parágrafo 1 do presente artigo àqueles casos nos quais o número de trabalhadores, cuja relação de trabalho tiver previsão de ser terminada, for pelo igual a uma cifra ou uma porcentagem determinadas do total do pessoal.

3. O empregador notificará às autoridades competentes os términos referidos no parágrafo 1 do presente artigo com um prazo mínimo de antecedência da data em que seriam efetuados os términos, prazo que será especificado pela legislação nacional.

PARTE IV
Disposições Finais

Artigo 15

As ratificações formais da presente Convenção serão comunicadas, para serem registradas, ao Diretor da Repartição Internacional do Trabalho.

Artigo 16

1. Esta Convenção obrigará exclusivamente àqueles Membros da Organização Internacional do Trabalho cujas ratificações tiverem sido registradas pelo Diretor-Geral.

2. Entrará em vigor 12 (doze) meses após a data em que as ratificações de 2 (dois) Membros tiverem sido registradas pelo Diretor-Geral.

3. A partir desse momento, esta Convenção entrará em vigor, para cada Membro, 12 (doze) meses após a data em que sua ratificação tiver sido registrada.

Artigo 17

1. Todo Membro que tiver ratificado a presente Convenção poderá denunciá-lo no fim de um período de 10 (dez) anos, a partir da data da entrada em vigor inicial, mediante um ato comunicado, para ser registrado, ao Diretor-Geral da Repartição Internacional do Trabalho. A denúncia tornar-se-á efetiva somente 1 (um) ano após a data de seu registro.

2. Ao notificar aos Membros da Organização o registro da segunda ratificação que lhe tiver sido comunicada, o Diretor-Geral fará notar aos Membros da Organização a data em que a presente Convenção entrará em vigor.

Artigo 19

O Diretor-Geral da Repartição Internacional do Trabalho comunicará ao Secretário-Geral das Nações Unidas, para efeitos do registro e em conformidade com o artigo 102 da Carta das Nações Unidas, uma informação completa sobre todas as ratificações, declarações e atos de denúncia que tiver registrado, de acordo com os artigos precedentes.

Artigo 20

Cada vez que o considerar necessário, o Conselho de Administração da Repartição Internacional do Trabalho apresentará à Conferência um relatório sobre a aplicação da Convenção e considerará a conveniência de se incluir, na agenda da Conferência, a questão de sua revisão total ou parcial.

Artigo 21

1. No caso da Conferência adotar uma nova Convenção que implique uma revisão total ou parcial do presente, e a não ser a nova Convenção contenha disposições em contrário:

a ratificação, por um Membro, da nova Convenção revista implicará, *ipso jure*, a denúncia imediata da presente Convenção, não obstante as disposições contidas no artigo 17, sempre que a nova Convenção revista tiver entrado em vigor;

a partir da data de entrada em vigor da nova Convenção revista, a presente Convenção deixará de estar aberta para ratificação por parte dos Membros.

A presente Convenção permanecerá em vigor em todos os casos em forma e conteúdo atuais, para aqueles Membros que a tiverem ratificado e que não ratificarem a Convenção revista.

Artigo 22

As versões inglesa e francesa do texto desta Convenção são igualmente autênticos.

Referências bibliográficas

ABRANTES, José João. *Contrato de trabalho e Direitos fundamentais*. Coimbra: Coimbra Editora, 2005.
ALEXY, Robert. Colisão de Direitos Fundamentais e Realização de Direitos Fundamentais no Estado de Direito Democrático. *Revista de Direito Administrativo 217*.
——. *Teoria dos Direitos fundamentais*. Trad. Virgílio Afonso da Silva.São Paulo: Malheiros, 2008.
——. *Constitucionalismo Discursivo*. [Trad. Luis Afonso Heck]. 2ª ed, Porto Alegre: Livraria do Advogado, 2008.
ALLEVA, Piergiovanni. *Lavoro: Ritorno al Passato:* critica del Libro Bianco e della Legge delega al Governo Berlusconi sul mercato del lavoro. Roma: Ediesse, 2002.
ANTUNES, Ricardo. *O Caracol e sua Concha*. São Paulo: Boitempo, 2005.
ARAÚJO, Fernando. *Teoria Econômica do Direito*. Coimbra: Almedina, 2007.
ARENDT, Hannah. *A Condição Humana*. 10ª ed. Rio de Janeiro: Forense Universitária, 2002.
——. *A Promessa da Política*. 2ª ed. Rio de Janeiro: DIFEL, 2009.
——. *A Vida do Espírito*. 5ª ed. Rio de Janeiro: Relume Dumará, 2002.
——. *Homens em Tempos Sombrios*. [Trad. Denise Bottmann]. 3ª reimpressão. São Paulo: Companhia das Letras, 2003.
——. *O que é política?* Rio de Janeiro: Bertrand Brasil, 2004.
——. *Origens do Totalitarismo*. São Paulo: Companhia das Letras, 2004.
AROUCA, José Carlos. A convenção n. 158 e as dispensas coletivas. *Revista Justiça do Trabalho*. Local, nº 291, março, 2008.
AVILA, Humberto. Teoria dos Princípios. *Da Definição à aplicação dos princípios jurídicos*. 10ª ed. São Paulo: Malheiros, 2009.
AVIO, Alberto. *I Diritti Inviolabili nel Rapporto di Lavoro*. Milano: Giuffrè, 2001.
BALTAZAR JUNIOR, José Paulo. Crime Organizado e Proibição de Insuficiência.Porto Alegre: Livraria do Advogado, 2010.
BAPTISTA DA SILVA, Ovídio A. *Curso de Processo Civil*. Revista dos Tribunais. São Paulo,Volume I, 6ª ed, 2003.
——. A. *Jurisdição e Execução na Tradição Romano-Canônica*. Revista dos Tribunais. São Paulo, 2ª ed, mês, 1997.
——. A. *Processo e Ideologia*. Rio de Janeiro: Forense, 2004.
BARASSI, Ludovico. Il *Contratto di Lavoro*. Milano: Giuffrè, 1957.
BARBAGELATA, Hector-Hugo. *El Derecho Comun sobre el Despido*.Montevideo: Biblioteca de Publicaciones Oficiales, 1953.
——. *El Particularismo del Derecho del Trabajo*. Montevideo: FCU, 1995.
BARRETO, Vicente de Paulo (org.). *Dicionário de filosofia do Direito*. São Leopoldo: Editora Unisinos, 2006.
BARROS, Alice Monteiro de. *Flexibilização e garantias mínimas*. Curitiba: Gênesis, 1999.
——. Ordem pública e tutela do emprego: as dispensas individuais no ordenamento brasileiro – dispensa coletiva e por motivos censuráveis no ordenamento jurídico europeu. Revista do Tribunal Superior do Trabalho. Rio de Janeiro, v. 68, n. 3, p. jul./dez. 2002.
BARROSO, Luís Roberto. *Interpretação e Aplicação da Constituição*. Fundamentos de Uma Dogmática Constitucional Transformadora. 4ª ed. São Paulo: Saraiva, 2001.

──. *O Direito Constitucional e a Efetividade de Suas Normas*. 4ª ed. Rio de Janeiro: Renovar, 2000.
BATALHA, Wilson de Souza Campos; BATALHA de Rodruigues Neto; Sílvia Marina L. *Rescisão Contratual Trabalhista. Despedida Arbitrária Individual e Coletiva*. 2ª ed. São Paulo: LTr, 1998.
──; NETTO, Silvia Marina L. Batalha de Rodrigues. *Rescisão contratual trabalhista e a trilogia do desemprego*. 3ª ed. São Paulo: LTr, 2000.
BAUMAN, Zygmunt. Vida para Consumo. A Transformação das Pessoas em Mercadoria. Rio de Janeiro: Zahar Editor, 2008
──. *Comunidade*. Trad. Plínio Dentzien. Rio de Janeiro: Jorge Zahar Editor, 2003.
──. *Em Busca da Política*. Rio de Janeiro: Jorge Zahar Editor, 2000.
──. *Globalizzazione e Glocalizzazione*. Armando Editore, 2005.
──. *Identidade*. [Trad. Carlos Alberto Medeiros]. Rio de Janeiro: Jorge Zahar Editor, 2004.
──. *Vidas Desperdiçadas*. Rio de Janeiro: Jorge Zahar Editor, 1995.
BAYLOS, Antonio. Por *Una (Re)Politizacion de La Figura del Despido*. Revista de Direito do Trabalho. São Paulo, v. 28, n. 106, p. 133-158, abril/junho 2002.
──; PÉREZ REY, Joaquín. *El Despido o La violencia del Poder Privado*. Madrid: Editorial Trotta, 2009.
BECK, Ulrich. *Liberdade ou Capitalismo*.[Tradução de Luiz Antônio Oliveira de Araújo]. São Paulo: UNESP, 2003.
BEZERRA LEITE, Carlos Henrique. *Curso de Direito Processual do Trabalho*. 6ª ed. São Paulo: LTr, 2008.
BIAVASCHI, Magda Barros. *O Direito do Trabalho no Brasil – 1930-1942*. São Paulo: LTr e JUTRA, 2007.
BILBAO UBILLOS, Juan Maria. *En que medida vinculan a los particulares los derechos fondamentales?* In SARLET, Ingo Wolfgang (org.). Constituição, direitos fundamentais e direito privado. Porto Alegre: Livraria do Advogado, 2006.
BILHALVA, Jacqueline Michels. *A Aplicabilidade e a Concretização das Normas Constitucionais*. Porto Alegre: Livraria do Advogado, 2005.
BITTENCOURT SANTOS, Hélio Antonio. *Proibição de Despedida Arbitrária*. Revista Síntese Trabalhista, nº 142, p. ,abril/2001.
BOBBIO, Norberto. *Del Fascimo alla Democrazia*. Roma-Bari: Laterza, 1997.
──. *Estado, Governo e Sociedade: para uma teoria geral da política*. [Trad. Marco Aurélio Nogueira]. Rio de Janeiro: Paz e Terra, 1995.
──. *Il Futuro della Democrazia*. Torino: Einaudi, 1995.
──. *Estudos Sobre Hegel*. 2ª ed. Brasília: Brasiliense,1995
──. *L´età dei Diritti*. Torino: Einaldi, 1997.
──. *Teoria do ordenamento jurídico*.2ª reimpressão.Brasília:Ed.Universidade de Brasília, 1991.
──. *Teoria generale della politica*. Turim: Einaudi, 1999.
──. *Teoria Geral do Direito*. 3ª ed. São Paulo: Martins Fontes, 2010.
BODIN DE MORAES, Maria Celina. *Constituição e Direito Civil:* Tendências. Revista dos Tribunais, a. 89, v. 779, p. 47-63, setembro, 2000.
BOGOLINI, Luigi. *Filosofia do Trabalho. O Trabalho na Democracia*. 2ª ed. São Paulo: LTr, 1997.
BONAVIDES, Paulo. *Curso de Direito Constitucional*. 9ª ed. São Paulo: Malheiros, 2000.
──. *Do Absolutismo ao Constitucionalismo*. Revista da Academia Brasileira de Direito Constitucional. Curitiba, n. 5, 2004.
──. Do País Constitucional ao País Neocolonial. A derrubada da Constituição e a recolonização pelo golpe de Estado institucional. 3ª ed. São Paulo: Malheiros, 2004.
BUENO DE CARVALHO, Amilton. *Magistratura e Direito Alternativo*. 2ª ed. Rio de Janeiro: Luam, 1996.
CALIENDO, Paulo. Princípios e Regras: acerca do conflito normativo e suas aplicações práticas no direito tributário. Cadernos de Direito Tributário, n. 95, p.136-137.
CAMARGO, J. M. (Org.). *Flexibilidade do Mercado de Trabalho no Brasil*. Rio de Janeiro: Fundação Getúlio Vargas, 1996.
CAMINO, Carmen. *Direito Individual do Trabalho*. 2ª ed. Porto Alegre: Síntese, 1999.

_____. *Função Social do Contrato de Trabalho e Garantia de Emprego. In* Democracia e Mundo do Trabalho. Porto Alegre, ano 1, n. 1, jan/jun. 2005, p. 70-75.

CANARIS,Claus-Wilhelm. *Direitos Fundamentais e Direito Privado.* Coimbra: Almedina, 2003.

CANO MARTINS, Nei Frederico. *Estabilidade Provisória no Emprego.* São Paulo: LTr, 1995.

CANOTILHO, Joaquim José Gomes. *"Brancosos" e Interconstitucionalidade.* Itinerários dos Discursos Sobre a Historicidade Constitucional. Coimbra: Almedina, 2006.

_____. *Direito Constitucional e Teoria da Constituição.* 7ª ed. Coimbra: Almedina, 2003.

_____. *Estudos sobre Direitos fundamentais.* Coimbra: Coimbra Editora, 2004.

_____. Constituição dirigente e vinculação do legislador. Contributo para a compreensão das normas constitucionais programáticas.Coimbra: Coimbra, 1994.

CARDARELLO, Corrado; CIRANNA, Alessia. MAZZAMAURO, Cristina. MONTORO, Andrea Patrizi. Orgs. *La Legge Biagi e La Nuova Disciplina dei Rapporti di Lavoro.* Milano: Giuffrè, 2004.

CARDOSO, Jair Aparecido. *A Estabilidade no Direito do Trabalho.* São Paulo: LTr, 2008.

CARETTI, Paolo. *I Diritti Fondamentali. Libertà e Diritti Sociali.* Torino:Giappichelli Editore, 2005.

CARINCI, Franco. *Diritto Del Lavoro.* Torino: UTET Giuridica, 2007.

CARVALHO, Danilo Augusto Abreu de. *Necessidade de Motivação da Dispensa.* Convenção n. 158 da OIT. Revista do TRT da 17ª Região. Vitória. n. 1, p. 85-108, jul/dez 1997.

CASTANHEIRA NEVES, António. O Direito hoje, e com que sentido? O problema actual da autonomia do direito. Lisboa: Instituto Piaget, 2002.

_____. *O Direito Interrogado pelo Tempo Presente na Perspectiva do Futuro.* Boletim da Faculdade de Direito de Coimbra. Coimbra,Vol. LXXXIII, 2007, p.1-73.

CASTILHO MORATO, João Marcos. *Globalismo e Flexibilização Trabalhista.* Belo Horizonte: Editora Inédita, 2003.

CASTRO SILVEIRA, Ramais. *Estabilidade no Emprego. Possível, Urgente, Revolucionária.* Porto Alegre: Dom Quixote, 2008.

CAUPERS, João. Os Direitos Fundamentais dos Trabalhadores e a Constituição. Coimbra: Almedina, 1985.

CAVALCANTE, Ricardo Tenório. Jurisdição, Direitos Sociais e Proteção do Trabalhador. A Efetividade do Direito Material e Processual do Trabalho desde a Teoria dos Princípios. Porto Alegre: Livraria do Advogado, 2008.

CERRONI, Umberto. *Globalizzazione e Democrazia.* Lecce: Editore Piero Manni, 2002.

CHIARELLI, Carlos Alberto. *O Trabalho e o Sindicato. Evolução e Desafios.* São Paulo: LTr, 2005.

_____. *Trabalho na Constituição. Direito individual.* São Paulo: LTr, 1989.

CHIUSOLO. Il licenziamento. Analisi normativa, orientamenti della giurisprudenza.Milano, 1994.

COASE, Ronald, *The Problem of Social Cost.* The Journal of Law and Economics, v. III, oct. 1960, p. 01-44.

COELHO, Inocêncio Mártires. *A Natureza Jurídica das Contribuições previdenciárias.* Revista TRT, 8ª Região, R. Belém, 14 (27):9, jul/dez, 1981.

COELHO, Sacha Calmon Navarro. *Curso de Direito Tributário.* Rio de Janeiro: Forense, 2001.

COMPARATO, Fábio Konder. Direitos e deveres fundamentais em matéria de propriedade. A questão agrária e a justiça. Juvelino José Strozake (org.). São Paulo: RT, 2000.

CONTRERAS, Sergio Gamonal. *Fundamentos de Derecho Laboral.* Santiago do Chile: Lexis Nexis, 2008.

CORRADO, Renato. *Studi sul Licenziamento.* Torino: Giappichelli, 1950.

COURTIS, Christian. La Prohibición de Regresividad en materia de derechos sociales: apuntes introductorios, In Ni un paso atrás. Christian Courtis (org.). Buenos Aires: Del Puerto, 2006, p. 03-52.

COUTINHO, Aldacy Rachid. *A Autonomia privada: em busca da defesa dos direitos fundamentais dos trabalhadores.* In: SARLET, Ingo Wolfgang (org.) Constituição, direitos fundamentais e direito privado. Porto Alegre: Livraria do Advogado, 2003.

_____. *Poder Punitivo Trabalhista.* São Paulo: LTr, 1999.

COUTINHO, Grijalbo Fernandes e outros (org.). *O Mundo do Trabalho.* Volume I. São Paulo: LTr, 2009.

DALLARI, Dalmo de Abreu. *O poder dos Juízes*. 2ª ed. rev. São Paulo: Saraiva, 2002.

DALLEGRAVE NETO, Jose Affonso. *A motivação do ato que dispensa servidor público celetista*. Revista LTr: Legislação do Trabalho. São Paulo, v. 66, n. 6, p. 689-92, jun, 2002.

——. *Responsabilidade Civil no Direito do Trabalho*. São Paulo: LTr, 2008.

DE ANGELIS, Luigi. *Licenziamento per motivi economici e controllo giudiziário*. In Ragioni del Licenziamento e formazione culturale del giudice del lavoro. A cura di Oronzo Mazzotta. Torino: Giappichelli, 2008.

DE LA CUEVA, Mario. *Derecho Mexicano del Trabajo*. México: Penagos, 1967.

——. *Panorama do Direito do Trabalho*. Porto Alegre: Sulina, 1965.

DELGADO, Mauricio Godinho. *Curso de Direito do Trabalho*. São Paulo: LTr, 2002.

——. *Direitos Fundamentais na Relação de Trabalho*. In Revista Legislação do Trabalho. São Paulo: LTr, Ano 70, n. 06, 2006.

DINIZ, Dulce. *Estabilidade e Garantia no Emprego*. In Revista Justiça do Trabalho. Porto Alegre, ano 23, n. 274, p. 64-87, out/2006.

DUFOUR, Dany-Robert. *A Arte de Reduzir as Cabeças*. Rio de Janeiro: Companhia de Freud, 2005.

DWORKIN, Ronald. *Levando os Direitos a Sério*. Trad. Nelson Boeira. São Paulo: Martins Fontes, 2010.

EHLERS DE MOURA, José Fernando. *Condições da Democracia*. Porto Alegre: Sergio Antonio Fabris Editor, 2007.

FACCHINI NETO, Eugenio. *Da Responsabilidade Civil no Novo Código*. In O Novo Código Civil e a Constituição (org. Ingo W. Sarlet). Porto Alegre: Livraria do Advogado, 2003, p. 151-198.

——. *Reflexões Histórico-Evolutivas sobre a constitucionalização do direito privado*.In SARLET, Ingo Wolfgang (org.). Constituição, Direitos fundamentais e Direito Privado. 2ª ed. Porto Alegre: Livraria do Advogado, 2006, p. 13-62.

FARACO DE AZEVEDO, Plauto. *Crítica à Dogmática e Hermenêutica Jurídica*. 4ª reimpressão. Porto Alegre: Sergio Antonio Fabris Editor, 1989.

FARIA, José Eduardo de Oliveira. *Eficácia Jurídica e Violência Simbólica*. São Paulo: Edusp, 1984.

FAUSTO, Francisco. *A Estabilidade no Emprego*. In Revista Anamatra. Salvador, ano 4, n. 12, p. 04-06, mar/abr 1991.

FELDENS, Luciano. *Direitos fundamentais e Direito Penal*. Porto Alegre:Livraria do Advogado, 2008.

FERRAJOLI, Luigi. *Diritti Fondamentali*. 2° edizione. Roma-Bari: Laterza, 2002.

——. *Diritti Sociali e sfera pubblica mondiale*. In BRONZINI, Giuseppe. Diritti Sociali e Mercato Globale. Roma: Rubertino Editore, 2007.

——. *Diritto e Ragione*. Roma-Bari: Laterza, 2004.

FERRARI, Irany; NASCIMENTO, Amauri Mascaro; MARTINS FILHO, Ives Gandra da Silva. *História do Trabalho, do Direito do Trabalho e da Justiça do Trabalho*. 2ª ed. São Paulo: LTr, 2002.

FERREIRA DA SILVA, Luis Renato. *A função social do contrato no novo Código Civil e sua conexão com a Solidariedade Social*. In SARLET, Ingo Wolfgang (org.). O Novo Código Civil e a Constituição. Porto Alegre: Livraria do Advogado, 2003.

FOCAULT, Michel. *Vigiar e Punir*. Rio de Janeiro: Vozes, 1997.

FRANÇA, Milton de Moura. *A Regulamentação da Dispensa Arbitrária* (CF, art. 7°, inciso I). Revista LTr – Legislação do Trabalho. São Paulo, ano 62, n° 03, p. 327-329, março, 1998.

FRANCO, Massimiliano. Diritto alla Salute e Responsabilità Civile del Datore di Lavoro. Franco Angeli: Milano, 1995.

FREIRE PIMENTA, José Roberto e outros (coord.) *Direito do Trabalho. Evolução, Crise, Perspectivas*. São Paulo: LTr, 2004.

FREITAS, Juarez. *A Interpretação Sistemática do Direito*. 4ª ed. São Paulo: Malheiros, 2004.

——. *Discricionariedade Administrativa e o Direito Fundamental à Boa Administração Pública*. São Paulo: Malheiros, 2007.

FREITAS, Ney José de. Dispensa de Empregado Público e Princípio da Motivação. Curitiba: Juruá, 2002.

FREUD, Sigmund. O Futuro de Uma Ilusão. O Mal-Estar na Civilização e outros Trabalhos. Vol. XXI, Rio de Janeiro: IMAGO, 2006.

GADAMER, Hans-Georg. *Verdade e Método I:* Traços fundamentais de uma hermenêutica filosófica. 6ª ed. [Trad. MEURER, Flávio Paulo]. Rio de Janeiro: Vozes, 2004.

GALLINO, Luciano. *Il lavoro non è una merce.* Contro la flessibilità. Roma-Bari: Laterza, 2007.

GAMONAL C., Sergio. Cidadania na Empresa e Eficácia Diagonal dos Direitos fundamentais. São Paulo: LTr, 2011.

GARAPON, Antoine. O Juiz e a Democracia. *O Guardião das Promessas.* [Trad. Maria Luiza de Carvalho]. 2ª ed. Rio de Janeiro: Revan, 2001.

GARMENDIA ARIGON, Mario. *Eficácia Práctica de Las Normas Laborales.* Montevideo: FCU, 2005.

GENRO. Tarso Fernando. *Direito Individual do Trabalho.* 2ª ed. São Paulo: LTr, 1994.

GESTA LEAL, Rogério. *Estado, Administração pública e Sociedade.* Porto Alegre: Livraria do Advogado, 2006.

——. Perspectivas Hermenêuticas dos direitos humanos e fundamentais no Brasil. Porto Alegre: Livraria do Advogado, 2000.

GHERA, Edoardo. *Diritto del Lavoro.* Bari: Cacucci Editore, 2006.

GIDDENS, Anthony. *Mundo em Descontrole.* 4ª ed. Rio de Janeiro: Record, 2005.

GOMES, Luiz Flávio. A Dimensão da Magistratura no Estado Constitucional e Democrático de Direito. São Paulo: RT, 1997.

GUASTINI, Riccardo. Principi di diritto e discrezionalità giudiziale. In Interpretazione e diritto giurisprudenziale. Regole, modelli, metodi. Torino: Giappichelli, 2002.

——. *Teoria e Ideologia da Interpretação Constitucional.* Revista Interesse Público – INPB, Belo Horizonte, n. 40, p. 217-256, nov./dez. 2006.

HABERLE, Peter. *A Dignidade como Fundamento da Comunidade Estatal. In* SARLET, Ingo W. (org.). Dimensões da Dignidade. Ensaios de Filosofia do Direito e Direito Constitucional. Porto Alegre: Livraria do Advogado, 2005, p. 89-152.

HABERMAS, Jürgen. *Direito e Democracia – entre facticidade e validade.* Rio de Janeiro: Tempo Brasileiro, 1997.

HASSON, Roland. *Desemprego & desproteção.* Curitiba: Juruá, 2006.

HEGEL, Georg Wilhelm Friedrich. *A Razão na História.* 3ª ed. São Paulo:Centauro, 2008.

——. *Princípios da filosofia do direito.* 4ª ed. Lisboa: Guimarães, 1990.

HEIDEGGER, Martin. *Ser e Tempo.* Parte I. 12ª ed. Trad. Márcia Sá Cavalcante Schuback. Rio de Janeiro: Vozes, 2002.

HESSE. Konrad. A Força Normativa da Constituição. Trad. Gilmar Ferreira Mendes. Porto Alegre: Sergio Fabris Editor, 1991.

HOBBES, Thomas. *Leviatã ou a Matéria, Forma e Poder de um Estado.* 3ª ed, São Paulo: Ícone, 2008.

HOBSBAWM, Eric J. *Mundos do Trabalho. Novos Estudos sobre História Operária.* 4ª ed. São Paulo: Paz e Terra, 2005.

IBARRECHE, Rafael Sastre. *El Derecho al Trabajo.* Madrid: Editorial Trotta, 1996.

ICHINO, Pietro. Lezioni di Diritto del Lavoro. Un Approccio di Labour and Economics. Milano: Giuffrè, 2004.

IHERING, Rudolf Von. *A Luta pelo Direito.* Trad. João Vasconcelos. Rio de Janeiro: Forense, 1997.

JUNG, Carl Gustav. *Memórias. Sonhos, Reflexões.* Compilação e prefácio de Aniela Jaffé. [Trad. Dora Ferreira da Silva]. 24ª impressão, Rio de Janeiro: Nova Fronteira, 2005.

KANT, Immanuel. *A Metafísica dos Costumes.* Tradução: Edson Bini. São Paulo: EDIPRO, 2003.

——. *A Paz Perpétua e outros Opúsculos.* Lisboa: Edições 70 LDA, 2009.

KEHL, Maria Rita. O Tempo e o Cão. A Atualidade das Depressões. São Paulo:Boitempo, 2009.

KREIMENDAHL, Lothar (org.). *Filósofos do Século XVIII. História da Filosofia.* São Leopoldo: Editora UNISINOS, 2004.

KREIN, José Dari. *A reforma trabalhista de FHC: análise de sua efetividade.* Revista trabalhista: direito e processo. Rio de Janeiro: Forense, V.II, p.133-164, abr/mai/jun, 2002.

KROTOSCHIN, Ernesto. *Instituciones de Derecho del Trabajo.* 2ª ed. Buenos Aires: Ediciones Depalma, 1968.

LEDUR, José Felipe. *A realização do Direito ao Trabalho*. Porto Alegre: Sergio Antonio Fabris Editor, 1998.

——. Direitos fundamentais Sociais. Efetivação no Âmbito da Democracia Participativa. Porto Alegre: Livraria do Advogado, 2009.

LUKÁCS, György. *Storia e Coscienza di Classe*. Milano: Sugar Editore, 1967.

MACIEL, José Alberto Couto. A Inconstitucionalidade da Despedida Arbitrária Frente ao Texto da Constituição de 1988 e a Conseqüente Reintegração do Empregado. In Revista LTr – Legislação do Trabalho. São Paulo, ano 63, n° 03, p. 310/23,março, 1999.

——. *Vigência da Convenção n° 158 da OIT*. In Trabalho & Doutrina. São Paulo: Saraiva, n° 11, dezembro de 1996, p. 20-23.

——. *Comentários à Convenção n. 158 da OIT*: garantia no emprego. São Paulo: LTr, 1996.

——. *Garantia no Emprego já em Vigor*. São Paulo: LTr, 1994.

——. *Vigência e compatibilidade da convenção n. 158 da OIT*. Revista LTr : Legislação do Trabalho, São Paulo, v. 60, n. 06, p.763-65, jun. 1996.

MADEIRA, Auta, CORREIA, Nilton. FORJAZ, Paula. FERREIRA DA SILVA, J.A. (orgs). *Temas Laborais Luso-Brasileiros*. São Paulo: LTr e JUTRA, 2006.

MAGANO, Octavio Bueno. *Convenção n° 158 da OIT*. In Trabalho & Doutrina. São Paulo: Saraiva, n° 11, dezembro de 1996, p. 39-40.

——; MALLET, Estevão. *O Direito do trabalho na Constituição*. 2ª ed. Rio de Janeiro: Forense, 1993.

——. *Proteção da Relação Empregatícia*. In Revista LTr – Legislação do Trabalho. São Paulo, ano 52, n° 11, p.1310-1314,Nov, 1988.

——. *Manual de Direito de Trabalho*: direito individual do trabalho. 3ª ed. São Paulo: LTr. 1992.

MAGANO, Octávio Bueno. *Política do Trabalho*. São Paulo: LTr, 1992.

MAGRINI, Sergio. La Convenzione n. 158 del 1982 della International Labour Organization in Relazione al Diritto del Lavoro Italiano e Brasiliano. Palestra apresentada no II Seminário Italo-brasileiro de Direito do Trabalho, em Porto Alegre, no TRT da Quarta Região, 2008.

MANNRICH, Nelson. Dispensa Coletiva. Da Liberdade Contratual à Responsabilidade Social. São Paulo: LTr, 2000.

MANUS, Pedro Paulo Teixeira. Despedida Arbitrária ou Sem Justa Causa: aspectos do direito material e processual do trabalho. São Paulo: Malheiros, 1996.

MARANHÃO, Délio; SÜSSEKIND, Arnaldo; VIANNA, Segadas. *Instituições de Direito do Trabalho*. São Paulo: LTr, 1993.

MARCA, Maurício Machado. A Aplicação do Princípio da Igualdade às Relações de Trabalho como Limitador da Autonomia Privada à Luz da Jurisprudência do Tribunal Superior do trabalho. Revista LTr , São Paulo, vol. 72, n. 7, p. 805/814, jul,2008.

——. *Relação de Trabalho*. São Paulo: LTr, 2010.

MARQUES NETO, Agostinho Ramalho. *A Ciência do Direito*. 2ª ed. Rio de Janeiro: Renovar, 2001.

MARQUES, Rafael da Silva. *Da Inconstitucionalidade do Sistema Banco de Horas* – Breves Comentários. Revista Justiça do Trabalho. Porto Alegre: HS Editora Ltda, Ano 22, n° 264, p. 30-40,dez/2005.

——. *Estabilidade no Emprego*. In Revista Justiça do Trabalho. Porto Alegre, ano 17, n. 199, p.18-32. jul, 2000.

——. Valor Social do Trabalho na Ordem Econômica, na Constituição brasileira de 1988. São Paulo: LTr, 2007.

MARTINS CATHARINO, José. *Em Defesa da Estabilidade*. São Paulo: LTr, 1966.

MARTINS, Antero Arantes. *Estabilidade no emprego*. In Revista da Anamatra, Brasília, DF, ano 9, n. 32, p. 22-28, jul/set 1997.

MARTINS, Sergio Pinto. *A Continuidade do Contrato de Trabalho*. São Paulo: Atlas, 2000.

——. *Direito da seguridade social*. 18ª ed. São Paulo: Atlas, 2002.

MARX, Karl. *Crítica da Filosofia do Direito de Hegel*. 1843. Trad. Rubens Enderle e Leonardo de Deus. São Paulo: Boitempo, 2005.

——. *Lavoro Salariato e Capitale*. Roma: Editori Riuniti, 2006.

——. *Manuscritos Econômicos e Filosóficos*. São Paulo: Boitempo Editorial, 2004.

MELHADO, Reginaldo. *Poder e Sujeição*. São Paulo: LTr, 2007.

MELLO, Cláudio Ari. *Democracia Constitucional e Direitos fundamentais*. Porto Alegre: Livraria do Advogado, 2004.

MELLO, José Eduardo Soares de. *Contribuições Sociais no Sistema Tributário*. São Paulo: Malheiros, 1993.

MENEZES CORDEIRO, Antônio Manoel da Rocha e. *Da Boa-Fé no Direito Civil*. Coimbra: Almedina, 1997.

MESZAROS, Istvan. *A Teoria da Alienação*. São Paulo: Boitempo Editorial, 2006.

——. *O Século XXI Socialismo ou Barbárie?* São Paulo: Boitempo, 2003.

——. *Para Além do Capital*. São Paulo: Boitempo Editorial, 2006.

MIRANDA, Jorge. Contributo para uma Teoria da Constitucionalidade. Coimbra:Coimbra Editora, 1996.

——. *Manual De Direito Constitucional* – Tomo II – Constituição e Inconstitucionalidade. 3ª ed. Coimbra: Coimbra Editora, 1996.

MONTEIRO DE BARROS, Alice. *Ordem Pública e Tutela do Emprego:* as dispensas individuais no ordenamento brasileiro. Dispensa Coletiva e por Motivos Censuráveis no Ordenamento Jurídico Europeu. *In* Revista do Tribunal Superior do Trabalho. Brasíli, DF, vol. 68, n. 3, p. 56-76, jul/dez 2002.

MONTESQUIEU. *Do Espírito das Leis*. São Paulo: Abril Cultural, 1979.

MORAES, Alexandre de. *Direito constitucional*. 11ª ed. São Paulo: Atlas, 2002.

MORAIS DA ROSA, Alexandre; MARCELLINO JR, Júlio César. *Os Direitos Fundamentais na Perspectiva de Custos e o seu Rebaixamento à Categoria de Direitos Patrimoniais:* Uma Leitura Crítica. Revista da Academia Brasileira de Direito Constitucional. Curitiba, n.1, p. Ago-Dez, 2009.

NABAIS, José Casalta. O Dever Fundamental de pagar Impostos. Contributo para a compreensão constitucional do estado fiscal contemporâneo. Coimbra: Livraria Almedina, 1998.

——. Por uma Liberdade com Responsabilidade. Estudos sobre Direitos e Deveres Fundamentais. Coimbra: Coimbra Editora, 2007.

NAPOLI, Mario. *La Nascita del Diritto del Lavoro*. Milano: Vita e Pensiero, 2007.

NASCIMENTO, Amauri Mascaro, FERRARI, Irany e MARTINS FILHO, Ives Gandra. História do Trabalho, do Direito do Trabalho e da Justiça do Trabalho. Homenagem a Armando Casimiro Costa. São Paulo: LTr, 1998.

——. "Reflexos da Convenção nº 158 da OIT sobre as Dispensas Individuais". In Trabalho & Doutrina. São Paulo: Saraiva, nº 11, dezembro de 1996, p. 3/7.

NASCIMENTO, Amauri Mascaro. *Direito do trabalho na Constituição de 1988*. São Paulo: Saraiva, 1989.

NETTO LÔBO, Paulo Luiz. *Constitucionalização do Direito Civil*. Revista de Informação Legislativa. Brasília, ano 36, nº 141, p. 99-109, jan/mar. 1999.

OLEA, Manuel Alonso. *El Despido*. Madrid: Instituto de Estúdios Políticos, 1958.

OLIVEIRA, Manfredo Araújo de. *Reviravolta Lingüístico-Pragmática na Filosofia Contemporânea*. Coleção Filosofia. 2ª ed. São Paulo: Ed Loyola, 2001.

OLIVEIRA, Sebastião Geraldo de. *Proteção Jurídica à Saúde do Trabalhador*. São Paulo, LTr, 1998.

PAMPLONA FILHO, Rodolfo M. V. *"Ainda a Respeito da Convenção nº 158 da OIT". In Trabalho & Doutrina*. São Paulo: Saraiva, nº 11, dezembro de 1996, p. 40/5.

PEREIRA, José Luciano de Castilho Pereira. *Estabilidade no Emprego e a Constituição de 1988. In* Revista Trabalho e Doutrina. São Paulo, n. 18, p.94-95.set/1998.

PERELMAN, Chaïn. *Ética e Direito*. [Trad. Maria Ermantina Galvão G. Pereira].São Paulo: Martins Fontes, 1996.

PERES GEDIEL, José Antônio. *A Irrenunciabilidade a direitos da personalidade pelo trabalhador. In* SARLET, ingo Wolfgang.Constituição, Direitos fundamentais e Direito Privado. 2ª ed. Porto Alegre: Livraria do Advogado, 2006, p. 151-166.

PLÁ RODRIGUEZ, Américo. *Princípios de Direito do Trabalho*. 3ª ed. São Paulo: LTr, 2000.

POCHMANN, Márcio. O trabalho sob fogo cruzado: exclusão, desemprego e precarização no final do século. São Paulo: Contexto, 1999.

PONTES DE MIRANDA. *Introdução à Sociologia Geral*. 2ª ed. Rio de Janeiro: Forense, 1980.

――. *O Problema Fundamental do Conhecimento*. 2ª ed. Rio de Janeiro: Editor Borsoi, 1972.
――. *Tratado de Direito Privado*. Parte Geral. Tomo V. São Paulo: Bookseller, 2000.
PRUNES, José Luiz Ferreira. *Justa Causa e Despedida Indireta*. 2ª ed. Rio de Janeiro: Juruá, 2002.
RAMOS, Saulo. *A Convenção nº 158 da OIT*. In Trabalho & Doutrina. São Paulo: Saraiva, nº 11, dezembro de 1996, p. 46-69.
RAWLS, John. *História da Filosofia Moral*. São Paulo: Martins Fontes, 2005.
――. *Justiça como eqüidade*. São Paulo: Martins Fontes, 2003
――. *O Liberalismo Político: elementos básicos*. São Paulo: Ática, 2000.
――. *Uma Teoria da Justiça*. São Paulo: Martins Fontes, 2002.
REALE, Miguel. *Filosofia do Direito*. São Paulo: Saraiva, 2002.
RESENDE, Leonardo Toledo de. *O Acompanhamento da Dispensa por Motivo Econômico no Direito do Trabalho Francês*. In Revista do Tribunal Regional do Trabalho da 3ª Região. Belo Horizonte, n. 61, p. 107-111, jan/junho 2000.
RIATTO, Ana Paula Dal Igna. Algumas considerações a respeito da garantia de emprego do empregado público segundo a lei n. 9.962/2000 e a necessidade de motivação da despedida nas contratações por pessoas jurídicas de direito privado integrantes da administração pública indireta. Justiça do Trabalho: Porto Alegre, Ano: 2006, Mês: 09, Número: n.273, p. 87-93.
RIBEIRO DE VILHENA, Paulo Emílio. *Relação de Emprego: estrutura legal e supostos*. São Paulo: LTr, 2005.
ROCCELLA, Massimo. *Manuale di Diritto del Lavoro*. Seconda edizione. Torino: Giappichelli, 2001.
ROCHA, João Batista de Oliveira. *Direito Econômico e Direito do trabalho*. Revista do Tribunal Regional do Trabalho, 3ª Região, Belo Horizonte, n. 22, p. 45-52,1973/1974.
ROMAGNOLI, Umberto. Giuristi del lavoro. Percorsi italiani di politica del diritto. Roma: Donzelli, 2009.
――. *Sobre El Despido o La Violência Del Poder Privado*. In Revista de Derecho Social Latinoamérica. Buenos Aires, n. 4-5, p. 9-15, 2008.
ROMITA, Arion Sayão. *Despedida arbitrária e discriminatória*. Rio de Janeiro: Forense, 2008.
――. *Direito do trabalho: temas em aberto*. São Paulo: LTr, 1998.
――. *O princípio da proteção em xeque e outros*. Ensaios. São Paulo: LTr, 2003.
――, Proscrição da Despedida Arbitrária. Visão Comparatista e Direito Brasileiro. São Paulo: LTr, 2011.
RUDIGER, Dorothee Susanne. *Emancipação em Rede:* Condições Jurídicas para a Defesa Coletiva dos Direitos dos Trabalhadores no Século XXI. In VIDOTTI, José Tarcio.GIORDANI, Francisco Alberto da Motta Peixoto. Direito Coletivo do Trabalho em uma Sociedade Pós-Industrial. São Paulo: LTr, 2003.
RUSSOMANO, Mozart Victor. *A Estabilidade do Trabalhador na Empresa*. 2ª ed. São Paulo: Editora Científica, 1979.
――. *Comentários à Consolidação das Leis do Trabalho*. 7ª ed.V. I. Rio de Janeiro: José Konfino Editor, 1966.
SAMPAIO, Rossana Tália Modesto Gomes. *A Boa-fé Objetiva x A Estabilidade no Emprego*. Revista do TRT da 7ª Região. Fortaleza. Ano XXX,n. 30, p.33-43jan/dez 2007.
SANDULLI, Pasquale; VALLEBONA, Antonio, PISANI, Carlo. *La nuova disciplina dei licenziamenti individuali*.Pádua: CEDAM, 1990.
SANTANA, Marco Aurélio;. RAMALHO, José Ricardo (Orgs) *Além da Fábrica: trabalhadores, sindicatos e a nova questão social*. São Paulo: Boitempo, 2003.
SANTORO PASSARELLI, Giuseppe. *Flessibilità e Diritto del Lavoro*. V. III. Torino: Gianpichelli, 1997.
――. *Nozioni di diritto del lavoro*. XXXV edizione. Napoli, 1993.
SANTOS, Boaventura de Souza. *Pela mão de Alice: o social e o político na pós-modernidade*, 10ª ed. São Paulo: Cortez, 2005.
SANTOS, Enoque Ribeiro dos. *A Função Social do Contrato e o Direito do Trabalho*. In Revista LTr. São Paulo, ano 67, n. 12, p. 1460-1468, dez/2003.
SARLET, Ingo Wolfgang (org.). *A Constituição Concretizada. Construindo Pontes com o Público e o Privado*. Porto Alegre: Livraria do Advogado, 2000.

―― (org.). *Dimensões da Dignidade. Ensaios da Filosofia do Direito e Direito Constitucional*. Porto Alegre: Livraria do Advogado, 2005.

――. A Eficácia do Direito fundamental à Segurança Jurídica: Dignidade da pessoa humana, direitos fundamentais e proibição de retrocesso social no Direito Constitucional Brasileiro. Revista Latino-Americana de Estudos Constitucionais (dir. Paulo Bonavides). São Paulo: Del Rey, n.4, p. jul/dez 2004.

――. *A Eficácia dos Direitos fundamentais*. 10ª ed. Porto Alegre: Livraria do Advogado, 2009.

――. *A Influência dos Direitos Fundamentais no Direito Privado*: o caso brasileiro. In MONTEIRO, Antonio Pinto. NEUNER, Jorg. SARLET, Ingo (orgs). Direitos Fundamentais e Direito Privado. Uma Perspectiva de Direito Comparado. Coimbra: Almedina, 2007.

――. *Constituição,Direitos fundamentais e Direito Privado*. 2ª ed. Porto Alegre: Livraria do Advogado, 2006.

――. *Dignidade da Pessoa Humana e Direitos Fundamentais na Constituição brasileira de 1988*. 3ª ed. Porto Alegre: Livraria do Advogado, 2004.

――. *La prohibición de retroceso en los derechos sociales fundamentales en Brasil*: algunas notas sobre el desafio de la supervivencia de los derechos sociales en un contexto de crisis. In COURTIS, Christian (org.). Ni um paso atrás. Buenos Aires: Del Puerto, 2006, p. 329-359.

SARMENTO, Daniel. *Direitos Fundamentais e Relações Privadas*. Rio de Janeiro: Lumen Juris, 2004.

――. *Os Princípios Constitucionais da Liberdade e da Autonomia Privada*. Boletim Científico: Escola Superior do Ministério Público da União. Brasília, ano 4, n.14, jan/mar 2005, p. 167-217.

SARTHOU, Helios. Trabajo, Derecho y Sociedad. Tomo II. Estudios de Derecho Individual del Trabajo. Montevideo: Fundación Cultural Universitaria, 2004.

SCAFF, Fernando Facury (organizador). *Constitucionalizando Direitos*. São Paulo: Renovar, 2003.

SCHIATTARELLA, Roberto. *Mercato, welfare e tutela dei diritti*. In BRONZINI, Giuseppe. Diritti Sociali e Mercato Globale. Roma: Rubertino Editore, 2007.

SENNET, Richard. A Corrosão de Caráter. Consequências Pessoais do trabalho no novo capitalismo. Rio de Janeiro: Record, 2008.

SEVERO, Valdete Souto. *A Crise de Paradigma no Direito do Trabalho:* Jornada. Porto Alegre, Sérgio Fabris, 2009.

――. *Garantia de Manutenção no Emprego:* Condição de Possibilidade da Verdadeira Negociação Coletiva. In Cadernos da Amatra 4, 9ª ed, out/dez 2008.

――. *O Mundo do Trabalho entre a Constituição e a Flexibilização*. In Direitos sociais na Constituição de 1988: uma análise crítica vinte anos depois. [coord. Cláudio José Montesso, Marco Antônio de Freitas, Maria de Fátima Coelho Borges Stern]. São Paulo: LTr, 2008.

SEVERO, Valdete Souto. *Proteção Contra a Despedida Arbitrária ou Sem Justa Causa: Artigo 7º, I, da Constituição*. In Revista de Processo do Trabalho e Sindicalismo. Porto Alegre: HS Editora, p. 188-210, 2010.

SILVA, Alexandre de Azevedo. A Despedida Sem Justa Causa de Empregado de Empresa Pública e de Sociedade de Economia Mista e a Exigência da Motivação do Ato Administrativo. In Revista do Tribunal Regional do Trabalho da 10ª Região. Brasília – DF. V. 7, n. 7, p.34-43,1997.

SILVA, Antônio Álvares da. *Proteção Contra a Dispensa na Nova Constituição*. Belo Horizonte: Del Rey, 1991.

――. Questões polêmicas de direito do trabalho: a Convenção n. 158 da OIT – juizado especial de causas trabalhistas. São Paulo: LTr, 1996.

SILVA, Jorge Pereira da. Dever de Legislar e Proteção Jurisdicional contra Omissões Legislativas – Contributo para uma Teoria da Inconstitucionalidade por Omissão. Lisboa: Universidade Católica Editora, 2003.

SILVA, José Afonso da. *Curso de Direito Constitucional positivo*. 12ª ed. São Paulo: Malheiros, 1996.

SILVA, Virgílio Afonso da. *Direitos fundamentais:* conteúdo essencial, restrições e eficácia. São Paulo: Malheiros, 2009.

SINGER, Reinhard. *Direitos Fundamentais no Direito do Trabalho*. In MONTEIRO, António Pinto. NEUNER, Jorge. SARLET, Ingo W. (orgs) Direitos fundamentais e Direito Privado. Uma Perspectiva de Direito Comparado. Coimbra: Almedina, 2007, p. 327-356.

SOARES FILHO, José. A proteção da relação de emprego: análise crítica em face de normas da OIT e da legislação nacional. São Paulo: LTr, 2002.

SOARES, Rogério Aguiar Munhoz. *Tutela Jurisdicional Diferenciada*. São Paulo: Malheiros, 2000.

SOUTO MAIOR, Jorge Luis. O Direito do Trabalho como Instrumento de Justiça Social. São Paulo: LTr, 2000.

——. *A convenção nº 158 da OIT e a perda do emprego*. Jornal Trabalhista Consulex: Brasília. Brasília, DF, n.1248, 17 nov. 2008.

——. *A Terceirização sob uma Perspectiva Humanista*. Revista Justiça do Trabalho, São Paulo: HS Editora, nº 249, Ano 21, set. 2004.

——. *Convenção n. 158 da OIT. Dispositivo que veda a dispensa arbitrária é auto-aplicável*. Revista Jus Navigandi. http://jus2.uol.com.br/doutrina/texto, acesso em 10/10/2008, 2004.

——. *Curso de Direito do Trabalho. A Relação de Emprego*. Volume II. São Paulo: LTr, 2008.

——. *Em Defesa da Ampliação da Competência da Justiça do Trabalho*. Juris Plenum Trabalhista e Previdenciária, Caxias do Sul: Plenum, n. 4, jan./fev. 2006. 1 CD-ROM.

SOUZA, Rodrigo Trindade de. *Função Social do Contrato de trabalho*. São Paulo: LTr, 2008.

STEINMETZ, Wilson Antônio. *Colisão de Direitos Fundamentais e Princípio da Proporcionalidade*. Porto Alegre: Livraria do Advogado, 2001.

——. *Vinculação Dos Particulares a Direitos Fundamentais*. São Paulo: Malheiros, 2004.

STRECK, Lenio Luiz. *Hermenêutica Jurídica e(m) Crise*. Porto Alegre:Livraria do Advogado, 1999.

——. *Jurisdição Constitucional e Hermenêutica*. Porto Alegre: Livraria do Advogado, 2002.

——. A revolução copernicana do (neo)constitucionalismo e a (baixa) compreensão do fenômeno no Brasil – uma abordagem à luz da hermenêutica filosófica. Disponível em www.trf4.jus.br/ trf4/ upload/arquivos/ emagis_atividades/lenioluizstreck.pdf, acesso em 31/04/2009.

——. Análise Crítica da Jurisdição constitucional e das possibilidades hermenêuticas de concretização dos direitos fundamentais. In SCAFF, Fernando Facury (organizador). *Constitucionalizando Direitos*. São Paulo: Renovar, 2003.

——. *Aplicar a Letra da Lei é uma Atitude Positivista*. Revista NEJ – Eletrônica, Vol. 15 – n. 1 – p. 158-173 / jan-abr 2010, disponível em: www.univali.br/periodicos, acesso em 20/11/2010.

——. *Da Crise da Hermenêutica à Hermenêutica da Crise: compreendemos porque interpretamos ou interpretamos porque compreendemos?* In Revista da Academia Brasileira de Direito Constitucional. V. Curitiba, PR: Academia Brasileira de Direito Constitucional, n. 5, 2004-09-21, p. 241-292.

——. *Verdade e Consenso*. Constituição, Hermenêutica e Teorias Discursivas da Possibilidade à Necessidade. 3ª ed. Rio de Janeiro: Lumen Juris, 2009.

STÜRMER, Gilberto. *Proteção à Relação de Emprego: Promessa, Efetividade de um Direito Social e Crise*. In Revista Justiça do Trabalho. Porto Alegre: HS Editora, n. 302, fevereiro/2009, p. 07-18.

——. *A Estabilidade e as Garantias de Emprego*. In Revista Justiça do Trabalho. Porto Alegre: HS Editora, n. 324, dezembro/2010, p. 07-17.

SUGUIMATSU, Marlene. Relação de emprego e (des) proteção contra Despedida arbitrária ou sem justa causa: art. 7º, I, da Constituição. Direito Constitucional do trabalho Vinte Anos Depois, coordenado por Marco Antônio Villatore e Roland Hasson, e organizado por Ronald Silka de Almeida. Curitiba: Juruá, 2008, p. 167-180.

SÜSSEKIND, Arnaldo. *A compatibilidade entre a convenção OIT-158 e a constituição brasileira*. LTr : Suplemento Trabalhista. São Paulo, n. 08, 1996.

——. *A convenção da OIT sobre despedida imotivada*. Genesis: Revista de Direito do Trabalho. Curitiba, n. 40, p.472-80, abr/1996.

——; MARANHÃO, Délio; VIANNA, Segadas. *Instituições de Direito do trabalho*. Vol. I, 11ª ed, São Paulo: LTr, 1991.

TATARELLI, Maurizio. *Il licenziamento individuale e collettivo*. Padova: CEDAM, 2006.

TELES, Edson; SAFATLE, Vladimir (org.). *O que Resta da Ditadura*. São Paulo: Boitempo, 2010.

TEIXEIRA DA COSTA, Orlando. *O Direito do Trabalho na Sociedade Moderna*. São Paulo: LTr, 1999.

TEIXEIRA, Sérgio Torres. *Proteção à Relação de Emprego*. São Paulo: LTr, 1998.

TEIXEIRA FILHO, João de Lima. A Constituição e as Estabilidades no Direito do Trabalho. In *Trabalho & Doutrina*. São Paulo: Saraiva, nº 18, p. 82-88, set,1998.

TORRES, Ricardo Lobo. *O Direito Ao Minimo Existencial*. São Paulo: Renovar, 2009.

TREU T., Lo Statuto dei lavoratori: vent'anni dopo, in Quaderni di diritto del lavoro e delle relazioni industriali, 1989.

URIARTE, Oscar Ermida. *A flexibilidade*. São Paulo: LTr, 2002.

VALENTINI, Vicenzo. Licenziamento e Reintegrazione. Il Dialogo tra giurisprudenza e dottrina. Torino: Giappichelli, 2008.

VALLEBONA, Antonio. *Istituzioni di diritto del lavoro*. Verona: Cedam, 2008.

———. *Istituzioni di diritto del lavoro*. II, Il Rapporto di lavoro.Torino, 1999.

VASCONCELOS PORTO, Lorena. *La Disciplina dei Licenziamenti in Itália e nel Diritto Comparato: uma proposta per il diritto del lavoro in Brasile*. Tese de doutoramento em Autonomia Individual e Autonomia Coletiva, junto à Università degli Studi di Roma Tor Vergata, apresentada em 2008. Facoltà di Giurisprudenza. Orientador Prof. Dott. Giancarlo Perone, disponível em http://dspace.uniroma2.it/dspace/bitstream/2108/1034/1/Tese.pdf, acesso em 02/11/2009.

VERKERKE, J. Hoult. *Un Approccio di Law and Economics alla Questione della Libertà di Licenziamento negli Stati Uniti*. In ICHINO, Pietro. Lezioni di Diritto del Lavoro.Un Approccio di Labour and Economics. Milano: Giuffrè, 2004.

VIANA, Márcio Túlio. *A Proteção Social do Trabalho no Mundo Globalizado*. In PIMENTA, José Roberto Freire e outros (coord.). Direito do Trabalho: Evolução, Crise, Perspectivas. São Paulo: LTr, 2004.

———. *Convenção n. 158: denunciação a denúncia*. Revista Amatra: 6ª Região. Recife, v.1, n.3, set. 1997.

———. *Trabalhador sem medo – alguns argumentos em defesa da convenção n.158 da oit*. Revista LTr: Legislação do Trabalho: São Paulo. São Paulo, v.72, n.4, p.438-443, abr. 2008.

VIEIRA DE ANDRADE, José Carlos. *Os direitos fundamentais na Constituição portuguesa* de 1976. 3ª ed. Coimbra: Almedina, 2006.

———. *Os direitos, liberdades e garantias no âmbito das relações entre particulares*. In SARLET, Ingo Wolfgang. Constituição, Direitos fundamentais e Direito Privado. 2ª ed. Porto Alegre: Livraria do Advogado, 2006, p. 273-300.

VILLATORE, Marco Antonio Cesar e outros (coord). *Direito Constitucional do trabalho Vinte Anos Depois*. Curitiba: Juruá, 2008.

WANDELLI, Leonardo Vieira. Despedida Abusiva. O Direito (do trabalho) em busca de uma nova racionalidade. São Paulo: LTr, 2004.

WARAT, Luis Alberto. *O Direito e Sua Linguagem*. 2ª versão. Porto Alegre: Sergio Antonio Fabris Editor, 1995.

WEBER, Thadeu. *Autonomia e Dignidade da Pessoa Humana em Kant*. Revista Direitos Fundamentais e Justiça. Porto Alegre: HS Editora, Ano 3, n. 9, p. 232-259,out/dez, 2009.

———. *Ética e Filosofia Política:Hegel e o Formalismo Kantiano*. 2ª ed. Porto Alegre: EDIPUCRS, 2009.

ZAGREBELSKY, Gustavo. *Diritto Mite*. Torino: Einaudi, 1992.

———. *La giustizia costituzionale*. Bologna: Mulino, 1979.

ZANGARI, Guido. Contributo alla teoria del licenziamento nel diritto italiano e comparato. Milano: Giuffrè, 1973.

ZAS, Oscar. El Despido Represália contra El Testigo que Declara en un Proceso en El que Es parte El Empleador, con especial referencia al Ordenamiento Jurídico Argentino. *Palestra proferida na Aula Aberta do Curso de Especialização em Direito do Trabalho – PUC/Escola Judicial do TRT da 4ª Região*, Porto Alegre, Nov, 2009.

Impressão:
Evangraf
Rua Waldomiro Schapke, 77 - POA/RS
Fone: (51) 3336.2466 - (51) 3336.0422
E-mail: evangraf.adm@terra.com.br